Oliver Velez, Greg Capra

Tools & Tactics für Master Trader

Oliver Velez

Greg Capra

Tools & Tactics für Master Trader

Bibliografische Information der Deutschen Bibliothek:
Die Deutsche Bibliothek verzeichnet diese Publikation in der Deutschen Nationalbibliografie; detaillierte bibliografische Daten sind im Internet über http://dnb.ddb.de abrufbar.

Erschienen bei McGraw-Hill unter dem Titel:
Tools and Tactics for the Master Day Trader – battle-tested techniques for day, swing, and position traders

Gesamtbearbeitung: FinanzBuch Verlag
Übersetzung: Rita Wehrer
Druck: Druckerei Joh. Walch, Augsburg

2. unveränderte Auflage 2004

Frundsbergstraße 23
80634 München
Tel. 089 651285-0
Fax 089 652096
info@finanzbuchverlag.de

Den Autor erreichen Sie unter:
velez@finanzbuchverlag.de

ISBN 3-89879-076-2

Inhalt

TEIL ZWEI TOOLS UND TAKTIKEN FÜR DEN MASTER TRADER
Entwickeln Sie das Arsenal eines Master Traders

TEIL DREI AUSBLICK

ANHANG

Dieses Buch widme ich meiner hübschen, immer geduldigen und hilfsbereiten Frau Brenda, der besten Investition, die mir je geglückt ist, sowie meiner Tochter Rebecca und meinem Sohn Oliver jr., den süßesten Dividenden, die ich je bekommen habe.
Dieses Buch widme ich außerdem meinen Eltern, Dwight Velez und Louise Velez, die mir beibrachten, dass es leicht ist, das Leben zu beherrschen, wenn man gelernt hat, sich selbst zu beherrschen.
O. V.

Für meine Frau Lori, für ihre Liebe, ihre Unterstützung und ihr Verständnis während dieser aufregenden Reise.
G. C.

VORWORT

Da saß ich nun vor ungefähr sechs Jahren vor dem, was damals als hoch entwickeltes Trading-System galt, und wartete darauf, dass die Börse öffnet. Ich war ganz versessen darauf, einen Trade zu machen. Es sollte mein allererster als professioneller Day-Trader sein. Die Eröffnungsglocke erklang. Und sofort kämpften die rot und grün blinkenden Notierungen zusammen mit den sich verschiebenden NASDAQ-Market-Makern um meine Aufmerksamkeit. Sie schienen meinen Computer-Bildschirm als ihr Terrain zu betrachten. Mitten unter all diesen chaotischen Kursnotierungen sah ich etwas, das ich für eine ideale Chance hielt. Ich war nervös. Der Augenblick der Wahrheit war nun da, und für einen kurzen Moment hatte ich Zweifel. Aber ich war entschlossen, ein erfolgreicher Day-Trader zu werden. Mit steigenden Kreditkartenabrechnungen, einer Ehefrau und einem Baby musste ich es einfach schaffen. Für einen Augenblick befiel mich Angst, ja sie schien mich regelrecht zurückhalten zu wollen. „Nein", sagte ich zu mir selbst. Ich musste es tun. Ich musste den Trade machen. Ich legte die Hände auf meine Tastatur und schloss für eine Sekunde meine Augen. Ein paar Tastenschläge später war ich Besitzer von 4.000 Aktien von Microtooch, Inc. (MTSI), einer der sich schnell bewegenden außerbörslichen (OTC) Aktien dieses Tages. Ich war erstaunt, wie schnell und wie einfach ich Aktien im Wert von 150.000 US-Dollar kaufen konnte. Ein paar Augenblicke später hatte ich schon 4.000 US-Dollar mehr. Ich konnte meinen Augen nicht glauben. In ein paar Minuten hatte ich mehr Geld verdient, als ich in meinem vorherigen Job in ganzen zwei Monaten verdienen konnte. Das war toll, wirklich toll. Und für einen Augenblick war das Leben einfach großartig.

Und dann passierte es. MTSI stagnierte. Ich rang mit dem Gedanken, meinen schnellen Gewinn mitzunehmen. Alles in allem war ein 4.000-US-Dollar-Gewinn ein eindrucksvoller Start in mein neues Leben als Day-Trader. „Ja“, sagte ich mir. „Ich verkaufe. Ich nehme das Geld und kehre als Held nach Hause.“ Und wieder griff ich nach meiner Tastatur. Und noch bevor ich handeln konnte, brach MTSI zusammen. Mein Herz blieb stehen. Alles war Schweigen. Mit einem Wisch war mein 4.000-US-Dollar-Gewinn glattgestellt, und in diesem Moment kam die Angst, die ich so arrogant missachtet hatte, zurück. „Wie konnte das passieren“, fragte ich mich. Ich lehnte mich einen Augenblick in meinem Sessel zurück. Vor den Kopf geschlagen. Verwirrt. Plötzlich tauchte MTSI noch einmal ab. „Mein Gott“, rief ich. Ich war nun 4.000 US-Dollar im Minus. Was ging hier vor? Ich sah mich schnell nach rechts und links um, ob mich einer der ungefähr 70 Trader in meiner Umgebung beobachtete. Keiner. Nach ihren Gesichtern zu urteilen, hatten sie mit ihren eigenen Problemen zu kämpfen. Ich kämpfte um Haltung, um mein inneres Gleichgewicht. Aber MTSI war noch nicht fertig mit mir. Ein weiterer Abfall um 1 US-Dollar erhöhte mein Defizit auf 8.000 US-Dollar. Ich konnte kaum noch atmen. Mein Verstand bat mich, den Verlust einzustecken, aber irgendetwas hielt mich davon ab. Ich konnte mich nicht bewegen. Ich konnte keinen Muskel rühren. Alles, was ich tun konnte, war zu beobachten, und das tat ich.

Während der nächsten 25 Minuten beobachtete ich wie gelähmt, wie mich MTSI mehr als 16.000 US-Dollar kostete. Mutlos, deprimiert und ohne jede Hoffnung brachte ich schließlich genügend Mut auf, den Trade zu killen. Es war vorbei. Alles schien vorbei zu sein. Ein zweites Mal sah ich mich nach rechts und links um. Ich wollte sehen, ob jemand die Ungeheuerlichkeit, die mir gerade zugestoßen war, bemerkt hatte. Aber anscheinend hatte niemand etwas bemerkt. Falls doch, war es ihnen egal. „Was soll ich tun“, fragte ich mich leise. „Was soll ich meiner Frau, meiner Familie und den Partnern, die mich unterstützt haben, erzählen?“ Da ich nicht in der Lage war, eine vernünftige Antwort auf diese Frage zu geben, blieb mir nur noch eine Möglichkeit. Ich senkte langsam meinen Kopf in meine Hände und weinte.

* * *

Mein Name ist Oliver L. Velez, und das war meine erste Erfahrung als so genannter professioneller Day-Trader. Viele halten das vielleicht für meinen Antrittstag, ich selbst habe ihn immer als meinen Prüfungstag bezeichnet. Denn an diesem schmerzhaft finsteren Tag habe ich die Reihen der blauäugigen Day-Trader verlassen, die naiv denken, dass schnelles Geld und leichter Reichtum an der Börse die Norm sind. Ich ließ diese Gruppe der Neulinge für immer hinter mir und schloss mich der gewiefteren Gruppe der Realisten an, die die Kunst des Day-Tradings als das sehen und schätzen, was sie in Wirklichkeit ist: eine der anspruchsvollsten Herausforderungen auf dem Planeten Erde. Zweifellos starb an jenem Tag ein großer Teil von mir, direkt vor dem flimmernden Bildschirm. Aber stattdessen entstand etwas viel Besseres, etwas viel Großartigeres. Es entstand eine starke neue Entschlossenheit, dem Ganzen Sinn zu geben. An diesem unrühmlichen Tag wurde ich ein neuer Mensch. Aus der Asche des geschlagenen Traders erstand ein besessener Mann, der entschlossen war, eine vernünftige Methode zu finden, einen intelligenten Ansatz, der weit über den Nullachtfünfzehn-Stil hinausging, wie ihn die große Mehrheit praktizierte. An diesem Tag entwickelte sich ein mächtiger Hunger nach mehr. Nach mehr Wissen, mehr Disziplin, mehr Können, mehr Orientierung, und ich war entschlossen, das alles zu bekommen, koste es, was es wolle. Glücklicherweise schaffte ich es.

Während der folgenden sechs Jahre schaffte ich es, eine Trading-Philosophie zu formulieren, die Sinn machte. Langsam begann ein Trading-Plan, basierend auf dieser Philosophie, Form anzunehmen, ein Schritt-für-Schritt-Plan, der sich nicht nur in der Theorie gut anhörte, sondern tatsächlich im wirklichen Leben funktionierte und Geld verdiente. Das Buch, das Sie gerade in der Hand halten, enthält einen Großteil dieser Trading-Philosophie und des Trading-Plans, die ich während dieser besessenen Jahre aufgestellt habe.

* * *

Ich erzählte meiner Frau nie, was am Abend dieses niederschmetternden ersten Tages passierte. Aber offensichtlich wusste sie Bescheid. Sie ließ mir einfach ein gewisses Maß an Selbstwertgefühl, indem sie über diese Angelegenheit schwieg. Es vergingen viele Monate, bis ich in der Lage war, mich ihr anzuvertrauen, ihr zu erklären, was passiert war. Zu diesem Zeitpunkt hatte meine neu gefundene Bestimmung bereits angefangen, reiche Früchte zu tragen. Mein Handelskonto war um schätzungsweise 250.000 US-Dollar gestiegen, und meine Frau musste sich nicht länger Geld von ihrem Onkel leihen oder die Windeln für das Baby mit unserer überzogenen Kreditkarte kaufen. Zehn Monate später überschritt das Konto die Marke von 1.000.000 US-Dollar, und ich beschloss, aus der Partnerschaft auszusteigen und allein weiterzumachen.

Heute kann ich ganz ehrlich sagen: Ich habe es geschafft. Ich habe die Börse geschlagen. Mit großer Anstrengung und endlosen Stunden vor dem Computer hatte ich mir eine Trading-Philosophie und einen vernünftigen Plan erarbeitet.

Was noch wichtiger war, ich verdiente damit Geld. Ungeachtet der Tatsache, dass nahezu das gesamte Geld, das ich verdiente, nicht mir gehörte, war ich doch zufrieden. Ich fühlte mich sehr wohl. Und alles blieb beim Alten, bis ich einen Trader traf, der mir half, in der Meisterschaft des Tradings noch weitere Fortschritte zu machen. Sein Name ist Greg Capra, mein Partner, mein Bruder und mein Freund.

* * *

Mein Name ist Greg Capra, Trading-Kollege, Partner und guter Freund von Oliver L. Velez. Es war nur kurz, bevor Oliver seine einschneidende Erfahrung machte, als ich zum ersten Mal eine Ahnung von ernsthaftem Börsenspiel bekam. Vorher war meine Börsenaktivität auf die langweilige Arena der Kommunalobligationen und die nicht sehr viel aufregendere Welt der Investment-Fonds beschränkt. Es war also ganz normal, dass ich mich für meinen Vorstoß in die dynamische Welt des Tradings für den schwankungsanfälligsten Markt der Welt entschied: die Börse der Index-Optionen. Für mich als Neuling konnten sich die Wertpapiere gar nicht schnell genug bewegen. Ich brauchte Aktion. Ich wollte etwas haben, das mit einem Schlag betäubend hohe Gewinne einbringen konnte, und ich wollte es sofort. Ich hatte kein Verständnis für die Haltung „Mach ein paar Dollars hier und ein paar Dollars dort", wie ich sie bei so vielen anderen sah. Ich hatte das hinter mir. Dachte ich zumindest. Außerdem verdiente ich bereits seit zehn Jahren gutes Geld als erfolgreicher Geschäftsmann. Zu diesem Zeitpunkt war ich schon über den Punkt hinaus, wo es nur darum geht, zu überleben. Nickel und Dimes hatten keinen Reiz mehr für mich, und mein Durst, einfach nur gut zu sein, war ausreichend gestillt. Es war der Kick, den ich suchte. Ja. Dieser Megakick. Und ich wollte, dass er plötzlich und mit einem richtigen Schlag käme. Index-Optionen würden mir genau das bieten, und noch viel mehr. Nun, es war dieses „Noch-viel-mehr", das beinahe meine Chancen ruinierte, jemals der Day-Trader zu werden, der ich heute bin. Ich war mit einer High-Tech-Satelliten-Datenquelle, die verzögerte Notierungen ausspuckte, und einem Optionskonto bei einer größeren Brokerfirma an der Wall Street bewaffnet. Ein neues Abonnement eines dieser „Werden Sie schnell reich"-Newsletter für Optionen machte mich gefährlich. Ich war bereit. Ich nahm den Telefonhörer, wählte meinen Broker an und gab meine Befehle. „Kaufen Sie 200 Kontrakte March XYZ!" Am anderen Ende war Schweigen. „Sir, sind Sie sicher?" – „Was soll das heißen, ob ich sicher bin", bellte ich zurück. „Führen Sie den Auftrag einfach aus, sofort!" Damit legte ich den Hörer auf und wartete ungeduldig auf den Rückruf, der mir bestätigen würde, dass ich diese erhebliche Anzahl Kontrakte gekauft hatte. Das Telefon klingelte, und die Stimme am anderen Ende gab mir nervös meinen Einstieg bekannt. Ich fing sofort an, meine verzögerten Notierungen zu beobachten. Mit jedem Tick bewegte sich mein Konto wild, und ein Adrenalinschub pulsierte durch meine Adern. Ich war noch so neu in diesem Trading-Spiel, dass ich nicht realisierte, dass 200 Index-Kontrakte ungefähr gleichbedeutend waren mit dem Besitz von 20.000 sehr schwankungsanfälligen Internet-Aktien, eine unvorstellbare Menge für einen Anfänger. Ein Kunde kam durch die Eingangstür und wollte bedient werden. Ich erinnere mich, dass ich kaum in der Lage war, mich vom Bildschirm loszureißen. Zehn Minuten später kehrte ich in die Trading-Arena zurück, die ich mir in der hinteren Ecke meines Büros eingerichtet hatte. Und zu meinem Entsetzen fand ich mein Konto mit 26.000 US-Dollar im Minus. Meine Glieder wurden lahm. Während meine Gedanken hin und her rasten, ohne zu einem sinnvollen Ergebnis zu kommen, schaffte ich es, den Sofortwahlknopf zu drücken und direkt eine Verbindung zu meinem Broker zu bekommen. Das Telefon musste nicht lange klingeln, denn mein Broker klebte ebenfalls an seinem Bildschirm und beobachtete, wie sich mein Geld langsam in Luft auflöste. Ich schwieg. „Hallo! Hallo!“, rief der Broker wiederholt. Ich antwortete nur mit einem dumpfen Stöhnen. „Mr. Capra“, sagte er ernst. „Sind Sie dran?“ Ich schwieg immer noch. Ich konnte nicht sprechen. Ich konnte einfach nichts sagen. Die Stimme am anderen Ende des Telefons fragte nach Mr. Capra. Und zum ersten Mal in meinem Leben wollte ich nicht Mr. Capra sein. Was noch schlimmer war, ich wollte einfach nicht das tun, was, wie ich genau wusste, getan werden musste. Ich wollte diesen großen, nicht realisierten Verlust einfach nicht durch den Verkauf meiner Position verwirklichen. Aber es blieb mir nichts anderes übrig. Ich war schon zu lange im Geschäft, um nicht zu wissen, dass zu diesem Zeitpunkt ein Limitieren des Verlustes die einzig intelligente Möglichkeit war. Meine Sprache kehrte zurück, und ich murmelte schwach das schmerzlichste Wort im Vokabular eines Traders. „Abstoßen!“, sagte ich. „Stoßen Sie das ganze gottverdammte Zeug ab!“ – „Bestens?“, fragte mein Broker. „Ja!“, sagte ich. „Was immer das bedeutet.“ Ich legte auf, verschloss die Tür zu meinem Büro und igelte mich ein.

Alles in allem verlor ich 30.000 US-Dollar bei diesem Trade. Es war nicht genug Geld, um mich finanziell zu schmerzen, aber Geld stand hier auch nicht auf dem Spiel. Es waren mein Stolz und mein Selbstvertrauen, um die es hier ging. Ich war bisher bei allem, was ich angefangen hatte, erfolgreich gewesen. Und so hätte es auch diesmal sein sollen. Als ich an diesem Abend nach Hause ging, kämpfte ich mit dem Gedanken ans Aufgeben. „Ich verdiene gutes Geld mit meinem Geschäft“, sagte ich mir selbst. „Warum muss ich an der Börse spielen?“ Aber Aufgeben kam für mich nicht in Frage. Sosehr ich mich auch bemühte, mich selbst davon zu überzeugen, dass es kein Weltuntergang wäre, wenn ich die Hoffnung sausen lassen würde, ein erfolgreicher Börsianer zu werden, ich konnte mich einfach nicht entschließen aufzugeben. Und ich gab auch nicht auf. So unglaublich es vielleicht aussieht, aber am nächsten Tag wiederholte ich ganz kühn meine Aktionen. Ich kaufte eigensinnig 200 Kontrakte derselben Option. Nur hatte ich dieses Mal Erfolg. In weniger als einer haarsträubenden Stunde kassierte ich bei diesem Trade 32.000 US-Dollar Gewinn. Schwer atmend lehnte ich mich in meinem Stuhl zurück und versuchte, das, was soeben passiert war, zu genießen. Aber die glücklichen Gefühle eines Gewinners blieben aus. Obwohl ich Erfolg gehabt hatte, fühlte ich mich dennoch deprimiert. Der Grund war, dass ich genau wusste, dass ich nicht wirklich ein Gewinner war. Ich hatte an diesem Tag lediglich Glück gehabt, und das war nicht genug, um das Gefühl des Versagens auszulöschen. Meine Aktionen basierten nicht auf Wissen. Meinem Verhalten lag keinerlei Intelligenz zugrunde, und das bedrückte mich. An diesem Tag schloss ich mein Optionskonto und gab mir selbst ein Versprechen, das den Verlauf meines Lebens änderte. Ich beschloss, das Geschenk dieses Ausgleichs, das mir das Schicksal machte, anzunehmen und mich dem bitter nötigen Lernprozess zu unterwerfen. An diesem Tag beschloss ich, dass ich auf die richtige Art und Weise ein professioneller Day-Trader werden würde, koste es, was es wolle. Als ich Oliver traf, befanden wir uns beide in einer ähnlichen Lage. Ich bin stolz darauf, dass das Ergebnis der folgenden gemeinsamen Jahre eine sehr profitable Trading-Philosophie ist. Sehr viel davon wird in diesem Buch präsentiert.

Oliver Velez
Greg Capra

EINLEITUNG

Machen Sie sich keine falschen Vorstellungen. Wir stehen an der Schwelle zu einem neuen Zeitalter. Wenn wir diesem Zeitalter einen Namen geben müssten, würden wir es das Zeitalter der Selbstbestimmung nennen, und die Revolution, die den Anfang dieses Zeitalters einläutet, steckt noch in ihren Kinderschuhen. Das Sinken der Provisionen während der letzten 20 Jahre, zusammen mit neuen Bestimmungen zur Auftragsabwicklung, dem Internet und phänomenalen technologischen Fortschritten, hat dazu beigetragen, das Spielfeld zu ebnen und die verborgene Tür zur Wall Street für immer zu öffnen. Die ausgetretenen Wege, die der Öffentlichkeit den richtigen Zugang verwehrt haben, bröckeln weg, die ehemals versteckten uralten Gewinnzentren werden sichtbar, und immer besser ausgebildete Anleger bestehen darauf, dass es auch so bleibt. Niemals zuvor in der Geschichte waren wir so nahe an einer vollständigen Demokratisierung der Wall Street. Und niemals zuvor gab es für den Einzelnen der Main Street so viele Chancen. In den nächsten paar Jahren werden diese Chancen sogar noch zunehmen. Unsere Frage an Sie lautet daher: „Sind Sie bereit?“

Wir stellen uns einen Tag in nicht allzu ferner Zukunft vor, an dem es keine separaten Börsen mehr in Amerika geben wird. Die Bühne ist jetzt bereit für eine einzige, riesige und vereinte U. S. Stock Exchange. Kurz darauf sehen wir schon den Tag, an dem es eine einzige weltweite Börse geben wird, die den echten Kapitalismus in seiner reinsten Form bis in alle vier Ecken der Welt trägt.

Kurz darauf, oder sogar noch vorher, kommt der Tag, an dem jeder einzelne Computer, der auf diesem Planeten verkauft wird, eine vorinstallierte Trading-Plattform mit direktem Zugang zu dieser weltweiten Börse hat und dem Einzelnen damit ermöglicht, mit allem zu handeln, was die Welt bewegt: Aktien, Bonds, Optionen, Futures, Steine, Bäume, Schwiegereltern. Nun, vielleicht nicht gerade Schwiegereltern, aber wir fragen Sie noch einmal: „Sind Sie bereit?"

Die Bühne ist bereit für ein unglaubliches Drama, das sich ganz sicher in den nächsten 5 bis 10 Jahren abspielen wird, und diejenigen, die sich heute darauf vorbereiten, die sich jetzt ausbilden lassen, haben eine gute Chance, die neuen Titanen in dem neuen Spiel an der Wall Street zu werden.

Es ist ein neuer Tag, und wem das nicht gefällt, der sollte lernen, es zu akzeptieren, denn die selbstbewussten Trader sind entschlossen, sich durchzusetzen.

Wie kam es zu dieser neuen Revolution?

In den letzten 10 Jahren gab es eine Reihe bemerkenswerter Entwicklungen, die das ausgelöst haben, was meines Erachtens eine phänomenale Revolution ist, die noch in den Kinderschuhen steckt:

1. Der Provisionsverfall während der letzten Dekade hat die potentielle Rentabilität sowie die Plausibilität des kurzfristigen Tradings erhöht. Vor diesem Verfall kamen nur Institutionen und Privatleute mit hohem Nettoeinkommen in den Genuss von niedrigen Provisionen. Heute ist der Zugang zum Wertpapiermarkt schon für ein paar Cent zu haben.
2. Ein weltweiter Zusammenbruch der Zinssätze hat den Besitz von Wertpapieren zu einem absoluten Muss werden lassen. Diese Veränderung hat zusammen mit einer schnell zunehmenden Hausse-Haltung zu einem höheren Standard an Wissen und zu einem steigenden Wunsch nach Selbstbestimmung geführt.
3. Umwerfende technologische Fortschritte haben geholfen, Main Street und Wall Street näher zusammenzubringen. Als Ergebnis haben Groß und Klein, Arm und Reich, Neuling und Profi gleichermaßen mit einem Mausklick direkten Zugang zu den größten Börsen der Welt, einfach so aus ihrem eigenen, bequemen Wohnzimmer. Diese technologischen Wunder haben geholfen, das Spielfeld für den Einzelnen zu ebnen. Sie haben die Zugangshindernisse entfernt und damit auch viele der unfairen Vorteile, die bis dahin nur die Elite-Mitglieder des „Clubs" genießen konnten.

4. Neue Regeln für die Auftragsausführung haben die Funktionsweise der Wall Street für immer verändert. Diese kürzlichen Änderungen sorgten nicht nur für mehr Fairness bei der Behandlung unserer Aufträge durch Firmen, sondern sie halfen dem Anwender auch mit einem Hilfsmittel, das letztendlich die Art und Weise der Finanzwelt, Geschäfte zu machen, verändern wird: dem ECN, besser bekannt als Electronic Communication Network.
5. Last, but not least, kommt noch das Internet. Seit der Erfindung des Telefons durch Alexander Graham Bell hat es nichts mehr gegeben, das unser Denken und Leben so radikal verändert hat. Heute ist die Informationskluft zwischen Quelle und Empfänger nahezu null. Dank des Internets sind wir eine wirklich globale Gesellschaft geworden. Ein lokaler Konsument ist jetzt ein globaler Konsument. Ein Student auf dem Sycamore Drive in North Carolina ist jetzt ein Welt-Student, und ein Unternehmen, das früher seine Marktlücke im nordöstlichen Teil der Vereinigten Staaten behauptete, kann heute daran arbeiten, seine Marktlücke auf die ganze Welt auszudehnen. Das Internet beeinflusst unser Denken, Gehen, Sprechen und Lieben im nächsten Jahrtausend, und wer die damit verbundenen Veränderungen nicht annimmt, wird in den kommenden Jahren Teil der prähistorischen Geschichte werden.

Was ist ordentliches Trading?

Ordentliches Trading ist in vieler Hinsicht ein Nebenprodukt des ordentlichen „Denkens". Was dieses Buch zuallererst beabsichtigt, ist das Anzetteln einer Revolution in Ihrem Kopf. Das wird Ihre Sicht- und Denkweise bezüglich der Börse verändern. Eine der ersten Lektionen ist zum Beispiel, dass „Sie nicht einfach nur mit Aktien handeln, sondern mit Leuten." Viel zu viele Börsenneulinge realisieren nicht, dass es bei jedem einzelnen ihrer Trades auch jemanden auf der anderen Seite dieses Trades geben muss. Jedes Mal wenn Sie kaufen, verkauft jemand auf der anderen Seite der Transaktion die Aktie an Sie. Jedes Mal, wenn Sie verkaufen, kauft jemand auf der anderen Seite diese Aktie von Ihnen. Die 64K-Frage ist: „Wer ist cleverer?" Sind Sie das, oder ist es die Person oder Gesellschaft auf der anderen Seite Ihres Trades? Dieses Buch stellt sicher, dass Sie der Clevere sind, indem es Sie in der hohen Kunst des Umgangs mit Leuten trainiert.

Wir zeigen Ihnen, dass für ein erfolgreiches Trading die Fähigkeit erforderlich ist, zwei Arten von schlecht informierten Individuen zu finden: diejenige, die bereit ist, Ihnen die gewünschte Ware zu billig zu verkaufen, und diejenige, die bereit ist, Ihnen diese Ware zu teuer abzukaufen.

Mit anderen Worten, und ich hoffe, das hört sich nicht zu barsch an, erfolgreiches Trading ist die Kunst, einen Trottel zu finden. Dieses Buch stellt sicher, dass nicht Sie dieser Trottel sind.

Wir glauben, dass Day-Trading einen viel breiteren Rahmen hat, als die meisten Leute denken. Leider haben viele Leute innerhalb und außerhalb der Branche irrtümlich festgestellt, dass Day-Trading eine rasante Schnellfeuer-Kauf-und-Verkaufs-Manier ist, die niemals eine Position über Nacht offen lässt. Das ist zwar eine Form des Day-Tradings, aber es ist nicht die einzige Form.

Wir sind der Meinung, dass Sie per Definition ein Day-Trader sind, wenn Sie Ihre Trades auf einer Tag-für-Tag-Basis abwickeln und wenn Sie die Börsen täglich aufmerksam und konzentriert verfolgen. Andererseits sind Sie kein Day-Trader, wenn Sie gegenüber der Börse die, wie wir sie nennen, Rip-van-Winkle-Einstellung haben, was so viel bedeutet, wie eine Aktie kaufen, ein fünf Jahre dauerndes Schläfchen machen und hoffen, dass alles okay ist, wenn Sie aufwachen.

Es ist sehr wichtig, zu verstehen, dass Day-Trading nicht gleichbedeutend mit Anlegen ist. In vieler Hinsicht verhalten sich diese beide Aktivitäten genau gegensätzlich.

Was will dieses Buch erreichen? Was bringt es mir?

Dieses Buch ist dazu gedacht, selbständigen Tradern zu helfen, das nötige Wissen und die notwendigen Tools zu bekommen, um mit Intelligenz und einem gut ausgedachten Trading-Plan an die Börse zu gehen. Mit anderen Worten, es hilft Ihnen zu erkennen, was zu tun ist, aber das ist noch nicht alles, denn das Wissen, „was" zu tun ist, garantiert noch nicht, dass Sie es auch wirklich tun. Da sich 85 Prozent des Tradings im psychischen Bereich abspielen, helfen wir Tradern auch, mit einigen der psychischen und emotionalen Herausforderungen umzugehen, mit denen jeder aktive Börsenteilnehmer konfrontiert wird.

Welche Methode benutzen Sie für die Auswahl Ihrer Aktien?

Sie haben eine technische Orientierung. Sie basiert auf einer Reihe sehr zuverlässiger Chartmuster, die wichtige kurzfristige Verschiebungen der Börsenstimmung darstellen. Es gibt sicherlich Chartmuster, die darstellen, wenn eine Veränderung im Kräfteverhältnis von Käufern und Verkäufern eingetreten ist. Wir werden Ihnen nicht nur zeigen, wie Sie diese Chartmuster deuten, sondern wir werden Ihnen auch helfen, Taktiken und Strategien zu entwickeln, um sie effektiv auszunutzen.

Charts sind die Fußabdrücke des Geldes. Und ich will Ihnen etwas sagen: Sie lügen nie. Sie sind wie Röntgenaufnahmen, die einem Arzt einen tieferen Blick in das Innere seines Patienten gewähren. Im Fall des Traders ist die Börse der Patient.

Wir haben zum Beispiel herausgefunden, dass Aktien, die gerade ein hohes Momentum haben, in der Regel 3 bis 5 Tage korrigieren (oder ruhen), bevor sie ihre Aufwärtsbewegung wieder aufnehmen. Dieses 3 bis 5 Tage dauernde Absinken bietet eine einmalige Chance für den geübten Swing-Trader. Wir zeigen Ihnen in diesem Buch, wann der Trader zuschlagen, wo er seinen vorbeugenden Stop platzieren und wonach er beim Trade Ausschau halten sollte.

Teil EINS

Der Weg zur Weisheit für den Master Trader

Vorbereitung auf das richtige Denken

Trading-Taktiken und -Techniken haben wenig oder gar keinen Wert, wenn der Verstand, der hinter diesen Techniken steht, nicht gut vorbereitet wurde. Dieser Abschnitt ist speziell dafür gedacht, den Verstand des Traders häppchenweise mit Körnern der Weisheit zu pfeffern, die dann im Laufe der Zeit keimen und zu einem höheren Bewusstsein und einem tieferen Verständnis führen werden. Wir nennen das Horizont. Eine der am wenigsten beachteten Wahrheiten ist die Tatsache, dass die größten Reichtümer eines Traders in seinem Denken liegen und nicht in den angewandten Methoden. Gesunde Methoden verweisen auf einen Trader mit gesundem Verstand. Um es noch anders auszudrücken: „Geordnetes Trading ist gleich geordnetes Denken". Wir sind fest davon überzeugt, dass ein Trader, der den folgenden Abschnitt liest und verdaut, danach eine reifere Denkweise hat. Jedes Mal, wenn diese Körner der Weisheit verarbeitet werden, verhelfen sie zu einem tieferen Verständnis, zu einer erhöhten geistigen Wahrnehmung und einer größeren emotionalen Beherrschtheit. In diesen kurzen Abschnitten finden Sie die wertvollsten Körner der Weisheit für den erfolgreichen Trader. Diese zeitlosen Edelsteine haben das Trading-Leben von Menschen in der ganzen Welt über unseren täglichen Newsletter Pristine Day Trader bereichert. Wir sind sicher, sie werden auch Ihnen zu einem reicheren und erfüllteren Börsenleben verhelfen.

* * *

Sicherlich werden Sie bei vielen der folgenden Themen Wiederholungen finden, aber wir haben immer die Meinung vertreten, dass Wiederholung sehr wertvoll sein kann. Wenn etwas in einem bestimmten Zusammenhang nicht verstanden wurde, so kann es unter Umständen bei einer weiteren Erklärung plötzlich leicht nachvollzogen werden. Genießen Sie Ihre ersten Schritte auf dem Weg zur Trading-Meisterschaft.

1 Einführung des Master Traders

Verstehen Sie die Welt der Master Trader

Kennen Sie die Kosten?

Was kostet es, ein Master Trader zu sein? Auch wenn der tatsächliche Preis schwierig festzulegen ist, so sind wir doch lange genug im Trading-Business, um zu wissen, dass er höher ist, als die meisten Leute denken. Und in den meisten Fällen liegt er auch weit über dem, was die meisten zahlen wollen. Zeigen Sie mir jemanden, der seinen Job aufgeben will, um Day-Trader zu werden, und ich zeige Ihnen jemanden, der wahrscheinlich gar nicht weiß, was es heißt, Day-Trader zu sein. Wer denkt, dass es ein Spiel ist, das man in ein paar kurzen Monaten erlernen oder beherrschen kann, macht sich selbst etwas vor. Es erfordert nicht nur viele Monate oder sogar Jahre unablässiger Bemühungen, um wirkliche Börsenkenntnisse zu erlangen, sondern man muss auch erst alle vorstellbaren Verlustmöglichkeiten durchlaufen und erfahren haben, bevor sich Meisterschaft einstellt. Die traurige Wahrheit ist, dass die Schmerzen, die Agonie, die Narben eines erfahrenen Traders in der Regel sehr langwierig und tief sind. Wenn angehende Börsen-Asse nicht über ein großes Maß an Mut verfügen – oder wenn sie zu wenig entschlossen oder ohne Leidenschaft sind – und wenn sie nicht bereit sind, alles aufs Spiel zu setzen, dann werden sie einfach nicht durchhalten. Diejenigen, die sich wirklich nach Börsenerfolg sehnen, müssen mit ihrem Blut, ihrem Geld und einem großen Teil ihres Lebens bezahlen. Das Lehrgeld ist hoch. Das steht außer Zweifel. Aber der Gewinn derjenigen, die bereit sind, dieses Lehrgeld zu bezahlen, ist unermesslich. Erfolgreiche Trader genießen eine Unabhängigkeit, die sich die meisten gar nicht vorstellen können. Ein Notebook und ein Telefonanschluss geben ihnen die Freiheit, von jedem beliebigen Ort der Erde zu handeln und Gewinne zu machen. Sie können in zwei Stunden mehr Geld verdienen als die meisten Leute in einem Monat. Mit einem Mausklick und dem Drücken von ein paar Tasten können erfolgreiche Trader all ihre materiellen Wünsche erfüllen und sich vor den Alltagssorgen schützen, die normalerweise die schwachen und durchschnittlichen Leute plagen. Indem sie richtig auf die elektronischen Impulse auf ihren Bildschirmen reagieren, können sich Trader eine Welt nach ihrer Wahl schaffen, einen Lebensstil jenseits der wildesten Träume verwirklichen und dabei sicher sein, dass niemand auf der Welt ihnen das wegnehmen kann. Aber um das zu erreichen, müssen Sie durchhalten! Um die luftigen Höhen zu erreichen, von denen ich spreche, müssen Sie überleben, egal wie schwierig das ist. Und das ist keine leichte Aufgabe. Wenn Sie also wirklich bereit sind, den Preis zu bezahlen, ist das der beste Rat, den ich Ihnen geben kann. Entwickeln Sie einen Plan, suchen Sie sich einen Mentor, von dem Sie lernen können, und geben Sie niemals auf! Fassen Sie den festen Entschluss, dass Sie entweder siegen oder untergehen. Und dann arbeiten Sie mit Ihrem unerschütterlichen Entschluss die Details aus. Sie können es schaffen. Wir wissen, dass es möglich ist, denn wir haben es geschafft.

Der Weg zur Trading-Weisheit

Sie müssen erkennen, dass das Lehrgeld für die Meisterschaft im Trading hoch ist. Dann, falls Sie diese Kosten akzeptieren, beschließen Sie, dass ein erfolgreiches Leben für Sie zur Hauptantriebsfeder wird. Schüren Sie die Flamme Ihrer Leidenschaft, bis sie sich in den weiß glühenden Wunsch verwandelt, die Meisterschaft im Trading zu erreichen. Machen Sie es sich zur Lebensaufgabe, alle Hindernisse auf dem Weg zum Erfolg zu überwinden, ohne jemals ans Aufgeben zu denken. Dieser brennende Wunsch nach Trading-Meisterschaft ist der Wind in den Segeln jedes erfolgreichen aktiven Traders. Genau das ist es, was dem neuen Trader die Fähigkeit verleiht, dieses erste Jahr voller Fallen zu überleben.

Ein paar Tools genügen dem Master Trader

Für mich war es immer eine Erleichterung, dass ein äußerst erfolgreicher Trader nur ein paar Trading-Tools beherrschen muss. Die meisten Möchtegern-Trader werden von der falschen Vorstellung behindert, dass man über unzählige Jahre Erfahrungen und einen Reichtum an Wissen angehäuft haben muss, bevor man mit dem Trading seinen Lebensunterhalt verdienen kann. Das ist nicht nur total falsch, sondern genau das Gegenteil kommt der Wahrheit in Wirklichkeit näher. Tatsächlich habe ich die Erfahrung gemacht, dass jemand mit einem begrenzten Trading-Wissen viel bessere Chancen hat, ein effektiver Börsenteilnehmer zu werden, als jemand mit so genannter langjähriger Erfahrung. Warum? Weil unterschiedliche Börsenerfahrungen, die nicht korrekt eingesetzt und interpretiert werden, nur dazu führen, dass sich ungenaue Ansichten kristallisieren. Und wenn sich ungenaue Ansichten im Laufe der Zeit breit machen dürfen, entwickeln sie sich unter Umständen zu aufgeblasenen, falschen Ideologien, die letztendlich zum Ruin des Traders führen. Wissen ist Macht, aber nur, wenn es das richtige Wissen ist. Wenn Sie nur zwei oder drei der vielen Trading-Techniken aus dem Abschnitt über Taktiken in diesem Buch beherrschen, sind Sie auf dem richtigen Weg, ein beständig profitabler Trader zu werden. Es sind buchstäblich nur zwei oder drei funktionierende Techniken nötig, um an die Spitze des Spiels zu kommen, das wir Trading nennen, und wir sind sicher, dass Sie mehr als genug davon in diesem Buch finden werden.

Der Weg zur Trading-Weisheit

Die besten Trader sind Minimalisten. Sie suchen zwei oder drei Taktiken oder Techniken, die immer funktionieren. Haben sie diese erst einmal gefunden, wenden diese Trader sie einfach immer wieder an. Wiederholung kann tatsächlich wertvoll sein.

Suchen Sie den Erfolg im Hier und Jetzt

Ein Rückblick, um zu verstehen, wann und warum die Börse sozusagen in Krebsstellung gegangen ist, hat seine Berechtigung. Aber es gibt nichts Wertvolleres, als zu wissen, warum sie in Krebsstellung gehen wird, bevor dies zur Tatsache wird. Wenn das stimmt, warum fühlen sich dann so viele Wall-Street-Analysten und Börsentechniker wohler, wenn sie in die Vergangenheit blicken? Wahrscheinlich, weil eine Vorausschau erforderlich macht, dass jemand auf die Bühne tritt und seinen schwer verdienten Ruf aufs Spiel setzt. Das erfordert nicht nur, dass jemand einen Berg Hausaufgaben erledigt, es erfordert auch, dass jemand die Ergebnisse seiner Studien dem Rest der Welt bekannt gibt. Und wir müssen Ihnen nicht sagen, dass wir in einer sehr kritischen Welt leben. In Anbetracht des Risikos ist es nicht verwunderlich, dass die Firmen und Dienstleister, die am meisten zu verlieren haben, auch am zögerlichsten sind, wenn es darum geht, einen Vorstoß zu wagen. Und genau hier sind Serviceleistungen wie The Pristine Day Trader, wenn wir das erwähnen dürfen, sowie viele andere eingestiegen. In den letzten 6 Jahren hat das Internet vielen zusätzlichen Firmen und Börsenserviceleistungen geholfen, die mutig genug und bereit waren, sich mit all diesen überaus wichtigen Vorausblicken auf die Bühne zu stellen. Wir sind überzeugt, dass der aktive Börsenteilnehmer in der heutigen Welt aus diesen Firmen und Dienstleistungen mehr Vorteile ziehen kann als aus den etablierteren Titanen der Wall Street, für die bei solchen Schritten viel mehr auf dem Spiel steht.

Im Laufe von nur wenigen Jahren hat es unser Service geschafft, eine weltweite Gefolgschaft aus 48 Ländern anzuziehen. Warum? Warum wir so dominant geworden sind? Es ist ganz einfach. Weil wir – und andere Firmen dieser neuen Generation – bereit waren, jeden Tag unseren Ruf zu riskieren, indem wir Ihnen, so gut wir konnten, mitgeteilt haben, was passieren wird. Wir verschwenden wenig Zeit auf das, was bereits passiert und nur von geringem akademischem Wert ist. Der Großteil unserer Bemühungen richtet sich darauf, was nach unserem Dafürhalten passieren wird. Und die heutigen Börsenteilnehmer, die wesentlich besser ausgebildet sind als ihre Vorgänger in der Vergangenheit, haben damit Erfolg.

Es gibt natürlich wie bei allem eine Kehrseite, die wir auf keinen Fall vernachlässigen dürfen. Auch wenn wir das Gefühl haben, dass Vorausschau an der Börse extrem wichtig ist, während der Rückblick weniger wichtig erscheint, so ist es dennoch nicht immer hilfreich, seine Gedanken und/oder Börsenansichten zu weit in die Zukunft zu projizieren. Deshalb sind wir auch nicht sonderlich daran interessiert, was in acht Monaten passieren wird. Das ist in Wirklichkeit nur ein Vorwand, hinter dem sich ein ungeheurer Mangel an Talent vor den kritischen Blicken versteckt und in Sicherheit bringt. Als ehemaliger Manager eines Hedge-Fonds und verantwortlich für die regelmäßige Abgabe von Börseneinschätzungen lernte ich sehr schnell eine weit verbreitete geheime Faustregel der Wall Street, und es wundert mich, dass nur ein begrenzter Teil der investierenden Öffentlichkeit davon Kenntnis nimmt. Die Regel lautet: Wenn du unsicher und von Zweifeln geplagt bist, gib deine Börsen-Einschätzung für sechs bis acht Monate ab. Das verschafft einem eine ganze Menge Zeit, in der man vielleicht den richtigen Hinweis erhält. Sollte dieser ausbleiben – und das ist meistens der Fall –, dann können Sie immer noch Ihre Ansicht ändern (die Öffentlichkeit hat ein kurzes Gedächtnis) oder einfach eine andere Einschätzung abgeben, die Ihnen wieder sechs bis acht Monate Zeit für eine Prognose verschafft. Das ist zweifellos pathetisch. Die wahren Talente, auch wenn sie selten sind, brauchen sich nicht hinter einer Zeitspanne von sechs bis acht Monaten zu verstecken. Sicher haben sie nicht immer Recht. Aber sie sind zuversichtlich und bereit, sich jeden Tag auf die Bühne zu stellen und, wenn nötig, zu sagen: „Das ist es, worauf Sie unserer Meinung nach achten sollten, und das ist es, wie Sie unserer Meinung nach davon profitieren können." Jedes Mal, wenn ich so eine mutige Aktion eines Analysten, Newsletters oder Trading-Service höre, tippe ich als Erstes respektvoll an meinen Hut. Als Zweites versuche ich, sie kennen zu lernen, entweder über ihren Service oder, wenn möglich, sogar persönlich.

Das Ganze verfolgt einen Zweck. Soweit wir als Trader betroffen sind, ist unsere Domäne das Hier und Jetzt. Wir leben weder in der Vergangenheit, noch gehen wir der Realität des Augenblicks aus dem Weg, indem wir uns mit der fernen Zukunft beschäftigen. Als aktive Börsenteilnehmer bewegt sich unser ganzes Dasein um die nächsten zwei bis möglicherweise zehn Tage. Haben Sie das verstanden? Schreiben Sie es auf. Mit anderen Worten, wir freuen uns darauf, die Börse in leicht verdauliche Perioden von zwei Tagen bis zwei Wochen zu zerlegen. Schreiben Sie auch das auf. Wenn wir Recht haben, werden wir einen Haufen Geld verdienen. Wenn wir Unrecht haben – und das passiert manchmal –, werden wir uns schnell aufrappeln und weitermachen. Es gibt immer die nächste Periode von zwei bis zehn Tagen, um Recht zu haben. Aber auch wenn wir das Ziel unserer Projektion für zwei bis zehn Tage nicht erreichen, so haben wir wenigstens nicht ganze acht bis zwölf Monate unseres Trader-Lebens verschwendet, um am Ende komplett falsch zu liegen. Das wäre laut unserem Buch ein Verbrechen: Ein Verbrechen, das in dieser sich schnell verändernden Welt wahrscheinlich nicht mehr gutzumachen wäre. Warum dann überhaupt dieses Risiko eingehen?

Der Weg zur Trading-Weisheit

Verschwenden Sie nicht zu viel Energie auf Rückblicke. Begegnen Sie der Börse mit einem Blick nach vorn, der sich über die nächsten zwei Tage oder zwei Wochen erstreckt. Wir Trader können nicht in der Vergangenheit handeln, und wir haben ganz sicher nicht die Gabe, sehr weit in die Zukunft zu blicken. Wir haben jedoch Kontrolle über die Zeitspanne, in der wir uns gerade befinden. Da es keinen besseren Ausdruck gibt, nennen wir diese Zeitspanne das Hier und Jetzt. Und genau hier finden wir Trader die Bestätigung, den Erfolg und die Genauigkeit, wonach wir streben.

Warum der Master Trader Charts benutzt

Ein Großteil unserer Börsenarbeit basiert auf technischen Analysen, die unserer Meinung nach dem kurzfristigen Trader eine solidere Basis für intelligente Kauf- und Verkaufsentscheidungen bieten. Viele Trader wissen aus eigener Erfahrung, dass auch die fundamental gesündesten Unternehmen innerhalb von Tagen, ja sogar Stunden, um 2 oder 10 US-Dollar fallen können, während fundamental schwache Unternehmen steigen und sich genau entgegengesetzt verhalten können. Fundamentale Daten sind am wertvollsten, wenn man eine Aktie über den Zeitraum von $1^1/_2$ bis 5 Jahren betrachtet. Technische Daten, wie bewährte Kursmuster, Unterstützung und Widerstand, Volumen-Charakeristika, institutionelle Akkumulierungen/Verkäufe, Ausbrüche nach oben und unten usw., sind dagegen die Hilfsmittel der Wahl für kurzfristige Trader, da sie auf dem Hier und Jetzt basieren, über das wir vorher gesprochen haben. Vor allem anderen müssen Sie allerdings realisieren, dass technische Daten und Chartmuster nur Hinweise sind, nicht mehr und nicht weniger. Sie helfen dem Trader, die Bedingungen eines bestimmten Spiels einzuschätzen, die bestehenden Vorteile und Risiken in diesem Augenblick zu sehen. Sie sind keine Garantie. Und sie sind nicht idiotensicher. Und sie können ganz bestimmt keine absolute Sicherheit bieten. Aber andererseits, wer kann das schon? Aber als Barometer für die Wahrscheinlichkeit eines bestimmten Ereignisses sind technische Daten und Charts unserer Meinung nach konkurrenzlos.

Nun erlernen viele schlecht informierte Anfänger ein bestimmtes technisches Konzept, wie zum Beispiel Kursstützung, haben damit keinen Erfolg und nehmen fälschlicherweise an, dass es unzuverlässig und nutzlos ist. Das ist ein riesiger Fehler, der wie die Pest gemieden werden sollte. Ein wacher Trader lernt aus einem technischen Konzept, mit dem er keinen Erfolg hat, genauso viel, wenn nicht sogar mehr, als wenn er damit erfolgreich war. Falls sich eine Kursstützung, die sich viermal hintereinander als zuverlässig erwiesen hat, plötzlich als Flop herausstellt, so ist das eine wertvolle und nützliche Information. Hier hat unserer Meinung nach nicht das Konzept versagt. Das ist ein technisches Konzept, das die wichtigste und wertvollste aller Botschaften klarmacht: die Botschaft der Veränderung. Schauen wir uns das Ganze in einem Beispiel an. Mitte Oktober 1998 durchbrach Intel Corporation ein starkes 3-monatiges Stützungslevel bei 90 US-Dollar. Zweifellos gab es Leute, die das beobachteten und sagten: „Siehst du, wie unzuverlässig die Technische Analyse ist? Die Kursstützung hat versagt!“ Viele dieser Kritiker waren genau diejenigen Seelen, die vom nachfolgenden Absinken von Intel Corporation auf 70 US-Dollar betroffen waren. Nein, beim

Durchbruch der Kursstützung der Intel Corporation bei 90 US-Dollar hat das technische Konzept nicht versagt. Es war eine Botschaft: und zwar eine, von der sich viele wünschten, dass sie sie verstanden hätten!

Der Weg zur Trading-Weisheit

Fundamentale Daten sind zwar wichtig, aber sie helfen dem Trader nicht bei der Einschätzung von Risiko und Zeitfaktoren im Hier und Jetzt. Dabei übertreffen technische Daten und Charts die fundamentalen Daten. Es wäre der Gipfel der Naivität, zu glauben oder zu erwarten, dass Chartkonzepte immer funktionieren. Sie tun es nicht. Ab und zu versagen sie, aber auch wenn das der Fall ist, vermitteln sie dem wachen Trader wertvolle Botschaften. Der Trader muss nur noch lernen zuzuhören.

Charts lügen nicht!

Es gibt viel zu viele Gelegenheitsbörsianer, die nicht die leiseste Ahnung haben, worum es bei der Technischen Analyse oder der Kunst des Chartlesens geht. Das ist nicht unbedingt ihre Schuld; das Traurige dabei ist jedoch die Tatsache, dass viele dieser schlecht informierten Leute unter den lautesten Kritikern dieser Kunst zu finden sind. Wie schon vorher erwähnt, sind Kurscharts nichts anderes als eine graphische Darstellung davon, was wir die „Fußspuren" des Geldes nennen. Sie zeigen, wie die menschliche Psyche arbeitet und wie sich Angst, Gier und Unsicherheit zyklisch wiederholen. Wir haben an diesen Charts immer geschätzt, dass sie Fakten wiedergeben. Sehen Sie, ein wichtiger Geldmanager kann sein Gesicht auf CNBC, MSNBC oder MoneyLine zeigen und Ihnen vorlügen, wie begeistert er von einer Aktie ist, während alles, was er wirklich will, die Schaffung von genügend Kaufkraft ist, um seine Riesenblocks an Verkaufsaufträgen loszuwerden. Und wissen Sie was? Der Chart lügt nicht. Jeder Verkaufsauftrag ist in dem Augenblick, in dem er abgegeben wird, im Chart zu sehen, und das Volumen würde anzeigen, wie groß dieser Auftrag ist. Dank der Charts können wir ausrufen: „Geschafft!" Ein wichtiger Analyst kann einen Brokerbericht veröffentlichen, in dem er feststellt, wie die Chancen von XYZ für eine Dominanz in seiner Industriebranche stehen, und Sie sind in der Lage zu beurteilen, ob das stimmt. Wie? Wenn der Chart dieser Aktie schneller steigt als derjenige der entsprechenden Industriegruppe, können Sie zuversichtlich sagen: „Dieser Analyst ist mein Freund." Wenn der Chart aussieht wie eine Treppe zu den Tiefen des

Fegefeuers, dann können Sie sagen: „Erwischt, Bursche. Entweder bist du ein Schwindler, oder du weißt nicht, worüber du sprichst!" Ertragsberichte können mit Hilfe phantasievoller Buchführung ein falsches Bild malen, aber Charts lügen nicht. Ein CEO kann eine Konferenz abhalten und stolz ungenaue Feststellungen über das Unternehmen abgeben, aber der Chart würde niemals lügen. Anleger und Trader, egal ob große oder kleine, wetten mit ihrem Geld, nicht mit ihrem Mund. Nun sind die Wetten vielleicht nicht immer richtig, aber letztendlich wissen Sie, dass diese Wetten (Käufe und Verkäufe), aus denen ein Chart besteht, auf echten Überzeugungen, auf echtem Glauben basieren. Und für den Fall, dass Sie es vergessen haben. Ein Chart besteht aus all diesen einzelnen Wetten. Charts lügen nicht.

Der Weg zur Trading-Weisheit

Jede Aktienbewegung wird von einer dieser drei Emotionen ausgelöst: Gier, Unsicherheit und Angst, wobei Unsicherheit eine Art Pit-Stop zwischen Gier und Angst ist, den beiden stärksten Gefühlen. Wenn die dominierende Gruppe der Aktionäre von Gier angetrieben wird, steigt die betreffende Aktie. Wir nennen das die Bullenphase. Wenn die dominierende Gruppe der Aktionäre einer bestimmten Aktie gerade unter Angst leidet, dann wird die Aktie kontinuierlich fallen. Wenn die dominierende Gruppe unsicher ist, sozusagen am Zaun steht, werden sich die Kurse in einem Seitwärtsmuster stabilisieren, als ob sie für kurze Zeit nicht wüssten, wo sie hingehören oder in welche Richtung sie wandern sollen. Charts geben uns die Möglichkeit, schnell zu erkennen, wie die wirklichen Börsianer jeder beliebigen Aktie gerade handeln. Charts lügen nicht. Sie enthüllen, was diese wichtigste aller Gruppen fühlt und tut. Wenn Sie es versäumen, Charts in Ihre Analyse einzubeziehen, dann gehen Sie das Risiko ein, einer dieser naiven, gutgläubigen Trottel zu sein, von denen die gut Informierten profitieren. Einfach ausgedrückt: Der kluge Trader kann es sich nicht leisten, ohne Charts zu arbeiten.

Auf den Fußspuren des Geldes

Die meisten unserer potentiellen oder neuen Abonnenten sind etwas besorgt, wenn sie entdecken, dass ein Großteil, wenn nicht sogar unsere kompletten Analysen auf Chartmustern und anderen technischen Indikatoren basieren, im Gegensatz zu den konventionelleren fundamentalen Informationen. Historisch gesehen fühlt sich die investierende Allgemeinheit wohler, wenn sich eine

Analyse nach Daten wie dem Ertrag eines Unternehmens, seinem KGV, seiner Verschuldung, den industriellen Entwicklungen usw. richtet. Technische Daten, wie sich häufig wiederholende Chartmuster, Kursausbrüche, steigendes Volumen, Reversal Times, Moving Averages, usw., wurden nicht nur kritisiert, sondern auch geächtet und als Hokuspokus-Unsinn abgetan. Die Wahrheit ist allerdings, dass die Technische Analyse, oder das Charting, um genauer zu sein, nichts anderes ist als die Kunst, dem Fluss des Geldes zu folgen. Und für den Fall, dass Sie es noch nicht gewusst haben: Geld lügt nicht. Sehen Sie, Anleger, Analysten und Wall-Street-Firmen können und werden immer sagen, was ihnen gefällt. Sie verbreiten ihre Meinungen und Ratschläge sehr frei und großzügig. Aber nachdem alles gesagt und getan ist, zeigen sich ihre wahren Überzeugungen nur, wenn man ihre Wettplatzierungen beobachtet, nämlich wann und wo sie ihr Geld ausgeben. Ich kann Ihnen gar nicht sagen, wie oft eine Brokerfirma eine Aktie auf „buy“ heraufstuft oder bestätigt, wenn in Wirklichkeit ihr größter institutioneller Kunde auf ihren Rat hin dieselbe Aktie verkauft. Haben Sie eine Vorstellung, wie oft ein Unternehmensdirektor oder jemand aus dem oberen Management einer Firma begeisterte Bemerkungen über die Zukunftsaussichten seines Unternehmens macht, während jeder Angestellte vom CEO bis zum Laufburschen die Aktie auf dem Sekundärmarkt verkauft? Geld bringt die Wahrheit ans Licht. Folgt man seinen Spuren, so kann man hinter die Fassade, das täuschende Äußere blicken. Es zeigt die wahren Absichten der wichtigen Spieler. Und deshalb benutzen kluge Trader Charts. Denken Sie darüber nach. Ist denn ein Kurschart etwas anderes als Fußspuren, die das echte Geld hinterlässt? Sicher, Erträge und all diese Dinge sind auch wichtig. Aber Aktien werden nicht von Zahlen und Berichten bewegt. Das kann nur Geld. Deshalb sagen wir auch, zeigt uns keine Berichte. Zeigt uns das Geld!

Der Weg zur Trading-Weisheit

Als aktive Trader ähneln wir medizinischen Internisten, die ihren Job erst dann gut machen können, wenn sie in ihre Patienten hineingeschaut haben, nachdem sie ein Röntgenbild gesehen haben. Natürlich können Internisten von ihren Patienten einen vollständigen Bericht darüber bekommen, wie sie sich fühlen und was sie fühlen. Aber guten Ärzten genügt so ein Bericht nicht. Während sie ihren Patienten zuhören, bereiten sie die Patienten für ein Röntgenbild vor, so dass sie sich ihren eigenen „Einblick" verschaffen können. Wenn unsere Ärzte das nicht machen würden, würden wir sie als Quacksalber und Schwindler ersten Ranges bezeichnen. Kurzfristige Trader befinden sich in einer ähnlichen Situation.

Sie werden ständig sowohl von begeisternden als auch von erschreckenden Nachrichten bombardiert, wobei immer Meinung gegen Meinung steht. Jeder, angefangen von den persönlichen Freunden bis zu den Managern der Fortune-500-Unternehmen, will das Denken des Traders beeinflussen, ja sogar das, was er sieht oder glaubt. Wenn kluge Trader auch all das aufnehmen, so wissen sie doch, dass sie erst dann frei von äußeren Einflüssen sind, wenn sie ihren eigenen „Einblick", sozusagen ihre eigene Röntgenaufnahme, gemacht haben. Auf diese Art und Weise zeigen Charts dem Trader, wer lügt und wer die Wahrheit sagt. Mit Hilfe seiner Charts kann er den Geldfluss verfolgen, wann und wo die großen Investoren große Wetten platzieren oder wann sie einpacken und nach Hause gehen. Leute, die großes Interesse daran zeigen, dass wir auf eine bestimmte Art und Weise denken, sollten sehr kritisch betrachtet werden, Charts sind dagegen unsere wahren Freunde. Sie stellen die Fußspuren des Geldes dar. Und für den Fall, dass Sie es noch nicht wissen: Geld ist der beste Freund des Traders. Also warum folgen Sie ihm nicht?

Technische Daten oder Tod

Viele Trader sind ziemlich erstaunt, dass wir unsere Trading-Analysen fast ausschließlich auf technische Faktoren (Volumen, Kursmuster, Momentum usw.) gründen, ohne groß über die Story oder fundamentalen Daten hinter einer Aktie nachzudenken. Wir vertrauen tatsächlich so ausschießlich auf die technischen Daten, dass wir kaum auf die Nachrichten im Laufe des Tages achten, außer CNBC, das wir wegen der Börsen-Updates und gelegentlicher Scherze ansehen (CNBC ist sehr gut darin, eine langweilige Sache unterhaltsam zu machen). Das soll nicht bedeuten, dass Storys oder fundamentale Informationen keinen Wert haben. Wir wollen damit nur sagen, dass der Wert dieser Daten relativ gering ist und manchmal auch irrelevant, wenn es um das kurzfristige Trading geht. Wie kommt das? Nun, lassen Sie uns das erklären. Nehmen wir an, dass wir ein Wertpapier für 20 US-Dollar gekauft haben. Unser Kursziel ist 22,50 US-Dollar, und unser vorsorgliches Stop (im Kopf oder sonst wie), sozusagen unsere Linie im Sand, liegt bei 19 US-Dollar. Plötzlich werden irgendwelche negativen Nachrichten veröffentlicht, und die Aktie fällt weit genug, um unser Stop auszulösen. Was ist das Ergebnis? Ein Verlust von 1 US-Dollar (Provisionen werden der Einfachheit halber vernächlässigt). Nun, betrachten wir das Szenario einmal anders. Dasselbe Wertpapier, das wir für 20 US-Dollar gekauft haben, fällt und löst unser Stop bei 19 US-Dollar aus, ohne erkennbaren Grund. Mit anderen

Worten, der Katalysator war nicht die Veröffentlichung von Nachrichten. Aber ist nicht das Ergebnis, ein Verlust von 1 US-Dollar, dasselbe? Was für einen realen Wert hat es, den Grund für einen Kursabfall zu kennen, wenn Ihr gut ausgedachter Trading-Plan es sowieso vorsieht, an einem bestimmten Punkt auszusteigen? In Wirklichkeit ist dieses Beachten der Gründe sehr häufig eine Falle für den Trader, da es rechtzeitiges Handeln eher noch erschwert. Ich kann Ihnen gar nicht sagen, wie oft es mir schon passiert ist, dass ich wegen einer Nachrichtenstory, eines überbezahlten Wall-Street-Analysten oder irgendwelcher Chatroomgerüchte aus einem Trade ausgestiegen bin, nur um ihn dann in den Himmel schießen zu sehen. Aber ich habe mich auch im umgekehrten Fall extrem schuldig gemacht. Aber all die Jahre der Erfahrung haben mich überzeugt, dass jede unserer Aktionen von einem gut durchdachten Trading-Plan geleitet werden sollte und nicht von irgendwelchen Gerüchten oder Geschichten. Dann bleiben Trader im Angesicht des Chaos diszipliniert. So behalten die besten Trader ihren gesunden Menschenverstand, wenn alle anderen paralysiert und verwirrt sind. Kurz gesagt, so verdienen Master Trader Geld, indem sie nur auf das hören und sich konzentrieren, was zählt: die Bewegung der Aktie. Alles andere ist überflüssig. Alles andere ist Schaumschlägerei. Wir denken, jeder Trader sollte sich stolz den folgenden Satz vorsagen, der von Patrick Henry, dem Vater unserer Revolution stammt: „Ich weiß nicht, welche Richtung die anderen einschlagen, aber was mich betrifft, heißt es technische Daten oder Tod."

Der Weg zur Trading-Weisheit

Nachrichten, Geschichten, Gerüchte und Tipps führen manchmal zu abrupten Bewegungen der betroffenen Wertpapiere. Aber kluge Trader lassen sich von solchen Informationen von außen nicht von ihrem Plan abbringen, besonders dann nicht, wenn es um eine Verkaufsentscheidung geht. Der Grund für den Kursabfall einer Aktie sollte für kluge kurzfristige Trader keine große Bedeutung haben. Sobald sie erst einmal festgelegt haben, bei welchem Kurs sie eine Aktie aufgrund technischer Daten verkaufen, ist alles geregelt. Weder Gerüchte noch Nachrichten ändern diesen Plan. Tradingneulinge, die nach einer Rechtfertigung und einem Grund suchen, um an einem Verlierertrade festzuhalten, stellen sich oft Fragen wie: „Warum fällt XYZ wie ein Stein?" – „Gibt es etwas Neues darüber, warum ABCD untergeht?" Oft führen die Nachrichten, die hinter einem Kursabfall stehen, zu Überlegungen wie: „Oh, diese Nachricht ist gar nicht so schlecht. Vielleicht steigt sie wieder, wenn ich noch eine Stunde oder einen Tag warte." Die Master Trader halten sich unter allen Umständen an ihre technischen

Daten und ihren vorher festgelegten Stop-Loss. Sie handeln, wenn ihre technischen Daten und ihre Stops es vorgeben, und stellen erst später Fragen. Unserer Ansicht nach sollten Fragen von den Seitenlinien aus gestellt werden. Um es anders auszudrücken, Fragen sollten vor und nach der Schlacht gestellt werden, nicht während der Schlacht. Wenn Sie im Schützengraben (in einem Trade) stehen, müssen Sie sich unbedingt an Ihren Plan (Ihre Trading-Strategie) halten, der auf Ihren Karten (Charts) basiert. Denken Sie darüber nach. Würden Sie sich in einem Schützengraben mit jemandem wohl fühlen, der ständig nervöse Fragen stellt?

Gehen Sie nie mit einem stumpfen Messer zu einem Pistolenduell

Da stand ich nun, aufs Korn genommen von einem kanadischen Reporter, der wissen wollte, warum genau The Pristine Day Trader in seinem Heimatland so hoch geschätzt wurde. „Sind Sie ein professioneller Trader?", fragte er. „Ja", antwortete ich. „Wie lange sind Sie schon Trader?", fragte er als Nächstes. „Das sind jetzt zwölf Jahre: sechs als Profi und sechs als Anfänger." – „Waren Sie jemals ein Verlierer?" – „Darauf können Sie wetten. Sogar einer der besten." – „Warten Sie einen Augenblick. Lassen Sie mich das klarstellen", sagte er. „Sie waren ein Verlierer?" – „Ja, und ein ziemlich konsequenter damals." – „Wie lange?", fragte er ungläubig. „Oh, ungefähr vier bis fünf Jahre." An diesem Punkt des Interviews konnte ich feststellen, dass dieser kanadische Reporter sprachlos war. Hier sprach er nun mit Oliver L. Velez, dem Chefredakteur von The Pristine Day Trader, den Barron's als den besten Day-Trading-Service im Netz lobte, und nun hörte er mich einfach sagen, dass ich einmal ein konsequent verlierender Trader gewesen war. „Aber ... aber ... Barron's beurteilte Ihren Service als den besten", fuhr er fort. „Und? Mein Service ist ein Gewinner, aber das heißt noch lange nicht, dass ich niemals ein Verlierer war", gab ich etwas arrogant zurück. Eine peinlich lange Pause folgte, und ich weigerte mich, derjenige zu sein, der das Schweigen brach. Ich begann, sein Unwohlsein zu genießen. „Nun sagen Sie mir noch eines", sagte er schließlich. „Was Sie wollen, Sir." – „Sind Sie jetzt ein Gewinner?" Nun, ich wusste, was der Knabe hören wollte. Er war es nicht gewohnt, mit jemandem zu sprechen, der ihm die kalte, harte, ungeschminkte Wahrheit erzählte. Er war aus dem Gleichgewicht und nicht mehr in seinem Element. Und ich muss zugeben, ich genoss jede einzelne Sekunde. In Wahrheit wollte ich einfach nicht einlenken. Aber ich tat es doch. „Manchmal gewinne ich, Sir", antwortete ich. Eine weitere

Pause folgte. „Die meiste Zeit?", fragte er mit einer nicht zu übertreffenden Neugier. „Na ja, ich gewinne jetzt öfter, als ich verliere." Wieder setzte eine Pause ein. Es sollte seine letzte sein. „Eine letzte Frage, Mr. Velez." – „Schießen Sie los!" „Können Sie verhindern, dass andere verlieren?", fragte er herausfordernd. Hier war also die Falle. Genau hier haben schon so viele Hersteller, Promotion- und Marketingleute anderer Services versagt. Aber nicht ich. Ich war entschlossen, mich nicht von so einer offensichtlich gestellten Falle unterkriegen zu lassen. Ich wusste, dass dieser Bursche alles dafür geben würde, mich sagen zu hören, dass ich die einzige Antwort auf die Gebete aller Trader sei, und er dann hinausgehen könnte, um eine Horde Leute zu finden, die mit meinem Service einen Haufen Geld verloren haben. „Nein! Ich kann nicht verhindern, dass andere Geld verlieren." – „Nun, was können Sie dann überhaupt tun, Mr. Velez? Wenn Sie nicht verhindern können, dass andere Leute Geld verlieren, wofür genau bezahlen Sie diese Leute dann?" Jetzt war ich es, der eine Pause machte. „Um sicherzustellen, dass sie nicht mit einem stumpfen Messer zu einem Pistolenduell erscheinen, Sir!" Er brach in schallendes Gelächter aus.

Die meisten Trader, die unsere Beratung suchen, sind schockiert, wenn wir ihnen erzählen, dass wir aus ihnen keine Gewinner machen können. Nur weil wir Herausgeber eines bekannten Beraterbriefes sind, erwarten sie, dass wir uns als Wunderdoktoren, Traumlieferanten und Garanten für Hoffnung, Glück und massiven Reichtum verkaufen. Wer uns besser kennt, weiß, dass wir niemals etwas in dieser Richtung versprechen oder anpreisen. Sehen Sie, die Wahrheit ist, dass niemand in der Lage ist, die Kunst des Tradings zu übertragen. Wir können nicht durch den Wink mit dem Zauberstab die geistige Einstellung, die mentale Haltung, die Disziplin und das Wesen eines Gewinners übertragen. Nur Sie können das. Nur der Einzelne selbst kann sich das Recht verdienen, ein Gewinner zu sein. Jeder Möchtegerntrader besitzt die Fähigkeit, zu gewinnen, aber diese Fähigkeit liegt im Verborgenen und kann nur vom Einzelnen selbst hervorgeholt werden. Es ist eine persönliche Herausforderung, die kein Mensch dem Trader abnehmen kann. Das Einzige, was wir und andere Mentoren tun können, ist, den Trader anzuleiten und auf seinem Weg zu begleiten. Sogar mit unserem fortgeschrittenen Wissen können wir nur auf die vielen Fallgruben und Fangeisen hinweisen, die einem Traderleben allzu schnell den Garaus machen können. Wir können dem Trader zeigen, was funktioniert und was nicht. Wir können sogar etwas von unserem hart erarbeiteten Wissen abgeben und ein paar Taktiken und Techniken erklären, die sich für uns als zuverlässig erwiesen haben. Aber was immer wir tun, wir können nicht kontrollieren, wie ein Börsianer mit all dem umgeht. Wir können nicht kontrollieren, wie ein Trader denkt oder wie er fühlt und reagiert. Und wir können auf keinen Fall seine Ängste beeinflussen oder seine psychische oder emotionale Einstellung ändern. Wir können sicherstellen, dass er in dieses Spiel mit der kompletten dafür nötigen Ausrüstung geht. Aber nachdem wir sozusagen seine Taschen gepackt und ein paar Worte des Vertrauens und der Ermutigung in sein Ohr geflüstert haben, ist der Trader auf sich selbst angewiesen. Wir können nicht den Ernstfall für ihn übernehmen. Wir können ihn nur vorbereiten. Das ist unsere Mission. Das ist auch der Zweck dieses Buches. Das ist es, wofür uns Trader aus der ganzen Welt bezahlen. Und das ist es, was uns schlaflose Nächte bereitet, wenn wir es erreichen wollen. Wir haben dieses Buch mit nur einem Gedanken geschrieben, nämlich um sicherzustellen, dass Sie niemals nur mit einem stumpfen Messer bewaffnet zu einem Pistolenduell erscheinen!

Der Weg zur Trading-Weisheit

Tradingmeisterschaft kann niemals erreicht werden, ohne vorher ein gewisses Maß an Selbstbeherrschung erlangt zu haben. Die Realität zeigt uns, dass ein Lehrer, egal, ob das ein wirklicher Lehrer oder ein Trading-Service ist, in seiner Möglichkeit, Erfolg beim Trading zu lehren oder aufzuzeigen, eingeschränkt ist. Die einzige Aufgabe, die ein Lehrer zu erfüllen hat, besteht in der Sicherstellung dessen, dass Sie mit der richtigen Ausrüstung und gut vorbereitet in die anstehende Schlacht gehen. Aber Sie dürfen nie vergessen, dass Sie sich in dieser Schlacht behaupten müssen. Niemand kann für Sie kämpfen. Niemand kann Ihren Platz einnehmen oder auch nur die unvermeidlichen Hindernisse aus dem Weg räumen. Nur Sie können den Erfolg erringen. Und mit einer guten Anleitung können und werden Sie das auch.

Zuerst kommt das Wissen, dann der Gewinn

Erfolg ist ein sehr vager Ausdruck, dessen wirkliche Bedeutung von jedem selbst bestimmt werden muss. Warum? Weil jeder von uns seine eigene einmalige Definition von Erfolg hat, davon, was das für ihn bedeutet. Versagen dagegen, das genaue Gegenteil, wird nur durch eines bestimmt, und das ist die Angewohnheit, unwichtige Dinge wichtig zu nehmen. Die meisten Leute verbringen einen Großteil ihres Lebens mit den eher unwichtigen Dingen, mit Dingen von sehr geringem Wert. Schauen wir uns mal ein solches Beispiel an. Unser täglicher Newsletter versucht, zwei potentielle Vorteile zu bieten: Trading-Wissen und Trading-Gewinne. Nun, während den Gewinnen im Allgemeinen die größte Aufmerksamkeit zukommt, stellt Wissen die weitaus wichtigere dieser beiden

Komponenten dar. Ist denn nicht ein 2- oder 3-US-Dollar-Gewinn vorbei, sobald man ihn mitgenommen hat? Wir fürchten schon. Aber das Erlangen eines Bruchteils des Wissens, das diesen Gewinn erst ermöglicht hat, bietet die Chance auf lebenslange Gewinne. Ein berühmtes chinesisches Sprichwort drükkt das am besten aus: „Gib einem Mann einen Fisch, und du machst ihn einen Tag lang satt. Lehre den Mann zu fischen, und er wird sein Leben lang satt sein." Wir bieten ein Ausbildungselement in unserem Newsletter, weil wir wollen, dass die Trader sehen, was wirklich wichtig ist. Wir wünschen uns nichts mehr, als dass sie Gewinne anstreben und machen. Aber bei allem, was sie erreichen, wollen wir, dass sie das nötige Wissen erhalten, das letztendlich nicht nur bestimmt, wie erfolgreich sie im Augenblick sind, sondern wie erfolgreich sie weiterhin bleiben.

Der Weg zur Trading-Weisheit

Wenn es um den Grad der Bedeutung geht, muss Wissen immer an erster Stelle stehen. Kluge Trader achten darauf, dass ihr Streben nach Gewinn hinter ihrem Streben nach Wissen zurücksteht. Trader, die nach Wissen streben, auch wenn es vorübergehend auf Kosten der Gewinne geht, werden entdecken, dass die größten Gewinne schon in der nächsten Zukunft auf sie warten. Wenn zuerst das nötige Wissen sichergestellt wird, folgen die Gewinne nahezu von selbst, und wenn das der Fall ist, sind sie real, authentisch und lange anhaltend. Sammeln Sie Wissen und Erkenntnisse, wo immer Sie können, und Sie werden bald feststellen, dass Ihr Topf überläuft.

Kurzfristiger Zeitrahmen: Der Schlüssel zu größerer Trading-Genauigkeit

Wie wir schon vorher festgestellt haben, sind wir sehr darauf bedacht, unseren Studenten und Abonnenten zu vermitteln, was wir – für einen kurzen Zeitrahmen (zwei Tage bis zwei Wochen) gesehen – über die Börse denken. Es gibt allerdings auch Zeiten, in denen unsere Abonnenten von uns verlangen, dass wir unsere Ansichten über die Börse vom jetzigen Zeitpunkt aus für einen langfristigen Zeitrahmen äußern, damit sie leichter beurteilen können, wie wir uns in den kommenden Monaten verhalten werden.

Inzwischen haben Sie sicher gemerkt, dass wir Börsenangelegenheiten, die über einen Zeitrahmen von ein paar Wochen hinausgehen, keine sehr große

Bedeutung beimessen. Das beruht hauptsächlich auf der Tatsache, dass wir Kurzzeit-Trader sind, aber es gibt auch noch einen weiteren Punkt, der Beachtung verdient. Für uns ist es ganz offensichtlich, dass die Genauigkeit in dem Maß nachlässt, in dem der Zeitrahmen ausgedehnt wird. Die meisten Theoretiker und Wall-Street-Analysten argumentieren jedoch, dass das Gegenteil der Fall ist, was nicht einmal auf einer rein fundamentalen Basis Sinn macht. Ist es nicht eher so, dass die Klarheit der Visionen abnimmt, je größer der Abstand zwischen dem Visionär und seiner Vision ist? Wissen wir denn nicht genauer Bescheid über die Dinge, die in 15 Minuten passieren werden als über diejenigen, die in einem Jahr eintreten werden? Natürlich. Und genauso verhält es sich mit der Börse. Auf einer kurzfristigen Basis kann man eine sehr hohe Genauigkeit erreichen, die durch die unzähligen Umstände, die im Laufe der Zeit eintreten können und werden, immer schwieriger erreicht werden kann. Und das ist genau der Grund, warum wir uns auf einen Zeitraum von zwei bis zwanzig Tagen konzentrieren.

Der Weg zur Trading-Weisheit

Der kluge Swing-Trader weiß genau, dass die Chancen, für die nächsten paar Tage Recht zu haben, viel größer sind als die Chancen, die nächsten paar Jahre richtig zu liegen. Der kluge Day-Trader weiß genau, dass die Chancen, für die nächsten paar Stunden Recht zu haben, viel größer sind als die Chancen, die nächsten paar Tage richtig zu liegen. Und der kluge Mikro-Trader hat verstanden, dass die Chancen, für die nächsten paar Minuten Recht zu haben, um einiges besser sind als für die nächsten paar Stunden. Sie sollten niemals vergessen, dass gute Trader genau wissen, wie sie mit ihren Chancen umgehen müssen. Wenn es auch stimmt, dass man niemals absolut sicher sein kann, haben Trader die Möglichkeit, die Börsenchancen so günstig wie möglich hinzudrehen, indem sie mit einem möglichst kurzen Zeitrahmen arbeiten. Die allerbesten Trader wissen das, und darum sind ihre Börsenbeurteilung und -einstellung sehr kurzfristig orientiert.

Warum der kurzfristige Zeitrahmen der sicherste Zeitrahmen ist

Genau in den unruhigsten Zeiten der Börse sind wir besonders glücklich, dass wir Kurzzeit-Trader sind. Die langfristige Börseneinstellung wird bis an die Grenzen strapaziert, wenn sich die Börse einer Panik nähert. Und wenn auch das Leben für die Trader in diesen aufregenden Zeiten etwas härter wird, so liegen die Vorteile in diesen Phasen immer auf Seiten der Kurzzeit-Börsianer. Warum? Weil gewiefte Trader die Dinge so nehmen können, wie sie Tag für Tag kommen, egal wie schlimm es kommen mag. Der Kurzzeit-Trader kann sich den Luxus leisten, eine Münze zu werfen. Er kann kurz reinschauen und auf der Welle mitschwimmen, er kann mit Lichtgeschwindigkeit die Seiten wechseln und sogar eine Zeit lang vor der Angst kapitulieren. Dann kann er genauso schnell wieder zurückkommen, sobald sich die Stimmung bessert. Es ist eine unumstößliche Tatsache, dass der In-and-out-Trader in Zeiten der Dunkelheit heller scheint, während alles, was auch nur im Entferntesten langfristig erscheint, niedergeschlagen, wenn nicht sogar dezimiert wird. Denken Sie an den drohenden Zusammenbruch des gewaltigen Hedge-Fonds „Long-Term Capital Management" Ende 1998. Hätten nicht die mächtige Federal Reserve und eine Reihe der größten Banken des Landes, wie Merrill Lynch und J. P. Morgan, eingegriffen, so wäre einer der weltweit größten und beliebtesten Hedge-Fonds nur noch Erinnerung gewesen. Nun, ich bin mir nicht sicher, ob es besser gelaufen wäre, wenn der Name „Short-Term Capital Management" gewesen wäre anstatt „Long-Term Capital Management". Aber bei alldem, was ihnen passiert ist, können Sie darauf wetten, dass wir sie zu ernsthaften Überlegungen darüber veranlassen könnten. Und was soll das Ganze, fragen Sie sich. Sie sollen einfach nur glücklich sein, dass Sie Kurzzeit-Trader sind. Wenn es nicht so gut läuft und eine ärgerliche Börse dazu entschlossen zu sein scheint, Sie ihre Macht spüren zu lassen, so kann das wehtun. Aber Sie wissen, dass die Langzeitanleger fast immer mehr zu spüren bekommen. So ist das in der heutigen Welt eben, kurzfristig ist besser.

Der Weg zur Trading-Weisheit

Vor nicht allzu langer Zeit wurde das gewiefte In-and-out-Trading noch als nervenaufreibende, stressige Beschäftigung betrachtet, die nichts als Migräne und Magengeschwüre verursacht. Damals glaubte man außerdem, dass ein langfristiger Aktienbesitz die einzig sichere Möglichkeit war, damit der Aktionär gesund bleibt. Allerdings zwingt die heutige übermäßige Schwankungsanfälligkeit der Börse, zusammen mit ihren häufigen Schwächeanfällen, die in der Regel ein Sinken von 40 bis 60 Prozent mit sich bringen, die Aktionäre zu einer eher kurzfristigen Einstellung. Heutzutage muss man so stressfrei wie möglich bleiben, um ein erfolgreicher Kurzzeit-Trader zu sein. Es ist eine sehr stressige Situation, wenn man beobachtet, wie eine Aktie, die man selbst besitzt, innerhalb von zwei

Wochen um 40 Prozent fällt, während diese Beobachtung von der Seitenlinie aus keineswegs als stressig erscheint. Kurzzeit-Trader können sich nun damit brüsten, dass sie die sicherere Vorgehensweise haben. So, wie wir die Sache sehen, gibt es keine Entschuldigung dafür, eine eigene Aktie um 40 Prozent fallen zu lassen. Die guten Trader würden so etwas niemals zulassen. Warum? Weil sie Folgendes glauben:

1. Wenn Zweifel bestehen, steigt man am besten aus.
2. Man kann jederzeit wieder einsteigen.
3. Das Klären des Depots (verkaufen) klärt auch den Verstand.
4. Es gibt Zeiten, in denen die Börse die Feiglinge belohnt.
5. Ein Verlust von 5 Prozent bei einer Aktie, die um 20 Prozent fällt, ist ein Gewinn und kein Verlust.
6. Eine gute Verteidigung ist manchmal der beste Angriff.
7. Ein Schritt zur Seite garantiert manchmal, dass man am nächsten Tag weitermachen kann.

Eine langfristige Börsenanlage in Fonds und vorsichtig ausgewählte Blue Chips (siehe Kapitel 10) ist auf jeden Fall eine gute Sache als Anlage für den Lebensabend. Aber für Geld, das außerhalb dieser Möglichkeiten eingesetzt wird, herrscht der kurzfristige Zeitrahmen.

Meine drei größten Entdeckungen

Ich möchte mit Ihnen kurz ein paar Entdeckungen teilen, die zu meiner gewinnbringenden Karriere als professioneller Trader führten. Es passiert nicht oft, dass ein Einzelner in der Lage ist, diese ein oder zwei Entdeckungen exakt festzustellen, die sein Leben dramatisch geändert haben. In dem Gefühl, dass ich einer von denen bin, kann ich nur hoffen, dass die folgenden Aussagen in die Hände von Leuten fallen, die daraus Hilfe und Erkenntnisse ziehen können.

Es ist zweifellos das Ziel und der brennende Wunsch nahezu jedes Trading-Neulings, seinen Lebensunterhalt mit Trading zu verdienen. Totale Unabhängigkeit, absolute Freiheit und die Chance auf enorme finanzielle Gewinne sind nur ein paar Möglichkeiten, die ihre Phantasie beflügeln, ihre Hoffnungen anspornen und in ihren Träumen auftauchen. Vor 13 Jahren (ich war damals 20 Jahre alt) nahm mich der Wunsch, die Börse zu meistern, gefangen. Zuerst hatte ich einen strikt fundamentalen Stil und glaubte, dass das gesamte Wissen über zukünftige Aktienkurse in diesen extrem manipulierten Finanzberichten lag, die von überbezahlten Buchhaltern und einer unter Zeitdruck stehenden Presse herausgegeben werden. Nach einer lang anhaltenden Zeit als frustrierter, verhältnisberechnender, erbsenzählender Fundamentalist erkannte ich schließlich, dass man, auch wenn man alles Wissenswerte über ein Unternehmen weiß, trotzdem nicht weiß, wann und wo man die Aktie dieses Unternehmens kaufen sollte. Nach ein paar Jahren auf der Verliererstraße und einem drastisch reduzierten Waffenlager machte ich ein paar einschneidende Entdeckungen, die ich Ihnen nun für Ihre Überlegungen zur Verfügung stelle:

1. Mein andauernder Verlustbericht machte offensichtlich, dass ein Börsenteilnehmer die *richtige Aktie* zum *falschen Zeitpunkt* kaufen und dabei sein Hemd oder seine Hosen verlieren konnte. Diese Lektion hat mich einen Haufen Geld gekostet, aber als ich sie gelernt hatte, hatte sie auch meine Denkweise und meine Einstellung zur Börse revolutioniert.

2. Genauso wichtig war die Entdeckung, dass ein Trader die *falsche* Aktie zum *richtigen* Zeitpunkt kaufen und dabei ein Vermögen machen konnte. Diese Entdeckung war der Zaubertrank, der meine Gedanken zu neuen Höhen beflügelte. Sie half mir zu erkennen, dass viele der allgemein akzeptierten Konzepte und Praktiken der Wall Street fehlerhaft sind.

3. Die Entdeckungen 1 und 2 zwangen mich, die umwerfende und grundlegende Wahrheit zu erkennen, dass jeder Börsenteilnehmer behauptet, das alles schon zu wissen, obwohl es nicht stimmt. Das fundamentale Prinzip ist Folgendes. Es gibt nur eine Kraft auf dem Planten Erde, die einen Aktienkurs steigen lassen kann, und diese Kraft ist ganz einfach MEHR KÄUFE ALS VERKÄUFE! Das ist alles. Gute fundamentale Daten lassen Aktien nicht ansteigen. Gutes Management lässt die Kurse nicht in die Höhe schießen. Auch nicht gute Erträge. Die direkte Kraft hinter jeder möglichen Aufwärtsbewegung einer Aktie sind einfach *mehr Käufe als Verkäufe*. Es gibt eine Menge Gründe, die diese Kraft in Bewegung setzen können. Unterschiedliche Umstände können die Kurse in Aktion versetzen, aber die direkte Kraft hinter jeder Bewegung ist nichts anderes als mehr Käufe als Verkäufe.

Diese Entdeckungen enthalten ein paar subtile Punkte, deren Bedeutung leicht übersehen werden kann, wenn man nicht genau hinsieht. Der letzte Punkt enthält einen der wenigen Schlüssel zum Trading-Erfolg. Erlauben Sie mir also, das anhand einer Frage näher auszuführen. Wenn ein Unternehmen seine guten Erträge an einem Feiertag bekannt gibt, an dem niemand an der Börse aktiv ist, würde die Aktie dann steigen? Natürlich nicht. Wenn niemand da ist, um sie zu kaufen, wäre der Bericht wertlos, was wiederum zeigt, dass Berichte Aktien nicht anheben, heftige Käufe dagegen schon. Sie denken vielleicht, das ist nur ein Spiel mit Worten, aber wenn Sie die Subtilität, den leisen Hinweis darin erkennen, wird sich etwas in Ihrem Denken radikal ändern. Nach diesen Entdeckungen war es ziemlich offensichtlich, dass ich Charts einsetzen konnte, um das Level der Käufe für das für mich interessante Wertpapier zu beobachten. Wenn ich die Charts gut genug nutzte, um zu entdecken, wann die Käufe einsetzten und die Verkäufe übertrafen, konnte ich ganz schnell steigende Aktien erkennen, bevor sie von denjenigen Börsenteilnehmern entdeckt wurden, die ihre Nase ständig in die jährlichen Finanzberichte stecken. Das bedeutete, dass ich durch die Nutzung der Charts ständig die Menge schlagen konnte, weil ich schneller ein- und ausstieg. Und wissen Sie was? Ich begann ganz schnell, genau so zu handeln. Von diesem Zeitpunkt an beschloss ich, alles zu kaufen, was mir meine Charts zum Kauf empfahlen, besonders wenn mein fundamentaler Background mir von einem Kauf abriet. Warum? Weil ein günstiger Chart mit einem ungünstigen fundamentalen Bild bedeutete, dass ich höchstwahrscheinlich vor der Menge einsteigen würde, bevor die Erbsenzähler herausfanden, was wirklich los war. Wenn ein Wertpapier ein lächerlich hohes KGV hatte und meine Charts „go" sagten, kaufte ich. Keine Erträge? Das war kein Problem für mich. Solange die Aktie stieg (das heißt gekauft wurde), sprang ich hinein. Hohe Verschuldung, ein absurdes Verhältnis zwischen Auftragseingang und Ausgangsrechnungen und negativer Cashflow wurden zur Musik in meinen Ohren, solange sie eine Aktie nicht davon abhielten, zu steigen. Tipp: Lesen Sie diese Aussage noch einmal, da sie einen wichtigen Schlüssel zum Charting-Erfolg enthält. Ich muss nicht extra erwähnen, dass diese übersehenen Edelsteine einen ganz besonderen Platz in meinem Depot erhielten: oben an der Spitze.

Langer Rede kurzer Sinn: Nachdem ich mich auf die Aktien selbst konzentrierte und nicht auf ihre Storys, Statements, Tipps, Gerüchte und die leeren Versprechungen von superreichen CEOs über zukünftige Gewinne, fand ich mich selbst immer häufiger auf der Gewinnerseite der Börse wieder. Mit 26 Jahren begann ich, meinen gesamten Lebensunterhalt an der Börse zu verdienen. Der Rest ist Geschichte.

Ich möchte, dass jeder Leser dieses Buches weiß, dass das Lesen von Charts zweifellos möglich ist. Egal, was Sie vielleicht von der alten, konventionellen Wall-Street-Crew gehört haben, die Technische Analyse funktioniert. Mein ganzes Berufsleben als Trader und das hohe Maß an Genauigkeit unseres Trading-Service dienen als Beweis. Die fundamentale Analyse hat einen bestimmten Wert und sollte ihren Platz in Ihrem Investmentarsenal haben. Was aber jeder kurzfristige Börsenteilnehmer verstehen sollte, ist, dass die fundamentalen Daten eines Unternehmens keine Antwort auf die wichtigste Frage, die ein Trader stellen kann, geben. Und die lautet: „Wann soll ich kaufen?" „Jetzt, wo ich weiß, dass das Management in Ordnung ist, das Unternehmen ein gutes Produkt hat und die vierteljährlichen Erträge steigen, wann soll ich also kaufen?" Kurzzeit-Trader, die sich nur auf das „Was" konzentrieren (was ist gut für ein Unternehmen?) und nicht auf das „Wann" (wann soll ich zuschlagen?), handeln tatsächlich auf einer sehr kurzfristigen Basis.

Der Weg zur Trading-Weisheit

Kluge Trader erkennen, dass sich Aktienkurse schon vor den fundamentalen Zahlen der Wall Street bewegen. Und deshalb ist die Börse ein Discountmechanismus. Insgesamt versucht die Börse, Ereignisse zwei Tage bis sechs Monate vorauszuahnen. Trader, die auf die fundamentalen Zahlen warten, die dann nur aussagen, was die Aktienkurse schon die ganze Zeit melden, werden immer ein paar Monate zu spät und ein paar Tausend Dollar zu kurz kommen. Abgesehen davon ist das Lesen der Charts, kombiniert mit ein paar technischen Regeln, die einzige Analyseform, die folgende Frage beantwortet: „Jetzt, wo ich weiß, dass das Unternehmen gut ist, wann soll ich also kaufen?" Nun, wenn Ihnen jemand erzählt, dass das Beobachten der Charts nur Unsinn ist und nicht funktioniert, schicken Sie ihn einfach zu uns. Geben Sie ihm einfach eine Ausgabe unseres Newsletters und fragen ihn: „Nun, und wie erklären Sie sich das? Diese Burschen sind Chart-Leser."

Liebe: Die stärkste Kraft des Traders

Thomas Edison, einer der größten Erfinder Amerikas, war bekannt für den Spruch: „Ich habe keinen einzigen Tag in meinem Leben gearbeitet. Ich hatte nur Spaß." Wenn es um das Handeln an der Börse geht, muss ich zugeben, dass es mir genauso geht. Trotz der Tatsache, dass Trading eine nie endende Mischung aus Freude und Frust ist, fühle ich mich am lebendigsten, wenn ich vor meinen Echtzeitcharts und dem Anklick-Ausführungssystem sitze und die Zeit stillzustehen scheint. Sogar wenn das Börsenumfeld schwieriger wird und es sehr wenig günstige Chancen gibt, fühle ich jeden Morgen, wenn ich aufwache, die Anspannung. Meine Liebe zum Spiel zwingt mich, alle steinigen Zeiten als Dornen zu betrachten, die der Schönheit der Rose jedoch keinen Abbruch tun. Dieses Spiel, das wir Trading nennen, ist eines der schwierigsten Unterfangen, das ein Einzelner versuchen kann. Aber trotz aller Härten liebe ich es aus ganzem Herzen und aus tiefster Seele. Eigentlich liebe ich es genau deshalb, weil es so hart ist. Ich liebe es, weil es die meisten Leute nicht können und nicht überstehen würden, und mein Überleben gibt mir ein Gefühl des Erfolgs, das ich wahrscheinlich aus keiner anderen Herausforderung erhalten könnte. Wie jeder andere auch verliere ich nicht gerne, aber wenn es dennoch passiert, liebe ich das Trading trotzdem auf tausend Arten. Ich glaube ganz fest, dass Können die Gier ersetzen, Achtlosigkeit dem Stolz Platz machen und Intelligenz den Eckstein aller Aktionen bilden würde, wenn mehr Leute das Trading nur um des Tradings willen lieben würden und nicht nur wegen des Gewinns. Ich glaube wirklich, dass ich eine geheime Waffe besitze, die mich für immer über die gierige Menge hinaushebt, die gerne meinen Kopf auf einem Tablett und meine Erträge in ihren Taschen sehen würde, wenn das möglich wäre. Meine geheime Waffe ist meine reine, ungetrübte Liebe zum Trading. Und wenn ich von dieser Liebe spreche, meine ich nicht die abgeschwächte Form des Wortes Liebe, wie sie oft in Verbindung mit Dingen wie Pizzas und sonnigen Nachmittagen gebraucht wird. Nein. Wenn ich den Begriff „Liebe“ verwende, dann meine ich den Zustand des menschlichen Geistes, der so stark ist, dass keine Macht der Erde ihn zerstören kann. Die Liebe, von der ich spreche, ist diese tiefe Liebe, die einen in Erstaunen versetzt. Das ist meine Geheimwaffe, und ich würde sie nicht um alles in der Welt hergeben. Meine Liebe, meine Waffe, hilft mir zu überleben. Sie garantiert, dass ich die Menge überlebe. Sie stellt sicher, dass ich jedes Hindernis auf dem Weg zu meinem Erfolg überwinde, und sie gibt mir die Kraft, jeden steinigen Weg und jeden dunklen Moment zu überstehen, den die Börse und/oder meine eigene Dummheit verursachen. Und ich sage Ihnen noch einmal mit großem Stolz, dass ich das Trading liebe. Und in besonders harten Zeiten liebe ich die Tatsache, dass ich das Trading liebe, denn wenn ich das nicht täte, wäre ich inzwischen schon Geschichte. Wenn Sie versuchen, das Trading so wie ich zu lieben, entschließt sich das Trading vielleicht, Sie auch zu lieben. Und ich sage Ihnen noch etwas: Wenn das Trading und die Börse beschließen, Sie zu lieben, wird das Leben wirklich großartig.

Der Weg zur Trading-Weisheit

Liebe wird von vielen Philosophen als die größte Kraft betrachtet, die Menschen kennen. Wenn wir unsere Kinder mit Liebe überschütten, werden sie groß und charakterstark, und sie gehen in eine erfolgreiche und glückliche Zukunft. Wenn wir unsere Liebe auf unseren Ehepartner oder unser Arbeitsgebiet lenken, bringt uns jeder wache Moment ein warmes Willkommen, das uns in das Haus von Wachstum und Gedeihen führt. Ich habe nicht den geringsten Zweifel, dass das Leben und die ganze Welt die Liebe zum Ziel haben. Und wer sie großzügig verschenkt, wird dafür reich belohnt. Ich glaube, dass es kein Hindernis gibt, das Trader, die wirklich lernen, diese Kunst, die wir Trading nennen, zu lieben, nicht mit der Kraft dieser starken Kombination aus Liebe und dem Wunsch nach Erfolg überwinden können. Wenn ein Trader das Trading nur um des Tradings willen liebt, stehen ihm nicht einmal Verluste im Weg. Härten werden leichter ertragen. Und Rückschläge und Krisen werden als Chancen und Herausforderungen betrachtet. Liebe ist wirklich eine mächtige Kraft, sogar für Trader. Und falls Sie denken, dass dieser Punkt nicht in ein Trading-Buch passt, fordere ich Sie auf, einen Test zu machen. Versuchen Sie, einen besonders erfolgreichen und gewinnbringend arbeitenden Trader zu finden, der zugibt, dass er das Trading hasst. Versuchen Sie, jemanden zu finden, der die Börse mit unglaublichem Wissen beherrscht und zugibt, dass er diese Fähigkeit hasst. Sie können überall auf der Welt suchen, und ich garantiere Ihnen, dass Sie niemanden finden werden. Das ist kein Zufall. Die heutigen Trader, die über enorme Möglichkeiten verfügen, Gewinne zu machen, von denen andere nur träumen, werden Ihnen sagen, dass sie das Trading aus ganzem Herzen lieben. Die Frage ist, lieben sie das Trading, weil sie heute zu den Gewinnern gehören? Oder sind sie heute bei den Gewinnern, weil sie das Trading lieben und sie diese Liebe am Leben erhielt, als die meisten Trader ohne diese Liebe versagt haben? Ich wette, das Letztere stimmt. Versuchen Sie, das Trading zu lieben.

Trader und Wahrsager

Es liegt in der menschlichen Natur, nach Bequemlichkeit und Sicherheit zu streben. Wir werden mit dem Ziel erzogen, diese Dinge zu wünschen, zu pflegen und zu suchen. Und wir verbringen tatsächlich einen großen Teil unseres Lebens damit, beißend, kratzend und skrupellos danach zu streben, meist unter einem ganz anderen Vorwand. Wir denken beispielsweise, dass wir für uns und unsere Kinder eine Ausbildung wollen, aber wenn wir näher hinsehen, ist es nichts anderes als der Wunsch nach Sicherheit. Die Ausbildung ist normalerweise nicht das Endziel, das wir im Auge haben. Wir betrachten sie viel eher als Mittel zum Zweck, und dieser Zweck ist Sicherheit, Absicherung und Versicherung. Ist es nicht so, dass jemand lang und hart in einem Job arbeitet, den er hasst, nur um sich den Wunsch nach Sicherheit zu erfüllen? In mancher Hinsicht ist so ziemlich alles, was wir tun, mit dem Wunsch nach Sicherheit verbunden. Interessanterweise kann Sicherheit im Leben nicht wirklich erreicht werden. Und wenn wir unsere Aufmerksamkeit auf die Börse richten, diesen perfekten Spiegel des Lebens, dann finden wir diese Aussage bestätigt. Die Wahrheit ist, dass Sicherheit auf einem Mythos beruht. Warum, fragen Sie? Weil Sicherheit nur dann tatsächlich möglich ist, wenn man die Zukunft genau kennt, und weil wir als Trader, wie Sie ja wissen, nicht die Gabe haben, in die Zukunft zu schauen. Sicherlich können wir raten, was morgen kommt, und damit manchmal sogar Recht haben. Aber wir können niemals sicher sein, dass wir Recht haben. In gewisser Hinsicht ist also die Suche nach Sicherheit ein unsinniger Versuch, der unweigerlich zu Frust und Enttäuschung führt. Unserer Meinung nach suchen viel zu viele Trader an der Börse nach Sicherheit, und deshalb gibt es auch eine so große Anzahl frustrierter und enttäuschter Trader, die von einem Service zum anderen gehen, von einem Guru zum nächsten. Anstatt richtige Trader zu sein, hegen diese naiven Leute den heimlichen Wunsch, dass sie wahrsagen oder aus dem Kaffeesatz lesen könnten. Sie scheinen nicht zu erkennen, dass wir nur hoffen können, unsere Chancen richtig einzuschätzen. Gute Trader sind Wahrscheinlichkeitsspezialisten. Das ist alles. Sie sind sich niemals ganz sicher. Aber sie haben gelernt, damit zu leben.

Der Weg zur Trading-Weisheit

Der Wunsch nach Sicherheit ist eine Falle, in die immer wieder viele Trader fallen. Aber man muss erkennen, dass totale Sicherheit im Leben ebenso wenig möglich ist wie totale Sicherheit an der Börse. Jeder Trader muss lernen, die Tatsache zu akzeptieren, dass wir niemals sicher sein können, was die Zukunft für uns bereithält. Ist diese Wahrheit erst einmal akzeptiert, bedeutet das für den Trader zweifellos eine große Erleichterung. Warum? Weil die Suche nach Sicherheit einfach immer eine große Belastung bedeutet. Es ist eine niemals endende Suche, die den Trader nie zur Ruhe kommen lässt, da sie niemals ein Ende findet. Unglücklicherweise glaubt man, dass die einmal erreichte Sicherheit zu mehr Klarheit und Frieden des Verstandes führt. Paradoxerweise erreicht man jedoch Klarheit und Frieden des Verstandes erst dann, wenn man erkannt hat, dass absolute Sicherheit nicht möglich ist. Sicherheit ist ein unerreichbarer Mythos. Das Morgen kennt niemand. Das Einzige, was wir tun können, ist, uns Hilfsmittel und Techniken anzueignen, die uns helfen sollen, die Chancen von morgen besser einzuschätzen. Das ist unsere einzige Möglichkeit, und wir wollen Ihnen in der zweiten

Hälfte des Buches helfen, das zu erreichen. Wer lernt, nach guten Chancen zu suchen, ist auf dem besten Weg, ein professioneller Trader zu werden. Wer nach Sicherheit sucht, geht in eine Zukunft voller Versagen, Enttäuschung und Schrecken. Suchen Sie lieber nach guten Chancen und nicht nach Sicherheit.

Entwickeln Sie das Denken eines Master Traders

Schlüssel zur Korrektur Ihres Trading-Verhaltens

2

Sind Sie Glücksspieler oder Trader?

Trading ist eine der aufregendsten Tätigkeiten. Jeder Tag, jede Stunde, sogar jeder Kurstick kann das finanzielle Wohlergehen des aktiven Börsenteilnehmers dramatisch anheben oder verringern. Die Gewinne können schnell und außerordentlich hoch sein, wogegen Verluste, wenn Sie achtlos sind, Sie ganz schnell für immer aus dem Spiel werfen können. Die Chance, zu schnellem und anhaltendem Reichtum zu kommen, zusammen mit der unwahrscheinlich aufregenden Möglichkeit des wirtschaftlichen Ruins machen das professionelle Trading zu einer der gesuchtesten Aktivitäten in der Finanzwelt. Allerdings scheitern die meisten Aspiranten für diesen Beruf. Und sie scheitern ganz miserabel. Diese harte, kalte Realität hat verschiedene Gründe, aber ich möchte nur einen der gravierendsten Gründe nennen. Die Ursache für das Scheitern zahlloser Trading-Neulinge ist die Unfähigkeit, den Unterschied zwischen dem „Glücksspiel" und dem „professionellen Trading" zu erkennen. Sich mit einer Aktie zu beladen, bevor das Unternehmen die angeblich zu erwartenden positiven Erträge bekannt gibt, oder der Kauf von Wertpapieren, die mit Lichtgeschwindigkeit nach unten sausen, sind nur zwei Aktionen, die das Kriterium des sinnlosen Glücksspiels erfüllen. Auch wenn solche Aktionen, die „aus der Hüfte schießen", manchmal großen Erfolg haben, liegt ihr größter Wert jedoch in ihrem Unterhaltungswert und nicht in ihrer intelligenten Vorgehensweise. Sie haben in einem intelligenten, gut geplanten Trading-Programm nichts zu suchen. Wenn Sie Unterhaltung suchen, dann ist es einfacher und billiger, ins Kino zu gehen. Wenn Sie kontinuierlich Geld an der Börse verdienen wollen, dann sollten Ihre Methoden professionell und extrem diszipliniert sein. Das ist der Grund, warum jeder unserer Vorschläge für die Abonnenten unseres Pristine Day Trader mit einer sehr detaillierten, professionellen Trading-Strategie versehen ist. Wir lassen wenig Raum für Vermutungen und Rätsel, sondern konzentrieren uns völlig auf: (1) den richtigen Einstieg, (2) das richtige Management der Position und natürlich (3) den richtigen Ausstieg. Wenn Sie sich der Börse auf diese Weise nähern, mit Intelligenz und einem gut ausgedachten Plan, fehlt vielen Ihrer Aktionen wahrscheinlich die Aufregung des Glücksspiels, und viele werden auch Ihre hohen Erwartungen nicht erfüllen. Aber als Trader mit einer professionellen Einstellung können Sie sicher sein, dass Sie auch am nächsten Tag noch im Spiel sind, auch noch im nächsten Jahr, und vielleicht sogar noch im nächsten Jahrzehnt. Für intelligentes Trading brauchen Sie einen Plan. Glücksspiel bedeutet nicht mehr als das Kaufen und Verkaufen, einzig mit der Hoffnung, dass Sie Recht haben. Deshalb ist es von außerordentlicher Wichtigkeit, dass Sie intelligent handeln. Sie dürfen niemals vergessen: um zu gewinnen, muss man im Spiel bleiben. Wer intelligent handelt, bleibt im Spiel, und wer lediglich spielt, fliegt raus. Jeder Trader muss lernen, diesen Unterschied zu erkennen.

Der Weg zur Trading-Weisheit

Der Wunsch nach dem großen Wurf, mit anderen Worten nach dem großen Spiel, ist eines der Kennzeichen eines wirklich neuen Traders. Profis wissen, dass die ganze Kunst des kurzfristigen Tradings sich tatsächlich auf ein Zusammenspiel aus Achteln und Vierteln und manchmal Vierteln und halben Punkten reduziert. Denken Sie darüber nach. Market Maker und Kursmakler sind die gewieftesten Teilnehmer an der Wall Street. Sie können jederzeit Millionen von Dollars kontrollieren. Die Firmen, die sie repräsentieren, sind riesig, einflussreich und sehr mächtig. Auf eine sehr realistische Art sind diese Master Trader die Wall Street. Sie sind die Titanen in diesem Spiel, die Könige, und als Ergebnis haben sie sich einen Dauerplatz an der Spitze der finanziellen Futterkette erkämpft. Market Maker und Kursmakler sind die echten Profis, und ihre einzige Absicht ist was? Wissen Sie es? Zu jeder Zeit ihres Handelns ist ihr Ziel, einfach die Spanne zwischen den Bid- und Ask-Kursen der von ihnen gehandelten Aktien mitzunehmen. Lesen Sie diese letzte Aussage noch einmal, denn sie enthält einen der Schlüssel zum Erfolg beim kurzfristigen Trading. Die größten und einflussreichsten Firmen, die Finanzgötter, die ungeahnte Vermögen angehäuft haben und kontrollieren, sind nur hinter einem her: der Spanne. Sie sind nicht hinter einem 40-US-Dollar-Gewinn bei Amazon.com her. Sie versuchen auch nicht, einen stattlichen 4-US-Dollar-Anstieg bei AOL mitzunehmen. Kurz und gut, sie sind keine Glücksspieler, sie sind professionelle Trader höchsten Ranges, und ihr einziges Ziel ist diese Spanne. Das ist eine sehr wichtige Aussage. Wer sie versteht, hat eine der verborgensten und geschütztesten Wahrheiten dieses Spiels gefunden. Auch wenn der Neuling ab und zu Glück hat und mit einem großen beneidenswerten Gewinn wegkommt, sucht der echte Profi doch nach dem kleineren, aber sichereren Gewinn. Und er nimmt ihn tausende Male mit. Der Neuling, dem diese Fertigkeit fehlt, denkt, dass es nur darum geht, diesen einen großen Wurf zu machen. Da er es versäumt, einen Plan zu machen, und er die Zeichen immer wieder übersieht, hält der Neuling die Fahrkarte in eine bessere Trading-Zukunft für eine Art Lotterielos. Die cleversten Trader an der Wall Street kaufen keine Lotterielose. Sie verkaufen sie an die Neulinge. Sie müssen unbedingt handeln. Aber spielen Sie nicht.

Ein Gewinn ist nicht immer ein Gewinn, und ein Verlust ist nicht immer ein Verlust

Bestimmt ein Gewinn, ob ein Trade vernünftig oder richtig war? Sollten wir automatisch davon ausgehen, dass wir Unrecht hatten, wenn wir bei einem Trade Geld verloren haben? Die Antwort auf beide Fragen ist ein entschiedenes Nein! Das Endergebnis jedes beliebigen Trades sagt nichts über die Richtigkeit oder Unrichtigkeit Ihrer Methode oder Ihrer Entscheidung für diesen Trade aus. Viele Trader, die diese Tatsache nicht erkannt haben, spielen mit den unterschiedlichen Techniken, springen von einer zur anderen und wissen am Ende doch nicht mehr als am Anfang. Zu viele Börsianer erkennen nicht, dass manchmal sogar das einfache Werfen einer Münze richtig sein kann. Aber eine „Kopf-oder-Zahl"-Methode ist sicherlich keine vernünftige Strategie, auch wenn sie manchmal gewinnt. Was wir Ihnen klarmachen wollen, ist Folgendes: Im richtigen Leben ist nicht jeder Trade ein Gewinner, egal wie vernünftig und durchführbar die Strategie auch sein mag. Es gibt Zeiten, in denen Ihre Technik fehlerlos ist, und das Endergebnis ist dennoch ein Verlust. Umgekehrt gibt es Zeiten, in denen Sie trotz eines fehlerhaften Einstiegs gewinnen werden. Der Profi weiß, dass die Gewinne auf sich selbst aufpassen, solange er sich darauf konzentriert, dass die individuelle Komponente jedes Trades richtig gehandhabt wird (das Warten, der Zeitpunkt der Ausführung, der Einstieg, das Mangement des Geldes, der Ausstieg usw.). Also sollte man für die Feststellung, ob eine bestimmte Trading-Taktik erfolgreich ist, das Endergebnis von, sagen wir einmal, zehn Trades nehmen und nicht das Ergebnis eines einzelnen Trades. Tatsächlich sollte sich der Trader vor jedem Trade daran erinnern, dass dies nur ein Trade von vielen während eines Trader-Lebens ist. Deshalb macht ein Gewinn hier und ein Verlust dort keinen großen Unterschied im Gesamtbild. Das sollte dem Trader eine psychologische Hilfe sein, wenn er zu viel Zeit damit verbringt, sich über das Ergebnis jedes einzelnen Trades zu sorgen, denn das führt nur zu Ängsten, verpassten Gelegenheiten und sogar geistiger Verwirrung.

Der Weg zur Trading-Weisheit

Ein professioneller Trader zu werden ist ein lebenslanger Prozess, der nie endet. Ein Trader mit dieser Einstellung betrachtet jeden Trade als winzigen Teil in einem Leben voller Trades. Es ist unbedeutend, ob der einzelne Trade ein Gewinn oder Verlust ist. Wenn Sie jede Ihrer Trading-Entscheidungen aus dieser Sicht treffen, wird das viel von dem Druck von Ihnen nehmen, unter dem Neulinge normalerweise leiden. Es wird Ihnen helfen, einen klaren und ruhigen Kopf zu behalten, was wiederum zu einer Unabhängigkeit in Ihrer Aktion und zu klugen Entscheidungen führt. Aber die wichtigste Tatsache, die von allen ernsthaften Tradern wirklich verstanden werden muss, ist, dass ein einzelner Trade niemals zeigt, wo Sie als Trader stehen oder welches Level Sie erreicht haben. Erst nach einem beträchtlichen Block von Trades kann Ihr tatsächliches Level festgestellt werden. Verlierer ziehen manchmal einen Hauptgewinn und fühlen sich eine Zeit lang wie Könige. Gewinner müssen ab und zu Tiefschläge einstecken und stehen eine Zeit lang nicht besonders gut da. Aber nach zehn oder zwölf Trades hat sich normalerweise die Spreu vom Weizen getrennt. Sie können Ihren Erfolg oder Ihr Scheitern niemals aufgrund eines Trades beurteilen. Rechnen Sie nach zehn Trades ab. Vertrauen Sie uns. Nach zehn oder zwölf aufeinander folgenden Trades werden Sie wissen, wer Sie sind und wo Sie als Trader stehen. Die Wahrheit zeigt sich in 10er-Blöcken. Denken Sie daran.

Die Masse kann nicht lange gewinnen

In Zeiten, in denen die Börse in Aufruhr ist, zeigen uns viele unserer Kontakte zu einzelnen Brokern, wann ihre Kunden, Privatanleger, scharenweise die Börse verlassen. Wann immer das passiert, ist es ein Zeichen, dass der Tiefpunkt der vergangenen Abwärtsbewegung der Börse bald erreicht ist. Die Börse hat eine unweigerliche Tendenz, alles abzuschütteln, was wir die „schwachen Hände“ nennen, kurz bevor sie wieder einem Trend nach oben folgt. Der hohe Grad an Frust oder Euphorie bei den Kunden der Broker ist tatsächlich ein erstaunliches Börsenbarometer, das manche clevere Trader zur Bestimmung von Hochs und Tiefs benutzen. Und wir müssen zugeben, dass dieses Barometer ganz gut funktioniert. Und wenn man darüber nachdenkt, ergibt das Ganze auch tatsächlich Sinn. Die Finanzmärkte sind nicht dazu gedacht, der Mehrheit zu nutzen. Deshalb neigen Korrekturen auch dazu, den typischen Anleger (die Mehrheit) abzuschütteln, während sich der clevere Börsianer (offensichtlich die Minderheit) lange genug hält, um die Scherben aufzusammeln, wenn sich die Börse schließlich wieder erholt. Profis sind einfach Meister darin, den durchschnittlichen Anleger ständig auf der falschen Seite der Gleichung zu halten. Wenn der Neuling kaufen will, sind die Profis gerne bereit, an ihn zu verkaufen. Wenn der Neuling das Handtuch wirft und verkauft, ist der Profi selbstverständlich bereit, ihm die Last abzunehmen und zu kaufen. Wir fragen Sie nun: „Welchen Part spielen Sie in dieser Komödie?" Spielen Sie den Part der traurigen, manipulierten Gruppe, die genau dann aufgibt, wenn sich das Blatt wieder zu ihren Gunsten wendet? Nur die Fähigen überleben in diesem Geschäft, und offensichtlich können nur diese Überlebenden Erfolg haben. Geben Sie Ihr Bestes, um zu überleben. Ihr Erfolg hängt davon ab. Wenn es hart wird, sind die Gewinner noch härter. Um in diesem Spiel zu gewinnen, müssen Sie drinbleiben. Wenn Sie das nächste Mal ans Aufgeben denken, fragen Sie sich selbst: „Welche Rolle spiele ich eigentlich in dieser großen Komödie?" Das sollte Ihnen zur Klarheit verhelfen und Ihnen die richtige Antwort liefern.

Der Weg zur Trading-Weisheit

Das Spiel des Tradings ist ein ständiger Kampf zwischen der Minderheit und der Mehrheit, den Klugen und den Ignoranten, den Profis und den Möchtegerns. Und es muss klar sein, dass die Profis, die Minderheit, die Wissenden fast immer gewinnen. So funktioniert die Börse. Um erfolgreich zu sein, muss man zur Gruppe der Gewinner gehören. Aber in Wirklichkeit schaffen sehr wenige den Sprung von der Gruppe der Verlierer zu der viel beneideten Gruppe der Gewinner. Wie schon gesagt, die Börse ist nicht dazu gedacht, die Mehrheit zu belohnen. Tatsächlich ist der eigentliche Zweck dieser Mehrheit, der Grund, warum die Mehrheit überhaupt mitspielen darf, Nahrung (ständige Gewinne) für die Götter, Gewinne zu liefern. Die folgende Metapher soll klarmachen, wie die Börse funktioniert.

Die Theorie mit der Straßenkapelle: Ein Blick auf die Funktionsweise der Börse

Stellen Sie sich einen Straßenwagen mit einer Musikkapelle darauf vor, der mit schnellem Tempo dahinrollt. Aus den Lautsprechern tönt angenehme Musik, und ein paar Leute auf dem hinteren Teil des Wagens feiern eine Party und haben eine Menge Spaß. Die Musik, laut und deutlich, zieht immer mehr Zuschauer an, die müßig an den Straßenseiten stehen. Diese Zuschauer, die dem süßen Klang der Musik nicht widerstehen können, versuchen, sich der Party anzuschließen, die anscheinend noch weitergeht. Immer mehr und mehr Zuschauer springen auf den Umzugswagen, und die paar, die am Anfang die Party so genossen haben, springen allmählich ab. Nachdem die Menge auf dem Wagen immer größer wird, wird es für den Wagen immer schwieriger, das Tempo zu halten. Er wird langsamer und gibt damit immer mehr Zuschauern die Chance, aufzuspringen. Die Menge wird immer größer. Und sie wird immer noch größer, bis der Straßenwagen so überladen mit Partygästen ist, dass er sich nicht mehr vorwärts bewegen kann. Und schließlich bleibt er stehen. Jetzt, da der Wagen komplett stillsteht, springen noch mehr Leute auf. Und warum auch nicht? Zu diesem Zeitpunkt ist es sehr leicht, sich dem Spaß anzuschließen. Es erfordert keinerlei Anstrengung, die Leute müssen nicht mehr laufen, um aufzuspringen und sich anzuschließen. Aber es liegt in der Natur des Wagens, dass er sich vorwärts bewegen muss. Sein Stillstand ist unnatürlich und kann deshalb nicht lange anhalten. Er versucht, wieder weiterzufahren, aber es geht nicht. Die Menge, die sich im hinteren Teil befindet, ist viel zu groß. Er muss sich von dieser schweren Last befreien. Und das tut er auch. Er legt den Rückwärtsgang ein und schießt zurück, wobei ein paar der Partygäste vom Wagen fallen. Die Musik hört auf zu spielen. Erstaunte Gesichter tauchen in der Menge auf. Bevor jemand feststellen kann, was passiert, kommt ein neuer Schub nach hinten, nur ist dieser viel heftiger. Eine weitere Gruppe wird vom Wagen gestoßen. Nun macht sich allmählich Erkenntnis breit. Der Spaß hat sich in einen Alptraum mit epischen Ausmaßen verwandelt, und Panik setzt ein. Ein paar beschließen, todesmutig abzuspringen. Ein weiterer Rückstoß schickt eine noch größere Gruppe Partygäste auf die Erde. Es nimmt kein Ende. Die Rückstöße wiederholen sich, einer heftiger als der andere. Nun sind nur noch ein paar hartgesottene Wagenfahrer übrig, ihr Leben hängt an einem seidenen Faden. Immer noch nicht komplett von seiner Last befreit, tritt der Wagen das Gaspedal durch, und dieser letzte Rückstoß ist so gemein, dass seine Vorderräder abheben und den Wagen damit ins Schwanken bringen. Die letzten Mitfahrer fallen herunter, gebrochen und gezeichnet. An diesem Punkt taucht eine neue Zuschauergruppe aus dem nahen Wald auf. Sie sind sauber und ernst. Jede ihrer Bewegungen ist zuversichtlich und kraftvoll, da sie an der gerade stattgefundenen Tragödie keinen Anteil hatten. Diese scheinbar neue Gruppe ist aber in Wirklichkeit nicht neu. Es ist dieselbe Gruppe, die die Party leise verlassen hat, bevor sie dieses gewaltsame Ende fand. Bei näherer Betrachtung durch ein paar der abgeworfenen Zuschauer stellt sich etwas noch Erstaunlicheres heraus. Diese Gruppe hat die Party nicht nur früher verlassen, sie waren die Initiatoren dieser Party! „Mein Gott“, ruft jemand. Hypnotisiert und nicht imstande, sich zu bewegen, können diese abgeworfenen Seelen nur noch zuschauen, wie die Meister des Spiels wieder an die Arbeit gehen. Die Reifen des Straßenwagens kommen erst wieder auf den Boden, als die Gruppe zum Wagen kommt. Wie der Wind sind sie auf dem Wagen. Ganz leicht. Der Musikwagen, jetzt von der Menge befreit, kann sich frei und ungehindert vorwärts bewegen und nimmt die clevere Gruppe mit sich. Er wird immer schneller und kommt bald elegant in Fahrt. Nach ein paar Meilen ohne Unterbrechung drückt einer der meisterlichen Gruppe einen Schalter, und plötzlich beginnt die Unterhaltungsmusik, wieder zu spielen. Jemand schreit: „Alles okay! Hier kommen sie. Das Ganze noch einmal.“ Innerhalb weniger Augenblicke zeigen die Opfer des vergangenen Crashs wieder Interesse. Die Musik zieht sie sozusagen wieder von den Toten ins Leben zurück. Und wieder beginnt der niemals endende Kreislauf.

Der Weg zur Trading-Weisheit

Wenn Sie die ganze Aussage dieser Analogie verstehen, ist sie ein Vielfaches des Buchpreises wert. Wenn Sie die Botschaft wirklich verstanden und die versteckte Weisheit in ihren Metaphern erkannt haben, werden Sie feststellen, dass Sie selbst ein höheres Maß an Verständnis und Meisterschaft erreicht haben. Bei jedem Durchlesen werden Sie tiefere Einsicht in die Funktionsweise der Börse gewinnen und wie sie aus Profitgründen von den Finanzweisen der Wall Street manipuliert wird. Wie wir schon früher festgestellt haben, ist der Zweck dieses Buches, Ihnen zu helfen, von der großen Gruppe der Anfänger zur kleineren Gruppe der Profis zu wechseln. Falls Sie diesen Wechsel nicht machen, werden Sie nichts anderes als ein Spielzeug derjenigen sein, die diesen Wechsel geschafft haben. Und sobald Sie die Götter nicht mehr unterhalten können, werden Sie weggeworfen, gebrochen, abgeworfen und deprimiert. Lassen Sie das nicht zu. Die Antworten, die Sie suchen, sind auf den Seiten dieses Buches. In der Theorie mit dem Straßenwagen ist ein wichtiger Schlüssel zu diesem Spiel enthalten. Warum lesen Sie sie nicht gleich noch einmal? Ihre Zukunft könnte davon abhängen.

Geld ist nicht alles

Oscar Wilde schrieb einmal: „Als ich jung war, hielt ich Geld für das Wichtigste in meinem Leben. Jetzt, wo ich älter bin, weiß ich, dass es so ist." Für einen kurzfristigen Trader gibt es keine Aussage, die passender wäre. Unser endgültiger Erfolg als Börsianer wird bestimmt durch unsere Fähigkeit, Geld zu verdienen, und so wird es auch in Zukunft bleiben. Deshalb ist Geld im wahrsten Sinne des Wortes das Wichtigste. Man kann die witzige Aussage von Oscar Wilde allerdings auch zu ernst nehmen, ungeachtet der Wahrheit, die darin steckt. Ein Verlierer-Trade beispielsweise muss nicht unbedingt ein Zeichen für eine falsche Strategie sein. Wir dürfen nie aus den Augen verlieren, dass wir in einer realen Welt leben, und in der realen Welt funktionieren auch die besten Absichten, die besten Strategien nicht immer. Ein Verlust hier und ein Verlust dort sind noch nicht Beweis genug für das Scheitern eines bestimmten Konzepts. Ein einzelner Verlust könnte das Ergebnis schlechter Börsenbedingungen sein oder eines plötzlichen Umschwungs der Voraussetzungen, der Veröffentlichung unerwarteter Nachrichten, eines zu späten Einstiegs, eines zu frühen Ausstiegs, einer schlechten Ausführung usw. Wenn wir die Effektivität einer bestimmten Strategie überprüfen, müssen wir uns das Ergebnis nach zehn Trades ansehen. Wenn nach zehn oder zwölf Trades, die sich am besten über verschiedene Börsensparten verteilen, der Abschluss auf der Habenseite liegt, können wir davon ausgehen, dass es sich lohnt, diese Strategie auszubauen. Wenn andererseits der Abschluss in den roten Zahlen liegt, dann, und nur dann, können wir der Strategie wirklich den Stempel „ungültig" aufdrücken. Unsere 25-jährige Erfahrung brachte uns folgende Erkenntnis. Wenn die Strategie gut ist, passt das Geld selbst auf sich auf. Wir lehren alle unsere Studenten, dass sie sich auf ihre Technik konzentrieren sollen. Wir sagen ihnen, dass alles, was sie anstreben, auch eintreten wird, solange sie sich daran halten.

Der Weg zur Trading-Weisheit

Es ist zwingend notwendig, dass ein Trader in der Lage ist, zwischen Verlusten aufgrund einer fehlerhaften Strategie und Verlusten aufgrund der fehlerhaften Anwendung einer Strategie zu unterscheiden. Wenn ein Trader das nicht kann, wird er immer dem falschen Ende hinterherlaufen. Im Laufe der Zeit werden Trader, die von einer Strategie zur anderen springen, ohne deren Ergebnisse abzuwarten, ausgemustert. Geld oder Gewinne dürfen nicht die Einschätzung einer bestimmten Strategie beeinflussen. In dieser Hinsicht ist Geld nicht alles, einfach deshalb, weil auch manche der simpelsten Trading-Strategien dem Trader eine Zeit lang Gewinne bescheren können. Umgekehrt können auch die besten Strategien eine Zeit lang Verluste einbringen. Aber am Ende werden nur die wirklich guten Strategien die Prüfung im Laufe der Zeit bestehen, und diese Zeit umfasst für uns ungefähr zehn Trades. Wenn die von Ihnen angewandte Strategie nach zehn Trades noch keine Früchte getragen hat, dann, und nur dann, dürfen Sie sie in Frage stellen. Wie schon gesagt, für eine Bewährung sind zehn Trades nötig. Vergessen Sie das nie!

Die Gefahr, nach dem „Warum" zu fragen

Es amüsiert mich immer wieder, wenn ich von Börsianern Kommentare höre wie: „Die Börse ist komplex und sehr verwirrend." Dieser Meinung konnten wir uns nie anschließen, und Sie sollten das auch nicht tun. Die Wahrheit ist, dass die Mechanismen der Börse sehr einfach sind. Auch wenn die meisten Leuten im ersten Moment vielleicht protestieren, so wird durch ein paar Überlegungen schnell klar, dass es dennoch stimmt. Überdenken Sie Folgendes: Eine Aktie und/oder die Börse können nur eins von drei Dingen tun:

1. steigen
2. fallen
3. sich seitwärts bewegen.

Das ist alles. Das ist buchstäblich alles, was eine Aktie tun kann. Rauf, runter oder seitwärts. Ganz einfach. Aber „einfach" heißt nicht „leicht". Oh nein. Wenn Trading leicht wäre, könnte jeder finanziell unabhängig sein. Während das Trading an der Börse weit entfernt davon ist, leicht zu sein, so sind seine Mechanismen dennoch ziemlich einfach. Bedenken Sie eine weitere fundamentale Wahrheit, die so einfach ist, dass ihre Bedeutung den meisten entgeht oder ignoriert wird:

Eine Aktie (oder die Börse) kann nur steigen, wenn es mehr Käufe als Verkäufe gibt.

Natürlich bedeutet das, dass eine Aktie nur dann fallen kann, wenn es mehr Verkäufe als Käufe gibt. „Aber Oliver und Greg, behaupten Sie nicht genau das Gegenteil?", werden Sie fragen. Ich bin nicht sicher, ob dieses Konzept so durchschaubar ist, wie es sich anhört, besonders wenn ich an die zahllosen Fragen denke, die wir jeden Tag erhalten:

Frage: *„Ich bin gerade mit Intel Corporation short gegangen, aber nun steigt sie. Warum steigt sie?“*
Pristine: *„Weil es im Moment mehr Käufer als Verkäufer für diese Aktie gibt.“*
Frage: *„Gut! Aber warum?“*
Pristine: *„Mein lieber Herr. Intel Corporation hat heute Morgen schlechte Nachrichten bekannt gegeben, doch trotz dieser schlechten Nachrichten steigt die Aktie. Das kann nur eines bedeuten: dass die Käuferseite (Nachfrage) die Verkäuferseite (Angebot) übersteigt und den schlechten Nachrichten keine Beachtung geschenkt wird. Wir denken, dass Ihnen nur eine Möglichkeit bleibt. Warum sollte Sie der Grund interessieren? Ein Verlust von 3 US-Dollar ist ein 3-US-Dollar-Verlust, egal aus welchem Grund, oder?“*

Diese letzte Feststellung bringt uns zu einem weiteren Punkt, der eine Erwähnung wert ist. Wann immer wir feststellen, dass wir nach dem „Warum“ anstatt dem „Was“ suchen, wissen wir, dass wir Probleme haben. Was eine Aktie macht, ist viel wichtiger, als warum sie es macht. Das „Warum“ wird immer über den Kurs einer Aktie widergespiegelt. Kurz gesagt, der Chart zeigt alles! Es gibt endlose Gründe, warum eine Aktie steigen kann. Fragen Sie einen Fundamentalisten. Als Techniker interessiert uns lediglich, dass die Aktie tatsächlich steigt und dass wir einsteigen, bevor es richtig losgeht. Und bestimmt nicht genau das Ihren Gewinn?

Der Weg zur Trading-Weisheit

Die Frage nach dem „Warum" mitten in einem Trade ist ein Leuchtsignal dafür, dass Sie sich in einem Zustand der Verwirrung und vielleicht Stagnation befinden und dass Sie deshalb unfähig zu einer Aktion sind. Das Wort „warum" ist in dieser Hinsicht sehr gefährlich. Wann immer wir einen Trader dabei erwischen, nach dem „Warum" zu fragen, lassen wir ihn sofort seine Position halbieren. Wenn das die Frage nach dem „Warum" nicht ganz schnell verscheucht, lassen wir den Trader auch noch den Rest seiner Position auflösen. Dann sagen wir dem Trader: „Jetzt können Sie nach dem Warum fragen, so viel Sie wollen." Wir machen das, weil das Schlachtfeld nicht der richtige Platz ist, um Ihren Schlachtplan zu hinterfragen. In dem Moment, wo Sie anfangen, an Ihrem Plan zu zweifeln, ist das der Hinweis, auszusteigen. Die Frage nach dem „Warum", die Suche nach einem Grund ist der Beweis, dass Sie sich verirrt und die Kontrolle verloren haben. Der einzig richtige Zeitpunkt für die Frage nach dem „Warum" ist vor und nach einem Trade. Wenn Sie mitten in der Schlacht sind, ist die einzige Möglichkeit Aktion und nicht Fragen. Legen Sie Ihre Gründe rechtzeitig zurecht, oder stellen

Sie sie hinterher fest, wenn Sie wieder im sicheren Fuchsbau sitzen. Es liegt immer eine Gefahr darin, auf dem Schlachtfeld Fragen zu stellen, außer Sie lieben Schüsse aus dem Hinterhalt.

Wenn Treffsicherheit zum Problem wird

Als Herausgeber eines der bekanntesten Trading-Newsletters des Landes und mit Abonnenten in 48 Ländern waren wir immer davon überzeugt, dass wir buchstäblich alles gesehen und gehört haben. Und wenn wir alles sagen, dann meinen wir auch alles. Aber es ist noch nicht lange her, als sich diese Ansicht als falsch herausstellte. An einem kalten Dezembermorgen im Jahr 1998 erhielten wir einen Anruf von einem Probe-Abonnenten, der den Pristine Day Trader ungefähr eine Woche lang erhalten hatte. Die Performance unserer Vorschläge hatte sich während der letzten fünf Tage bestens entwickelt, und diese eindrucksvolle Tatsache hatte unser neuer Freund keineswegs übersehen. Aber so eigenartig es auch klingen mag, unser Erfolg war ein Riesenproblem für diesen Herrn, besonders da er zugab, auf der Suche nach einem Newsletter zu sein, der Geld verlor und nicht Geld verdiente. Ohne Umschweife sagte er, und ich zitiere: „Ich habe Ihren Newsletter nun fünf Tage verfolgt, und ich muss zugeben, dass Sie weit öfter richtig als falsch liegen. Aber das hilft mir nicht im Geringsten, weil ich nach einem Newsletter suche, der Aktien vorschlägt, die fallen. Ihre Aktien fallen nicht. Sie steigen." Ich war sprachlos. „Nun, wie findest du das?", fragte ich Greg. „Ein Mann, der unsere Treffsicherheit nicht gut findet." Zuerst lachten wir herzhaft. Aber das war nur unsere erste Reaktion. Kurz darauf hörten wir auf zu lachen, als uns eine tiefere, bedeutungsvollere Erkenntnis dämmerte. Dieser Gentleman war der Gefangene einer Ideologie, die die sehr verbreitete Anschauung vertritt, dass nur durch den Kauf von fallenden Aktien Geld gemacht wird. Es interessierte ihn gar nicht, dass unsere Ergebnisse das Gegenteil bewiesen. Seine Loyalität galt einer Vorstellung, nicht irgendwelchen Ergebnissen. Sobald wir das erkannten, dämmerte mir, dass wir alle uns dieses Vergehens auf die eine oder andere Weise schuldig gemacht hatten. Ich kann Ihnen gar nicht aufzählen, wie oft ich den Fehler gemacht habe, mit einer Aktie short zu gehen, weil ich dachte, dass sie zu schnell stieg. Nun, ist das nicht dieselbe Einstellung, über die ich gerade so gelacht hatte? Sicher war sie das. Es ist einfach eine Umkehrung. Der Schlüssel ist, dass am Ende tatsächlich nur die Ergebnisse zählen, auch wenn Vorstellungen und Trading-Konzepte ihre Berechtigung haben. Manchmal sind die Konzepte, die wir verfolgen, so sexy, dass wir Gefahr laufen zu vergessen, dass es nicht unser Ziel ist, clever zu sein, unterhalten zu werden, ja nicht einmal Recht zu haben, sondern einfach Geld zu verdienen. Nicht mehr und nicht weniger. Nun bin ich mir im Klaren darüber, dass wir Ihnen erzählt haben, dass Geld nicht alles ist, und das stimmt auch. Aber wenn Sie feststellen, dass Ihnen Ihre Idee gefällt, obwohl Sie nach zehn Trades damit immer noch kein Geld verdienen, dann sollten Sie sich nach einer anderen Idee umsehen oder das Trading zugunsten des Bridge, Dominos oder der Philosophie aufgeben, wo Sie Ihre ideologische Einstellung nicht so teuer zu stehen kommt.

Der Weg zur Trading-Weisheit

Wie schon im vorigen Abschnitt erwähnt, ist Geld nicht alles. Aber an einem bestimmten Punkt bedeutet es tatsächlich alles. Wenn Sie ein Konzept, eine Taktik oder eine Technik anwenden, sollten Sie nicht vor zehn Trades eine Beurteilung abgeben. Aber nach ungefähr zehn Trades muss das von uns angewendete Konzept einer mikroskopischen Überprüfung unterzogen werden, deren Grundlage Geld ist. Immerhin handeln wir, um Geld zu verdienen, nicht um Ideen zu verwirklichen. Wer sich zu sehr in seine Strategie verliebt, riskiert es, zu übersehen, wann diese ausgefeilte Strategie überdacht, geändert oder sogar fallen gelassen werden muss. Als professioneller Trader können Sie es sich nicht leisten, Ihre Loyalität auf Ideen oder modische Trading-Konzepte zu verschwenden. Am Ende muss Ihre Loyalität nur der Sache gelten, die zählt, und das ist Fortschritt, Weiterentwicklung und – Geld!

Der Einstieg macht 85 Prozent des Trades aus

Der Erfolg eines Traders wird von zahlreichen Anforderungen bestimmt, die alle erfüllt werden müssen, aber meine Erfahrung als professioneller Trader hat mich überzeugt, dass das Wissen, wann man in eine Aktie einsteigen soll, 85 Prozent des Erfolges ausmacht. Ich bin mir der Tatsache voll bewusst, dass es genügend Leute gibt, die glauben, dass der richtige Ausstieg der Schlüssel zu erfolgreichem Trading ist, aber meine eigene Erfahrung zwingt mich zu widersprechen. Die meisten Probleme, die wir Trader haben, können direkt auf das schlechte Timing und die schlechte Platzierung des Einstiegs zurückgeführt werden. Wenn ein Trader ungeschickt in eine Aktie einsteigt, kann sich auch ein guter Trade als Verlust entpuppen. Umgekehrt können sich nicht so gute Trades in Gewinne verwandeln, wenn der Einstieg zum richtigen Zeitpunkt erfolgte. Demnach ist es der

Einstieg, der die Grundlage des kurzfristigen Tradings bildet. Steigen Sie geschickt und zum richtigen Zeitpunkt in eine Aktie ein, und Sie werden sich innerhalb von Minuten (manchmal auch Stunden) auf profitablem Terrain befinden. Steigen Sie zögernd und bei einem zu hohen Kurs ein, wird sich der Trade fast augenblicklich gegen Sie wenden. Jede Erfahrung wird durch eine Tatsache bestimmt: wann und wo Sie einsteigen, mit anderen Worten, wann Sie zuschlagen. Es ist erstaunlich, wie die Gemeinschaft der Profis es geschafft hat, davonzukommen, ohne diese Tatsachen zu beachten. Wie oft haben Sie schon gehört, dass eine Brokerfirma eine Aktie als „Buy“ empfiehlt? Aber was heißt das eigentlich? Sie sagen Ihnen, was Sie tun sollen, ohne den wichtigsten Punkt anzusprechen, nämlich wann Sie es tun sollen. Ihre Rendite wird davon bestimmt, wann Sie diese Empfehlung kaufen und nicht dass Sie diese Empfehlung kaufen. Es ist gut, über das „Was“ (buy, sell, hold) Bescheid zu wissen. Aber ein guter Trader werden Sie nur, wenn Sie wissen, „wann“ Sie das „Was“ tun müssen. Also lernen Sie die Kunst des Einstiegs, und Sie werden sich nicht mehr so viele Gedanken über den Ausstieg machen müssen, wenn Sie Ihr Geld wieder einsammeln wollen. In der zweiten Hälfte des Buches gehen wir genauer auf die notwendigen Komponenten des Einstiegs ein (siehe Kapitel 14). Am Ende des Buches werden Sie über die Wissenschaft des Aktienkaufs gut Bescheid wissen.

Der Weg zur Trading-Weisheit

Ein allgemein akzeptiertes Sprichwort an der Wall Street sagt uns, dass das Wissen über den richtigen Ausstieg der Schlüssel zum Erfolg in diesem Spiel ist. Wir können diese Einstellung zwar nicht ganz von der Hand weisen, aber wir können mit großer Sicherheit sagen, dass der richtige Einstieg die Probleme bezüglich des richtigen Ausstiegs erheblich verringert. Jeder Trader erkennt irgendwann, dass die besten Trades diejenigen sind, die fast augenblicklich Gewinn zeigen. Sie erzeugen von Anfang bis Ende keinerlei Stress. Was ist der Unterschied zwischen einer Aktie, die, kurz nachdem Sie sie gekauft haben, fällt, und einer Aktie, die nach oben schnellt, kaum dass Sie eingestiegen sind? Der Unterschied liegt einzig und allein im Einstieg. Ein gut eingefädelter Trade ist wie ein wohlerzogenes Kind, das keine Probleme macht. Es macht, was man von ihm erwartet, wann man es von ihm erwartet. Es befolgt alle Ihre Befehle. Der Ausstieg aus einem solchen Trade wird viel einfacher, weil es nur um die Frage geht: „Wann gehe ich zur Bank?" Das ist eine ganz andere Frage als „Werde ich bei diesem Trade jemals zur Bank gehen?" Oder „Werde ich den Trade abwürgen müssen?" Die erste Frage wird von einem Gewinner gestellt. Die beiden letzten sind die Fragen eines

Verlierers, eines Opfers. Ein guter Einstieg versetzt Sie in die Lage, Gewinnerfragen zu stellen. Ja, es ist wichtig, zu wissen, wann man verkaufen muss, aber es ist noch wichtiger, zu wissen, wie und wann man einsteigen muss. Wir gehen auf die Kunst des Einsteigens im Teil 2 noch näher ein.

Wie Ihre Ideen Wirklichkeit werden

Die meisten Börsianer erkennen nicht, dass ihre Trading-Realität, ihre Erfahrungen größtenteils von ihrer Interpretation der Börse determiniert werden. Sie werden nicht unbedingt davon geprägt, was die Börse tatsächlich macht. Mit anderen Worten, es ist nicht die Börsenrealität, die unsere Ergebnisse bestimmt. Diese Ergebnisse werden durch unsere Interpretation und Reaktion auf diese Realität bestimmt. Diese Behauptung klingt vielleicht eher philosophisch als praktisch, aber wir haben festgestellt, dass sie für unser Trading überaus hilfreich ist. Denken wir nur einen Augenblick an die Natur der gesamten Börse. Die Börse selbst ist nichts anderes als eine dicke Suppe. Sie bietet absolut keine Hinweise, Richtung oder Ordnung. Wir als gewiefte Trader müssen erst Ordnung hineinbringen. Ordnung liegt nicht in der Verantwortung der Börse, sie liegt bei uns. Anders ausgedrückt: Die Börse selbst hat keinen Einfluss auf unser Leben oder unsere Ergebnisse. Unsere Verantwortung gegenüber der Börse übt diesen Einfluss aus, und unsere Reaktion wird von unserer eigenen Interpretation gelenkt. Diese Ansicht schiebt die Verantwortung genau dahin, wo sie hingehört, nämlich zu uns. Denken Sie daran, wie oft Sie schon mit der Frage „Na, ist die Börse freundlich zu Ihnen?“ begrüßt wurden. Als ob die Börse in der Lage wäre, sich Feinde und Freunde auszusuchen! „Wie stehen Sie zur Börse, oder wie reagieren Sie auf die Börse?“ ist die eigentliche Frage. Wir sind niemals Opfer. Ja, wir verlieren vielleicht aufgrund einer falschen Interpretation oder einer fehlerhaften Deutung der Börse. Aber diese Interpretation kommt immer von uns, oder zumindest haben wir sie freiwillig akzeptiert.

Der Weg zur Trading-Weisheit

Die Börse ist ein nahezu perfekter Spiegel des Lebens. Und deshalb haben ein erfolgreiches Leben und erfolgreiches Trading oft denselben Grund. Das meiste im Leben und was daraus wird, hängt von unseren Vorstellungen ab. Wir müssen nur einen kurzen Blick auf unser großes Land werfen, um diesen Standpunkt zu illustrieren.

Eine negative Einstellung

Ein Mensch lebt seit seiner Geburt in diesem wundervollen Land des Überflusses und erlebt nichts anderes als Unglück, Enttäuschung und Tiefschläge. Das Ergebnis ist, dass dieser Mensch nur noch Finsternis, Negatives und zahlreiche Gründe für diese tragischen Bedingungen sieht. Dieser Mensch ahnt nicht, dass das Leben ein Spiegel seiner Vorstellungen ist, lediglich die Reflexion seiner momentanen und zukünftigen Ideen. Es ist kein Wunder, dass jeder Schritt dieses Menschen ins Unglück führt.

Eine positive Einstellung

Auf der Gegenseite finden wir einen anderen Menschen, der gerade in diesem Land der Möglichkeiten angekommen ist. Die Umstände dieses Menschen waren nahezu identisch mit denen des ersten, allerdings reagiert er anders auf diese Bedingungen. Weil dieser Mensch in Amerika ist, dem Land der unbegrenzten Möglichkeiten, weiß dieser Fremde, dass seine Not nicht lange anhalten wird. Anstatt zu fragen „Warum springt das Leben so hart mit mir um?", fragt er „Wie kann ich mein Leben verbessern?" Anstatt Hoffnungslosigkeit sieht dieser Mensch Möglichkeiten, Chancen und Gelegenheiten. Anstatt sich als Opfer zu fühlen, übernimmt dieser Mensch die Kontrolle, das Kommando. Das Leben dieses Menschen wird anfangen, seine Vorstellungen zu erfüllen. Warum, fragen Sie? Weil das Leben ein perfekter Spiegel unserer Gedanken ist, unserer Reaktionen und unserer Überzeugung. Wir haben festgestellt, dass die Börse als Ganzes auf dieselbe Art und Weise funktioniert.

Der Spiegeleffekt der Börse

Wir sind vorher auf den Spiegeleffekt des Lebens für den Einzelnen im Allgemeinen eingegangen, aber die Börse hat denselben Spiegeleffekt. Jeder Trader, der dauernd verliert, sieht in der Börse den zornigen Feind, der besiegt, ausgetricks oder erobert werden muss. In der Gedankenwelt des Verlierers ist die Börse darauf aus, ihn zu erwischen. Sie wird als Feind höchsten Ranges empfunden, und die Börse als perfekter Spiegel wirft diese sehr negative Einstellung wieder zurück, bis ins kleinste Detail. Mit anderen Worten: Die Einstellung des Verlierers zur Börse wird Wirklichkeit. Der Gewinner sieht andererseits die Börse auf eine ganz andere Weise. Für den Gewinner ist die Börse ein Freund. Ihr einziger Zweck ist, ihm Vorteile zu bringen. Der Gewinner sieht in der Börse nicht einen blutrünstigen Dämon auf der Jagd. Stattdessen sieht er in ihr den Ort, an dem Träume wahr werden, einen Ort, der sein Leben jeden Tag noch besser macht. Für den Gewinner ist die Börse ein Freund, ein Partner und ein Verwandter, der gerne die Truhen voll mit guten Gelegenheiten, Glück und Reichtum öffnet. Für manche hört sich das vielleicht zu philosophisch an, aber wir können Ihnen gar nicht sagen, wie sehr unsere gesunde und freundliche Einstellung zur Börse unserem Trading genutzt hat. Genau wie das Leben selbst hängt das Trading von der Einstellung dazu ab. Haben Sie die richtige, dann gewinnen Sie auch. Haben Sie die falsche, dann werden Sie schmerzlich verlieren. Sie bekommen genau das, was Sie als wahrscheinlich betrachten. Warum entscheiden Sie sich nicht, die Börse als Ihren Freund zu betrachten und gemeinsame Sache mit ihr zu machen? Warum schließen Sie sich nicht ihren Reihen an?

Als Schlussbemerkung möchte ich noch Folgendes sagen. Wir haben Studenten, die nach zwei Jahren Training den hohen Grad an Entwicklung erreicht haben, den wir Trading-Meisterschaft nennen. Für so einen Studenten ist es nichts Besonderes, 60.000 bis 100.000 US-Dollar in der Woche zu verdienen. Es stimmt, in einer Woche. Was glauben Sie: Betrachtet dieser enorm talentierte Trader die Börse als seinen Feind oder als seinen Freund? Der Fall ist wohl offenkundig.

Mit Tatsachen ist kein Geld verdient

Haben Sie sich schon einmal gefragt, warum eine Aktie angesichts positiver Nachrichten fällt, während eine andere im Fahrwasser von anscheinend niederschmetternden Nachrichten steigt? Wie oft haben Sie sich schon absolut erstaunt am Kopf gekratzt und verzweifelt versucht zu verstehen, warum die Börse oder eine bestimmte Aktie manchmal die Fakten und/oder die Logik total zu missachten scheint? Nun, die Wahrheit ist, dass die Realität in der Welt des Investierens keine Rolle spielt. Es sind die Vorstellungen von Realität, die wichtig sind. Tatsachen bewegen Aktien selten, wenn überhaupt. Wie Anleger in ihrer Gesamtheit diese Tatsachen auslegen, ist die Realität, die wahre Triebkraft hinter den Aktienbewegungen. Das ist der Grund, warum und wie Aktien sich entgegen jeder Logik verhalten. Und das ist das Phänomen, das Trading schwierig macht. Als Börsenteilnehmer wetten wir nicht einfach auf Aktien. Wer das glaubt, wird verlieren, sogar sehr oft. In Wirklichkeit wetten wir darauf, wie andere über diese Aktie denken. Warum? Weil es die Leute und ihre Gefühle sind, die letztendlich eine Aktie bewegen, und wie Sie wissen, sind Leute viel unberechenbarer als alles andere auf der Welt. Wenn also ein Unternehmen wieder einmal mit einem

Megagewinn herausrückt, der alle in Erstaunen versetzt, ist es mit Sicherheit klug, nicht gleich davon auszugehen, dass die Aktie daraufhin steigt. Das gilt natürlich auch für das Gegenteil. Wir dürfen niemals Folgendes aus den Augen verlieren: Wir handeln mit Leuten, nicht mit Aktien.

Der Weg zur Trading-Weisheit

Trader, die ihr ganzes Leben mit den Fakten verbringen, die die Wall Street und Nachrichtendienste so achtlos verbreiten, werden niemals so erfolgreich sein wie diejenigen, die lernen, sich darauf zu konzentrieren und zu spezialisieren, wie sich die Menge gegenüber diesen Tatsachen verhält. Der kluge Trader weiß, dass das Gewinnpotential in der Reaktion liegt, und die besten Trader wissen, dass die Vorstellungen und Reaktionen der Menge sich total von der Wirklichkeit dieser Tatsachen unterscheiden können. In manchen Zeiten verhalten sich diese Reaktionen sogar entgegengesetzt zu den Tatsachen, was den meisten Trading-Neulingen zum Verhängnis wird. Im Endeffekt hat der Master Trader die Erkenntnis gewonnen, dass es das Verständnis für Menschen und deren Beweggründe ist, was das Trading wirklich profitabel macht. Die wirklichen Kapitäne dieses Spiels fragen niemals „Was gibt es Neues?" Stattdessen fragen sie: „Wie werden die Leute auf diese Nachrichten reagieren?" Das ist ein großer Unterschied und bringt normalerweise auch einen großen Unterschied auf dem Bankkonto.

Die Wahrheit zählt nicht an der Wall Street

Wenn Sie als Trader oder Anleger glauben, dass die Börse auf Tatsachen und die Wirklichkeit reagiert, liegen Sie weit daneben. Wenn Sie tatsächlich mit dieser irrigen Annahme an der Börse teilnehmen, können Sie es als garantiert ansehen, dass Sie keine Börsenkarriere machen werden. In Wahrheit steigen und fallen Aktien aufgrund von Überzeugungen, nicht aufgrund von Tatsachen. Haben Sie das verstanden? Bitte sagen Sie ja, denn es ist enorm wichtig. Was wir versuchen, Ihnen zu vermitteln, ist, dass die Realität keine Rolle spielt. Das hat sie nie und das wird sie nie. Es ist eher die Vorstellung von Realität, die Vorstellung von Tatsachen, die die Börse antreibt. Wir spielen nicht mit Aktien, wenn wir unser Geld riskieren. Wir kaufen kein Unternehmen oder seine fundamentalen Daten, wenn wir einen Auftrag erteilen. Nein. Nein. Nein. Nein. „Nun, was kaufe ich dann eigentlich?", fragen Sie. Wir kaufen Leute und ihre Überzeugung bezüglich der entsprechenden Aktie. Denken Sie darüber nach. Wenn wir als Trader auf die

Bühne steigen und unser Geld aufs Spiel setzen, dann wetten wir, dass wir wissen, wie die Menge, die anderen Anleger, unsere Aktie in ein bis zwei Tagen sehen werden. Es sind die Leute, die eine Aktie bewegen, nicht die Tatsachen. Eine Tatsache hat noch nie eine Aktie bewegt und wird es auch in Zukunft nicht. Und erlauben Sie uns, der Diskussion noch eine weitere Dimension hinzuzufügen. Eine Vorstellung kann gefährlicher als die Realität sein und ist es meist auch. Nehmen wir die neu entfachten Ängste bezüglich einer Anhebung der Zinssätze. Wie oft hat die Börse schon als Folge von Ängsten wegen einer möglichen Anhebung der Zinssätze dramatisch ausverkauft? Spielt es eine große Rolle, dass die Federal Reserve keinerlei Hinweis auf eine Anhebung der Zinssätze gegeben hat? Keineswegs. Was zählt, ist dass Trader und Anleger eine Anhebung der Zinssätze als möglich angenommen haben. Das war und ist genug, um eine Panik auszulösen. Was ein Trader absolut erkennen muss, ist, dass die Börse von Haus aus vorgreifend reagiert. Sie versucht, mit dem zu spielen, was eintreten wird, und nicht mit dem, was schon eingetreten ist. Tatsachen sind die Überbleibsel der Vergangenheit. Sie sagen uns wenig über das Morgen. Und deshalb neigen echte Profis dazu, bei Gerüchten zu kaufen und bei Tatsachen zu verkaufen. Lassen Sie sich also nicht täuschen. Nicht die Wahrheit gewinnt an der Börse. Es ist die Vorstellung dieser Wahrheit.

Der Weg zur Trading-Weisheit

Es gibt Zeiten, in denen die Wahrheit (Tatsachen) und die Vorstellung der Menge an der Wall Street identisch, absolut synchron sind. Ein anderes Mal sind Wahrheit und Vorstellung komplett verschieden. Es ist das letztere Szenario, das den ganzen Haufen Neulinge verwirrt und in Aufregung versetzt. Um wachsam zu bleiben, damit man diese Ereignisse zu seinen eigenen Gunsten nutzt, muss man immer daran denken, dass die Chance in der Reaktion der Menge auf die Tatsachen liegt und nicht in den Tatsachen selbst. Kurzfristig gewinnt nicht immer die Wahrheit. Aus diesem Grund kann ein gesundes Unternehmen halbiert werden, obwohl es genau das Gegenteil verdient, und ein wertloses Unternehmen kann auf eine Million Dollar Marktkapitalisierung angehoben werden. Man kann sicherlich argumentieren, dass die Vorstellung und die Realität nicht ewig gegenläufig sein können und dass sich die Realität letztendlich durchsetzen wird. Aber wer hat schon ewig Zeit? Ein Irgendwann gibt es nicht für kurzfristige Trader. Sie können sich den Luxus Zeit nicht leisten. Ihr Leben, Ihr Lebensunterhalt, Ihr Wohlergehen hängen vollständig vom Jetzt und Hier ab. Und in diesem Jetzt und Hier zählt Wahrheit nicht immer.

Sie müssen unmenschlich werden, um erfolgreich zu sein

Nach sehr profitablen Gewinnsträhnen stellt sich bei den Tradern meist eine Zufriedenheit ein, und sie lassen sich durch eine einheitliche Börse in den Schlaf wiegen. Jeder Einzelne, der täglich an der Börse kämpft, weiß, dass Zufriedenheit der Erzfeind jedes Traders ist. Warum? Weil korrektes Trading eine der unnatürlichsten Aktivitäten ist, die jemand unternehmen kann. Wenn etwas psychologisch gesehen sehr angenehm ist, dann ist es in der Regel nicht gut für uns! Andererseits stehen die Chancen für uns sehr gut, wenn eine bestimmte Strategie oder Einstellung psychisch und emotional sehr schwierig durchzuhalten ist. Deshalb ist das Vorhandensein von Behaglichkeit und Zufriedenheit normalerweise ein Zeichen, dass Sie etwas falsch machen. Richtig zu handeln ist nicht immer gerade einfach, und deshalb werden falsche Handlungen oft von einem verführerisch angenehmen Gefühl begleitet. Es muss nicht erwähnt werden, dass genau dieses Paradox die Kunst des Tradings so schwierig macht. Leider ist es unser größter Nachteil, menschlich zu sein, menschliche Gefühle zu haben. Für den ausdauernden Trader gilt diese Voraussetzung, dieser Krieg zwischen richtig und einfach, allerdings nicht für immer. Durch Fleiß und andauerndes Bemühen, das Richtige zu tun anstatt das Falsche und Einfache, wird der Trader merken, dass er allmählich unmenschlich wird. Myriaden Erfahrungen von Schmerz und Freude, von Triumph und Niederlage fangen allmählich an, genau das Gegenteil ihres eigentlichen Gefühls zu vermitteln. Aufgrund von Erfahrung bilden sich neue Nervenbahnen, die neue Gedankenprozesse auslösen, neue Reaktionen und neue Gefühle. Nach einem gewissen Fortschritt wird sich das Richtige auch richtig anfühlen. Sobald diese Veränderung eingetreten ist, lösen falsche Aktionen, ja sogar falsche Gedankengänge, eine schmerzliche Botschaft an das zentrale Nervensystem aus und agieren als automatisches inneres Alarmsystem. Mit anderen Worten: Trader verändern aufgrund einer ständigen Weiterentwicklung ihr gesamtes Netzwerk an psychischen und emotionalen Reaktionen. Wenn auch sehr langsam, so entwickeln sie sich doch von pawlowschen Kreaturen, denen der Speichel im Mund schon allein beim Klang einer Glocke zusammenläuft, zu Individuen, die erkennen, dass das Richtige auch immer am leichtesten auszuführen ist. Kurz gesagt, Trader, die ein bestimmtes Level an Können erreicht haben, kehren die natürliche Entwicklung um und werden nahezu unmenschlich.

Der Weg zur Trading-Weisheit

Psychiater erzählen uns schon seit ewigen Zeiten, dass Menschen schon immer den richtigen Weg als den schwierigen und den falschen als den richtigen Weg empfunden haben. Das ist so, weil wir darauf trainiert wurden, das angenehme Gefühl der Freude anzustreben und nicht das unbehagliche Gefühl von Schmerz. Aber Tatsache ist, dass das Richtige oft von einem Gefühl von Schmerz begleitet wird, während falsche Aktionen oft ein vorübergehendes Wohlbehagen vermitteln. Stellen Sie sich das folgende Szenario zur Illustration dieses Fakts vor. Ein Trader, der nach einem fehlerhaften Kauf einer Aktie einen schweren Verlust erlitten hat, kämpft mit der Frage „Soll ich verkaufen, halten oder nachkaufen." Der Trader weiß genau, dass Nachkaufen keine wirkliche Antwort ist, da es bedeuten würde, noch mehr Öl in ein Feuer zu kippen, das gelöscht werden soll. Der Trader weiß auch, dass Halten auch nicht die richtige Antwort ist, denn das würde ein gefährliches Spiel mit der Hoffnung bedeuten, und Hoffnung hat in der Welt des gesunden Tradings nichts verloren. Dem Trader bleibt nur eine Möglichkeit, nämlich zu verkaufen. Intellektuell erkennt der Trader genau, dass Verkaufen die einzige intelligente Möglichkeit ist, und geht davon aus, dass der Trade von Anfang an schlecht war und der Versuch, ihn anderweitig zu korrigieren, zu einem noch größeren Verlust führen würde. Aber trotz dieser Gedanken sträubt sich die Psyche des Traders gegen den Verkauf. Warum? Weil Verkaufen den Verlust durch einen Abschluss realer erscheinen lässt. Eine dringende Botschaft des Versagens würde sofort in das gesamte mentale und psychische System geschickt und würde damit psychische und physische Qual auslösen. Deshalb sucht der Trader nach vorübergehendem Trost. Statt zu agieren, entschließt er sich zu halten, abzuwarten und nichts zu tun. Dieses Abwarten verschafft ihm vorübergehende Erleichterung. Trotz der Tatsache, dass Halten nicht die richtige Aktion ist, gibt ihm dieses Verhalten dennoch ein Gefühl der Hoffnung, was wiederum ein Gefühl des Trostes bringt. Die Schlacht um die richtige Aktion angesichts der einfachen Aktion ist verloren. Wir können unseren eigenen Fortschritt als Trader daran messen, wie wir uns bei Aktionen fühlen, von denen wir wissen, dass sie richtig sind. Wenn die richtigen Aktionen anfangen, gute Gefühle auszulösen, und die falschen Aktionen uns Qual und Unbehagen bringen, dann wissen wir, dass wir den wichtigen Prozess der Verwandlung von menschlich zu unmenschlich durchmachen.

Die Chancen liegen dort, wo sich die Menge nicht mehr weiter traut

Haben Sie schon einmal bemerkt, dass die schwierigsten Trades oft diejenigen sind, die sich dann am besten entwickeln? Warum das so ist? Warum unser Zögern, zu agieren, oft mit verpassten Gewinnen beantwortet wird? Nun, als Erstes fällt mir dazu die Tatsache ein, dass die Chancen oft dort liegen, wo sich die meisten nicht mehr weiter trauen. Stellen Sie sich einfach vor, wie viele Tausend Dollars von den Leuten nicht eingefordert werden, für die es schwierig ist, Aktien mit einem KGV von über 20 oder 30 zu kaufen? Und hat nicht die oft wiederholte Erklärung „Ich handle wegen der hohen Schwankungsanfälligkeit und der großen Spannen nicht mit NASDAQ-Aktien" schon so manchen Trader um ein kleines Vermögen gebracht? Aber der primäre Grund hinter unserem Zögern ist das Verlangen nach Sicherheit, bevor wir agieren, die Notwendigkeit, sich sicher zu fühlen. Wir, als konditionierte menschliche Wesen, wollen wissen, ob ein Trade gewinnen wird, bevor wir den Sprung wagen. Wir wollen sicher sein, dass dieser Trade funktioniert. Aber die harte, kalte Realität ist, dass erfolgreiches Trading immer schwierig sein wird, weil es verlangt, dass wir agieren, bevor wir etwas sicher wissen. Wir müssen uns der unleugbaren Tatsache stellen, dass keine unserer Entscheidungen jemals eine sichere Sache sein kann. Warum? Weil wir die Zukunft einfach nicht kennen. Wir können sie nicht kennen. Alles, was wir ehrlich tun können, ist, eine gesunde Trading-Strategie zu entwickeln, basierend auf sorgsam abgewägten Chancen. Unsere verschiedenen Newsletter achten zusammen mit unserem Internet-Trading-Room (in Echtzeit) auf diese Beurteilung der Chancen. Was wir für unsere Abonnenten nicht tun können, ist handeln! Das ist deren Job.

Der Weg zur Trading-Weisheit

Der Wunsch nach Sicherheit ist eine dieser natürlichen menschlichen Versuchungen, die jeder ehrgeizige Trader überwinden muss. Warum? Weil Sicherheit ein Märchen ist. Sie existiert im normalen Leben ebenso wenig wie an der Börse. Sie ist ein Phantom, ein Traum, dem viel zu viele Börsenteilnehmer nachjagen und auch in Zukunft nachjagen werden. Als Trader müssen wir die Kapitalisten des Ungewissen sein. Wir können der Tatsache, dass wir gezwungen sind, auch angesichts der Unsicherheit zu handeln, nicht entkommen. Wer alle Fakten vor jedem Trade wissen will, wird genug Gelegenheit haben, diese Trades zu verpassen. Das Glück wartet im Schatten der Unsicherheit auf seinen

Entdecker. Es liegt auf den verborgensten Pfaden versteckt. Der aktive Trader wird feststellen, dass die besten Chancen dort liegen, wo sonst niemand danach sucht. Der Trader kann niemals sicher sein, dass der gerade unternommene Trade auch erfolgreich ist. Der Trader kann die Chancen abschätzen und eine intelligente Strategie einsetzen, um diese Chancen zu nutzen. Aber in jedem Trade liegt die Möglichkeit einer Enttäuschung. Jeder Versuch birgt auch die Möglichkeit des Scheiterns. Der ehrgeizige Trader muss lernen, damit umzugehen, und er muss lernen zu agieren, bevor er den Ausgang sicher kennt. Kennt der Trader den Ausgang erst einmal, ist die Chance schon lange verpasst.

Keine Wolke am Himmel? Vorsicht!

Keine Wolke am Himmel? Oh, oh, passen Sie auf! Wir haben schon vor langer Zeit gelernt, dass man am meisten aufpassen muss, wenn es keine Anzeichen für Ärger gibt, wenn alles rosig und anscheinend ohne Probleme ist. Wenn es eine Zeit lang zu einfach war, Geld zu verdienen, und wenn der „Durchschnittsbürger“ auf der Straße zu denken beginnt, dass er ganz toll ist, dann fangen kluge Trader an, an ihren Fingernägeln zu kauen. Warum? Weil die Börse sehr selten längere Zeit „gut“ zum Durchschnitt ist. Gerade wenn Herr oder Frau Durchschnitt denkt, dass sie einen Durchbruch geschafft haben, fängt das Spiel an, sich zu drehen. Wir können sicherstellen, dass wir uns nie in der Gesellschaft dieser Leute befinden, wenn wir eine gegenteilige Einstellung zu diesen kritischen Punkten bewahren. Wir müssen uns gegen diese Herdenmentalität schützen, die so vielen Möchtegern-Tradern zum Verhängnis wird. Denken Sie daran, dass wir zwar die Zukunft nicht voraussehen können, aber dass wir auf alle Möglichkeiten vorbereitet sein können. Und eine Möglichkeit, sich auf die eventuelle Gefahr vorzubereiten, ist, besonders aufzupassen, wenn die Dinge allzu gut aussehen.

Der Weg zur Trading-Weisheit

Es heißt, dass die Börse vor einer Mauer aus Sorgen steht. Entfernen Sie diese Mauer aus Sorgen, und die Börse wird nicht mehr auf diese Mauer klettern wollen. Kluge Trader erkennen, dass dann Grund zur Sorge besteht, wenn der Horizont frei von allen Sorgen ist. Es ist fast so, als ob sich die Börse nichts aus ruhigen Zeiten machen würde. Denken Sie daran, dass das gesamte Finanzsystem, in dem wir uns bewegen, nicht dazu gedacht ist, die Menge zu belohnen. Wenn also die Menge zufrieden ist und sich keine Wolke am Himmel befindet, dann gehen Sie am besten in Deckung, denn die Geschichte zeigt uns, dass wir gerade die Ruhe vor dem Sturm erleben.

Der wahre Maßstab für einen erfolgreichen Trader

Tex Cobb, der einzige Boxer, der jemals alle 15 Runden in einem Meisterschaftskampf verloren hat, machte eine Feststellung, die sofort meine Aufmerksamkeit erregte. Er sagte: „Jeder kann ein Sieger sein, wenn er Erfolg hat. Der wahre Maßstab eines Mannes zeigt sich in einer Situation, wenn alles schief geht und er immer noch den Mumm hat, weiterzumachen.“ Diese Aussage drückt genau das aus, was einen wirklich erfolgreichen Trader ausmacht. Wer die Kunst des Tradings erlernt hat, hat zweifellos auch gelernt weiterzumachen, wenn es so aussieht, als ob alles schief ginge. Alle Trader erleben in ihrer Entwicklung Zeiten, in denen sie durch die Hölle gehen, wenn die Börse selbst nichts anderes vorzuhaben scheint, als sie bei jedem Schritt zu demütigen. Aber um Erfolg zu haben, um die nötige Erfahrung zu bekommen, die letztendlich zur Meisterschaft führt, müssen Trader den Mut aufbringen, angesichts dieser schwierigen Zeiten weiterzumachen. Sie müssen lernen weiterzumachen, vorwärts zu drängen. Unsere wichtigsten Erfahrungen machen wir nicht in Zeiten, in denen alles gut läuft. Wie reines Gold werden wir immer besser und entledigen uns aller Unreinheiten und Fehlerhaftigkeit, während wir durch das Feuer gehen. Unser Charakter und Trading-Können wachsen nur, wenn wir vorwärts drängen, auch wenn sich Schwierigkeiten vor uns auftürmen. In diesen schweren Zeiten werden wir immer geübtere Börsenteilnehmer, wenn wir es schaffen, immer wieder aufzustehen und in die nächste Runde zu gehen. Es sieht vielleicht nicht so aus, als ob Sie in schlechten Zeiten Fortschritte machen, und jede getroffene Wahl trieft vor Fehlerhaftigkeit, aber jedes Mal, wenn Sie diese Zeiten überstehen, machen Sie einen Riesenschritt nach vorn. Die Fähigkeit, sich selbst wieder aufzuraffen, ist der Beweis dafür. In Ihren Entwicklungsjahren kann der wirkliche Erfolg an Ihrer Fähigkeit gemessen werden, sich dem Morgen zu stellen, wenn die Erfahrung des Heute Sie anfleht, es nicht zu tun. Wir müssen immer daran denken, dass wir im Spiel bleiben müssen, um zu gewinnen. Und auch wenn das Verbleiben im Spiel noch nicht garantiert, dass wir gewinnen, so können wir doch sicher sein, dass wir niemals gewinnen können, wenn wir nicht dabeibleiben.

Der Weg zur Trading-Weisheit

Es ist natürlich sehr schwierig, angesichts häufiger Trading-Verluste oder -Fehler vorwärts zu drängen. Es ist sogar noch schwieriger, zu akzeptieren oder zu erkennen, dass Sie trotz all dieser Verluste Fortschritte als Trader machen. Aber wie eine Blume, die erst unter der Oberfläche wachsen muss, bevor sie ihre Schönheit der Welt zeigen kann, müssen sich auch Trader entwickeln. Ihre äußeren Umstände und Gewinn-Auszüge scheinen zuerst vielleicht wie absolute Flops auszusehen, aber während der ganzen Zeit sind im Verborgenen die Kräfte des Fortschritts am Werk. Man muss allerdings wissen, dass diese wundervolle Tatsache nur für Trader gilt, die sich in dieser Zeit tapfer halten. Dieses Gesetz des verborgenen Fortschritts gilt nur für Trader, die entschlossen sind, jedes Mal wieder aufzustehen und jede weitere Herausforderung mit steigender Entschlossenheit zu meistern. Wer das lernt, wird oft feststellen, dass jede verlorene Runde in seinem Kampf gegen das Scheitern nur dazu führt, dass er besser vorbereitet in die nächste Runde geht. Dass jeder scheinbare Knockout ein Knockdown ist, nur um zu zeigen, dass man die Größe hat, nach jedem Tiefschlag wieder aufzustehen und weiterzugehen.

Wenn die beste Aktion keine Aktion ist

Wenn es um die Bedeutung sowohl der Gedanken als auch der Aktionen während der Kriegsproteste 1960 ging, lautete der Aufschrei von Daniel Berrigan „Tut nicht irgendwas, bleibt stehen!“ So kurz dieses Zitat auch ist, so voll gepackt ist es mit Weisheit. Es ist offensichtlich, dass wir als menschliche Wesen aktiv sind, oder zumindest streben wir danach. Das Individuum, das diese Aktivität erstrebt, erreicht und ausführt, wird in unserer Gesellschaft zum Ideal. Der „Macher“, der Aktionist, wurde von der Geschichte immer freundlich behandelt. Aber auch wenn die Aktion oder das Machen von großer Bedeutung ist, dürfen wir dennoch nicht vergessen, die Balance zu halten. Wenn Aktion wichtig ist, dann verlangt ein ausgeglichenes Dasein nach Zeiten des Nichtstuns. In Wirklichkeit habe ich festgestellt, dass die Qualität meiner aktiven Zeiten oft von der Qualität der vorangegangenen inaktiven Zeiten bestimmt wird. Und das Gleiche gilt für mein Trading. Heute fühlen sich viele aktive Trader schlecht und gelangweilt (sogar jene, die am Pristine-Trading-Programm teilnehmen), wenn sie nicht handeln. Wenn sich die Börse beruhigt und unriskante Chancen rar werden, beginnen diese Trader, die das Gefühl haben, immer aktiv sein zu müssen, Trades zu forcieren, als ob sie die Börse zwingen könnten, günstige Gelegenheiten auszuspucken. Genau diese Trader erkennen nicht, dass manchmal die beste Aktion Nichtstun ist. Sie erkennen nicht, dass manchmal ein Stillstand die nötige Ruhe und Klarheit bringt. In den Augenblicken, in denen die Börse ein Schläfchen hält, geben sie uns die Chance, uns neu zu ordnen und uns wieder zu sammeln. Sie helfen uns, wieder an Haltung zu gewinnen, sozusagen unsere Räder zu ölen, damit wir für die kommenden Aktionen gerüstet sind. Ich habe gelernt, diese Notwendigkeit des Stillstands zu respektieren. Ich habe gelernt, wie man Inaktivität als Vorbereitung für die letztendliche Aktivität nutzen kann. Ralph Waldo Emerson sagte einmal: „Tun Sie die Dinge, und Sie werden die Kraft dazu haben." Das ist absolut wahr. Aber er versäumte es, uns zu sagen, dass Nichtstun von Zeit zu Zeit hilft, diese Kraft zu behalten. Seien Sie bitte ein aktiver Trader. Aber erkennen Sie auch, dass es manchmal hilft, einfach nichts zu tun.

Der Weg zur Trading-Weisheit

Nichtstun ist manchmal die produktivste Handlung für uns. Manchmal finden wir ausgerechnet in inaktiven Zeiten unsere Balance. Mentale Klarheit gewinnen wir oft, wenn wir alle Aktionen eingestellt haben und zu einem neutralen Beobachter werden. Wir als Trader müssen die Notwendigkeit solcher Perioden erkennen. Das Kämpfen hat seine Berechtigung, aber wir brauchen auch kampflose Zeiten, in denen wir unsere Angelegenheiten ruhen lassen und unsere Sinne neu schärfen. Jedes Mal, wenn wir uns von der Börse zurückziehen, um zu beobachten, scheinen wir mit neuen Kräften zurückzukehren. Wenn die Börse das nächste Mal nicht kooperativ ist oder sonst irgendetwas in der Luft liegt, stehen Sie einfach still. Beobachten Sie, wie Ihnen dieses Nichtstun ein besseres Gefühl dafür gibt, was Sie als Nächstes tun sollen.

Nichtstun: Die schwierigste aller Aktionen

Dreizehn Jahre Trading-Erfahrung haben mich gelehrt, dass es Zeiten gibt, in denen keine Aktion die beste Aktion ist, dass Sitzen besser ist als Stehen und Beobachten viel wichtiger als Handeln. In der westlichen Kultur wird zu viel Betonung auf die ständige Aktivität des Einzelnen gelegt, auf den Macher, der ganz übersieht, dass Nichtstun manchmal die schwierigere, intelligentere Aktion ist.

Der Weg zur Trading-Weisheit

Aktion ist notwendig, so sehr sogar, dass wir ohne sie nichts erreichen oder kein Geld verdienen könnten. Wir mussten aber erkennen, dass viele Trader denken, sie müssten ständig in Bewegung sein, ständig handeln oder ständig bereit sein zu handeln. Diese Vorstellung ist falsch, und wenn sie zu oft verfolgt wird, kann sie für jemanden, der mitten in seiner Entwicklung steht, sehr gefährlich werden. Es gibt Zeiten, in denen die schwierigste aller Aktionen einfach Nichtstun ist, in denen man nur beobachten sollte, wie sich die Dinge entwickeln. Wir haben leider nicht die Macht, die Börse bestimmend zu manipulieren. Wir können nicht diktieren, welche Chancen wir an einem bestimmten Tag haben wollen. Wir müssen die Realität akzeptieren, dass es Zeiten gibt, in denen alle Zeichen auf „go" stehen und uns lauter gute Chancen umgeben. Aber es gibt auch andere Zeiten – Zeiten, in denen die Börse so unkooperativ ist, dass risikolose Gelegenheiten rar werden und die Zahl der Fallgruben und Landminen ins Unendliche steigt. Wenn wir letztere Situation vorfinden, ist es nicht nur am besten, gar nichts zu tun, es ist oft die einzige Möglichkeit, die wir haben, um unser Geld zu retten. Um zu zeigen, wie wichtig dieser Punkt ist, schauen wir uns die Erfahrung eines Börsenteilnehmers an, der gerade angefangen hat, in unserem White-Plains-Büro zu traden. Zum Zwecke dieser Übung nennen wir diesen Trader Mr. Gung-ho.

Eine Lektion in der Kunst des Nichtstuns

Für Mr. Gung-ho war es der erste Tag als Trader bei Pristine, und er war verständlicherweise sehr aufgeregt. Leider war die Börse an seinem ersten Tag bei uns nicht besonders freundlich. Die Börse schien tatsächlich ziemlich unwillig zu sein, denn der S&P-Future fiel schon vor dem Eröffnungsgong um zehn Punkte, und es gingen Gerüchte um den Rücktritt eines hohen Politikers in der Finanzwelt um. Aber das schien Mr. Gung-ho nicht zu beunruhigen. Mit seinem neuen Konto über 50.000 US-Dollar fing er sofort an, sein Glück mit verschiedenen Schnellfeuer-Trades bei Börseneröffnung zu erzwingen. Das stellte sich als Riesenfehler heraus. Seine totale Ignoranz der Botschaft vor Börseneröffnung kostete ihn über 850 US-Dollar innerhalb von 30 Minuten. Autsch! Nach einem tiefen Atemzug dämmerte ihm, dass er zu seinem alten Trading-Stil zurückkehren sollte, und er beschloss, etwas ruhiger zu werden. Schließlich fing er an, mit Techniken zu arbeiten, mit denen man gute Gelegenheit erkennen kann, wie er es von uns während eines 2-Wochen-Kurses gelernt hatte. Aber nach ungefähr zwei Stunden stellte er fest, dass er nur sehr wenige Trades gefunden hatte, die den strengen

Kriterien entsprachen, die wir absichtlich in diese Techniken eingebaut hatten. Das verlangte einen Status des „Nichtstuns“ von ihm, der ihn unruhig machte. Dieser Bursche war daran gewöhnt, zu agieren. Es war ganz offensichtlich, dass „Stillsitzen“ nicht sein Ding war, und man konnte förmlich sehen, wie sich in seinem Gesicht Frust breit machte. Wäre er noch in seiner alten Firma gewesen, hätte er bestimmt schon 10 bis 20 Trades durchgeführt, wenn nicht noch mehr. Jetzt war es ungefähr zwölf Uhr mitternachts östlicher Zeitrechnung, und er war immer noch wach. Irgendetwas musste sich ändern. Auch wenn nur sehr wenige risikolose Chancen unsere festgelegten Trading-Kriterien erfüllten, war er entschlossen, etwas zu tun. Innerhalb weniger Minuten machte er eine Reihe von Trades, die er niemals unternommen hätte, wenn er sich an unseren Plan gehalten hätte. Es war keine Überraschung, dass sie nur Verluste einbrachten. Immer noch kribbelig, versuchte er noch ein paar Trades. Wie Sie sicher schon erraten haben, brachten auch sie nur Verluste. Und so ging es immer weiter, wie wir vom Rande aus beobachten konnten (manchmal muss man einen Trader Fehler machen lassen, bevor er bereit ist, einen Ratschlag anzunehmen). In der letzten Stunde verwandelte sich der Frust in Mr. Gung-hos Gesicht in Ärger. Am Ende, eine Stunde später, hatte Mr. Gung-ho über 2.950 US-Dollar verloren.

Mr. Gung-ho erhielt an diesem Tag genau das, was er wollte. Aktion. Aber er bekam es auf Kosten von vernünftigem Trading. Er hätte Ihnen natürlich gesagt, dass er Gewinne wollte, aber in Wirklichkeit wünschte er sich Aufregung. Was dieser Trader nicht erkannt hat, ist, dass Untätigkeit aufgrund unserer strikten Trading-Kriterien das Element war, das ihn vor sich selbst und den schlechten Chancen an der Börse gerettet hätte. Er hätte nicht gegen die Untätigkeit, oder in diesem Fall die mangelnde Aktion, ankämpfen, sondern sie willkommen heißen sollen, besonders angesichts der schlechten Chancen an der Börse. Er hatte außerdem nicht erkannt, dass dieser Status des „Nichtstuns“ nicht die Folge von Feigheit gewesen wäre – das wäre genauso problematisch gewesen. Vielmehr war er die Folge vernünftiger Trading-Techniken, die lediglich sehr hohe Standards und Bedingungen vorgaben, die von der Börse in diesem Fall nicht erfüllt werden konnten. Mr. Gung-ho hatte keine Ahnung, dass es sich hier um eine sehr intelligente Form des „Nichtstuns“ handelte. Es war ein Geld sparendes Nichtstun. Hätte er an seinem Abwartemodus festgehalten, hätte er am Ende des Tages zwar nicht mit einem großen Gewinn angeben können, aber er wäre sicherlich um 2.000 US-Dollar reicher nach Hause gegangen. Wir glauben, das zeigt ganz deutlich, dass manchmal keine Aktion die beste Aktion ist.

„He, sag mir nicht, was ich denken soll; sag mir, was ich tun soll!"

Das ist eine der Antworten, die ich immer bekomme, wenn ich ein Thema anschneide, das Nachdenken erfordert und nicht gedankenlose Aktion. Was die ehrgeizigen Seelen, die nach dieser Methode schreien, nicht erkennen, ist, dass vernünftiges Denken gleichbedeutend mit vernünftigem Handeln ist. Wir sehen das nur allzu oft. Trader denken, dass sie in unser Büro in White Plains, N. Y., kommen können, eines unserer intensiven Trading-Seminare besuchen und dann sofort gewinnen, und zwar so viel, dass sie ein Vermögen zusammenhaben, das groß genug ist, um bis ans Ende ihrer Tage in Südfrankreich zu leben, am Nachmittag Cappuccino zu schlürfen und am Abend edlen Wein zu genießen. Überraschung! So enttäuschend sich das auch anhören mag, aber zu wissen, was man tun muss, ist noch keine Garantie, dass man es auch wirklich tut. Das ist die harte, nackte Wahrheit, und deshalb ist der Anteil des „Denkens" beim Trading so wichtig, so entscheidend. Denken Sie daran. Wir können einem Trader jedes erdenklich Tool, jede Technik, jede Trading-Taktik geben, die er braucht, um erfolgreich zu sein, und das alles innerhalb von drei Tagen. Das stimmt. Drei Tage. Ob Sie es glauben oder nicht, der schwierige Teil sind nicht die dynamischen Gewinn bringenden Trading-Taktiken oder das Wissen, was man an der Börse genau tun soll. Hart ist die Umsetzung, die Ausführung des Gelernten. Wie oft haben Sie schon an einer fallenden Aktie festgehalten, weit über den Punkt hinaus, an dem Sie wussten, dass Sie eigentlich verkaufen müssten? Wie oft haben Sie eine Aktie gekauft, obwohl Sie genau wussten, dass Sie es nicht tun sollten? Das Problem ist in den meisten Fällen, dass Sie zwar wissen, was richtig ist, sich aber nicht entsprechend verhalten. Dieses potentielle Gewinnspiel, das wir Trading nennen, läuft hauptsächlich mental ab. 85 Prozent sind Psychologie. Wenn Sie erst einmal alle Trading-Tools und -Techniken haben, bestimmt die Qualität Ihrer Gedankengänge Ihren Erfolg oder Ihren Untergang. Unser Untergang ist nicht immer das Fehlen von Wissen. In vielen Fällen ist es die Weigerung, dieses Wissen zu pflegen.

Der Weg zur Trading-Weisheit

85 Prozent der Leute, die versuchen, an der Börse ihren Lebensunterhalt zu verdienen, scheitern in den ersten sechs Monaten. Das Traurige ist, dass viele von ihnen aufgrund einer einfachen Tatsache scheitern: des Mangels an Wissen. Es besteht kein Zweifel, dass Leute aus Mangel an Wissen an der Börse scheitern.

Das ist der Hauptgrund. Aber auch denjenigen, die es über ein Seminar, ein Buch oder Jahre des Versuchens und Irrens schaffen, einen bestimmten Wissensstand zu erreichen, fällt es schwer, an den Punkt zu kommen, an dem lebenslange Gewinne winken. Warum? Weil Wissen nur die erste Hürde auf dem langen Weg zur Trading-Meisterschaft ist. Mit den richtigen Hilfsmitteln haben Sie sicherlich mehr Chancen als die meisten Börsianer. Die meisten davon haben nämlich noch nicht einmal genügend Wissen. Aber denken Sie immer daran: Nur, weil Sie den Werkzeuggürtel eines Schreiners haben, sind Sie noch kein Schreinermeister. Es ist nur der erste Schritt zum Schreinerhandwerk, aber man ist erst dann Schreinermeister, wenn man jedes Werkzeug mit Können und Verstand handhaben kann.

Eines der besten Werkzeuge der Trader ist ihr Verstand. Setzen sie ihn vernünftig ein, steht ihnen meist eine erfolgreiche Karriere als Trader bevor. Setzen sie ihn unvernünftig und unproduktiv ein, führt das unweigerlich zum finanziellen Untergang. Ein weiterer Punkt, der immer beachtet werden sollte, ist die Tatsache, dass Trader alle wichtigen Hilfsmittel wie Techniken und Taktiken haben können, aber die falsche Denkweise lässt sie meistens scheitern. Tausende können ein Pristine-Seminar besuchen, aber es können eben nicht Tausende den Status der Meisterschaft erreichen, egal wie viel sie dafür bezahlen. Und ich sage: Gott sei Dank! Gott sei Dank erreichen die meisten Leute nicht den erforderlichen Wissensstand. Ich sage sogar, Gott sei Dank haben nicht alle, die den erforderlichen Wissensstand haben, auch das entsprechende Denken. Warum? Weil andernfalls die Chancen für diejenigen, die das erforderliche Wissen und die richtige Denkweise haben, drastisch abnehmen würden. Ganz ehrlich, darauf sind wir gar nicht vorbereitet. Ignoranz ist der Feind des Ignoranten. Aber Ignoranz bei anderen hilft denen, die über die notwendigen Kenntnisse verfügen, und ist eine Quelle des Reichtums für jene, die das Wissen haben und vernünftig denken können.

Was machen Sie aus Ihren heutigen Chancen?

Mehr zu wollen, als man gerade hat, ist seit Jahrzehnten ein umstrittener American Way of Life. Ein paar genaue Beobachter von Geschichte und sozialen Strömungen werden bemerken, dass der intensive Wunsch nach mehr von Anfang an Teil der amerikanischen Kultur war. Wie auch immer, wir haben das Gefühl, dass, wenn wir mehr Geld hätten, mehr Zeit, mehr Wissen, dann wären wir auch in der Lage, gute Geschäfte zu machen, das Leben zu meistern. Aber wie steht es mit dem Geld, das wir tatsächlich haben? Was ist mit der Zeit und dem Wissen, über das wir jetzt verfügen, wenn auch begrenzt? Ziehen wir unseren Vorteil daraus? Nutzen wir unseren Vorteil aus? Mit anderen Worten: Gehen wir wirklich verantwortungsvoll mit unseren begrenzten Reserven um, bevor wir uns nach größeren Beständen umsehen? Meine persönliche Beobachtung im Alltagsleben hat gezeigt, dass es dringend notwendig ist, auf diese menschliche Tendenz, mehr zu wollen, ohne das Vorhandene voll auszunutzen, zu achten. Meine Einstellung ist, dass wir kein Recht auf mehr Zeit haben, wenn wir die uns zur Verfügung stehende Freizeit verschwenden. Geld im Überfluss kommt nur zu denen, die es intelligent nutzen, wenn es nur begrenzt zur Verfügung steht. Und Wissen, einer der größten Reichtümer, wächst nur für den ins Unermessliche, der mit dem Wissen, das er jetzt besitzt, verantwortungsvoll umgeht. Nun, was hat das alles mit dem Trading zu tun, fragen Sie? Alles, was unseren menschlichen Neigungen zugrunde liegt, bestimmt auch unser Trading. Weil alle unsere menschlichen Neigungen, egal, ob gut oder schlecht, bei unserem täglichen Trading ausgelebt werden. Es geht um Folgendes. Es ist unsere Pflicht, sicherzustellen, dass wir mit allem, was wir hier und jetzt haben, verantwortungsvoll umgehen, bevor wir mehr wollen. Heute kennt jedes Pristine-Mitglied die Bedeutung von Stops. Wir benutzen sie nicht nur jeden Tag in unserem Service, wir haben auch zahlreiche Anleitungen über ihre Wichtigkeit geschrieben und im Detail erklärt, wie sie eingesetzt werden sollten. Die Frage lautet: Gehen wir verantwortungsvoll mit diesem Wissen um? Respektieren wir es? Jeder unserer Abonnenten weiß, wie wichtig es ist, auf den richtigen Einstiegspunkt zu warten, wie wichtig es ist, nicht hinter einer Aktie herzujagen. Aber wird dieses Wissen immer angewandt? Einige unserer Trader wollen mehr Aktienvorschläge, besonders an Tagen, wenn zahlreiche Werte unsere strengen Einstiegskriterien erfüllen. Aber gehen wir mit den Aktienvorschlägen, die wir erhalten, verantwortungsvoll um? Erst sollten wir das bewältigen, was wir heute haben, und wissen, bevor wir mehr verlangen.

Der Weg zur Trading-Weisheit

Der Wunsch nach mehr stellt nichts Schlimmes dar. Er bildet die Grundlage jeder großen Errungenschaft der Menschheit. Deshalb sollten wir uns auch niemals dafür schämen, dass wir unsere Flügel weiter ausbreiten wollen. Aber wann immer wir nach mehr greifen, ohne das, was wir haben, voll auszunutzen, machen wir uns des Verbrechens der Gier schuldig. Ehrgeizige Trader tappen sehr oft in diese Falle. Auf ihrer Suche nach dem Heiligen Gral springen sie von Buch zu Buch, immer auf der Suche nach mehr. Ein Seminar nach dem anderen wird auf der Suche nach diesem und noch mehr besucht. Noch mehr Taktiken, noch mehr Spiele, noch mehr Tricks. Mehr, mehr, mehr. Aber die wenigsten dieser Trader setzen sich hin und machen eine Bestandsaufnahme dessen, was sie schon erreicht haben. Sie führen selten, wenn überhaupt, Aufzeichnungen darüber, wie gut sie die Taktiken anwenden, die sie hier gelernt oder dort aufgeschnappt haben. Wir beobachten die ganze Zeit, wie Leute unser intensives „One-Day Trading Boot Camp" besuchen und sofort im Anschluss unseren „Three-Day-Trading"-Kurs machen wollen, um dann sofort in unseren „Two-Week Training"-Kurs zu wechseln. Sie haben noch gar nicht angefangen, das neue Wissen zu verdauen, anzuwenden oder zu vermehren. Sie haben gar nicht zugelassen, dass es Wurzeln schlägt und sich zu entfalten beginnt. Und trotzdem wollen sie mehr. Wie können wir sicher sein, dass wir mit mehr Wissen, mehr Weisheit, mehr Trading-Taktiken verantwortungsvoll umgehen können, wenn wir nicht bewiesen haben, dass wir mit dem, was wir heute zur Verfügung haben, pflichtgemäß umgehen können? Vermehren Sie das, was Sie heute haben. Entschließen Sie sich jetzt, eine Bestandsaufnahme aller Trading-Techniken zu machen, die Sie bis jetzt gelernt haben. Und dann fechten Sie es aus. Stellen Sie alles auf eine gesunde Basis. Und dann, und nur dann, haben Sie sich das Recht auf mehr verdient.

Steht Ihnen die Vergangenheit im Weg?

Es gibt ein provokatives Sprichwort, das lautet: „Wenn du nicht weißt, woher du kommst, dann weißt du auch nicht, wohin du gehst." Für mich hört sich das wahr an, und hätte ich diese Wahrheit schon in der Schule erkannt, hätte ich vielleicht in Geschichte besser aufgepasst. Es tut mir Leid für die gute Mrs. Nardiello. Sie war meine Geschichtslehrerin in der sechsten Klasse. Aber ist die Vergangenheit immer wertvoll? Sollte sie tatsächlich fast religiös respektiert, verehrt, bewundert und mit uns herumgeschleppt werden? Ich bin mir da nicht so sicher. In Wirklichkeit neige ich dazu, zu sagen, dass die Antwort nein ist. Zumindest in den meisten Fällen. Und besonders, wenn es ums Trading geht. Es ist mir bewusst, dass dies eine schwierig Sache ist, weil man sogar beim Trading aus vergangenen Fehlern, Irrtümern und Schnitzern lernt. Es gibt sogar seltene Gelegenheiten, wo wir aus unseren vergangenen Gewinnen lernen. Aber wenn der Trader zu viel von der Vergangenheit ableitet, kann er ernsthafte Probleme bekommen.

Es kann tatsächlich ins Gegenteil umschlagen. Der Hauptgrund liegt in der Tatsache, dass 85 Prozent des Tradings Psychologie sind. Wir können alle Taktiken, Techniken, Tipps und Tricks beherrschen, wenn wir jedoch nicht die richtige geistige Einstellung haben, nicht die nötige Ruhe, die erforderliche geistige Klarheit besitzen, werden wir scheitern. Stellen Sie sich einen Trader vor, der viermal hintereinander verloren hat und durchs Fegefeuer geht, um an der Börse einen Ausgleich zu finden. Dieser Trader muss in der Lage sein, den fünften Trade so anzugehen, als ob keiner der vergangenen vier Trades passiert wäre. Er kann es sich nicht leisten, „vergangene" Trading-Geschichte bei seinen zukünftigen Trades zu berücksichtigen. Ein Trader arbeitet bereits mit einem Handicap, wenn er sich bei seinem nächsten Trade von den Auswirkungen des vorhergehenden beeinflussen lässt. Erfolgreiches Trading ist schon hart genug, ohne sich auch noch mit den Trades von gestern auseinander zu setzen. Die Gegenwart muss sauber, rein und unschuldig wie ein neugeborenes Baby sein. Und damit das so ist, müssen frühere Verluste wie Wasser unter einer Brücke verschwinden, wie verschüttete Milch. Anzeichen, dass wir von unseren früheren Verlusten beeinflusst werden, sind:

1. ***Chronisches Zögern*** – bedeutet den verborgenen Wunsch nach Sicherheit.
2. ***Angst, auf den Abzug zu drücken*** – ist nichts anderes als die Notwendigkeit, mehr zu wissen.
3. ***Zu schnelles Zugreifen bei Gewinnen.***
4. ***Unfähigkeit, einen Verlust einzustecken.***

Also denken Sie daran, *die Vergangenheit kann auch ein Feind sein.*

Der Weg zur Trading-Weisheit

Erfolgreiches Trading hat etwas mit Balance zu tun. Wir müssen eine riesige Menge an Dingen ausbalancieren, um uns in der Welt des Tradings frei zu bewegen. Wir müssen gute und schlechte Nachrichten ausbalancieren, die oft gleichzeitig veröffentlicht werden. Wir müssen die gegensätzlichen Ansichten von Analysten ausbalancieren, strittige Signale der technischen Indikatoren und miteinander kämpfende Gefühle aus der Tiefe unserer Seele. Es dreht sich alles um die Balance, und wenn es um die Vergangenheit geht, ist es genauso. Für einen Trader gibt es keinen Zweifel, dass die Vergangenheit wichtig ist. In einem bestimmten Sinn dient sie uns als bester Lehrer und als das Spieglein an der Wand, das uns immer die Wahrheit über uns selbst erzählt. Aber andererseits kann sie auch unser Erzfeind sind, der innerhalb eines Atemzugs unsere Zukunft ruinieren kann. Um es einfach auszudrücken: zu viel Beschäftigung mit der Vergangenheit kann uns schaden. Und hier kommt die Balance ins Spiel. Wir dürfen der Vergangenheit nicht so viel Bedeutung beimessen, dass sie unsere Zukunft verdirbt. Die Vergangenheit sollte uns nur als Fenster zu dem, was war, dienen, nicht unbedingt als Fenster zu dem, was sein wird. Sie sollte nur als Werkzeug benutzt werden, das uns hilft, den Gurt festzuschnallen. Sobald dieser Gurt allerdings festgezogen ist, müssen wir das Werkzeug weglegen, da es nun keinen Nutzen mehr bringt. Trader müssen lernen, die Vergangenheit fallen zu lassen, wann immer sie in einen Trade einsteigen. Sie hat keinen Platz, wenn es um die Myriaden von Tatsachen der Gegenwart geht. Lassen Sie das Gepäck zu Hause. Während eines Trading-Tages müssen wir mit leichtem Gepäck reisen.

Durchbrechen Sie den Kreislauf von Schmerz und Freude!

Wie alle Trader schwankte ich in den Jahren meiner Trading-Jugend ständig zwischen den beiden Extremen Schmerz und Freude. Immer, wenn ich gewann oder eine Strähne erfolgreicher Trades hatte, wurde meine Brust von einer Flut der Gefühle über das Erreichte erfüllt, und der Höhepunkt dieses Ereignisses, die Freude, umfing mein ganzes Dasein. In diesen Perioden, berauscht von meinem Erfolg, fühlte ich mich immer wie ein Trading-Gott. Aber immer, wenn ich den Schmerz eines Verlustes erlitt, sank mein Herz. Mein Körper schmerzte, und ein Gefühl tiefer Verzweiflung legte sich über meine ganze Welt. Das waren die schlimmen Zeiten, in denen alles schwarz wurde, und die Schönheit des Lebens, wie sie meine früheren Gewinne erstehen ließen, verblasste zur Finsternis. Dann brachten plötzlich ein paar Gewinn-Trades einen Schimmer von Glauben zurück, und wieder einmal schien der Leuchtturm der Hoffnung hell in der Nacht. Mit anderen Worten, der Kreislauf begann von vorn. Ich verbrachte Jahre als Sklave dieser beiden Herren, Schmerz und Freude. Manchmal verbrachte ich mehr Zeit mit dem einen als mit dem anderen, aber ich besuchte beide sehr häufig. Doch schließlich, ganz langsam, lockerten diese beiden Extreme ihren Griff. Zuerst war das komisch für mich, aber jedes Mal, wenn ich verlor, stellte ich fest, dass der Schmerz nicht mehr so schlimm war, nicht mehr so unerträglich. Ich beobachtete neugierig, wie meine Verzweiflung einem Gefühl der Ambivalenz Platz machte. Aber genauso empfand ich weniger Freude über meine Trading-Gewinne. Eine genaue Beobachtung ergab, dass die mentale und psychische Aufregung, die einmal jeden erfolgreichen Trade begleitet hatten, langsam ruhiger und abgeklärter wurden. Kurz danach stellte ich fest, dass mein persönlicher Trading-Standard ein ganz anderes Level erreicht hatte, ein viel höheres Level. Diese Erfahrung war eine sehr wertvolle Lektion für mich. Sehen Sie, es ist wichtig, dass Trader nicht durch ihre Ergebnisse beeindruckt werden. Viele von uns erkennen nicht, dass die Ergebnisse keines unserer Trades Einfluss auf unser Denken und Handeln haben sollten. Echte Trader, die aufgrund unzähliger Börsenerfahrungen gereift sind, gehen aus jedem Trade unberührt, ungestört, ruhig und natürlich bedacht hervor. Diese ausgereiften Trader wissen, dass das Ergebnis nicht annähernd so wichtig ist wie die Weiterentwicklung. Sie erkennen, dass Gewinnen oder Verlieren einfach ein Nebenprodukt ihrer Entscheidungen ist. Wenn wir uns auf die individuellen Komponenten jedes Trades konzentrieren, anstatt unsere Aufmerksamkeit auf den möglichen Ausgang jedes Trades zu richten, befreien wir uns plötzlich von diesem hinterhältigen Kreislauf aus Schmerz und Freude. Und nur wenn das passiert, können wir hoffen, dass wir das Level der Meisterschaft erreichen.

Der Weg zur Trading-Weisheit

Es ist eine bewiesene Tatsache, dass die meisten Leute ihr Leben lang nach Freude suchen und Schmerz vermeiden wollen. Dieses allzu vorhersehbare Muster menschlichen Verhaltens gilt auch in der Welt des Tradings. Als Trader verbringen wir jeden Börsenmoment damit, Verluste zu vermeiden und alles zu tun, was in unserer Macht liegt, um zu gewinnen. Wenn das auch ein sehr natürlicher Wunsch ist, muss der Trader dennoch einen Weg finden, über diesem Kampf zu stehen. Warum? Weil es in Wirklichkeit eine Falle ist. Lassen Sie mich das erklären. Eine tausend Meilen lange Reise beginnt mit einem Schritt, nicht wahr? Konfuzius hat das gesagt. Aber in bestimmter Hinsicht hat er diesen Satz nicht beendet. Was Konfuzius zu sagen vergessen hat, ist, dass die Reise nur dann Erfolg haben wird, wenn jeder einzelne Schritt korrekt und richtig gemacht wird. Wir wollen alle das ferne Ziel erreichen, das wir Gewinnen nennen, aber wie steht es mit den Schritten? Haben Sie die subtilen Unterschiede erkannt? Wenn wir uns lediglich versichern, dass jede Auswahl, jede Entscheidung richtig war, kommen die Gewinne von selbst. Wir dürfen uns den Gewinn nicht nur wünschen, wir müssen danach streben, ein Gewinner zu sein. Und ein Gewinner ist jemand, der jeden Schritt dieser Reise aufmerksam geht und aufpasst, dass er alles richtig macht. Wer gewinnen will (erfolgreiche Reise), ohne dafür zu arbeiten (die einzelnen Schritte), ist in Wirklichkeit ein Dieb. Er will die Ernte ohne die Mühen. So jemand will die Früchte, ohne einen Baum zu pflanzen, und wenn Sie ihn nicht genau beobachten, schleicht er sich in Ihre Welt auf der Suche nach Gratischancen. „Hey, hast du einen guten Tipp?" Unsere Privatstudenten wissen, dass wir davon überzeugt sind, dass der Wunsch, zu gewinnen, durch den Wunsch, ein Gewinner zu sein, ersetzt werden muss, denn das ist der eigentliche Wunsch, jeden Teil des Trades richtig auszuführen: das Analysieren, das Denken, die Entscheidung, das Timing, der Einstieg, das ursprüngliche Stop, das geistige Äquilibrium, das Warten, der Ausstieg usw. Ich sage ihnen immer, dass das Ergebnis ihrer Trades (das Ziel) nur zählt, solange die einzelnen Schritte richtig sind. Ich sage ihnen, dass sie zufällige Gewinner ignorieren sollen, die nur aufgrund von Tipps oder Gerüchten wetten und über Nacht auf Ertragsberichte setzen. Ich sage ihnen, dass sich die Gewinne von selbst einstellen, wenn die einzelnen Schritte des Trades richtig sind. Das ist der subtile, aber wichtige Unterschied zwischen einem Gewinner und einem, der lediglich gewinnen will. Und an diesen Punkt müssen wir alle kommen. Es ist eine riesige Kluft zwischen dem Anfang und dem Ende eines Trades. Anstatt sich nur auf das Ende zu konzentrieren, müssen wir sicherstellen, dass alles, was davor liegt, richtig ist.

Gesunde Techniken führen zu gesunden Instinkten

Ein Sportreporter der New York Times schrieb kürzlich: „Der Versuch, die Instinkte eines Baseballspielers zu wecken, ist wie das Auslöffeln von Suppe mit einer Gabel. Unmöglich ..." Das Gleiche gilt für das Trading. So wichtig der Instinkt auch sein mag, er kann nicht übertragen oder gelehrt werden. Instinkte müssen sich langsam entwickeln, allmählich mitmischen, in zahllosen Situationen und über viele Jahre der Erfahrung hinweg. Was man lehren kann, sind korrekte Techniken. Wenn Trader erst einmal eine gute Technik entwickel haben, wenn sie erst einmal ein Arsenal an Gewinn bringenden Trading-Tools und -Techniken zusammengestellt haben, wachsen auch allmählich die Instinkte. Mit anderen Worten: Instinkte sind die Auswüchse einer ständigen Anwendung guter Trading-Taktiken. In unseren fortgeschrittenen 1- und 3-Tages-Trading-Camps machen wir genau das. Wir lehren zahllose Survival-Trading-Techniken und eine ganze Reihe von Guerilla-ähnlichen Trading-Taktiken, die nicht dazu gedacht sind, Gewinne zu bringen, sondern dazu, allmählich ein zunehmendes Level professioneller Instinkte zu entwickeln. Professioneller Instinkt ist ein Merkmal des wahren Profis. Das Problem vieler Trader dabei ist, dass sie die falschen Techniken anwenden und deshalb auch die falschen Instinkte entwickeln. Und ich muss sicher nicht extra erwähnen, dass es für einen Börsianer nichts Gefährlicheres gibt, als die falschen Instinkte zu entwickeln. Trading ist keine exakte Wissenschaft, und deshalb erfordert es eine gewisse Kunstfertigkeit, die von gut entwickelten Instinkten getragen wird. Die von uns täglich betreuten Trader fragen uns oft: „Wie konnten Sie wissen, wann genau Sie aus diesem Trade aussteigen mussten?" oder „wann Sie einsteigen mussten, kurz bevor er explodierte?" Sehr oft sind unsere rechtzeitigen Aktionen das Ergebnis eines subtilen Gefühls, eines leisen Hinweises, der sich in die Gedanken einschleicht und genau zum richtigen Zeitpunkt die richtige Aktion auslöst. Manchmal ist es auch frustrierend, denn wir würden diese Vorgänge gerne entsprechend weitergeben. Aber wir sind sicher, dass unsere Trader die Instinkte schließlich selbst entwickeln werden. Warum? Weil sie die richtigen Techniken anwenden.

Der Weg zur Trading-Weisheit

Trading-Taktiken und -Techniken sind wie die Stützräder an einem Fahrrad. Sie helfen uns, das Gleichgewicht und die Richtung zu halten, während wir immer besser werden. Können wir erst einmal Rad fahren, brauchen wir die Stützräder nicht mehr. Dann haben wir die so genannten Trading-Instinkte entwickelt, die ja bekanntlich nicht erlernt werden können. Diese Instinkte helfen uns zu erkennen, wann die Regeln einer bestimmten Strategie geändert, ignoriert oder sogar verletzt werden müssen. In Wirklichkeit werden wir es nie schaffen, die Börse in eine Schublade zu stecken. Regeln können an der Börse nicht unbeirrt angewendet werden, doch genau das versuchen Techniken und Taktiken. Das heißt allerdings nicht, dass sie wertlos sind. Trading-Taktiken und -Techniken, diese Stützräder, sind enorm wertvoll, weil sie uns als Richtlinien für unsere Aktionen dienen. Sie systematisieren unsere Reaktionen und trainieren unseren Verstand im Denken. Aber nach einer längeren Zeitspanne wird der Trader einen so genannten sechsten Sinn entwickeln. Dieser sechste Sinn wird ab und zu von den Richtlinien einer strengen Technik abweichen. Er wird den Trader veranlassen, die Richtlinien genau dann zu ändern oder sogar zu durchbrechen, wenn es die Lage erfordert. Wenn dieser sechste Sinn beginnt, Formen anzunehmen, ist es ein Zeichen, dass der Trader einen höheren Grad an Können erreicht hat, wo die strenge Einhaltung von Regeln nicht mehr so wichtig ist. Bevor dieses Level erreicht ist, muss jeder Trader die Regeln, Taktiken und Techniken genau befolgen, um sich gegen die dunklen Seiten seines psychischen und emotionalen Ego zu schützen. Aber wenn die Instinkte, dieser sechste Sinn, die Szene betreten, bewegen sich die Trader in einem nahezu technikfreien Raum. Und das ist der Raum, in dem die Instinkte bestimmen.

Ein bisschen Paranoia ist gut für die Seele

Ich bin fest davon überzeugt, dass ein bestimmtes Maß an Paranoia ein entscheidender Bestandteil des Erfolges ist. Das wird in beinahe jeder Unternehmung bestätigt. In den Entwicklungsjahren eines Traders ist es meiner Meinung nach sogar eine Voraussetzung für den Erfolg. Viel zu viele Tradingneulinge, die nach schnellem Reichtum und einer Flucht aus ihren 9.00-17.00-Uhr-Gefängnissen suchen, springen furchtlos an die Börse, ohne die Möglichkeit eines Scheiterns zu beachten. Angst zu haben ist, zumindest am Anfang, ein Zeichen von Intelligenz. Mit einem kleinen bisschen Paranoia respektiert der Trader die Macht der Börse. Die Geschichte zeigt ganz klar, dass die Furchtlosen und Brutalen, die ohne jeden Respekt für ihre Gegener sind, schließlich vernichtet werden. Eine Unterschätzung der Börsenkräfte kann besonders in den ersten Jahren der Entwicklung zu finanziellem Ruin und wahrscheinlich Armut führen. Der größte Teil der ehemaligen Trader könnte dem zustimmen, dass die Börse ein riesiger demütigender Mechanismus ist.

Angst ist das Ergebnis von Unwissenheit, aber ein Anfänger, der Angst hat, ist nicht unwissend genug, um nicht zu erkennen, dass er unwissend ist.
Oliver L. Velez

In den Entwicklungsjahren eines Traders ist es nur zu leicht, das Opfer der zahllosen Fallen und Hinterhalte zu werden, die auf jeden ohne genügend Wissen und die richtigen Hilfsmittel warten. Das ist der Grund, warum ein gewisses Maß an Angst hilfreich sein und ein bisschen Paranoia uns retten kann. Aber wenn die Erfahrung zu größerem Wissen und größeres Wissen zu mehr Kraft führt, dann ergeben Angst und Paranoia einen gesunden Sinn für Stärke. Und genauso allmählich und leise wird die Börse, einst ein schrecklicher Feind, zu einem loyalen Freund. Und dann ist alles in Ordnung. Wenn Sie lernen, die Börse zu respektieren, dann wird sie Sie am Ende auch respektieren.

Der Weg zur Trading-Weisheit

Angst in ein Urinstinkt, der uns eine große Hilfe sein kann. Es gibt zahllose Bücher über die Börse, die sich auf die Eliminierung der Angst konzentrieren, was meiner Meinung nach falsch ist. Angst ist nicht etwas, das man ausmerzen sollte. Am richtigen Platz kann sie ein Freund sein und nicht ein Feind. Wie viele andere Hilfsmittel muss man sie nur verstehen und richtig anwenden. Wenn wir uns in

Gefahr befinden, hilft uns die Angst, noch schneller zu laufen oder entschlossener zu kämpfen. Sie erhöht unsere Aufmerksamkeit und maximiert unsere Fähigkeiten und erfüllt damit ihren eigentlichen Zweck. Angst ist für Börsenneulinge, die auf der Suche nach ihrem Weg sind, besonders wertvoll. Sie hilft ihnen, wachsam, vorsichtig und immer auf dem Sprung zu bleiben. Wenn es Zeit ist, zu fliehen, steigert sie ihr Tempo und erhöht ihre Wachsamkeit gegenüber der Gefahr. Kurz gesagt, sie hilft ihnen, Probleme zu umgehen. Am wichtigsten ist aber, dass die Angst Tradingneulinge davon abhält, einen der schwerwiegendsten Fehler zu machen: die zerstörenden Kräfte der Börse zu unterschätzen. Wenn es jemanden gibt, der diese Kräfte genau erkennen muss, dann ist es der Tradingneuling. Die Zahl der Trader, die für immer die Börse verlassen mussten, weil ihnen der nötige Respekt fehlte, ist enorm. Wir haben lieben einen Anfänger, der zu viel Angst hat, als einen, der überhaupt keine hat. Der Erste hat eine Chance, zu überleben. Der Zweite erfüllt nur statistische Zwecke.

Wir handeln mit Leuten, nicht mit Aktien

Der kluge Trader darf nie vergessen, dass wir als Trader in Wirklichkeit mit Leuten handeln und nicht mit Aktien. Viele Börsenneulinge verstehen diesen wichtigen Punkt nicht. Das Ergebnis ist, dass sie für immer davon verwirrt werden, warum Aktien so oft jeder Vernunft widersprechen. Aktien können nichts von selbst oder aus sich selbst heraus tun. Ihre Kurse werden von den Vorstellungen der Leute bestimmt. Und wie Sie ja wissen: Die Vorstellungen von Leuten werden vollständig von ihren Emotionen kontrolliert. Es sind diese Emotionen, vor allem Gier und Angst, die oft bewirken, dass Aktien sich viel zu weit sowohl nach oben als auch nach unten bewegen. Wenn die Welt rosig und bequem aussieht, beherrscht Gier die Szene, und die Aktien steigen in der Regel weit über jedes vernünftige Maß hinaus. Dann sind viele traditionelle Wall-Street-Analysten verwirrt, frustriert und irren manchmal herum. Sie verstehen nicht, warum sich die Aktien nicht gemäß ihren netten, kleinen mathematischen Wertmaßstäben verhalten. Wenn sie erkennen würden, dass Aktien kein Eigenleben haben, wären sie nicht so perplex. Wenn die vorherrschende Stimmung von Gier zu Angst wechselt, fangen Aktien, angetrieben von denselben Leuten, in der Regel an, weit unter jedes vernünftige Level zu fallen. Dann werden sogar die ewigen Börsenoptimisten frustriert und verwirrt, denn sie können nicht verstehen, warum sie nicht gleich wieder steigen. Diese breite, aber sehr häufige Schwankung von deprimierten Zuständen zu überoptimistischen hört niemals auf. Genau sie führt zu Makro- und Mikro-Trading-Chancen und Zeitrahmen. Genau das bringt neue Leute an die Börse und entlässt die Geschlagenen. Der kluge Trader, der das verstanden hat, entwickelt die Fähigkeit, zu erkennen, wann eine emotionale Stimmung von der nächsten abgelöst wird. Das ist alles. Das ist Trading in seiner Essenz. Es hat nichts damit zu tun, dass man weiß, wann die Erträge einer Aktie besser als erwartet ausfallen werden, oder errät, wann ein Unternehmen ein neues Produkt ankündigen wird. Es dreht sich nur um Leute und ihre Gefühle, und genau deshalb ist das Lesen der Charts für uns so wichtig. Bilanzen und Einkommenserklärungen sind ein Bild der Vergangenheit, einer Vergangenheit, auf die Leute schon emotional reagiert haben. Charts dienen auf der anderen Seite als lebendige Landkarten, entstanden aus einem Trade nach dem anderen, aus dem momentanen Gefühlszustand der Börsianer. Der Chart ist aus unserer Sicht das beste Hilfsmittel für den aktiven Trader, und wer an der Börse ohne dieses Hilfsmittel agiert, ist sicherlich im Nachteil.

Der Weg zur Trading-Weisheit

Es ist eine unausweichliche Tatsache, dass wir als Börsianer mit Leuten handeln. Wir handeln nicht mit Aktien. Von allen Erkenntnissen, die wir gemacht haben, gehört diese zu den wichtigsten. Trader, die die Börse mit Leuten gleichsetzen, im Gegensatz zu den Zahlen oder binären Impulsen auf dem Computerbildschirm, haben viel größere Chancen, den Status der Trading-Meisterschaft zu erreichen. Sie verstehen die Gründe hinter plötzlichen Kursbewegungen besser, was ihnen den Vorteil verschafft, diese Kursbewegungen effizienter ausnutzen zu können. Der wahre Könner vergisst nie, dass bei jedem Trade jemand auf der anderen Seite steht, der genau das Gegenteil denkt. Aber weil diese Könner des Aktienhandels echte Könner im Spiel mit Menschen sind, sind die armen Seelen auf der anderen Seite des Trades in der Regel die Dummen. Erkennen Sie, dass Sie mit Leuten handeln, haben Sie die Chance, aufzusteigen. Erkennen Sie das nicht, so sind Sie wahrscheinlich der nächste Dumme.

Eine positive geistige Einstellung spielt eine große Rolle

Für das Gewinnen an der Börse sind drei Faktoren von entscheidender Bedeutung: Verstand, Methode und Geld (mind, method, money). Dr. Alexander Elder, Autor von „Trading for a Living“, nennt sie die „drei Ms“. Auch wenn es wichtig ist, über die drei Komponenten zu verfügen, so nimmt der Verstand dabei die zentrale Stelle ein. Denn ohne eine positive Einstellung zum Gewinnen, ohne klaren Verstand und ohne die nötige geistige Ausgeglichenheit führt sogar die beste aller Methoden zu Geldverlusten. In Wirklichkeit wird ein Gewinner eher von seiner geistigen Einstellung als von seiner Methode oder seinem Geld bestimmt. Deshalb können Trader mit einer positiven Einstellung und einer fehlerhaften Methode immer noch positive Ergebnisse erreichen, während Trader mit einer Verlierermentalität stolpern und scheitern werden, auch wenn sie eine gute Methode haben. Das glauben Sie nicht? Was glauben Sie, ist dafür verantwortlich, dass ein Trader sechs Gewinne nacheinander hat und ein anderer acht aufeinander folgende Verluste einsteckt? Warum kann ein Trader einen täglichen Newsletter benutzen und gewinnen, während ein anderer denselben Newsletter benutzt und verliert? Was glauben Sie, ist der Unterschied zwischen jemandem, der XYZ kauft und gewinnt, und jemandem, der dieselbe XYZ kauft und verliert? Der Unterschied liegt in der Einstellung – ganz einfach. Einer der revolutionärsten Aussprüche, die ich je gehört habe, war: „Wie ein Mann im Herzen denkt, so ist er auch." Und diese unumstößliche Wahrheit gilt auch für Trader wie für jeden anderen auch. Beobachten Sie die Haltung eines Gewinners, und Sie werden ein Maß an Selbstvertrauen und Sicherheit feststellen, das alles übertrifft. Und auch wenn die meisten Leute den Fehler machen zu glauben, dass Gewinner zuversichtlich und sicher sind, weil sie gewinnen, so ist die Wahrheit dennoch, dass Gewinner ständig gewinnen, weil sie zuversichtlich und sicher sind. Keine Methode, so gut sie auch sein mag, kann bei Tradern funktionieren, die sich vor jedem Trade vor ihrem geistigen Auge als Verlierer sehen. Und kein Geldbetrag, egal wie hoch, kann einen Trader retten, der im Stillen daran glaubt: „Alles, was immer ich anfasse, verwandelt sich in Staub." Als Individuen mit Entscheidungsfreiheit müssen wir uns eine intelligentere Einstellung aneignen, wenn es um eine so schwierige Aktivität wie das Trading geht. Sie werden nie scheitern oder das Gefühl haben, zu scheitern, wenn Sie die einfache Tatsache erkennen, dass Sie nicht gleichbedeutend mit Ihren Ergebnissen sind. An der Spitze ist genug Platz für alle engagierten Trader, aber der erste Schritt dahin ist, daran zu glauben. Der zweite ist, dementsprechend zu handeln. Denken Sie sich Ihre Rolle, und spielen Sie diese Rolle, und der Rest kommt dann von ganz allein. Aber verlassen Sie sich nicht nur auf mein Wort. Versuchen Sie es einfach!

Der Weg zur Trading-Weisheit

Verstand, oder sollen wir Einstellung sagen, kann in den Entwicklungsjahren eines Traders einen Riesenunterschied bedeuten. Wenn es Ihnen schwer fällt, das zu glauben, dann müssen Sie nur fünf Verlierer finden (das sollte nicht so schwer sein) und auf ihre Einstellung achten. Sie werden wahrscheinlich feststellen, dass jeder Trader auf seine ganz bestimmte Art und Weise verliert, aber was sie alle gemeinsam haben, ist mit Sicherheit eine negative Einstellung zur Börse und/oder eine gestörte Gedankenwelt. Als Resultat ihrer negativen Einstellung wird jede ihrer Aktionen kraftlos sein und ohne Entschlossenheit. Ihre Entscheidungen sind schwach, und in ihren Augen wird sich Angst abzeichnen. Wenn Sie andererseits fünf Gewinner finden, werden Sie sofort eine ganz andere Denkweise feststellen. Diese Trader werden wie von einem anderen Stern wirken. Sie werden aufrecht auf ihren Stühlen sitzen. Ihre Augen werden scharf, klar und entschlossen blicken, während sie auf die nächste Chance warten. Ihre Bewegungen werden bestimmt, ihre Entscheidungen schnell und präzise sein. Während sie genau bei der Sache sind, werden sie trotzdem entspannt und gelöst wirken. Haben sie gewonnen, werden sie es nicht in die Welt hinausschreien, denn für sie ist das nichts Besonderes. Viele machen vielleicht den Fehler, anzunehmen, dass diese Trader diese Einstellung haben, weil sie gewinnen. Aber das wäre weit von der Wahrheit entfernt. Ein genaueres Hinsehen würde zeigen, dass sie gerade wegen ihrer Einstellung gewinnen. Der erfolgreiche Selfmade-Trader hat keine positive Einstellung, weil er gewinnt. Er gewinnt, weil er sich traut, eine positive Einstellung zu haben. Denken Sie immer daran!

Trading mit Haltung

Wie ist Ihre mentale Einstellung zur Börse? Halten Sie die Börse für einen Haufen chaotischer Hysterie, die von den Börsenteilnehmern kaum verstanden wird? Oder sehen Sie die Börse als einen großen bösen Feind, den Sie bei jedem Trade bekämpfen müssen? Ist in Ihren Augen die Börse ein Feind oder ein Freund, gut oder schlecht, konstruktiv oder destruktiv? Das sind äußerst wichtige Fragen, weil sie helfen, unsere Haltung gegenüber der Kunst des Tradings aufzudecken. Ehrgeizige Börsianer verbringen viel Zeit damit, ihre Techniken auszufeilen, ihre Trading-Strategien zu perfektionieren und neue Taktiken zu entwickeln. Aber viel zu wenige erkennen die Bedeutung der richtigen Haltung. Betrachten Sie die Börse als irgendein riesiges Monster, das Sie zerstören will, und wissen Sie, was passiert? Jede Ihrer Entscheidungen wird ängstlich und unentschlossen sein. Jede Ihrer Aktionen wird Ihre Schwäche widerspiegeln und keinen großen Effekt haben, und das Monster, das Sie erdacht haben, wird Sie den ganzen Weg bis ins Armenhaus verfolgen. Mangels eines besseren Ausdrucks bezeichne ich die Börse gerne als „das Feld der großen Möglichkeiten“ oder „mein Spielfeld“, um zwei beliebte Begriffe zu verwenden. Es ist der einzige Ort, an dem ich wirklich allein auf mich angewiesen bin, und auch wenn dieser Grad an Unabhängigkeit manchmal beängstigend ist, so genieße ich doch die Tatsache, dass mein Schicksal ausschließlich in meinen Händen liegt. Wenn ich versage, liegt es allein an mir. Wenn ich triumphiere, dann fühle ich mich wie ein Gott. Die Börse sucht keine Opfer. Im Gegenteil, sie ist eine Befreiung und sollte als solche gesehen werden. Sie birgt die potentielle Erfüllung unserer Wünsche, aber man muss dieses Potential auch ergreifen, in Anspruch nehmen und ausnutzen und nicht darum betteln. Wenn Sie also das nächste Mal jemand fragt, wie die Börse mit Ihnen umgeht, dann antworten Sie einfach: „Nein, die Frage lautet: Wie gehe ICH mit der Börse um?“ Wenn Sie ein kluger Trader sind, ist die Börse Ihre Welt. Handeln Sie mit Haltung. Genau das tun wir nämlich auch.

Der Weg zur Trading-Weisheit

Die Haltung, die wir der Börse gegenüber einnehmen, setzt sich auf eigenartige Weise in unserer Erfahrung fest. In einem bestimmten Sinn wirkt sie wie ein Spiegel, der sowohl unsere Stärken als auch unsere Schwächen reflektiert und unsere verborgensten Wünsche dem Rest der Welt zeigt. Sie brauchen bloß zu befürchten, dass die Börse Sie nicht wie einen Freund behandeln wird, und Sie ziehen selbst den Fluch eines Feindes auf sich, der Sie nie wieder verlassen wird. Betrachten Sie die Börse als einen Ort oder ein Feld, in dem Sie immense Geldsummen verdienen können, werden Sie die besten Chancen haben, Ihre materiellen Wünsche zu verwirklichen. Jeden Morgen, wenn ich aufwache, denke ich daran, dass die Börse nur zu einem einzigen Zweck eröffnet: um mir zu ermöglichen, Geld zu verdienen. Meiner Meinung nach hat jeder Trader nur einen einzigen Zweck, nämlich das andere Ende meiner Trades einzunehmen, seine Aktien abzugeben, wenn ich sie haben will, und meine Aktien zu kaufen, wenn ich sie loswerden will. Das hört sich vielleicht arrogant an, aber ich betrachte die Börse als meine Welt, und die Ergebnisse, die ich oft erreiche, deuten stark in diese Richtung.

Tägliches Gedankenfutter

Wir haben Ihnen ein paar unserer Gedanken anhand einiger allgemein verwendeter Aussprüche, Aktionen und Gefühle dargelegt, um aufzuzeigen, welche Rolle sie womöglich bei Ihren täglichen Entscheidungen spielen. Wir bestärken

Sie darin, diese Punkte, so oft es nur geht, zu lesen, da sie dazu gedacht sind, Sie psychisch auf Vordermann zu bringen und Sie wachsam gegenüber den mentalen Fallgruben zu machen, die auf alle aktiven Börsianer warten.

1. ***Denken*** • Zu viel ist nicht gut. Das hört sich für viele vielleicht seltsam an, aber die meisten Master Trader haben den Punkt, zu viel nachzudenken, bereits überwunden. Nur wenn man sie fragt, warum sie eine bestimmte Aktion durchgeführt haben, müssen sie anhalten und „nachdenken". Ich habe die Erfahrung gemacht, dass die besten Trader meistens nicht einmal genau erklären können, was sie gerade machen. Wahrscheinlich sind sie deshalb „Macher", die über das „Machen" gar nicht mehr nachdenken müssen.

2. ***Phantasie*** • Wenn Sie welche haben, könnte das ein Problem werden. Phantasie ist eine Fähigkeit, die sich in der Welt des Unrealen bewegt. Erfolgreiche Trader sind aber in der Realität, der Aktualität und den Tatsachen verwurzelt. Sie verarbeiten ständig das, was wirklich ist, und nicht das, was sein könnte. Sie phantasieren, raten oder hoffen nicht. Sie verarbeiten und reagieren auf Tatsachen, Sekunde um Sekunde, Minute um Minute, ohne Rücksicht auf Phantasie.

3. ***Angst*** • Angst macht jede intelligente Aktion unmöglich. Sie zerstört nicht nur den Verstand, so dass dieser jede vernünftige Beurteilung unmöglich macht, sondern sie untergräbt auch jegliche Intuition, die für erfahrene Trader so wichtig ist. Angst ist ein Gift, das jedes Talent zerstört, welches für jede Errungenschaft, gleich welcher Art, notwendig ist. Sie ist eines der größten Hindernisse auf dem Weg zum Erfolg, wenn nicht sogar das größte.

4. ***Gier*** • Dieser Begriff wird am treffendsten mit dem folgenden Sprichwort bezeichnet: „Bullen und Bären verdienen Geld, Schweine dagegen nicht." Home-run-Schläge sollten dem Baseball vorbehalten bleiben. Das Streben nach dem Super-Punktestand funktioniert beim Trading nicht, und, auch wenn es überraschend ist, der Wunsch nach dem Super-Punktestand ist ein Merkmal der Anfänger. Erfolgreiches Trading ist größtenteils ein Spiel mit Zahlen. Anstatt auf einmal einen Punktestand von 10.000 US-Dollar anzustreben, visiert der Master Trader zehnmal einen Punktestand von 1.000 US-Dollar an. Ein 1.000-US-Dollar-Gewinn ist viel schneller erreicht, mit weniger Risiko, und viel sicherer als ein rieisiger 10.000-US-Dollar-Gewinn.

5. ***Information*** • Je weniger, desto besser. Zu viel Information hilft, die Phantasie anzustacheln, was – wie Sie wissen – nicht gut ist. Vorstellungen beginnen, sich zu entwickeln, und bevor Sie es merken, haben Sie die Meinung der Verteiler dieser Informationen übernommen. Man sollte immer daran denken, dass die Bedeutung von Informationen nicht in ihrer Aussage liegt. Die Bedeutung liegt vielmehr darin, wie andere darauf reagieren werden.

6. ***Erwartungen*** • Zu viele Erwartungen oder Erwartungen, die zu hoch sind, sind sichere Merkmale eines unerfahrenen Neulings. Vernünftige Erwartungen sind immer okay, aber sie müssen abgesichert sein. Überzogene Erwartungen sind typisch für Trader, die nicht wissen, was sie tun. Sie sind Merkmale von Tradern, die noch keine Erfahrung mit den Schwierigkeiten und Härten gemacht haben, die mit dem Erfolg einhergehen. Zeigen Sie uns Trader mit enttäuschten Erwartungen, und wir zeigen Ihnen Neulinge, die dabei sind, auf die harte Tour zu lernen, dass man die Börse respektieren muss.

7. ***Übertriebene Analyse*** • Zu viel Herumtrödeln verhindert Aktionen und erhöht nur die Unsicherheit. Analysieren heißt auseinander pflücken, zerlegen. Denken Sie daran, dass eine Rose keine Rose mehr ist, wenn man sie zerlegt hat. Jeder erfolgreiche Trader, den ich kenne, hat ein paar grundlegende, sehr einfache Arten, zu bestimmen, ob er kaufen, verkaufen, halten oder ignorieren soll. Er macht die Dinge nicht komplizierter als notwendig. Und er ist immer bereit, „einfach“ zu handeln und zu warten, was passiert.

8. ***Hoffnung*** • Hoffnung ist eine gefährliche Sache, besonders für Trader. Sie ist der Erzfeind aller, die dazu tendieren, verlierende Positionen zu lange zu halten. Hoffnung fördert in diesem Fall genau dann Inaktion, wenn Aktion erforderlich wäre. Sie bietet Trost und Zuspruch, wenn Stillsitzen das Letzte ist, was man tun sollte. Hoffnung ist wie eine Droge, die einem die Fähigkeit zu vernünftigem Denken raubt. Wer hofft, wird blind gegenüber den Tatsachen und immer denen ausgeliefert sein, die sich mit dem Verkauf von Hoffnungen den Lebensunterhalt verdienen. Wenn ich die Wahl hätte, würde ich es auf jeden Fall vorziehen, ein Hoffnungsverkäufer zu sein und nicht ein Käufer von Hoffnungen. Meiden Sie Hoffnung beim Trading wie die Pest.

3 Verlust

Die Voraussetzung für Trading-Stärke und -Erfolg

Die Kraft des Missgeschicks

Vor dreizehn Jahren machte ich als 20-Jähriger meine erste Trading-Erfahrung. Es war ein Verlust-Trade, trotzdem wusste ich von diesem Augenblick an, dass ich meine Freude, meine Liebe, kurz, meinen Lebensinhalt gefunden hatte. Die Begeisterung, die Aufregung, ja sogar der Schmerz gaben mir das Gefühl, etwas entdeckt zu haben, das wirklich die Beschreibung verdiente, „der größte Spaß zu sein, den man in bekleidetem Zustand haben kann". Obwohl ich am Anfang gleich einen groben Fehler machte, schreckte mich das in keiner Weise ab. Ich war entschlossen, die Börse zu erobern, ihre geheimnisvollen Wege kennen zu lernen. Allerdings bin ich auch der Erste, der zugibt, dass das Lehrgeld, das ich bezahlen musste, sehr hoch war. Ich brauchte volle sechs Jahre, bevor ich einen greifbaren Fortschritt sah. War ich jemals entmutigt? Absolut. Geschlagen? Niemals. Es gab Zeiten, in denen ich dem Tiefpunkt so nahe war, dass die einzige Alternative eine Bewegung nach oben war. Dann passierte es. An einem bestimmten Punkt fing ich an, einen spezifischen Rhythmus zu entwickeln, der mich in einen unbeschreiblichen Dämmerzustand führte, in dem ich mich seitdem befinde. Zwei Jahre später stellte ich fest, dass ich beständig große Gewinne aus der Börse zog. Ich wurde zu einem Faktor, mit dem man rechnen musste, und war nicht länger das Opfer. Heute werde ich beinahe täglich gefragt: „Worauf begründen Sie Ihren bemerkenswerten Börsenerfolg?" Und meine Antwort ist immer dieselbe: „Letztendlich waren es meine Verlust-Trades, die mich veranlassten, jede Taktik, jede Technik und jede Gewinn-Strategie herauszufinden, die ich bis heute anwende. Im Rückblick sehe ich das sehr klar. Meine Gewinne ließen mich in der Bar vor meinen Freunden angeben, was zugegebenermaßen sehr unprofessionell ist. Aber es waren meine Verluste, die mich an den Schreibtisch zurückbrachten, was eine außerordentlich profitable Beschäftigung ist. Jetzt habe ich Ihnen alles gesagt und Ihnen den wertvollsten Tipp gegeben, den ich Ihnen jemals bieten kann. Und zwar Folgendes: Missgeschicke – Verluste – sind das größte Geschenk, das Ihnen die Börse machen kann. Verluste sind nichts anderes als verkleidete Chancen. Jeder Fehler, jeder Irrtum, bietet einem Trader die Chance, einen Dämon zu zerstören. Ab sofort bestärke ich Sie darin, eine 'Liste der Verlierer' zu führen. Schreiben Sie jeden Verlust-Trade auf, angefangen vom Symbol, dem Datum, dem Einstiegspunkt, dem Ausstiegspunkt, bis zu den Gründen dafür. Wenn Sie erst einmal fünf oder mehr Verluste angesammelt haben, gehen Sie alle noch einmal durch. Studieren Sie sie. Suchen Sie nach dem gemeinsamen Nenner. Glauben Sie mir, es gibt ihn. Wenn Sie ihn gefunden haben, zögern Sie nicht, eliminieren Sie ihn! Wenn Sie das gründlich tun, wird Ihr Problem nicht der Verlust von Geld sein, sondern der Mangel an Verlusten, um noch mehr daraus zu lernen."

Der Weg zur Trading-Weisheit

Ich bin nun schon seit 13 Jahren Trader, aber es ist noch gar nicht so lange her, dass ich gelernt habe, die lange Zeit der Verluste und des Frusts, die ich durchgemacht hatte, richtig zu schätzen. Manchmal hatte ich das Gefühl, um mein Leben zu kämpfen. Jetzt erkenne ich, dass mir diese Periode half, mein Leben zu gewinnen. Meine Verluste hielten mich nächtelang wach und ließen mich meine Gedanken und Methoden studieren, korrigieren und verbessern. Sie motivierten mich, Überflüssiges abzustoßen und mich auf das, was funktionierte, zu konzentrieren. Heute kann ich im Rückblick wirklich sagen, dass diese Jahre mit den vielen Verlusten die Grundlage für die wunderbaren Jahre des Erfolgs bildeten, die ich bis jetzt erfahren durfte. Wenn ich nur einen Wunsch frei hätte, dann würde ich mir wünschen, dass jeder ehrgeizige Neuling die grundlegende Erkenntnis entwickelt, dass Verluste keine Feinde sind. Der wirkliche Feind ist, nichts aus diesen Verlusten zu lernen.

Lassen Sie Ihre Verluste für sich arbeiten

Der Weg zur Trading-Meisterschaft ist eine Reise mit unzähligen Hindernissen. Die Gefahr, der Verlust, die Herausforderungen und die Mühen, die ein ehrgeiziger Trader durchmachen muss, können schon das Rückgrat derer brechen, die sich auf diese gefährliche Reise machen, und tiefe Wunden in ihren Seelen hinterlassen. Es ist eine Schande, dass wir so einfach glauben, dass alle, die ihre Fähigkeiten entwickelt haben und die Börse mit einer unglaublichen Geschicklichkeit beherrschen, diese Gabe nur zufällig aufgrund einer Neigung oder eines Talents haben. Das ist weit entfernt von der Wahrheit. Schmerz. Verlust. Frust. Verwirrung. Unsicherheit. Unbeständigkeit. Das sind die Lehrer für die notwendige Ausbildung, um die gewünschten Höhen zu erreichen. Jeder Trader, der heute ein gewisses Maß an Erfolg genießt, hat garantiert gestern den Schmerz und die Agonie eines Verlierers durchlebt. Als menschliche Wesen lernen wir einfach nicht besonders viel aus unseren Erfolgen. Anscheinend helfen uns nur unsere Fehler und zeigen uns den Weg. Wir wissen, dass man nicht in das Feuer greift, weil wir uns als Kinder irgendwann die Finger verbrannt haben. Genauso ist es mit dem Trading. Wir lernen erst dann, wie man gewinnt, wenn wir alles über das Verlieren gelernt haben. Diese Methode hat auch Thomas Edison angewandt, als er versuchte, die Glühbirne zu erfinden. Deshalb lautet meine Frage an Sie: Was machen Sie mit Ihren Börsenfehlern? Werden sie verschwendet und sind umsonst? Oder dienen sie Ihnen als wertvolle Beispiele dafür, was man nicht machen sollte? Denken Sie daran, dass wir nur dann einen großen Sprung nach vorn schaffen, wenn wir vorher einen kleinen Schritt zurückgehen.

Der Weg zur Trading-Weisheit

Verständlicherweise verwenden wir einen großen Teil unserer Energie und Bemühungen darauf, Verluste und den damit verbundenen Schmerz zu vermeiden. Aber haben wir jemals über den guten Zweck nachgedacht, den Verluste erfüllen? Stellen wir nicht erst aufgrund häufiger Verluste fest, dass unsere Aktionen korrigiert werden müssen? In seiner reinsten Form ist der Schmerz durch Verluste ein persönliches Signal für Veränderung. Jedes Mal, wenn wir ein Gesetz verletzen, erfahren wir unmissverständlich, dass unsere Aktionen dringend geändert werden müssen. Deshalb wachsen wir an Verlusten und entwickeln uns aufgrund des damit verbundenen Schmerzes weiter. Das Unbehagen veranlasst uns zu handeln, unseren Hintern zu heben und etwas zu tun. Wir zweifeln, ob unsere Trader ohne die Agonie der Niederlage und den Schmerz überhaupt wachsen würden. Lernen Sie, Verluste zu respektieren, denn auf eine seltsame Weise führen genau sie uns in die Zukunft, die wir uns wünschen.

Kleine Verluste: Das Merkmal des Master Traders

An der Börse Geld zu verlieren ist niemals angenehm, aber wie alle erfahrenen Trader wissen, ist es – und wird es immer sein – ein bestehender Teil der Trading-Landschaft. Viel zu viele engstirnige Anfänger verschwenden ihre Energien, ganz zu schweigen von ihren kostbaren finanziellen Grundlagen, auf der Suche nach einem perfekten Investment oder Trading-System, das verspricht, die Verliererseite der Gleichung für immer auszulöschen. Es ist offensichtlich, dass diese Leute nur sich selbst belügen, weil es im wirklichen Leben einfach keinen Heiligen Gral gibt. Tatsächlich ist ein Großteil des Erfolgs davon abhängig, wie gut die Trader ihre Verluste verarbeiten, und nicht davon, wie gründlich sie diese ausmerzen. Noch entscheidender ist die Tatsache, dass Gewinn-Trades auf nachtwandlerische Art auf sich selbst achten und erfahrene Trader, die sich auf die Verarbeitung ihrer Verluste konzentrieren, immer an der Spitze landen. Kurz gesagt, Verlieren ist eine Kunst, und sie muss gemeistert werden, wenn wir jemals einen hohen Grad an Können erreichen wollen. Warum? Weil unsere Professionalität als Trader nicht an unseren Gewinnen gemessen wird, sondern daran, wie gut wir unsere Verluste „unter Kontrolle" halten können. Lernen Sie, professionell zu verlieren, und die restlichen Einzelheiten werden sich von selbst ergeben. Und was genau ist ein professioneller Verlust, fragen Sie? Ein kleiner natürlich. Bitte denken Sie immer an dieses Konzept. Die darin enthaltene Botschaft ist viel wertvoller, als die meisten denken.

Der Weg zur Trading-Weisheit

Es heißt, dass der Unterschied zwischen einem gewinnenden und einem verlierenden Trader in Achteln und Vierteln gemessen werden kann. Wenn das stimmt, – und wir glauben, dass es stimmt –, dann ist es das Verarbeiten von Verlusten, das den Unterschied zwischen einem Gewinner und einem Verlierer ausmacht. Sehen wir den Tatsachen ins Auge. Es ist nicht ungewöhnlich, dass Trader nur durch Glück einen Gewinn machen. Tatsächlich kann man während einer Bullenbörse ziemlich oft durch lauter Glück in einen Gewinn-Trade rutschen, weil bei steigender Flut einfach alle Boote steigen. Das führt uns zu der unausweichlichen Tatsache, dass Gewinn-Trades nicht immer der beste Beweis dafür sind, dass der Trader ein Gewinner ist. In Wirklichkeit gibt es nur ein Merkmal für einen Profi: kleine Verluste. Egal wie viel Glück Neulinge haben, die Wahrheit findet man immer in der Höhe ihrer Verluste. Andererseits kann man sicher sein, dass Profis gut sind, egal, wie weit sie danebenliegen, solange ihre Verluste stets geringfügig ausfallen. Der springende Punkt ist Folgendes. Sie können eine Zeit lang vortäuschen, ein Gewinner zu sein, aber Sie können keine Serie geringfügiger Verluste vortäuschen oder durch lauter Glück erwischen. Dieses Merkmal haben ausschließlich die Erfahrenen, die Profis, die Gewinner. Anfänger können nicht ausschließlich kleine Verluste machen. Es erfordert zu viel Können und Disziplin, das durchzuziehen. Sie haben vielleicht das Glück, ab und zu einen großen Gewinn zu machen, aber ihre Verluste werden sie jedes Mal wieder verraten. Das Merkmal der Gewinner ist nicht, wie sie gewinnen, sondern wie gut sie verlieren. Wenn Sie lernen, Ihre Verluste zu kontrollieren, dann brauchen Sie gar nicht mehr nach den Gewinnen Ausschau halten. Sie werden zu Ihnen kommen.

Wie die Börse mit uns spricht

Genau genommen sollte die Börse als Freund betrachtet werden, allerdings als Freund, der stumm ist und keine uns verständliche Sprache spricht. Dieser Freund kann nicht vom Stuhl aufstehen und uns mit Worten seine Pläne für eine Kursänderung mitteilen. Er kann nicht über seine Absichten sprechen, eine wilde und unerwartete Fahrt nach unten anzutreten. Was er tun kann, ist uns mit seinen Aktionen zu warnen. Als Freund spricht er zu uns in einer Art von Unberechenbarkeit, Unberechenbarkeit im Management der mächtigen fünf – America Online (AOL), Citigroup, Inc. (C), General Electric (GE), General Motors (GM) und Microsoft (MSFT) – oder fehlerhaften Versuchen, länger als zwei oder drei Tage zu steigen. Auch Unberechenbarkeit in der Reaktion auf mächtige historische Perioden der Stärke, wie das Santa-Claus-Phänomen des letzten Jahres, ist Teil dieser Sprache. Auf diese Art kommuniziert die Börse mit uns. Auf diese Art warnt sie uns. Auf diese Art spricht sie zu uns – über Fehler. Ist das nicht interessant? Die Börse benutzt die Sprache der Unberechenbarkeit, um ihre Botschaft zu verbreiten. Und die Börsianer, die aufmerksam und klug genug sind, diese Botschaft rechtzeitig zu erkennen (leichter gesagt als getan), werden überleben oder zumindest am besten abschneiden. Wenn sich also die Börse das nächste Mal weigert, sich wie erwartet zu verhalten, dann nehmen Sie das als freundliche Botschaft der Erschöpfung, und machen Sie sich aus dem Staub!

Der Weg zur Trading-Weisheit

Jeder Master Trader hat gelernt, die versteckten Botschaften der Börse zu entziffern. Wenn man sie beobachtet, scheint nichts ihren wachsamen Augen zu entgehen, und egal, was die Börse bringt, diese Meister scheinen fast immer zu wissen, wie sie es interpretieren müssen. Was ist ihr Geheimnis? Wie schaffen sie das? Ihr Geheimnis liegt in ihrer Fähigkeit, Fehler zu deuten. Wenn eine Aktie, die sie gekauft haben, eine bestimmte Richtung einschlagen sollte, aber plötzlich eine andere einschlägt und ihnen einen unerwünschten Verlust einbringt, heulen sie nicht. Im Gegenteil, sie sagen „Danke". Warum? Weil sie erkennen, dass ihnen die Börse über diesen Fehler eine Warnung sendet. Wenn ein zuverlässiges technisches Konzept plötzlich zusammenbricht, fangen sie nicht an, die Effektivität der Technischen Analyse anzuzweifeln. Stattdessen betrachten sie es als freundlichen Hinweis der Börse, eine Warnung vor all dem Negativen, das noch kommen wird. Und gehen wir einmal davon aus, dass eine erprobte Trading-Strategie plötzlich an Treffsicherheit verliert. Denken Sie, dass sie sie deshalb gleich verwerfen? Nein. Sie würden darin folgende Nachricht der Börse sehen: „Ich wollte dir bloß sagen, lieber Freund, dass ich meinen Charakter wieder ändere. Hast du das verstanden?" Jeder ehrgeizige Trader, der hofft, einmal ein Meister zu werden, muss das erst lernen. Er muss es lernen, die Sprache der Unberechenbarkeit zu verstehen, und muss sie studieren. Sie ist eine der wenigen Möglichkeiten der Börse, mit uns zu kommunizieren.

Wie Sie sich auf dem Weg zum Erfolg verirren

In all meinen Trading-Jahren war die wichtigste Lektion, die ich gelernt habe, dass Probleme etwas Wunderbares sein können, wenn wir zulassen, dass sie in uns eine Revolution auslösen – eine Veränderung. Denn tief in jedem Problem liegt die Antwort, die wir brauchen. Denken Sie über das folgende Beispiel nach. Trotz der Tatsache, dass wir in der Lage sind, täglich einige Aktienvorschläge zu geben, die sich als Gewinner herausstellen, sprechen wir oft mit Abonnenten, die anscheinend nie bei diesen 2-, 3- oder 4-US-Dollar-Gewinnern dabei sind. Wenn drei von vier unserer Vorschläge Gewinner sind, dann haben sie mit Sicherheit den Verlierer ausgesucht. Auch wenn sie nicht in der Lage sind, jeden einzelnen unserer Vorschläge zu kaufen, und die Notwendigkeit besteht, auszuwählen, kann man dennoch nicht die Tatsache ignorieren, dass sie aufgrund des einfachen mathematischen Gesetzes der Durchschnittsrechnung einen guten Anteil an Gewinnen haben müssten. Wenn also Verlierer die Norm sind, haben diese zukünftigen Börsenexperten ein Problem. Das Ermutigende daran ist, dass ihre Probleme gleichzeitig die Antwort darauf enthalten. Ein näherer Blick darauf enthüllt, dass es bei allen verpassten Gewinnern eine Gemeinsamkeit gibt, die, bewusst oder unbewusst, gemieden oder gefürchtet wird. Trader können zum Beispiel feststellen, dass sie sich scheuen, Aktien mit einem Kurs über 50 US-Dollar zu kaufen. Oder dass Aktien aus dem Internet-Sektor nicht beachtet werden oder dass Aktien mit einer breiten Bid-/Ask-Spanne ignoriert werden. Egal was zutrifft, irgendetwas verhindert die Auswahl der Gewinner, und dieses Etwas muss herausgefunden werden, denn es ist die Antwort. Was wir alle tun müssen, ist, uns selbst darauf hinzutrainieren, nicht in Schemen zu denken, sondern auf eine andere Art und Weise. Wenn wir vor Aktien zurückschrecken, die morgens mit einer Kursschere eröffnen, und wir verlieren, dann ist die Antwort offensichtlich: Kaufen Sie Aktien, die am Morgen mit einer Kursschere eröffnen. Wenn hoch bewertete Aktien immer dort auftauchen, wo die Qualität steigt, und Sie sie immer meiden, dann sind diese Aktien wiederum die Antwort. Die Gewinner sind da. Wenn Sie nicht Ihren gerechten Anteil bekommen, dann erlauben Sie Ihren Verlusten einfach, Ihnen zu zeigen, was verändert werden muss. Wenn Sie das tun, werden Ihre Verluste Bände sprechen, Sie müssen nur noch zuhören.

Der Weg zur Trading-Weisheit

Jeder Verlust, den wir erfahren, sagt uns etwas über uns selbst. Nehmen Sie diese Verluste hin, und sie werden mehr über Sie aussagen, als Ihre Lieben über Sie wissen wollen. Da Trader nie in der Lage sein werden, die Erfahrung von Verlusten auszuschließen, müssen sie lernen, sie zum eigenen Vorteil zu nutzen und nach dem Edelstein zu suchen, der tief in jedem Verlust verborgen liegt. Dieser Edelstein oder diese Lektion enthält eine wertvolle Botschaft, die ganz genau aufzeigt, was sie in der nächsten Zeit tun oder ändern müssen. Auch wenn Sie überrascht sind, die Antwort wird immer in Ihren Verlusten liegen. Entschließen Sie sich jetzt, dass Sie keinen Verlust mehr zulassen werden, ohne das darin verborgene Gold zu finden. Machen Sie die Suche nach den Diamanten in Ihren Verlusten zu Ihrer Leidenschaft. Tun Sie es, und diese Leidenschaft wird Ihnen zu einer großartigen Trading-Karriere verhelfen.

Fangen Sie jeden Tag neu an

Jeden Tag höre ich von Börsianern, die von Verlusten emotional behindert werden. Und da die Börse die Tendenz hat, ständig neue Schwierigkeiten zu machen, kann ich mir vorstellen, dass es viele Leute gibt, die gerade dieses Buch lesen, ein wenig Aufmunterung brauchen und vielleicht noch eine hilfreiche Hand, die wir jederzeit gerne reichen. Denen möchte ich Folgendes sagen: Das Leben eines Traders sollte jeden Tag aufs Neue beginnen. Wenn Sie sich wirklich diesen hohen Grad an Erfolg wünschen, der so schwer zu erreichen ist, dann müssen Sie die Fähigkeit entwickeln, vergangene Fehler oder genauer gesagt die damit verbundene Enttäuschung zu vergessen und trotzdem die darin enthaltenen wertvollen Lektionen zu lernen. Sie müssen erkennen, dass jeder Fehler, den Sie machen, ein Fehler weniger in der Zukunft ist, solange Sie die damit verbundene Lektion lernen. Wenn Sie es so sehen, werden Ihre Verluste in Wirklichkeit zu Ihrer Stärke werden, Ihre Fehler nur ein weiterer Aspekt Ihres zukünftigen Erfolges. Manchmal bin ich ziemlich erstaunt, wie schnell Trader nach ein paar Verlierer-Trades aufgeben. Aber wenn man kurz nachdenkt, wundert man sich nicht mehr. Größe liegt bei jeder Unternehmung in der eigenen Fähigkeit, durchzuhalten, bis das letzte Hindernis überwunden ist. Dem „Durchschnittsbürger" fehlt diese Entschlossenheit vollkommen, weshalb Größe und Überlegenheit auch so selten sind. Heute übertreffen wir die Börse Jahr für Jahr, weil wir gestern Versager waren, allerdings clevere Versager, die aus ihren Fehlern gelernt haben. Heute genießen wir ein Maß an Treffsicherheit, von der andere in unserer Branche nur träumen können, weil wir vor vielen Jahren erkannt haben, dass es keine Schande ist, Fehler zu machen, solange man daraus lernt. In jedem Verlust, in jedem Verlierer-Trade liegt ein Edelstein, der entdeckt werden muss, eine wertvolle Lektion, die uns dem Reichtum einen Schritt näher bringt. Finden Sie ihn, und Sie werden am Ende großzügig entschädigt werden.

Der Weg zur Trading-Weisheit

Es gibt für einen Trader nur eine begrenzte Anzahl von Möglichkeiten, zu verlieren. Das zeigt ganz deutlich die Tatsache, dass es nur eine Hand voll möglicher Fehler gibt. Die Herausforderung, der wir als ehrgeizige Trader gegenüberstehen, ist nicht das Vermeiden von Verlusten. Es geht vielmehr darum, mit ihnen fertig zu werden, damit wir daraus lernen können. Wenn wir es schaffen, auf jede erdenkliche Art zu verlieren und dabei die damit verbundenen Lektionen zu lernen, dann werden unser Wissen und unsere Trading-Fähigkeiten auf einen extrem hohen Standard steigen. Allerdings sollte man immer daran denken, dass jeder Verlust nach einer kurzen Überprüfung vergessen werden muss. Wir dürfen nur die Lektion behalten. Den Verlust als solchen, der ja nur als Hülle für die Lektion dient, müssen wir aus unseren Gedanken verbannen. Das stellt sicher, dass wir jeden Tag neu anfangen, nur etwas klüger. Bewaffnet mit einer neu gelernten Lektion schreiten wir auf dem Weg zu höherer Meisterschaft voran.

Lernen Sie zu akzeptieren, was Sie nicht ändern können

Es gibt eine unglaublich kraftvolle Botschaft für Trader, die die Demut eines Gebets aufweist: „Herr, gib mir die Kraft, die Dinge zu ändern, die ich ändern kann, und die Demut, die Dinge zu akzeptieren, die ich nicht ändern kann, und die Weisheit, den Unterschied zu erkennen." Exzellent! Kraftvoll! Tiefgründig! Ich bin fest davon überzeugt, dass Trader dieses Gebet stets bedenken sollten, denn darin liegt ein wichtiger Schlüssel zu erfolgreichem Trading und einem gewinnbringenden Leben. Es ist faszinierend, wie genau die Voraussetzungen für ein erfolgreiches Leben den Voraussetzungen für eine erfolgreiche Börsenteilnahme entsprechen. Ich bin in der glücklichen Lage, jedes Jahr zu Tausenden von Tradern zu sprechen, und ich habe festgestellt, das viel zu viele ihre wertvolle Zeit und Mühe darauf verwenden, etwas zu ändern, ja sogar versuchen, etwas ganz zu elimnieren, was niemals verändert werden kann: der Verlust. In jedem Beruf gibt es Dinge, mit denen wir einfach fertig werden müssen. Und als Trader müssen wir eben immer Verluste akzeptieren. Was können wir dann überhaupt tun, fragen Sie? Nun, erfahrene Trader können ihre Verluste verarbeiten. Sie können sie minimieren, sie klein halten und kontrollieren. Aber sie werden niemals in der Lage sein, sie ganz auszuschließen. Sich darauf zu konzentrieren ist nutzlos und komplette Zeitverschwendung. Verluste wird es immer geben. Sie sind etwas, mit dem wir leben lernen müssen. Etwas Beständiges, das wir zu verarbeiten lernen müssen. Und je schneller man das erkennt, desto schneller kann man dort weitermachen, wo sie etwas verändern können. Weisheit bringt die Erkenntnis, dass ein erfolgreiches Leben weniger davon bestimmt wird, wie viel wir gewinnen, sondern wie gut wir mit unseren Verlusten fertig werden. Dasselbe gilt für das Trading. Mit den Jahren habe ich erkennen müssen, dass Gewinne sich irgendwie auf geheimnisvolle Weise um sich selbst kümmern. Als Trader stolpern wir manchmal rein zufällig in Gewinn-Trades. Gewinnen ist nicht unser Problem. Verlieren ist auch nicht unser Problem. Es ist das Versäumnis, unsere Verluste zu verarbeiten, das uns Probleme bereitet. Das ist es, was unsere ganze Aufmerksamkeit erfordert. Das ist es, was wir verändern können. Und das ist es, was uns letztendlich in die Stratosphäre des Erfolgs katapultiert.

Der Weg zur Trading-Weisheit

Es ist eine Ironie, dass jeder ehrgeizige Trader seine Trading-Karriere damit beginnt, das Einzige zu versuchen, was niemals gelingen kann: Verluste zu vermeiden. Als Trader werden wir niemals in der Lage sein, Verlust-Trades auszuschließen. Sie werden uns immer begleiten. Das Einzige, was in unserer Macht liegt, ist die Fähigkeit, unsere Verluste zu verarbeiten, und wenn wir das richtig machen, verlieren diese Verluste an Kraft, uns zu verletzen. Ein genauer Blick zeigt uns, dass sogar die talentiertesten Trader verlieren, und manchmal sogar sehr oft. Und dennoch gehen sie jede Woche als Gewinner hervor, weil sie ihre Energie nicht darauf verschwendet haben, Verluste zu vermeiden, sondern ihre Zeit damit verbracht haben, sie zu verarbeiten. Jeder Trader, der diesen Punkt richtig verstanden hat, wird sehr bald etwas Wunderbares entdecken – dass die Konzentration auf die richtige Verarbeitung von Verlusten dazu führt, dass sich die Gewinnerfahrungen, die früher unter den Verlusten verschwunden sind, inzwischen automatisch einstellen.

Verlieren kann auch Gewinnen bedeuten

Ständig an der Börse zu gewinnen steht in direkter Verbindung dazu, wie erfolgreich man verliert. Haben Sie das gehört? Und um diese revolutionäre Erkenntnis noch zu verdeutlichen, sage ich es noch mit anderen Worten: *Zu wissen, wie man richtig verliert, ist der Grundstein für jede erfolgreiche Vorgehensweise beim Trading.* Und schließlich sage ich es noch einmal für diejenigen, die es nur auf direkte Art und Weise verstehen: *Wenn Sie nicht wissen, wie man verliert, können Sie genauso gut gleich Ihre Taschen packen, denn Ihre Tage als Börsianer sind gezählt.* Also genießen Sie die Fahrt, solange sie dauert. Das hört sich vielleicht hart an, aber das ist die Realität. Zu denken, dass Sie in diesem Spiel nicht verlieren werden, ist Selbstbetrug. Verlieren ist ein sehr realer (und manchmal häufiger) Teil des Tradings, und zu wissen, wie man es richtig macht, ist der Schlüssel zum Überleben. Jeder kann das Glück haben, gelegentlich einen großen Gewinn zu machen. Der Aktienkurs steigt, der Börsianer verdient Geld, und alles ist bestens. Das ist einfach. Aber was passiert, wenn die Aktie fällt? Was dann? Verkaufen Sie, und wenn ja, wo? Wann? Wie? Nur ein Profi hat die Antwort auf diese Fragen schon vor dem Trade parat. Der Neuling steckt seinen Kopf wie der Strauß in den Sand und ignoriert die Talfahrt. Warum? Weil er sich keinen Plan zurechtgelegt hat, an den er sich halten kann. Wenn sich alle Trader an unsere Stop-Loss-Strategie halten würden, dann wären sie gezwungen, diese Talfahrten wie Profis zu handhaben. Wir würden heute niemals in einen Trade einsteigen, ohne einen Punkt festgelegt zu haben, an dem wir unsere Verluste begrenzen. Steigen manche Aktien möglicherweise, sobald unsere Stops ausgeführt wurden? Ja! Ärgern wir uns manchmal selbst darüber, dass wir beim Stop verkauft und nicht weitergehalten haben? Absolut! Diese unangenehmen Vorkommnisse sind ständig Teil des Spiels, das wir freiwillig spielen. Aber seien Sie versichert, dass wir niemals um 5, 10, 15 oder 20 Punkte fallen. Wir werden niemals Verluste von 15, 20 oder 40 Prozent erleiden. Tatsächliche verlieren wir in der Regel aufgrund unserer Strategie bei einem Trade weniger als 3 Prozent. Ja, wir werden oft ausgestoppt, wenn die Börse nachgibt, aber wenn die guten Zeiten wieder zurückkommen, sind wir die Ersten, die wieder auf den Straßenwagen aufspringen. Warum? Ganz einfach! Wir haben das nötige Geld! Wer keine Stops gesetzt hat, wird keines haben.

Der Weg zur Trading-Weisheit

Jedes Mal, wenn eine sorgfältig ausgesuchte Aktie ausgestoppt wird, haben Sie nicht verloren, Sie haben gewonnen. Genau das lehren und predigen wir unseren Studenten immer wieder. Wir versuchen, sie dazu zu bringen, ihre Paradigmen zu ändern, jedes ausgeführte Stop als Gewinn und nicht als Verlust zu sehen. Zuerst haben viele Probleme damit. Sie betrachten diese Aussage als mentalen Trick, der keinerlei Bezug zur Wirklichkeit hat. Aber das ist keine Täuschung. Ausgestoppt zu werden bedeutet wirklich, dass man gewonnen hat. Was hat man gewonnen, fragen Sie? Erstens haben Trader, die bei ihren Trades ausgestoppt wurden, einen guten Teil ihres Geldes zurückgewonnen. Es gibt genügend ehemalige Trader, die sich wünschen, das von sich behaupten zu können. Da sie keine Stops gesetzt hatten, sind sie heute Teil der Geschichte, einer vergessenen Geschichte. Zweitens haben Trader, die ausgestoppt wurden, eine weitere Chance erhalten, es richtig zu machen. Und auch hier gibt es viele, die nicht mehr an der Börse sind und keine weiteren Chancen mehr haben. Sie können sich nur noch wünschen, dass es so wäre. Und schließlich haben Trader, die ausgestoppt wurden, das größte Geschenk, das die Börse machen kann, gewonnen: Achtung, Selbstachtung. Jedes Mal, wenn Trader sich an ihren Plan halten, wird ihre Disziplin stärker, und die Kraft ihrer Entschlossenheit wächst. Wenn diese Trader sich an das halten, was sie festgelegt haben, steigt ihre Aktie vielleicht nicht, aber die Aktie an sich tut es. Das sind Geschenke, die in Zukunft hohe Dividenden abwerfen werden. Verlieren, weil man sich an einen festgelegten Plan hält, ist kein Verlieren. Aus unserer Sicht heißt das gewinnen.

Lernen Sie, hohe Verluste zu verabscheuen

Wann immer die Schwankungsanfälligkeit aufgrund des Fälligkeitsdatums einer Option oder anderer börsenbedingter Ereignisse besonders groß ist und sich das Trading-Umfeld schwierig gestaltet, ist es unvermeidlich, dass die Anzahl der ausgeführten Stops ansteigt. Das ist der negative Teil. Der positive Teil ist jedoch, dass diese Verluste niemals ernsthaft sind, wenn die Stop-Punkte ziemlich eng gesetzt wurden. Bei Pristine hassen wir Verluste, aber wenn wir etwas nennen sollen, das wir noch mehr als Verluste hassen, dann sind es hohe Verluste. Verlust-Trades sind leider ein unvermeidlicher Teil dieses Auf-und-Ab-Spiels des Tradings, aber die Überlebensdauer eines Traders hängt extrem von seiner Fähigkeit ab, diese Verluste klein zu halten. Seien wir ehrlich. Jeder kann mit Glück einen Gewinn-Trade haben. Eine Aktie steigt, oder sie fällt, was die Chance auf einen Gewinn bei 50:50 hält. Aber nur ein Profi ist auf Dauer in der Lage, seine Verluste auf ein Minimum zu reduzieren. Zeigen Sie mir den Brokerauszug eines Profis, und ich bin bereit zu wetten, dass jeder einzelne seiner Verluste gering ist. Zeigen Sie mir andererseits den Auszug eines Anfängers, dann werde ich Ihnen eine Reihe von Verlusten zeigen, die groß genug sind, um diverse Schlaglöcher in New York zu füllen. Auch wenn Verlieren niemals angenehm ist, so ist es dennoch ein Teil dieses Spiels. Und wenn wir schon ab und zu verlieren müssen, warum dann nicht so wenig wie möglich. Denken Sie daran. Sie haben vielleicht nicht immer die Wahl, aber wenn schon Verluste, dann sollten sie klein sein.

Der Weg zur Trading-Weisheit

Die meisten Dinge, nach denen wir im Leben streben, sind keineswegs klein. Wenn wir ganz ehrlich sind, müssen viele von uns zugeben, dass sie sich ein dickes Bankkonto, große Gewinne, ein großes Auto und ein riesiges Haus wünschen, mit einem Jacuzzi auf dem Dach und einer großartigen Aussicht auf einen endlosen Ozean. Aber wenn wir erfolgreiche Trader werden wollen, müssen wir uns an den Gedanken gewöhnen, dass manche guten Dinge in kleinen Päckchen kommen. Für den Trader gibt es zwei Dinge, die er am liebsten in kleinen Päckchen hat: Verluste und Fehler. Kleine Verluste sind ein Merkmal des professionellen Traders. Sie zeigen die Erfahrung und die Geschicklichkeit des Traders, auftretenden Schwierigkeiten schnell aus dem Weg zu gehen. Kleine Fehler sind sogar noch besser, weil sie oft der Anlass sind, der zu kleinen Verlusten führt. Wenn nur ein einziger Rat möglich wäre, den ich ehrgeizigen Tradern geben könnte, wäre es der, die Kunst der kleinen Verluste zu erlernen. Wer sich nur auf die Kunst der hohen Gewinne konzentriert, wird niemals wissen, wie er sich in den unvermeidlichen Zeiten des Verlusts verhalten soll. Wer die Kunst der kleinen Verluste nicht erlernt hat, kann sicher sein, dass er viel Zeit darauf verwenden wird, richtig zu gewinnen. Wenn Sie lernen, richtig zu verlieren, was so viel heißt wie wenig zu verlieren, werden Sie überleben. Und wie wir schon so oft gesagt haben, es besteht keinerlei Hoffnung, beim Trading zu gewinnen, wenn Sie nicht gelernt haben zu überleben. Kleine Verluste machen es möglich.

Die zwei Leben eines Master Traders

Wenn man doch zwei Leben haben könnte: das erste, um alle Fehler zu machen, die man anscheinend machen muss; und das zweite, um von ihnen zu profitieren.

Diese kluge Feststellung von D. H. Lawrence ist es sicher wert, dass man über sie nachdenkt; dies gilt besonders für Trader. Allerdings scheint Mr. Lawrence anzuzweifeln, dass es möglich ist, die beiden Leben, von denen er spricht, zu leben. Nun, ich gehe sogar so weit zu sagen, dass Sie in keiner Sache Erfolg haben werden, geschweige denn beim Trading, wenn Sie diese beiden Leben nicht leben. Sehen Sie: In der ersten Entwicklungsphase ist ein Trader immer auch ein Verlierer. In den letzten 13 Jahren habe ich persönlich Hunderte von Tradern getroffen und unterrichtet, und ich kann ehrlich sagen, ich kenne immer noch keinen erfolgreichen Trader, der nicht anfangs verloren hat. Natürlich verdienen es nur diejenigen, die aus der ersten Phase ihres Trader-Lebens gelernt haben, in die zweite Phase weiterzukommen, in der sie dann auch gewinnen. Egal wie Sie es drehen und wenden, Tatsache ist, dass wir als Trader erst lernen müssen, mit Verlusten umzugehen, bevor wir überhaupt hoffen können, mit Erfolgen umgehen zu können. Tatsächlich wird Erfolg oder Verlust davon bestimmt, wie gut wir mit unseren Verlusten umgehen können. Der traurige Teil ist, dass die meisten ehrgeizigen Trader niemals erfahren, wie schön dieses zweite Leben mit Gewinnen ist, hauptsächlich, weil sie die Lektionen aus ihrem ersten Leben mit Verlusten nicht gelernt haben. Und noch trauriger ist, dass die meisten ihre Fehler nicht einmal erkennen, um daraus zu lernen. Bei Pristine widmen wir unser Profiwissen dem Anliegen, Tradern zu helfen, ihr erstes Trader-Leben mit all seinen Stolperern und Stürzen zu überstehen. Mit Entschlossenheit, Disziplin und Fleiß werden unsere Trader dann schließlich in ihrem zweiten Leben wiedergeboren. Und in diesem Leben werden wir nicht mehr gebraucht. Aber solange wir gebraucht werden, sind wir zur Stelle, um Tradern beizubringen, wie sie die Gefahren des ersten Lebens überstehen können. Wir danken Ihnen, dass Sie uns erlauben, Sie auf Ihrer Reise zu begleiten.

Der Weg zur Trading-Weisheit

Jeder lebt in einem bestimmten Sinn zwei Leben, eines als sich entwickelndes Kind oder Jugendlicher, das andere als sich entwickelnder Erwachsener. Jeder Trader hat auch eine Trader-Kindheit, aber die wenigsten überleben lange genug, um als Trader erwachsen zu werden. Erwachsensein erfordert von einem Trader, dass er alle Lektionen der Kindheit gelernt, verdaut und richtig umgesetzt hat. Wenn dieser Reifeprozess nicht stattfindet, bleibt der Trader immer in den Kinderschuhen stecken, im Ringen um Reife und Erfahrung. Der beste Weg, um sicherzustellen, dass Sie aus dem Lernprozess Ihrer Kindheit auch profitieren, ist das Führen eines Trading-Journals. Sie sollten allerdings nicht nur Bemerkungen über jeden Trade aufzeichnen, sondern auch Ihre Gedanken über das Trading, Ihre Ideen und Überlegungen. Jede gelernte Lektion sollte festgehalten werden und einen bestimmten Platz in Ihrem Trading-Journal bekommen. Dieses Journal dient als Spiegel, der reflektiert, wer Sie sind. Außerdem ist es eine Landkarte, die Ihnen den richtigen Weg zeigt. Wenn Sie sich angewöhnen, jede Erfahrung, jedes Gefühl, jeden Gedanken aufzuschreiben, dann werden Sie eine wachsende Entwicklung feststellen, die Sie am Ende in den Zustand des Erwachsenseins führt. Das ist das zweite Leben, in dem sich all die harte Arbeit und die durchlittenen Kämpfe des ersten Lebens täglich in Ihrer Trading-Erfahrung widerspiegeln werden.

Erfolg ist eine Blume, die langsam erblüht

Ich weiß, es hört sich wahrscheinlich seltsam an, vielleicht sogar unglaublich. Aber es ist ein Muss, dass Trader in ihrer Trainingsphase davon Abstand nehmen, ihren Fortschritt oder ihren Erfolg an den Ergebnissen einzelner Trades zu messen. Natürlich ist es das Ziel jedes Traders, Geld zu verdienen. Und natürlich halten wir Trader für erfolgreich, wenn sie es schaffen, öfter zu gewinnen als zu verlieren. Aber ständig gewinnende Trader sind wirklich eine ausgereifte Trader-Version der Gewinner. Mit anderen Worten: Trader sind nicht erfolgreich, bloß weil sie gewinnen. Trader gewinnen, weil sie erfolgreich sind. Gewinnen ist eine Blume, die erst nach einem langen, erfolgreichen Wachstum erblüht. Gewinnen kann man sehr selten während des Wachstums, und ganz bestimmt nicht vor diesem Wachstum. Das bedeutet anders ausgedrückt, dass Trader, auch wenn sie Schritt für Schritt Fortschritte auf ihrem Weg zum Erfolg machen, in der Regel immer noch verlieren. Und dieses Verlieren ist es, was den eigentlichen Fortschritt ausmacht. Sehen Sie, es gibt eine Zeit, während der die sichtbaren Erfolge der Trader, mit anderen Worten ihre Gewinne, nicht erkennbar sind, trotz der Tatsache, dass unterschwellig eine phänomenale Entwicklung stattfindet. Weil nämlich die eigentliche Entwicklung unter der Oberfläche stattfindet. Sie wächst allmählich, fast heimlich, in uns, ähnlich einem ungeborenen Kind, das neun Monate lang wächst, ohne von außen sichtbar zu sein. Leider realisieren viele Trader nie, dass Wachstum in Wirklichkeit während all ihrer schmerzlichen Verlusten stattfindet. Sie erkennen nicht, dass jeder Verlust sie in Wirklichkeit näher an das Endziel Erfolg bringt. Und genau diese Kurzsichtigkeit ist schuld daran, dass so viele aufhören und aussteigen auf der Hälfte ihres Weges zum Erfolg. Es ist ein Fehler, den Grad an persönlichem Fortschritt an den Gewinnen und Verlusten zu messen. Eine bessere Möglichkeit zur Beurteilung der eigenen Entwicklung ist, festzustellen, wie oft man auf dieselbe Art und Weise verliert. Wiederholen wir das noch einmal. Es ist eine bessere Möglichkeit, die eigene Entwicklung zu beurteilen, wenn man feststellt, wie oft man auf dieselbe Art und Weise verliert. Nur weil Ihr Trading-Buch in den roten Zahlen ist, heißt das nicht, dass Sie sich nicht weiterentwickeln. Wenn Sie es richtig machen, werden die roten Zahlen schließlich schwarzen Zahlen Platz machen, und bevor Sie es richtig merken, werden Sie die ersten Anzeichen von Meisterschaft spüren. Aber Sie dürfen niemals vergessen, dass Meisterschaft langsam geboren wird. Sie muss sich entwickeln. Sie ist niemals plötzlich da. Sie erfordert eine Anlaufzeit, während der sie an Bedeutung und Gewicht gewinnt. Wer das erkennt, hat viel bessere Chancen, zu überleben. Und wir fühlen uns verpflichtet, Sie noch einmal daran zu erinnern, dass Sie überleben müssen, wenn Sie gewinnen wollen.

Der Weg zur Trading-Weisheit

Wenn ein Gärtner die Samen von neuen Blumen einpflanzt, dann weiß er, dass ein Teil des Wachstums unter der Erde stattfinden muss. Wer in den Garten geht und zu früh nach sichtbaren Anzeichen für dieses Wachstum sucht, wird sicherlich enttäuscht sein, allerdings nicht unser Gärtner. Auf seinem Gesicht zeigt sich ein stetes Lächeln, das aus seinem tiefen Verständnis für die Natur resultiert. Auch wenn er nicht in der Lage ist, diesen Vorgang sichtbar zu verfolgen, so weiß er dennoch mit Sicherheit, dass sich das Wunder des Wachsens unsichtbar vollzieht. Bald wird sich dieses versteckte Wachstum der ganzen Welt zeigen. Er weiß, dass es zum richtigen Zeitpunkt als wunderschöne Blume erblühen wird, deren Schönheit jeden erfreut, der sie sehen will.

Wir sind die Gärtner vieler ehrgeiziger Trader. Die Samen, die wir in die Köpfe unserer Studenten pflanzen, brauchen ihre Zeit, um zu keimen. Aber sind sie erst aufgekeimt, dann beginnt ein wunderbarer Prozess des Wachstums. Mit den Jahren haben wir dieses Wunder unzählige Male beobachten können. Es ist für das bloße Auge beinahe nicht wahrnehmbar, aber nur weil es nicht an Gewinnen gemessen wird, heißt das noch lange nicht, dass es nicht stattfindet. Es wird Zeiten geben, in denen Sie, wie alle unsere Studenten, mutlos sind und die Tatsache aus den Augen verlieren, dass unbemerkt viele wunderbare Dinge passieren. Aber versuchen Sie, nicht allzu lange mutlos zu sein. Wenn Sie Ihre Nerven beruhigen, Ihre Ängste überwinden und lange genug überleben können, um diesen Vorgang abzuschließen, dann werden Sie als glorreicher Trader daraus hervorgehen, als lebender Beweis, dass diejenigen letztendlich gewinnen, die überleben.

Wenn Verlieren unerträglich wird

In einem unserer letzten Training-Camps erzählte mir eine Studentin begeistert und euphorisch von ihrem Lebenstraum. Ihr leidenschaftlicher Wunsch war, ein professioneller Trader zu werden, einer, der seinen gesamten Lebensunterhalt an der Börse verdient. „Aber“, sagte sie etwas traurig wegen einer plötzlichen Erkenntnis, die wie eine dunkle Wolke an ihrem Himmel hing, „ich verliere, Oliver, und ich habe Angst.“ – „Warum?“, fragte ich. „Weil ich mich jedes Mal, wenn ich verliere“, fuhr sie fort, „ein Stück weiter weg von meinem eigentlichen Ziel bewege. Ich muss aufhören zu verlieren, sonst muss ich meinen Wunschtraum aufgeben. Helfen Sie mir, Oliver. Mein Schiff sinkt und ich brauche Hilfe.“ Ich saß ein paar Minuten schweigend da, meine Gedanken rasten auf der Suche nach den richtigen Worten. Wie konnte ich meiner Freundin erklären, dass alles, was sie im Moment durchmachte, das Beste war, was ihr passieren konnte? Wie konnte ich ihr erklären, dass man erst ein begabter Verlierer sein muss, bevor man ein Gewinner werden kann, ohne mich wie ein Verrückter anzuhören? Gewinnen wird immer aus dem Verlieren heraus geboren. Wie oft haben wir nicht schon von dem Unternehmer gehört, der ganz groß herauskam, nachdem er einen Flop nach dem anderen hatte? Und lernt nicht ein Kind das Laufen nur, wenn es eine Zeit lang immer wieder hinfällt? So pervers und absurd es sich auch anhören mag, Verlieren ist für den Trader das Ticket für eine großartige Zeit. Es ist die Brücke zur Trading-Meisterschaft. Viele Leute verstehen nicht, dass der ersehnte Zustand des Gewinnens nur mit viel Aufwand erreicht werden kann. Und wenn es darauf ankommt, sind viele nicht bereit, diesen Preis zu bezahlen. Trading ist kein Spiel für jedermann. Deshalb sind auch so viele gescheitert und werden noch so viele scheitern. Nur wer ausharrt, wer dieses chronische Verlieren übersteht, hat gute Chancen, Erfolg zu haben. Haben Sie sich schon einmal gefragt, warum die meisten der Spitzentrader in anderen Bereichen ihres Lebens Versager oder Chaoten sind? Sie sind gute Trader, weil sie gelernt haben, mit Misserfolgen umzugehen. Sie haben gelernt, damit fertig zu werden, daraus zu lernen. Ich habe es nicht geschafft, für meine Freundin ein paar gute Ratschläge zu finden, aber was ich hätte sagen sollen, war „gut!"

Der Weg zur Trading-Weisheit

George Bernard Shaw hätte es nicht besser ausdrücken können, als er sagte: „Man lernt nicht, wie man sich in der Welt durchschlägt, wenn man nur zusieht, sondern nur, wenn man angegriffen und zurechtgestutzt wird." Für Trading-Neulinge ist das Leben eine ständige Geschichte des Zurechtgestutztwerdens. Aber wie die riesigen Bäume im Wald durch die Stürme erst stark werden, so kommt auch für Trader, die immer wieder aufstehen, wenn sie gestürzt sind, der Tag, an dem sie den Respekt erhalten, der einem Gewinner gebührt. Wir möchten, dass Sie erkennen, dass jeder Verlust nur dazu beiträgt, Sie für das nächste Mal stärker zu machen. Jedes Mal, wenn Sie Erfolg haben, dann möchten wir, dass Sie wissen, dass Sie nun ein bisschen klüger sind. Wir haben 20 Jahre Tradingerfahrung hinter uns, und all diese Jahre brachten uns dieselbe Erkenntnis wie Seneca dem Jüngeren vor vielen Jahrhunderten: „Unglück macht uns weiser; zu früh erfahrenes Glück macht unzufrieden."

Lernen Sie möglichst viel aus Ihren Lektionen

Ich bin nicht sicher, ob sich Mr. Shaw jemals mit der Börse beschäftigt hat, aber seine kluge oben erwähnte Aussage enthält eine Weisheit, von der sicherlich alle Börsianer profitieren können. Die Börse verlangt von allen Tradern, die etwas über sie lernen wollen, eine bestimmte Lehrzeit. Und als Trader zahlen wir für diese Lehrzeit leider mit verlorenem Geld. Aber mit diesem verlorenen Geld kommt umfangreiches Wissen, das schließlich zu weniger Verlusten und größerem Reichtum führt, wenn man es richtig anwendet. Deshalb lautet nun meine Frage an Sie: „Was machen Sie mit Ihrer Börsenerfahrung, besonders mit Ihrer Erfahrung mit Verlusten?“ Sind sie umsonst, oder nutzen Sie sie als willkommene Trittsteine zu den Höhen der Trading-Meisterschaft? Lernen Sie aus Ihren Fehlern? Analysieren Sie jeden einzelnen Ihrer Fehler? Finden Sie den Edelstein, das Juwel in jedem Ihrer Fehler? Ich hoffe es wirklich. Denn genau das ist es, was für die Meisterschaft an der Börse notwendig ist, nämlich die Bereicherung unserer Ausbildung durch unsere Verluste.

Der Weg zur Trading-Weisheit

Aus unseren Gewinnen lernen wir gar nichts, so angenehm sie auch sind. Nur unsere Verluste zeigen uns den Weg zur Trading-Meisterschaft.

Ausbildung des Master Traders

Wie Sie sich Jahre verlorener Zeit und verlorenen Geldes ersparen

4

Suchen Sie sich einen Gewinner als Vorbild – und übertreffen Sie den Gewinner

Wenn Sie es wirklich ernst damit meinen, sich den Lebensunterhalt mit dem Aktienhandel zu verdienen, dann sollten Sie sich als Erstes einen Gewinner als Vorbild suchen. Und wenn wir „Gewinner" sagen, dann meinen wir einen echten Gewinner, jemanden, der täglich oder beinahe täglich handelt und beständig Geld an der Börse verdient. Wir sind sicher, dass wir Sie nicht erst auf die Tatsache aufmerksam machen müssen, dass es unzählige so genannte Gewinner gibt, aber nur sehr wenige, die es wirklich sind. Diejenigen, die vom Gewinnen reden, werden immer in der Überzahl gegenüber denjenigen sein, die es tatsächlich tun. Es wird also schwierig sein, einen Gewinner zu finden, und noch schwieriger wird es sein, einen zu finden, der die Verantwortung eines Mentors übernehmen will. Jedoch egal wie anstrengend die Suche auch ist, suchen Sie so lange, bis Sie einen gefunden haben, und geben Sie nicht auf. Warum wir darauf bestehen, dass Sie das tun? Weil es einfach keinen einfacheren Weg gibt, alles über dieses herausfordernde Abenteuer Day-Trading zu lernen. Und es gibt keinen Ersatz für eingesparte Zeit und eingespartes Geld durch einen persönlichen erfolgreichen Mentor. Wir sind so von diesem Einstieg ins Day-Trading über einen Mentor überzeugt, dass wir sicherstellen, dass jeder neue Pristine-Trader mit einem Trader zusammenarbeitet, der bereits Geld verdient. Wir verkürzen die Zeit der Verluste, die durch Fehler und Fehlversuche entstehen und die so viele Trader ohne Mentor durchlaufen, indem wir neue Trader mit einem Gewinner koppeln, der diesen steinigen Weg bereits hinter sich hat. Traurig ist nur, dass Trader ohne Mentor selten diese Zeit der Fehler und Fehlversuche überleben. Indem wir unsere neuen Trader mit einem etablierten Trader zusammentun, der schon Dämonen besiegt hat, von denen der Neuling noch gar keine Vorstellung hat, verkürzen wir die Zeit, bis unser Neuling allein und unabhängig stehen kann, frei von Sorgen und ohne Angst. Die Beschleunigung der Ausbildungszeit auf diese Art hilft uns, die Überlebenschancen zu erhöhen. So wird der Weg zur Trading-Meisterschaft viel leichter. Aber wie schon erwähnt, es ist schwierig, einen Gewinner zu finden. Einen Gewinner zu finden, der auch noch gewillt ist, als Mentor zu fungieren, ist noch viel schwieriger. Aber wenn Sie einen finden, dann greifen Sie zu, und halten Sie ihn fest. Egal was nötig ist, um ihn dazu zu bringen, Ihnen zu helfen, tun Sie es. Mit anderen Worten: Sie müssen ein Blutegel werden, der die Gedanken des Gewinners aussaugt. Aber Sie müssen der hilfreichste Blutegel der Welt werden. Besorgen Sie das Mittagessen. Schicken Sie seinen Kindern Geschenke. Überlassen Sie ihm einen Teil Ihrer Trading-Gewinne, wenn es nötig ist. Rechnen Sie mit dieser Dienstbarkeit für drei bis sechs Monate, wenn nötig. Nichts ist zu teuer, wenn der Mentor, den Sie sich aussuchen, einer echter Gewinner ist.

Hat der Gewinner erst einmal zugesagt, Sie durch die mit Fallgruben gespickte erste Zeit Ihrer Entwicklung zu begleiten, ist Ihre erste Aufgabe, den Gewinner nachzuahmen und ihn dann zu übertreffen. Egal, was Sie studieren, Sie sollten niemals versuchen, so gut wie Ihr Lehrer zu werden. Das würde aus Ihnen nichts anderes als ein Abbild machen. Das Ziel ist, Ihren Lehrer zu übertrumpfen. Und wir wollen diesen entscheidenden Punkt noch weiter ausbauen, indem wir Folgendes behaupten. Jeder echte Lehrer wird sein Wissen mit dem einzigen Ziel weitergeben, dass seine Schüler besser werden als er selbst. Diese Eigenschaft ist selten, aber wir glauben, dass es sie gibt. Es ist für uns unvorstellbar, die Einzigen zu sein, die das glauben. Also suchen Sie so gründlich, wie Sie können. Es gibt keine Garantie, dass Sie einen echten Gewinner finden, aber wenn Sie einen finden, dann betrachten Sie das als den Anfang eines neuen Lebens. Eines Lebens als Master Trader.

Der Charakter Ihres Lehrers ist wichtig

Im Westen geht man im Allgemeinen davon aus, dass der Charakter eines Lehrers keine Rolle spielt, solange er den richtigen Lehrstoff vermittelt. Das stimmt nicht. Es sind eben dieser Charakter und die Person des Lehrers, die dem Lehrstoff erst die nötige Lebendigkeit geben. Dadurch wird das Wissen erst mit der Wirklichkeit verknüpft. Der Lehrer und seine Fähigkeiten ermöglichen uns erst, etwas wirklich zu lernen, uns zu begeistern und die Erfahrung zu suchen. Als

Lehrer, der Trader in der ganzen Welt ausbildet, habe ich erkennen müssen, dass Unterrichten mehr bedeutet als nur Wissen auszuspucken. Tatsachen an sich beflügeln noch nicht den Verstand oder erheben uns in irgendeiner Weise. Es sind besondere Talente nötig, um Wissen weiterzugeben. Es sind einzigartige Hilfsmittel nötig, um das Bewusstsein eines anderen zu stärken. Diese Hilfsmittel, die einen Lehrer zu einem großen Lehrmeister machen, können nicht gelehrt werden. Dinge wie Leidenschaft, Begeisterung, Integrität, Energie, Gewissenhaftigkeit, Umsicht, Mitgefühl und Sensibilität können nicht in einem zweitklassigen allgemeinen Kurs gekauft und mitgenommen werden. Das sind nicht käufliche Fähigkeiten, die sich über viele Jahre entwickeln müssen. Wenn ein Lehrer darüber verfügt, dann ist das der Beweis, dass Sie jemanden gefunden haben, der Ihre Zeit und Aufmerksamkeit verdient. Wer nach einem Lehrer sucht, der sich auf die Kunst des Tradings spezialisiert hat, der sollte darauf achten, dass er jemanden findet, der sowohl über die richtigen Informationen als auch über die richtigen Charaktereigenschaften verfügt. Die östliche Denkweise hat erkannt, wie heilig die Lehrer-Schüler-Beziehung ist. Dort hat man erkannt, dass die Einheit dieser beiden mit extremer Vorsicht behandelt werden muss. Wir schlagen Ihnen vor, Ihre Trading-Zukunft genauso zu behandeln. Dazu kann man mit zahlreichen Leuten sprechen, die Erfahrung in der Suche nach einem Lehrer haben. Für manche sieht das vielleicht unwichtig aus, aber denken Sie daran, dass der Lehrer, den Sie sich aussuchen, der Filter für das Wissen sein wird, nach dem Sie streben. In vieler Hinsicht legen Sie Ihre Zukunft und die einzuschlagende Richtung in die Hände dieses Einzelnen, und das sollte nicht auf die leichte Schulter genommen werden. Vertrauen Sie dem falschen Lehrer, werden Sie wahrscheinlich auf einen holperigen Pfad ohne Ausweg geführt. Die Qualität Ihres Lehrers bestimmt die Qualität Ihrer Ausbildung. Daran sollten Sie immer denken.

Sparen Sie nicht an Ihrer Zukunft

Wenn es um Ihre Ausbildung zum Trader geht, sollten Sie auf keinen Fall sparen. Denken Sie immer daran, dass Sie das bekommen, wofür Sie bezahlt haben, und das hat nirgends mehr Bedeutung als beim Trading. Heutzutage behaupten alle möglichen Leute, Meister in der Ausbildung von Tradern zu sein. Eines der offensichtlichsten Anzeichen, dass Sie auf einen Trading-Scharlatan hereingefallen sind, ist der niedrige Preis. Wenn Ihnen eine angeblich erstklassige Trading-Ausbildung zu einem lächerlich niedrigen Preis angeboten wird, ist es sehr wahrscheinlich, dass die Ausbildung gleich null ist. Eine

Faustregel für viele dieser Nacht-und-Nebel-Schulen scheint zu sein: „Wenn kein Wert vorhanden ist, dann wird über den Preis konkurriert." Wir haben festgestellt, dass eine gute Trading-Firma den Wert einer Sache für sich selbst sprechen lässt, wenn sie etwas von Wert anbietet. Sie muss sich nicht wie ein billiger Gebrauchtwagenhändler verhalten, um Kunden anzulocken. Danken Sie darüber nach. Wird ein Ferrari zu einem niedrigeren Preis als ein Ford angeboten? Natürlich nicht. Und wenn doch, seien Sie auf der Hut. Dasselbe gilt für die Ausbildung zum Trader. Wir wollen damit ganz bestimmt nicht sagen, dass der Preis der einzige Wertmaßstab ist. Er ist nur einer davon, aber einer, den viel zu wenige berücksichtigen. Eine erstklassige Ausbildung ist niemals billig. Darauf können Sie wetten. Die talentiertesten Lehrer kennen ihren Wert und werden sich hüten, diesen Wert zu einem billigen Preis zu verkaufen. Wenn sie den ganzen Preis für ihren Erfolg bezahlt haben, dann sind die Chancen gleich null, dass sie das Erreichte herabsetzen und zu einem Sonderpreis verschleudern. Warum sollten erfolgreiche Trader die Früchte ihrer harten Arbeit billig verkaufen? Warum sollten die Jahre, die jemand in die Entwicklung zu einem professionellen Börsianer investiert hat, für ein paar Münzen verkauft werden? Wenn das der Fall ist, gibt es wahrscheinlich gar keine Früchte zum Teilen. Wer viel anzubieten hat, weiß auch, wie wertvoll dieses Wissen ist. Der weiß, dass sein Wissen das Leben der Studenten positiv verändern kann. Und da sie erfolgreich sind, brauchen sie nicht zu unterrichten und haben lieber gar keine Studenten als solche, die die überwundenen Hindernisse und die gewonnenen Schlachten nicht respektieren können. Wenn Sie also nach einem Lehrer suchen, achten Sie darauf, dass Sie auf folgende Fragen fundierte Antworten bekommen.

1. ***Handelt der Lehrer jeden Tag?*** Wenn die Antwort „nein" lautet, gehen Sie wieder, oder hängen Sie den Telefonhörer auf. Dafür gibt es keine Entschuldigung. Hier gibt es kein Wenn und Aber. Würden Sie für Flugstunden bezahlen, wenn der Fluglehrer gar nicht selbst fliegt? Wenn eine Day-Trading-Firma Ihnen keinen Lehrer anbieten kann, der handelt, und zwar gut, dann hat sie wahrscheinlich gar keinen. Wenn die Antwort „ja" lautet, finden Sie heraus, ob es sich um einen *erfolgreichen* Trader handelt. Sie wären überrascht, wie oft die Seminare der Trading-Firmen von müden, ausgebrannten Tradern gehalten werden, die ihre eigenen Konten ruiniert haben und Ihnen jetzt zeigen wollen, wie Sie das auch schaffen. Das stellt Ihnen eine weitere Frage. Würden Sie Flugstunden bei einem Fluglehrer nehmen, der bei jedem Flugversuch abstürzt? Müssen wir noch mehr sagen?

2. ***Ist die von der Firma angebotene Ausbildung ungewöhnlich billig?*** Wenn der Preis für eine so genannte einmalige Ausbildung zum Day-Trading zu billig ist, um wahr zu sein, dann ist das meistens auch so. Stellen Sie fest, warum sie so „unbezahlbares" Wissen so billig anbieten. Wenn Sie Antworten bekommen wie „Wir wollen die Leute nicht betrügen" oder „Wir sind so günstig, weil wir unser ganzes Geld beim Trading verdienen", dann laufen Sie, so schnell Sie können davon. Beachten Sie, dass wir nicht *gehen* gesagt haben. Wir wollen, dass Sie davonlaufen. Denn das sind die lahmen Ausreden und Entschuldigungen von Scharlatanen. Tatsache ist, dass wenn Sie eine Harvard-Ausbildung wollen, Sie auch eine Harvard-Ausbildung bezahlen müssen. Sie erinnern sich, dass es keinen Ferrari für den Preis eines Fords gibt, egal wie reich der Autohändler ist oder für wie menschlich er sich hält. Philanthropische Autohändler spenden an irgendeine gemeinnützige Einrichtung, aber erwarten Sie nicht, dass sie Ihnen einen Ferrari zum Preis von einem Ford anbieten. Wenn doch, seien Sie auf der Hut.

3. ***Können Sie nach dem Seminar noch ein oder zwei Tage bleiben, um dem Lehrer beim Handel zuzusehen?*** Wir denken, dass das Trading-Seminar wahrscheinlich nichts wert war, wenn Sie der Lehrer nicht zusehen lässt, wenn er in Aktion ist. Wer handeln kann, tut es. Wer es nicht kann, unterrichtet vielleicht lieber. Aber wer handeln und unterrichten kann, sollte nichts dagegen haben, wenn Sie ihm beim Handeln zusehen. Wenn das nicht möglich ist und mit allen möglichen Entschuldigungen abgewehrt wird, schreiben Sie die Firma ab.

4. ***Werden in dem Seminar echte Trading-Techniken gelehrt, oder wird Ihnen nur beigebracht, wie Sie eine bestimmte Trading-Software benutzen?*** Auch wenn es wichtig ist, die Benutzung einer Trading-Software zu erlernen, so sind wir der Meinung, dass Trading-Firmen diese Art der Ausbildung nicht als Ausbildung in universellen Trading-Techniken und -Taktiken ausgeben sollten. Eine gute Trading-Ausbildung wird immer wirksam sein, egal welche Trading-Software Sie benutzen. So eine Ausbildung ist am wertvollsten. Eine Ausbildung, die sich auf ein bestimmtes Trading-System konzentriert, ist zwar hilfreich, wenn Sie dieses Trading-System benutzen wollen, aber ansonsten von geringem Wert. Was ist, wenn Sie sich für ein anderes Trading-System entscheiden? Ist die Ausbildung, für die Sie bezahlt haben, dann überflüssig? Wenn wir von einer Trading-Ausbildung sprechen, dann sprechen wir nicht von einem Software-Training. Das ist etwas, was wir als

Trading-Firma unseren Kunden gratis anbieten. Wenn wir von einer Trading-Ausbildung sprechen, dann sprechen wir von dem zeitlosen Wissen, das immer angewandt werden kann, egal ob der Trader seine Aufträge über das Telefon oder das schnellste NASDAQ-Trading-System ausführt. Das Hilfsmittel, das Sie zum Handeln einsetzen, ist zwar wichtig, aber nicht das eigentliche Thema. Ein superschnelles Trading-System in der Hand eines nicht ausgebildeten Traders ist lediglich ein schnellerer Weg in seinen Untergang. Schnelle Ausführung ist nur dann ein Plus, wenn Sie wissen, was Sie tun. Ansonsten bedeutet sie einen schmerzlichen und schnellen Tod.

5. ***Können Sie mit dem Lehrer in Verbindung bleiben, damit die Flamme des Wissens nicht erlischt?*** Das ist sehr wichtig. Warum? Weil die immer breiter werdende Kluft zwischen dem Augenblick und Ihrem Ausbildungsseminar anfangs oft von schwindendem Selbstvertrauen begleitet wird. Eine Firma, die Nachfolgeseminare gratis oder zu einem nominalen Preis anbietet (denken Sie daran, Sie haben schon bezahlt), ist verantwortungsvoll und legt großen Wert darauf, dass ihre Studenten Fortschritte machen.

Das sind nur ein paar Fragen, auf die Sie Antworten erhalten sollten, bevor Sie Ihre schwer verdienten Ersparnisse einsetzen. Sie sind keineswegs erschöpfend, aber sie sollten Ihnen dabei helfen, Ihre Suche auf dem richtigen Fuß zu beginnen.

Wer heute in der Lage dazu ist, handelt und unterrichtet

Es stimmt heutzutage nicht mehr, dass der, der Erfolg hat, handelt, und der, der keinen hat, unterrichtet. Es gab allerdings Zeiten in der Trading-Branche, in denen das bis zu einem bestimmten Grad zutraf. Und wahrscheinlich hat es in ein paar Fällen immer noch eine gewisse Richtigkeit. Aber noch nie zuvor gab es in dieser Branche so viele talentierte Trader, die zusätzlich die aufreibende, aber verdienstvolle Aufgabe des Unterrichtens übernehmen. Ich bin stolz, sagen zu können, dass viele der guten Lehrer in diesem Land erfahrene Pristine-Mitglieder sind. Ich unterrichte Trader nun schon beinahe ein halbes Jahrzehnt in der Kunst, ihren Lebensunterhalt an der Börse zu verdienen. Eine der am häufigsten gestellten Fragen in unseren 1- und 3-Tages-Camps lautet: „Warum unterrichten Sie eigentlich?" – „Wenn Sie so gut sind, warum verschwenden Sie dann Ihre Zeit mit uns?" ist eine weitere Frage, mit der ich oft konfrontiert werde. Beides sind ausgezeichnete Fragen, die schwer zu beantworten sind, ohne auf einige meiner persönlichen und philosophischen Gedanken einzugehen. In den letzten fünf Jahren habe ich entdeckt, dass mir der leise Druck der Vorbereitung auf die Seminare die Trading-Techniken und -Taktiken, die ich unterrichte, immer näher gebracht hat. Und immer wenn ich Auszeiten ohne Unterricht verbrachte, hatte ich das Gefühl, dass mir die Details allmählich abhanden kommen. Ich kann ehrlich sagen, dass ich noch niemals ein Seminar abgehalten habe, ohne irgendwie daraus zum Besseren verändert hervorzugehen. Immer wenn ich unterrichte, gehe ich aus dieser Erfahrung besser und geschmeidiger hervor. Jede Erfahrung macht mich reicher, wissender, stärker und klüger. Diese Erkenntnis hat mich davon überzeugt, dass mein Wissen umso intensiver wird, je öfter ich es teile. Auf geheimnisvolle Weise habe ich festgestellt, dass jedes Mal, wenn ich mein Wissen mit jemandem teile, in meinem eigenen Verstand mehr Platz für neues Wissen entsteht. Und wenn ich heute auf die letzten paar Jahre zurückblicke, bin ich ausgesprochen glücklich, dass sich meine Leidenschaft für das Trading in Mitgefühl für die Trader verwandelt hat. Als Ergebnis von fünf Jahren beständigen Unterrichtens hat meine Entwicklung als Trader einen riesigen Sprung nach vorn gemacht, von dem ich ohne meine Erfahrung als Lehrer nur träumen könnte. Heute ist Unterrichten ein fester Bestandteil von mir. Auch wenn ich als Trader Fortschritte gemacht habe, kann Ihnen jeder meiner Studenten sagen, dass es das Unterrichten ist, das mein Blut in Wallung bringt, mein Adrenalin freisetzt und meinen Körper anspannt. Ich weiß nicht, warum, ich weiß nur, dass es so ist. Was ich Ihnen damit sagen will, fragen Sie? Welche Botschaft ich Ihnen damit übermitteln will? Die Botschaft ist, es einfach zu versuchen. Versuchen Sie, anderen zu helfen, intelligentere Trader zu werden. Versuchen Sie, jemanden auf ihren Stand oder noch höher zu bringen, und sehen Sie zu, wie Ihr eigener Standard als Trader steigt. Sie werden sehr bald feststellen, dass es unmöglich ist, einem Kollegen zu helfen, ohne sich dabei irgendwie auch selbst zu helfen.

Ein sehr weiser Mann hat mir einmal gesagt, dass ich, wenn ich einmal etwas unbedingt haben wolle, genau das einfach weitergeben müsse. Wenn ich Liebe will, muss ich noch mehr Liebe geben. Wenn ich Wissen will, muss ich Wissen weitergeben. Wenn es Geld ist, dann eben Geld. Er sagte mir auch, dass ich wahrscheinlich von dem, was ich mir wünschte, nur wenig haben würde, aber dieses wenige müsste ich weitergeben, dann wäre mein Problem nicht mehr der Mangel an dem Gewünschten, sondern der Mangel an Platz für das

Gewünschte. Als Mensch, der seine ganze professionelle Existenz der Ausbildung von Tradern zu Master Tradern verschrieben hat, kann ich bestätigen, dass mein Feund Recht hatte. Egal welchen Wissensstand Sie haben, unterrichten Sie. Geben Sie Ihr Wissen weiter. Rufen Sie es vom höchsten Dach. Und dann beobachten Sie, was passiert. Ich habe nur noch eine Frage an Sie, wenn Sie sich entschließen sollten, mir zu folgen: „Sind Sie bereit zu fliegen?“

5 Die sieben Todsünden des Tradings

Wie man sie bekämpft und besiegt

Todsünde Nr. 1: Das Versäumnis, Verluste zu minimieren

Als professionelle Selfmade-Trader, die Hunderten von Börsianern die Kunst beigebracht haben, ihren Lebensunterhalt an der Börse zu verdienen, werden wir von unseren Studenten oft Folgendes gefragt: „Welchen Fehler machen ehrgeizige Trader am häufigsten?" Unsere Antwort lautet: Sie versäumen es, die Lage zu akzeptieren und ihre Verluste schnell einzustecken. Wir gehören zu denen, die davon überzeugt sind, dass das wertvollste Gut der Trader ihr Eigenkapital ist und dass sie zum Scheitern verurteilt sind, wenn sie nicht alles daran setzen, dieses Kapital zu schützen. Schnelle, aber dafür kleine Verluste einzustecken ist die einzige Möglichkeit, das einzige Mittel, wenn Sie so wollen, das Tradern dafür zur Verfügung steht. Aber Trader müssen nicht nur bereit sein, schnelle, aber kontrollierbare Verluste einzustecken, sondern sie müssen auch die Tatsache akzeptieren, dass Verluste immer ein Teil ihres Trader-Daseins sind und sein werden. Das ist wahrscheinlich die einzig schwierige Tatsache, die man begreifen muss. Die meisten Trader verbringen ihr ganzes Trader-Leben mit dem Versuch, ihren Verlusten zu entkommen. Sie wandern unablässig von Broker zu Broker, von Service zu Service, von Newsletter zu Newsletter, von Trading-System zu Trading-System und hoffen, ja beten darum, den „Heiligen Gral" zu finden, dieses perfekte Luftschloss, das den Mund wässrig macht auf saftige, unglaubliche Gewinne ohne die geringste Spur eines Verlustes. Kurz gesagt: Das ist unmöglich. Warum? Weil erfolgreiches Trading ebenso wie ein erfolgreiches Leben davon bestimmt wird, wie gut wir mit unseren Verlusten fertig werden, und nicht davon, wie erfolgreich wir sie vermeiden. Wenn Sie wirklich den Wunsch haben, ein erfahrener Trader zu werden, dann lernen Sie, professionell zu verlieren, indem Sie Ihre Verluste niedrig halten. Das ist der Schlüssel. Das ist die Fähigkeit, die wir brauchen, das ist der Weg zum großen Geld, und das ist es, was uns Langlebigkeit im Beruf bringt. Achten Sie auf Ihre Verluste, und halten Sie sie klein, und wir versichern Ihnen, dass Sie sich um Ihre Gewinne nicht kümmern müssen.

Der Weg zur Trading-Weisheit

Jeder Verlust ist wie Krebs, der sich über Ihr gesamtes Konto ausgebreiten und Ihre ganze finanzielle Existenz zerstören kann. Um ihren Fortbestand im Trading-Geschäft abzusichern, müssen Trader diesen Krebs deshalb ganz schnell loswerden, sobald er sein hässliches Haupt erhebt. Jeder Verlust fängt klein an. Jetzt kann er noch ohne viel Schmerz kontrolliert und minimiert werden. Große Probleme bekommen Trader, wenn sie es nicht verhindern, dass sich der Krebs ausbreitet. Immer wenn Trader es zulassen, dass sich eine Aktie noch tiefer in ein negatives Gebiet bewegt, wird ihre Fähigkeit, zu agieren, schwächer. Ähnlich wie der Krebs rauben zunehmende Verluste dem Trader den Intellekt und zehren seine mentalen und physischen Kräfte auf, bis er vollkommen erschöpft und nur noch ein Sklave ist. Wenn Sie erfolgreich sein wollen, müssen Sie jedes Gebrechen, das Ihnen Ihre Zukunft rauben könnte, unter Kontrolle halten.

Wie vermeidet man die Sünde, seine Verluste nicht zu minimieren?

Die folgenden Schritte helfen Ihnen zu vermeiden, ein Opfer des größten Todfeindes zu werden – des Versäumnisses, Verluste zu minimieren:

1. ***Platzieren Sie nie einen Trade, ohne vorher festzulegen, an welchem Punkt Sie das Schiff verlassen wollen, wenn etwas schief geht.*** Diese Aussage ist gleichbedeutend mit: „Platzieren Sie nie einen Trade ohne vorher festgelegten Stop-Loss." Wenn Sie einen Trade eingehen, ohne den Kurs festzulegen, bei dem Sie in Deckung gehen wollen, können Sie auch mit Höchstgeschwindigkeit und ohne Bremsen einen steilen Berg hinunterfahren. Vielleicht überleben Sie, aber so etwas versucht nur jemand, der gerne mit dem Tod flirtet.

2. ***Halten Sie immer an Ihrem festgelegten Stop-Loss fest. Das sollte eigentlich selbstverständlich sein, aber nur wenige ehrgeizige Trader sind in der Lage, die nötige Disziplin aufzubringen, und deshalb fühlen wir uns verpflichtet, es noch einmal ausdrücklich zu sagen.*** Warum fällt das so schwer? Weil Sie mit einem Verkauf beim Stop ganz klar zugeben, dass Sie Unrecht hatten. Das löst nicht gerade angenehme, stolze Gefühle aus und stärkt auch nicht unbedingt das Selbstvertrauen. Aber der wahre Master Trader hat gelernt, solche Schwierigkeiten zu meistern. Er ist Experte im blitzschnellen Ausführen von Stops. Er kann das, weil er gegenüber Aktien, die sich nicht in seinem Sinn entwickeln, intolerant geworden ist und weil er gelernt hat, sie beim ersten Anzeichen von Schwierigkeiten abzustoßen. Wir bringen unseren Tradern bei, jede Aktie, die sie kaufen, als Angestellten zu betrachten, der eingestellt wurde, um einen einzigen Job zu erfüllen: zu steigen. Wenn die Aktie auch nur andeutungsweise diese Aufgabe nicht erfüllt, dann raten wir, sie sofort zu feuern, so wie man einen Angestellten feuern würde, der sich weigert, seine Arbeit zu machen. Wir trainieren unsere Trader, so intolerant gegenüber Aktien zu sein, die ihre Erwartungen nicht erfüllen, dass sie solche Aktien manchmal schon feuern, bevor sie das Stop erreicht haben.

3. ***Wenn es Ihnen schwer fällt, an Ihrem Stop festzuhalten, gewöhnen Sie sich an, in diesem Fall die Hälfte Ihrer Position zu verkaufen.*** Es braucht seine Zeit, bis man diszipliniert genug ist, um Verluste rigoros zu minimieren. Das Platzieren und Festhalten an Stops hat etwas mit der Kunst, Verluste zu akzeptieren, zu tun, und deshalb verhalten sich Trader so zögernd und handeln immer aus einem gewissen schmerzlichen Gefühl heraus. Diejenigen unserer Studenten, die sich anscheinend niemals für ein Stop entscheiden können, ohne noch einmal darüber nachzudenken, ermutigen wir immer, die Hälfte ihrer Position zu verkaufen. Diese Alternative fällt viel leichter, da es die gegensätzlichen Gefühle unterstützt: (a) den Impuls, die fallende Aktie loszuwerden, und (b) den Impuls, ihr eine Erholungschance zu geben. Es bringt Tradern oft mehr Klarheit und Konzentration, wenn sie ihr Problem halbieren. Psychologisch gesehen, empfinden Trader die Last weniger drückend und fühlen sich damit besser. Das Problem, wie mit der zweiten Hälfte zu verfahren ist, bleibt zwar bestehen, aber es ist leichter, einen alternativen Plan zu machen, wenn die andere Hälfte des Problems schon gelöst ist. Achtung: Mit der Kunst, ein Stop-Loss zu platzieren, beschäftigen wir uns in Kapitel 15.

Todsünde Nr. 2: Geld zählen

Oscar Wilde sagte einmal: „Als ich jung war, hielt ich Geld für das Wichtigste in meinem Leben. Jetzt, wo ich älter bin, weiß ich, dass es so ist." Das Ziel und der Zweck jedes kurzfristigen Traders sind Gewinne. Unterhaltung, Aktion, der Kick des Sieges, sogar die Agonie der Niederlage können spannende und verlockende Fallen sein. Aber es ist die Möglichkeit, das eigene Vermögen drastisch zu vergrößern, eine Möglichkeit, die die meisten Börsianer zum Schwitzen bringt. Kurz gesagt, das Geld, das verdient werden kann, ist die treibende Kraft hinter dem Wunsch, zu handeln und zu investieren. Aber auch wenn Rentabilität das Hauptziel ist und auch sein soll, so müssen sich Trader bemühen, nicht mehr an den Gewinn zu denken, sobald sie einen Trade gestartet haben. Das hört sich verwirrend an? Wir erklären es Ihnen. Das ständige Beobachten, wie viel ein Trade steigt oder fällt, ist eine destruktive Tätigkeit, die Tradern schon riesige Gewinne gestohlen hat. Dieser Vorgang, der eigentlich nur Geldzählen bedeutet, steigert nicht nur die Angst, er fördert auch die Unsicherheit und hält einen davon ab, sich auf eine vernünftige Technik zu konzentrieren. Und diese vernünftige Technik entscheidet schließlich darüber, wie profitabel wir sind. Wie oft hat Sie schon die Angst vor dem Aufgeben eines winzigen Gewinns bei einer Aktie aussteigen lassen, kurz bevor sie zu riesigen Kursgewinnen durchgestartet ist? Wie oft hat Sie schon der lähmende Effekt eines Verlustes davon abgehalten, eine Aktie zum richtigen Zeitpunkt abzustoßen? Tatsache ist doch, dass die Konzentration auf den augenblicklichen Standpunkt auf Kosten der notwendigen Aktionen geht und zu spontanen Reaktionen und schnellen Handlungen führt, denen es an Intelligenz und Überlegung mangelt. Stattdessen müssen Trader sichergehen, dass sie aufgrund ihrer Techniken jeden Schritt richtig machen und dass sie sich, wenn das der Fall ist, nicht mehr um die Gewinne kümmern müssen. „Steige ich zum richtigen Zeitpunkt in diesen Trade ein?" – „Ist mein Stop-Loss – mental oder sonst wie – richtig gesetzt?" – „Wo liegt mein Kursziel, und welchen Kurs soll ich einschlagen, wenn ich es erreicht habe?" Das sind nur ein paar Fragen, die sich Trader ständig selbst stellen sollten. Ihre Aktionen sollten von einem gut durchdachten Trading-Plan bestimmt werden, den wir Ihnen in diesem Buch vorstellen wollen, und nicht von den minütlichen Änderungen auf Ihrem Konto. Gute Techniken führen automatisch zu guten Gewinnen.

Der Weg zur Trading-Weisheit

Geldzählen ist eine Sünde, die meistens von Tradern begangen wird, die es nicht gewohnt sind, oft zu gewinnen. Sobald diese Trader einen kleinen Gewinn machen, lässt die Angst vor einem Verlust ihre Augen hervortreten, ihre Hände schwitzen und ihren Atem schneller gehen. In manchen Fällen brennt das Geld, das ihnen noch gar nicht gehört, ein Loch in ihre Taschen und lässt sie mit dem Trade short gehen. Diese schreckliche Angewohnheit, ständig wie ein Geizkragen seine Cents zu zählen, raubt dem Trader nicht nur die Chance auf große Gewinne, sondern nährt auch die chronische Unsicherheit, die Angst vor Verlusten und eine emotionale Unausgeglichenheit, was wiederum zu destruktiven Handlungen führt. Soldaten (Trader), die anfangen, die Kriegsbeute (Gewinne) zu verteilen, bevor die Schlacht (Trade) gewonnen ist, konzentrieren sich auf das Verkehrte. Sie weigern sich zu erkennen, dass die Kriegsbeute automatisch mit einer gut geführten und gewonnenen Schlacht kommt. Sich zu sehr auf die Kriegsbeute zu konzentrieren heißt, sich von der Schlacht ablenken zu lassen. Und Krieger, die sich nicht auf die Schlacht konzentrieren, verlieren oft die Kriegsbeute und ihren Kopf.

Wie vermeidet man die Sünde, Geld zu zählen?

Wir lehren unsere Trader, sich auf ihre Technik zu konzentrieren und nicht auf ihre Gewinne oder Verluste. Wir bringen ihnen bei, sich von gut ausgeführten Strategien durch die Trades führen zu lassen. Wenn Sie feststellen, dass Ihnen die großen Gewinne entgehen, weil Sie Ihr Geld zählen, dann überdenken Sie die folgenden Schritte:

1. ***Legen Sie für jeden Trade zwei potentielle Ausstiegskurse fest, bei denen Sie Ihre gesamte Position verkaufen.*** Der erste dieser Verkaufspunkte sollte unter dem aktuellen Kurs liegen. Das ist ein Stop-Loss. Der zweite sollte über dem aktuellen Kurs liegen. Das ist der Punkt, den die Aktie erwartungsgemäß erreichen soll und der als Ihr Kursziel dient. Beispiel: Sie kaufen XYZ bei einem Kurs von 20 US-Dollar. Sie setzen sofort ein Stop-Loss bei 19 US-Dollar. Das kann ein mentales Stop-Loss oder ein wirkliches sein. Sie setzen außerdem, in diesem Fall mental, ein Kursziel von 22 US-Dollar fest. Tipp: Jeder Trade sollte immer einen Einstiegspunkt und zwei Ausstiegspunkte haben, nämlich das Stop-Loss und das Kursziel. Das Stop-Loss wird zum Schutz gesetzt. Das Kursziel dient der Mitnahme von Gewinnen. Mehr darüber gibt es in einem späteren Kapitel.

2. ***Verkaufen Sie nur, wenn die Aktie das Stop-Loss auslöst oder das Kursziel erreicht, egal, was zuerst zutrifft.*** Wenn sich Trader an diese Regel halten, legen sie das Schicksal jedes Trades in die Hände ihrer Trading-Strategie und nicht in die Hände ihrer Gier oder Angst. Um mit dem vorherigen Beispiel weiterzumachen, würden Sie verkaufen, wenn XYZ auf 19 US-Dollar fällt, was einen Verlust von 400 US-Dollar ergäbe. Sie würden auch verkaufen, wenn XYZ auf 22 US-Dollar steigt, was einen Gewinn von 800 US-Dollar ergäbe.

3. ***Wenn der Druck, auszusteigen, bevor einer dieser Punkte erreicht ist, unerträglich wird, geben Sie dem Druck nach, und verkaufen Sie nur die Hälfte Ihrer Position.*** Behalten Sie die andere Hälfte, bis Ihre Strategie „aussteigen" sagt. Nehmen wir einmal an, XYZ steigt kurz nachdem Sie sie gekauft haben auf 21 US-Dollar. Sie haben jetzt einen nicht realisierten Gewinn von 400 US-Dollar, aber Ihre Strategie verlangt noch keine Aktion von Ihnen. Dieser 400-US-Dollar-Gewinn, den Sie jetzt mitnehmen könnten, sieht allerdings zu verlockend aus, um ihn zu ignorieren. Sie wissen zwar, dass 800 US-Dollar besser wären, aber Ihre Geldzählerei hält Sie von klarem Denken ab, und die Angst, dass sich der 400-US-Dollar-Gewinn wieder auflösen könnte, setzt Sie unter Druck, das Geld zu nehmen. Sie können 200 Aktien bei 21 US-Dollar verkaufen und einen Gewinn von 200 US-Dollar mitnehmen. Das würde den restlichen 200 Aktien die Chance geben, das eigentliche Kursziel zu erreichen. Dadurch mindern Sie den Druck, zu verkaufen, und behalten dennoch Ihre Trading-Strategie bei. Diese drei Schritte werden Ihnen helfen, die Todsünde des Geldzählens abzuschwächen, wenn nicht sogar ganz auszuschließen.

Todsünde Nr. 3: Wechsel des Zeitrahmens

Es gibt vier bestimmende Zeitrahmen, innerhalb derer sich ein Börsenteilnehmer bewegen kann: mikro-, kurz-, mittel- und langfristig. In unserer Welt bedeutet mikrofristig ein paar Minuten (manchmal Sekunden) bis Stunden. Kurzfristig umfasst ein paar Tage bis Wochen. Der mittelfristige Zeitrahmen reicht von ein paar Wochen bis zu ein paar Monaten, und der langfristige Zeitrahmen umfasst ein paar Monate bis Jahre. Die letzten drei Zeitrahmen lassen erkennen, dass es keinen genauen Zeitpunkt gibt, der das Ende des einen und den Anfang des anderen Zeitrahmens bestimmt. Sie überlappen sich an den Übergängen. Ich erkläre das, um auf einen weit verbreiteten Irrtum beim Trading hinzuweisen, der den meisten Tradern unterläuft: der Irrtum, in dem einen Zeitrahmen zu kaufen und in einem anderen Zeitrahmen zu verkaufen. Und das funktioniert wie folgt. Ein Trader kauft eine Aktie mit der Absicht, einen netten kurzfristigen Gewinn mitzunehmen. Aber in diesem Fall funktioniert der Trade nicht wie geplant, und anstatt zu verkaufen (innerhalb der Grenzen des kurzfristigen Zeitrahmens), beschließt der Trader, die Aktie nun doch als mittelfristige oder langfristige Anlage zu behalten. Kommt Ihnen das bekannt vor? Professionelle Trader, egal auf welchem Level, unterliegen immer wieder dieser Todsünde. Das Problem bei diesem Wechsel des Zeitrahmens ist, dass er nichts anderes ist als eine Möglichkeit, Stops zu ignorieren, die, wie Sie wissen, unser einziger Katastrophenschutz sind. Solche Veränderungen schützen das Ego des Traders vor dem Eingeständnis, dass er Unrecht hatte. Solange der Trade nicht verkauft wird, scheint der Verlust dem Trader nicht real zu sein. Dieses Vogel-Strauß-Verhalten kann bei einer starken Bullenbörse funktionieren. Ich habe tatsächlich erlebt, dass ein paar Trader mit dieser Sünde ein paar Monate lang Erfolg haben, aber viel häufiger scheitern sie damit. Es ist traurig, dass diese Todsünde im Laufe der Geschichte zahllose Trader in dieses finstere, kalte und feuchte Verlies geschickt hat, das von all jenen so gefürchtet wird, die im Moment an der Börse um ihr Leben kämpfen. In diesem Fegefeuer trägt jeder Zombie-ähnliche Gefangene ein Zeichen auf der Stirn, das lautet: „Hüte dich vor einem Zeitrahmen-Wechsel. Ich war einst ein Trader." Glauben Sie mir. Sie wollen bestimmt nicht dort landen. Vermeiden Sie diese Sünde!

Der Weg zur Trading-Weisheit

Ein Wechsel des Zeitrahmens ist in Wirklichkeit nur verkleidete Feigheit. Er hilft Feiglingen, vorübergehend ihrer traurigen Situation zu entfliehen. Indem sie von einem Zeitrahmen zum anderen wechseln, zögern Trader das Gefühl, ein Verlierer zu sein, hinaus, verschleiern ihre Verluste mit einem schwachen Plan und wiegen sich selbst in einen tödlichen Zustand der Ignoranz, indem sie eine falsche Hoffnung nähren. Trader, die sich dieser Sünde schuldig machen, sind in Wirklichkeit nicht fit genug für das Trading, und die Börse wird ihre Anwesenheit nicht lange dulden. Letztendlich nagt die Sünde des Zeitrahmenwechsels an der Entschlossenheit des Traders, sie raubt ihm die Fähigkeit, frei zu denken und zu handeln, und degradiert ihn zu einem ständig leidenden Opfer.

Wie Sie es vermeiden, den Zeitrahmen zu wechseln

Diese Todsünde, den Zeitrahmen zu wechseln, darf nicht einfach hingenommen werden. Sie muss vollständig ausgemerzt werden, denn sie beeinträchtigt den Trader jedes Mal. Ist diese Angewohnheit erst einmal angenommen, ist es sehr schwer, sie wieder abzulegen, aber wir haben ein paar hilfreiche Richtlinien zusammengestellt, wie diese Todsünde bekämpft werden kann:

1. ***Wenn Sie in einem bestimmten Zeitrahmen in einen Trade einsteigen, stellen Sie sicher, dass Sie Ihren Ausstiegspunkt in demselben Zeirahmen festlegen.*** Wenn Sie zum Beispiel XYZ auf der Basis eines täglichen Kurscharts gekauft haben, dann achten Sie darauf, dass Sie Ihre Ausstiegspunkte auch auf der Basis des täglichen Kurscharts festlegen. Denken Sie daran, dass jeder Trade einen Einstiegs- und zwei Ausstiegspunkte haben sollte. Wer sein Day-Trading auf der Basis von Intradaycharts durchführt, der muss besonders darauf achten, keinen Fehler zu machen. Der Einstieg in eine Aktie aufgrund eines 5- oder 15-Minuten-Charts muss garantieren, dass die Ausstiegsstrategie ebenfalls auf dem 5- oder 15-Minuten-Chart basiert. Ein Wechsel auf halbem Weg zu einem stündlichen Tageschart würde mit Ignoranz gleichbedeutend sein.

2. ***Korrigieren Sie Ihr Stop-Loss (Ausstiegspunkt eins) nicht nach unten, wenn Sie long gehen (nach oben, wenn Sie short gehen).*** Das ist ein Hauptanzeichen dafür, dass Sie die Sünde begehen, den Zeitrahmen zu wechseln. Nehmen wir an, Sie haben XYZ bei 20 US-Dollar gekauft, basierend auf einem Tageschart (wir gehen darauf noch näher im Kapitel 11 ein). Außerdem setzen Sie Ihr Stop-Loss und Ihr Kursziel aufgrund desselben Charts fest. Wenn XYZ fällt und nahe daran ist, Sie bei 19 US-Dollar aus dem Trade zu stoppen, dann geben Sie nicht dem Druck nach, Ihr Stop auf 18 US-Dollar oder noch weiter zu senken. Eine Korrektur nach oben zum Schutz der Gewinne ist in Ordnung, wenn es richtig gemacht wird. Aber das Stop-Loss nach unten zu korrigieren, macht es wertlos und fördert nur die Feigheit, sich vor der einmal festgelegten Konsequenz zu drücken. Wenn Sie erst einmal damit angefangen haben, werden Sie es immer wieder tun, solange, bis Stops ihren eigentlichen Zweck, nämlich Sie vor einer Katastrophe zu schützen, verloren haben. Diese Richtlinien helfen Ihnen, die Todsünde zu vermeiden, Ihren Zeitrahmen zu wechseln.

Todsünde Nr. 4: Der Drang nach mehr Information

In diesem Spiel, das wir Trading nennen, sind wir als aktive Börsenteilnehmer gezwungen, uns mit jedem erdenklichen Hindernis auf dem Weg zum Erfolg auseinander zu setzen. Jeden Tag müssen wir die Verwirrung überwinden, die aufgrund der gegenteiligen Meinungen einer Myriade so genannter Experten entsteht. Wir müssen uns durch einen endlosen Strom von Geschäftsberichten und immer neuen Nachrichten durcharbeiten und versuchen zu erkennen, was von Wert und was absolut unwichtiger Ballast ist. Und als ob das noch nicht genug wäre, werden wir ständig gezwungen, mit uns selbst zu kämpfen, denn die Dämonen in unserem Inneren sind viel gefährlicher als all jene, die wir sehen, fühlen und anfassen können. Eines der größten dieser psychologischen Leiden ist die Angst, auf den Auslöser zu drücken. Wie oft haben Sie schon mit dem Gedanken gespielt, eine Aktie zu kaufen, aber sich erst zum Handeln entschlossen, als sie schon wieder um einen Achtel Punkt gestiegen war? Wie oft haben Sie einen großen Gewinn verpasst, weil Sie durch Ihre Verluste im Nachhinein vorsichtig geworden sind, aus Angst, wieder zu verlieren? Die Hauptfalle in diesen Szenarien ist der Wunsch nach Sicherheit oder der Wunsch nach mehr Information. Es ist ganz natürlich, dass wir sicher sein wollen, bevor wir etwas unternehmen. Aber Tatsache ist, dass der Pokal an denjenigen geht, der in der Lage ist, intelligent zu agieren, ohne noch mehr Information zu benötigen. Die Börse ist vorgreifend, und große Gewinne kommen in der Regel vor den Tatsachen. Wer noch mehr wissen muss, bevor er seine Wette abschließt, wird immer zu spät kommen und auf der falschen Seite stehen. Trader, die nicht unter dem Drang nach noch mehr Information stehen, können frei agieren. Wenn sie verstanden haben, welche Weisheit in der Unsicherheit liegt, werden sie Chart-Macher und nicht nur Chart-Leser. Die Hauptsache ist Folgendes. Sie als Trader können sich den Luxus von Sicherheit oder den Drang nach mehr Information nicht leisten, denn bis Sie alles wissen, ist die Chance schon lange vorbei.

Der Weg zur Trading-Weisheit

„Kaufen Sie bei Gerüchten! Verkaufen Sie bei Nachrichten" ist seit Jahrzehnten ein oft zitiertes Wall-Street-Sprichwort. Nun, die Notwendigkeit, alle Fakten eines Trades zuerst zu kennen, hat Trader seit jeher dazu veranlasst, genau das Gegenteil zu tun: bei Nachrichten zu kaufen. Während der Phase der Gerüchte, oder was Techniker die Phase der Analyse bezeichnen, können nicht alle Tatsachen bekannt sein. Und leider ist das genau die Phase, in der es die meisten

Chancen gibt. Wenn das Spiel an der Börse nur bedeuten würde, die Tatsachen einzusammeln und dementsprechend zu handeln, dann könnte jeder ein Wall-Street-Gott sein. Der Drang nach noch mehr Information ist eine Todsünde, die zu Inaktivität führt, wenn Aktivität nötig wäre, und die auf Aktivität drängt, wenn Inaktivität die bessere Wahl darstellte. Diese Sünde ist wie ein Dieb, der darauf aus ist, Tradern ihre Chancen zu stehlen. Außerdem ist sie die Ursache dafür, dass Trader ständig auf der falschen Seite des Spiels stehen und ihre Ware (Aktien) verkaufen, wenn sie sie zurückhalten sollten, und Ware einkaufen, wenn sie diese eigentlich loswerden sollten. Ich frage mich, ob die Microsoft-Aktie in zwei Wochen, von jetzt an gerechnet, gute Erträge bekannt geben wird. Warten Sie auf die Antwort, und Sie können sicher sein, dass Sie zu spät agieren. Wird die FDA die neue Medizin zulassen? Das wissen wir erst, wenn es zu spät ist, um noch vernünftig einzusteigen. Wird die Kursstützung noch ein drittes Mal halten? Wer weiß das schon. Alles, was wir tun können, besteht darin, mitzuspielen, auf unsere gut durchdachte Trading-Strategie zu vertrauen, die unsere Schritte lenkt. Kann der 200-Tage-Moving-Average den Anstieg der Aktie aufhalten? Vielleicht. Vielleicht auch nicht. Wir sind Börsianer, keine Wahrsager, und Trader, die erst dann handeln können, wenn sie alles wissen, werden niemals erfolgreich sein.

Wie Sie den Drang nach mehr Information überwinden

Wenn Ihr Drang nach mehr Information dazu führt, dass Sie zu spät in Trades einsteigen, oder der Grund dafür ist, dass Sie gute Trading-Chancen verpassen, dann müssen Sie folgende Schritte unternehmen, um diese Krankheit loszuwerden:

1. ***Kaufen Sie nicht sofort aufgrund guter Nachrichten.*** Das gilt auch umgekehrt für das Shortgehen bei schlechten Nachrichten. Da Profis die Angewohnheit haben, aufgrund von Gerüchten zu kaufen und aufgrund von Nachrichten zu verkaufen, steigen Aktien mit guten Nachrichten, pendeln eine gewisse Zeit und fallen wieder, manchmal sogar sehr heftig. Dieser Vorgang wird im Allgemeinen Umkehr der Nachrichten genannt und ist eine der häufigsten Fallen für Börsenneulinge. Es ist für ein Unternehmen sehr schwierig, gute Nachrichten bekannt zu geben, ohne dass sich das große Geld Gedanken macht, was diese Nachrichten bedeuten oder mit sich bringen. Deshalb ist das große Geld meistens in die Aktie eingestiegen, bevor bemerkenswerte Nachrichten bekannt werden. Die guten Nachrichten verursachen den so genannten Aha-Effekt bei den Neulingen: „Aha, XYZ hat gute Nachrichten bekannt

gegeben. Ich glaube, ich werde einsteigen." Die Profis, die schon lange in großem Stil eingestiegen sind, nutzen den von den Anfängern ausgelösten Anstieg aus, um einen Teil oder alles loszuwerden. Tipp: Institutionen brauchen eine große Anzahl von Käufern, um eine große Anzahl von Aktien loszuwerden. Alles, was einen Ansturm der Neulinge auf die Aktie auslöst, wird von denen herzlich willkommen geheißen, die große Mengen zum Verkauf anbieten: „Kommt nur herein, Jungs. Das Wasser ist warm!" Genau.

2. ***Benutzen Sie Charts für Ihre Kauf- und Verkaufsentscheidungen.*** Sie haben ja bereits gelernt, dass Charts nicht lügen. Nachrichten können in die Irre führen. Aktien können aufgrund guter Nachrichten fallen (vor allem, wenn die Nachrichten erwartet werden), und sie können aufgrund schlechter Nachrichten steigen (vor allem, wenn sie vorher aufgrund guter Nachrichten heftig gefallen sind). Aber in jedem Fall enthüllen richtig interpretierte Charts, was die Big Boys tun und sagen. In einem späteren Kapitel gehen wir noch näher auf Charting-Techniken ein.

3. ***Wenn Sie häufig zögern, weil Sie noch mehr Informationen haben wollen, halten Sie an und fragen sich selbst: „Sind diese Informationen wirklich wichtig für den Trade, oder brauche ich bloß noch mehr Bestätigung?"*** Diese Frage wird die Jagd nach Informationen stoppen. Wenn Sie einen gut gewählten Stop-Loss-Punkt für die gekaufte Aktie haben und Sie nach einem Grund dafür suchen, warum Ihre Aktie auf diesen Punkt gefallen ist, dann versuchen Sie wahrscheinlich nur, sich zu rechtfertigen. Es ist nicht nötig, mehr zu wissen oder das Warum zu kennen. Die Aktie ist auf Ihren vorher festgelegten Ausstiegspunkt gefallen. Sie wissen alles, was für diesen Trade notwendig ist.

Todsünde Nummer 5: Selbstgefälligkeit

Wenn die Börse sehr freundlich zu Ihnen ist und mit Ihrem Trading alles gut läuft, dann können Sie es sich nicht leisten, in die Hände von destruktiver Gleichgültigkeit zu fallen. Wenn eine Gewinnsträhne Ihren Geldbeutel fett gemacht hat, müssen Sie alles tun, um Ihre schwer verdienten Gewinne und die gesunde Einstellung, die Ihnen diese Gewinne ermöglicht hat, zu behalten. Leider stellt jeder Trader gelegentlich fest, dass kontinuierliches Gewinnen die Aufmerksamkeit sinken lässt und sich eine gewisse lähmende Selbstgefälligkeit einschleicht. Aber wenn Sie ein Pristine-Trader bleiben wollen, dürfen Sie dieser weit verbreiteten Versuchung nicht unterliegen. Genau dann, wenn alles zum Besten steht, müssen Sie Ihre Vorsicht erhöhen. Warum? Weil Sie erkennen werden, dass die größten Verluste immer den größten Erfolgen auf dem Fuße folgen. Eine lange und profitable Periode ist ein Grund, sich zurückzuziehen und das süße Aroma Ihrer Gewinne zu genießen. Sogar ein Pokerprofi zieht sich vom Spieltisch zurück, um ab und zu seine Chips zu zählen. Und das Gleiche gilt für einen gewinnenden Trader.

Der Weg zur Trading-Weisheit

So wie es im Baseball gute und schlechte Schläge gibt, folgen beim Trading oft große Verluste auf Gewinnsträhnen. Es ist beinahe so, als ob die Börse alle Verluste aufspart, die Sie während Ihrer Gewinnsträhne nicht machen, um sie Ihnen dann gesammelt in ein oder zwei Trades zu präsentieren. Wir lehren unsere Trader, nicht gegen diese mathematische Tendenz anzukämpfen. Wenn manche unserer Trader eine längere Gewinnphase haben, ermutigen wir sie, ein paar Vorsichtsmaßnahmen zu ergreifen, die hier näher ausgeführt werden. Wir wollen nicht, dass sie das Opfer der Sünde Selbstgefälligkeit werden. Viele Trading-Anfänger verstehen das nicht, weil sie nicht erkennen, dass sich das günstige Börsenumfeld, in dem es ihnen so gut ging, allmählich ändert. Tatsächlich hat es sich in den meisten Fällen schon geändert und mit ihm die Chancen. Ein Trader gewinnt fünf Tage hintereinander. Während dieser Zeit ist auch die Börse fünf Tage hintereinander gestiegen. An diesem Punkt ist die Börse klar kurzfristig ausgereizt und macht eine Atempause von zwei bis drei Tagen. Es ist nicht mehr dieselbe Börse wie am Tag eins, als der Trader anfing zu handeln. Sie hat einen anderen Charakter, mit einer anderen Art Chancen. Und genau, wenn die Börse anfängt, sich zu ändern, hat der Anfänger das übermütige Gefühl, er müsste alles auf eine Karte setzen und den großen Coup landen. Er erkennt nicht, dass es das Umfeld, das ihm seine Gewinne ermöglicht hat, nicht mehr gibt, und will die Dinge erzwingen, wobei er riskiert, alle schwer verdienten Gewinne wieder zu verlieren. Immer wenn sich Trader zufrieden, selbstgefällig, übermütig fühlen, steht die Börse kurz vor einer Trendwende, einfach, weil es wahrscheinlich ein bestimmtes Börsenumfeld war, das sie so übermütig werden ließ. Und glauben Sie mir. Dieses Umfeld besteht nie lange.

Wie man die Sünde der Selbstgefälligkeit vermeidet

Lernen Sie, nach einer Gewinnsträhne etwas kürzer zu treten, indem Sie einen oder beide nachfolgenden Ratschläge befolgen:

1. ***Reduzieren Sie Ihre Position auf die Hälfte.*** Wenn Sie normalerweise in 1.000er-Paketen handeln, dann reduzieren Sie auf 500. Die meisten Trader begehen den gravierenden Irrtum, genau das Gegenteil zu tun. Da sie eine Gewinnsträhne hinter sich haben, fühlen sie sich zuversichtlicher, wenn sie ihre Position erhöhen. Aber sie tun das genau dann, wenn es sehr wahrscheinlich ist, dass ihre Gewinnsträhne durch einen Verlust unterbrochen wird. Und so radieren viele Trader mit ein oder zwei Trades ihre ganze Gewinnsträhne aus. Das Letzte, was Sie tun sollten, ist, mit kleinen Positionen zu gewinnen und mit großen zu verlieren.
   Tipp: Wir haben festgestellt, dass Ratschlag Nummer eins am besten nach vier oder fünf Gewinn-Trades hintereinander befolgt wird.

2. ***Reduzieren Sie die Häufigkeit Ihrer Trades.*** Wenn Sie normalerweise vier Trades am Tag machen, dann reduzieren Sie auf zwei. Wir machen diesen Vorschlag nur, wenn die Trader bereits Erfahrung mit der Unberechenbarkeit des Glücks gemacht haben. Wenn die Trader noch keine Unterbrechung in ihrer Gewinnsträhne haben, ist Ratschlag Nummer eins die bessere Möglichkeit. Wenn man heiß ist, ist man eben heiß. Es macht keinen Sinn, eine Gewinnsträhne zu verlangsamen oder zu verzögern, indem man weniger handelt. Aber wie wir schon bemerkt haben, handeln mit weniger ist cleverer.
   Tipp: Ratschlag Nummer zwei wird am besten angewandt, wenn auf eine längere Gewinnsträhne zwei Verluste gefolgt sind.

Todsünde Nr. 6: Die falsche Art, zu gewinnen

Wir wissen alle ganz genau, dass man Geld auf ehrliche und aufrechte Art verdienen kann. Auf der anderen Seite wissen wir, dass es auch auf kriminelle und unehrliche Art verdient werden kann. Das Endergebnis, in beiden Fällen Geld, ist zwar dasselbe, aber die eingesetzten Mittel unterscheiden sich wahrscheinlich total voneinander. Das führt zu der uralten Frage: Heiligt der Zweck die Mittel? Die Antwort ist ohne jeden Zweifel ein definitives Nein. Genauso gut könnte man fragen, ob ein Chirurg und ein Drogenhändler, die beide viel Geld verdienen, dieselbe Wertschätzung erfahren sollten. Natürlich nicht. Und das gilt auch in der Welt des Tradings. Viele Trading-Anfänger erkennen nicht, dass man an der Börse auch auf die falsche Art Geld verdienen kann. Denken Sie an die vielen Leute, die es versäumt haben, bei einem bestimmten Punkt an einem schützenden Stop festzuhalten, und dadurch tatsächlich auch noch Geld verdienen. Während wir bei Pristine zugeben müssen, dass wir in diesem Fall Geld verloren haben, prahlen diese Leute damit, dass sie das Stop nicht beachtet haben, weil das Endergebnis sich als Gewinn herausstellte. Diese Leute realisieren überhaupt nicht, dass sie ein Verbrechen gegen sich selbst begangen haben und sie über kurz oder lang die Rechnung dafür präsentiert bekommen. Sie haben einen Vorgeschmack auf den falschen Erfolg bekommen, und die Börse achtet darauf, dass sie diesen unverdienten Gewinn früher oder später wieder zurückgeben. Was passiert Ihrer Meinung nach, wenn diese Leute das nächste Mal in eine Situation kommen, in der ein schützendes Stop notwendig wäre? Sie werden das Stop natürlich wieder ignorieren. Und warum sollten sie das auch nicht tun? Das letzte Mal hat es wunderbar geklappt, warum sollte es also auch diesmal nicht wieder funktionieren? Aber dieses Mal erholt sich die Aktie vielleicht nicht wieder, wie es das letzte Mal der Fall war. Dieses Mal haben sie vielleicht eine Aktie erwischt, die gerade in einen wochenlangen freien Fall gestolpert ist, der erst endet, wenn bereits ein tiefes Loch in ihren Trading-Konten ist. Sie müssen darauf gefasst sein, dass unkorrektes Geldverdienen immer schlechte Angewohnheiten und unverantwortliche Handlungen mit sich bringt. Wenn ein Trader erst einmal auf den Geschmack von Erfolg gekommen ist, der auf falschem Wege erreicht wurde, dann fühlt er sich fast gezwungen, dies stets zu wiederholen, bis er alles, was er auf diese unkorrekte Art erreicht hat, wieder zurückgeben muss, und vielleicht noch mehr. Die Börse ist eigenartig. Sie scheint niemandem Gewinne zu gönnen, der sie nicht wirklich verdient hat. Also versuchen Sie, auf die richtige Art zu gewinnen. Das hat mehr Bestand.

Der Weg zur Trading-Weisheit

Master Trader haben kein Interesse daran, an der Börse glücklich zu werden. Sie streben nicht, hoffen nicht, ja genießen nicht einmal ihre Gewinne, die sie trotz aller Fehler oder fehlerhafter Trades haben. Viele dieser Trader fühlen sich irgendwie verloren, wenn sie bei einem Trade nur Glück haben und nicht aufgrund ihres Könnens gewinnen. Warum? Weil die wirklich guten Trader wissen, dass man an der Börse nichts geschenkt bekommt. Was wie ein herzliches Geschenk aussieht, ist in Wirklichkeit eine eiskalte Schuld in Verkleidung, die mit enormen Zinsen zurückgezahlt werden muss. Nur Anfänger ohne die notwendige Erfahrung streben nach Gewinnen, egal wie sie diese erreichen. Der unentwickelte Trader gewinnt so selten, dass er Gewinne anstrebt und mitnimmt, egal in welcher Form. Für Anfänger ist jeder zu Unrecht gemachte Gewinn mit kindlicher Aufregung und naiver Freude verbunden. Da sie eigentlich gar nicht hätten gewinnen sollen, ist es wie ein Durchbruch für sie. Sie haben das Gefühl, es endlich geschafft zu haben, als ob sie den Fuchs überlistet hätten und den Fängen der Gefahr entronnen wären. Aber sie sehen nicht, dass sie einen Gewinn nicht rechtmäßig beanspruchen können, den sie nicht aufgrund ihrer Fähigkeiten errungen haben. Sie erkennen nicht, dass Gewinne, die aufgrund unkorrekter Aktionen gemacht werden, gar keine Gewinne sind. Das sind Darlehen, die man genauso gut bei einem Kredithai nehmen könnte. Denn sie müssen irgendwann zurückgezahlt werden, manchmal mit Blut. Richtige Aktionen und richtige Methoden bringen dem gewissenhaften Trader nicht immer Gewinne. Aber eines steht fest: Die falsche Aktion, die ständig wiederholt wird, ist letztendlich der Untergang des nachlässigen Traders. Bleiben Sie ohne Schulden. Achten Sie darauf, dass Sie auf die richtige Art gewinnen.

Wie Sie die Sünde vermeiden, auf die falsche Art zu gewinnen

Hier ein paar einfache Schritte, die Sie vor dieser Todsünde bewahren werden:

1. ***Betrachten Sie nach jedem Gewinn-Trade jede einzelne Komponente:*** den Einstieg, das anfangs platzierten Stop, das Warten, das Geldmanagement, den Ausstieg usw. Suchen Sie nach Fehlern und Regelwidrigkeiten. Falls Sie welche finden, betrachten Sie den Trade als Verlust, und tragen Sie ihn in Ihren Tagesbericht mit Kommentaren ein, was das nächste Mal anders zu machen ist. Tipp: Eines der Hauptprobleme sind die Gefühle eines Traders für Gewinne, die eigentlich gar keine sind. Jedes Mal wenn ein Trader es sich erlaubt, sich bei einem Trade, der eigentlich gar kein Gewinn ist, wie ein Gewinner zu fühlen, gibt er seinem Ego ein Zeichen, dass alles, was er getan hat, richtig war. Das führt zu einer Verstärkung der falschen Handlungsweise und ermutigt ihn, seine Fehler zu wiederholen. Es ist unnötig, darauf hinzuweisen, dass Fehler immer auf ihren Verursacher zurückfallen.

2. ***Erkennen Sie, dass die beiden üblen Hs, Hoffnung und Halten, die größten Fallen sind, auf die falsche Art zu gewinnen.*** Wenn Sie sich an der Börse wie der Vogel Strauß verhalten, kann das bei einer starken Bullenbörse durchaus funktionieren. Das ist eben so. Bei Flut steigen alle Boote. Und wenn Trader, die einen schlechten Trade während einer schnell steigenden Börse eingehen, lange genug warten, dann kann die Börse durchaus ihre Defizite kompensieren. Aber wenn diese erhebende Situation immer wieder passiert, dann beginnen diese Trader zu glauben, dass die „Kopf-in-den-Sand-und-warten"-Methode das richtige Verhalten für Trader ist, die in einem Verlust-Trade stekken. Dieser Irrglaube ist ein richtiges Gift, eines das sich leise verbreitet, bis es das komplette finanzielle Dasein des Traders durchdrungen hat. Wenn die Börse nicht mehr so bequem ist, fordert sie all die unrechtmäßig mitgenommenen Gewinne zurück und präsentiert die Rechnung. Diese Rechnung ist oft so hoch und schmerzlich, dass viele Trader Bankrott gehen und auf Nimmerwiedersehen verschwinden. Die Erkenntnis, dass die beiden Übel Hoffnung und Halten zum Untergang eines Traders führen, ist eine Möglichkeit, die beiden Hs in Schach zu halten.

Todsünde Nr. 7: Zweifel

Schauen wir einmal, ob Sie erkennen, was der Trader in dem folgenden Szenario falsch gemacht hat. Ein begeisterter Trader sieht eine gute Chance auf einem Intradaychart auftauchen. Alles scheint zu passen, ein gutes Intraday-Volumen, mit Unterstützung, einem knappen Intraday-Stop usw. Und alle Börsenindikatoren werden nach einem Nachmittag voller Seitwärtsbewegungen an einem ausgesprochen positiven Börsentag lebhaft. Dann ... Peng! Der Einstiegskurs wird erreicht. Der Trader handelt und wird bestätigt. Nach einem kurzen Anstieg fällt die Aktie abrupt zurück, gibt ihren kurzlebigen Gewinn wieder ab und schwankt jetzt um den Einstiegskurs herum. „Was ist los?", denkt der Trader. „Sie sollte doch eigentlich steigen!" Nach dem Anstieg vom Nachmittag, der sich inzwischen komplett aufgelöst hat, wird die Börse zusehends schwächer, und das mit Nachdruck. Das Stop des Traders liegt nur noch einen Tick entfernt, und er untersucht die Aktie auf der Suche nach Hinweisen, warum dieser perfekte Trade nach Süden deutet. Nachdem er nach ein paar neuen Hinweisen gesucht hat (es gibt keine), überprüft der Trader den Tageschart. „Nun. Der Tageschart sieht gut aus. Richtig gut", beobachtet er. „Ich verschiebe das Stop einfach unter das Tagestief. Genau. So tief wird sie nicht fallen." Zehn Minuten später wird das neue Stop erreicht, während der gute Trade Richtung Antarktis fällt und sein Geld mit sich reißt. Frustriert steigt der Trader aus und kann gar nicht glauben, wie viel er verloren hat. Wo hat der Trader einen Fehler gemacht? Lag es daran, dass der Trader die sich entwickelnde Börsenschwäche übersehen hat? Nicht unbedingt. Der Trader hat drei tödliche Fehler gemacht:

1. ***Wechsel des Zeitrahmens.*** Da er die Position aufgrund einer absoluten Intraday-Basis mit einem Intraday-Einstiegspunkt und einem knappen Intraday-Stop eröffnet hat, waren der Wechsel zu einem Tageschart und das Anpassen des Stops an den Tageschart eine komplette Änderung des ursprünglichen Plans, die das anfängliche Risiko/Gewinn-Verhältnis gegen den Trader gerichtet hat.

2. ***Der Trading-Plan und seine versäumte Ausführung.*** Es ist absolut wichtig, sich an den ursprünglichen Trading-Plan zu halten, egal welchen Zeitrahmen er betrifft. Das Versäumnis, nach diesem Plan zu handeln, liefert Sie der Gnade der Börse aus und zerstört das Selbstvertrauen, das für ein erfolgreiches Trading notwendig ist.

3. ***Zweifel.*** Die psychologische Wurzel der beiden vorher genannten Fehler, der Zweifel hinsichtlich einer Änderung des Zeitrahmens oder Plans, ist eine Art Missachtung der Realität. Ehrlichkeit, wirkliche Ehrlichkeit – egal, wie hässlich die Wahrheit auch ist – bringt Ihnen einen Vorteil gegenüber den Börsianern, die nicht in der Lage sind, diese innere Stärke aufzubringen, sondern die sich zurücklehnen und anderen die Schuld an ihren Verlusten in die Schuhe schieben.

Der Weg zur Trading-Weisheit

Wenn Sie jemals die Hoffnung hatten, mit Intelligenz an der Börse zu agieren, dann ist die Planung jedes ihrer Trades ein absolutes Muss. Die meisten verlierenden Trader handeln im Blindflug, ohne zu wissen, wie man einen Trading-Plan aufstellt. Ein noch größeres Verbrechen ist jedoch, einen Trading-Plan aufzustellen und sich dann nicht daran zu halten. Derjenige, der weiß, was er zu tun hat, und es dann nicht tut, ist dieses Wissens gar nicht wert, und die Börse sorgt normalerweise dafür, dass eine solche Person bekommt, was sie verdient: Verluste.
Es sollte klar sein, dass Zweifel die Falle hinter vielen dieser Todsünden sind. Da viele Menschen von Natur aus dazu neigen, zu optimistisch zu sein, fällt es ihnen

schwer, etwas abzuschließen, das mit einem Verlust endet. Wenn es Zeit ist, zu handeln, können sich viele nicht entschließen, den Sprung zu wagen. Stattdessen beginnen sie zu zweifeln. Dieser Vorgang, sich selbst eine vernünftige Handlungsweise auszureden, führt dazu, den Trader letztendlich ganz aus dem Spiel zu werfen.

Wie Sie die Sünde des Zweifelns vermeiden

Mit den folgenden zwei Schritten können Sie Ihre Zweifel unter Kontrolle halten:

1. ***Erstens müssen Trader ihre Zweifel erkennen.*** Entscheidende Signale, dass Sie dabei sind, sich selbst um Kopf und Kragen zu reden, sind:
   a) die Frage, warum eine Aktie sich auf eine bestimmte Art verhält. Der Grund für das Verhalten einer Aktie sollte für den Trader keine Auswirkung auf den geplanten Verlauf eines Trades haben. Wenn der Plan vorsieht, bei einem Sturz unter 20 US-Dollar aus XYZ auszusteigen, hat es keinen Sinn, herauszufinden, warum die Aktie gefallen ist. Das richtige Verhalten des Traders ist, zuerst zu handeln und dann zu fragen.
   b) die Überprüfung der Nachrichten. Es ist an und für sich nicht verkehrt, sich über eine Aktie auf dem Laufenden zu halten. Wenn jedoch der wahre Grund für das Überprüfen von Nachrichten darin besteht, eine geplante Aktion zu verschieben, dann ist das nichts anderes als ein Fluchtversuch.
   c) das Denken in „Vielleicht"-Kategorien. Immer, wenn ein Trader anfängt, das Wort vielleicht zu verwenden, wenn er von einem Stop oder einem Ziel zum Handeln aufgefordert wird, hat Unsicherheit die Oberhand gewonnen. Es ist beinahe immer besser, an einem Trading-Plan festzuhalten, der schon vorher festgelegt wurde, als mittendrin umzuschwenken. Das strikte Festhalten an dem, was Sie vorher festgelegt haben, erbringt vielleicht nicht immer das beste Ergebnis, aber es stärkt Ihre Disziplin, eine unbezahlbare Eigenschaft bei einem Trader. Hat ein Trader erst einmal seine Zweifel erkannt, bleibt nur noch folgende Handlungsweise.

2. ***Ausstieg aus der Position.*** Das hört sich vielleicht hart an, aber die vielen Jahre der Erfahrung haben mich davon überzeugt, dass Zweifel viel öfter Schaden anrichten als Gutes tun. Wenn es Ihnen schwer fällt, aus der gesamten Position auszusteigen, dann sollten Sie zumindest die Hälfte verkaufen.

Kurz gesagt, wenn Sie nach Gründen suchen müssen, um die Position zu behalten, dann gibt es offensichtlich keine Gründe. Nach Gründen zu suchen bedeutet, dass Sie keine Gründe haben. Und ein Trader, der eine Aktie behält, ohne einen wichtigen Grund dafür zu haben, wird verlieren.

Wie Sie Ihren Todfeind finden und besiegen

Yogi Berra sagte gerne: „Ich will einfach nicht wissen, dass ich den falschen Fehler mache." Das ist ein faszinierender Gesichtspunkt von einem faszinierenden Mann. Ich bin nicht sicher, ob dieser legendäre Baseball-Manager jemals an der Börse spekuliert hat, aber seine Aussage gilt ganz sicher für die Herausforderung des Tradings. Trader müssen immer an die Tatsache denken, dass es zwei Arten von Fehlern oder Verlusten gibt: (1) diejenigen aufgrund des Gesetzes des Zufalls, und die deshalb unvermeidlich sind, und (2) diejenigen, die das Ergebnis der sieben Todsünden und/oder der fehlerhaften Durchführung des Trading-Plans sind. Ein Trader muss diese Tatsache nicht nur erkennen, sondern es ist auch sehr wichtig, dass er zwischen den Verlusten aufgrund der „Sünden" und denen aus statistischen Gründen unterscheidet. Er darf niemals vergessen, dass Verlust ein beständiger Teil des Tradings ist und bleibt. Egal wie gut wir werden, Verluste werden immer ein Teil unserer Realität bleiben. Unsere Herausforderung als Trader ist nicht das Vermeiden von Verlusten. Es ist vielmehr, mit unseren Verlusten vernünftig umzugehen und darauf zu achten, dass wir nur die einstecken, die passieren, weil wir einfach nicht immer gewinnen können. Wir müssen außerdem bemüht sein, die verkehrten Verluste aus unserem Trading-Leben auszuschließen. Mit anderen Worten, wir haben für immer eine „Such-und-Zerstör-Mission" hinsichtlich unserer Todfeinde – der Fehler, die aus unseren „Sünden" entstehen und die Macht haben, uns aus dem Spiel zu werfen. Wir haben hier eine lebenswichtige Verhaltensweise im Detail beschrieben, die wir unterrichten und von allen unseren Tradern verlangen. Wir sind sicher, dass sie sich auch für Sie als hilfreich erweisen wird.

Aufbau

Bevor Sie anfangen, die „guten" von den „schlechten" Verlusten zu unterscheiden, ist es notwendig, einen Teil Ihres Trading-Journals so einzurichten, dass es einfach ist, Ihren Fortschritt zu verfolgen. Die folgenden drei Schritte werden Ihnen dabei helfen:

1. Teilen Sie eine Seite in Ihrem Pristine-Trading-Journal in zwei Spalten.
2. Schreiben Sie über die linke Spalte: „Du kannst sie alle gewinnen."
3. Schreiben Sie über die rechte Spalte: „Zerstöre sie, oder du wirst zerstört." Wir sind sicher, Sie verstehen es.

Nun sind Sie bereit für den überaus wichtigen Vorgang des „Unterscheidens". Wir nennen das die „Trennung" zwischen den „guten" und den „schlechten" Verlusten.

Das Trennen von guten und schlechten Verlusten

1. ***Überarbeiten Sie sorgfältig die einzelnen Komponenten jedes Verlust-Trades:*** den Einstieg, das Trade-Management, das heißt das ursprünglich gesetzte Stop und die verfolgte Stop-Methode, den Ausstieg usw.

2. ***Wenn Sie nach der Überarbeitung entscheiden, dass keine Fehler begangen wurden, tragen Sie diesen Trade bei: „Du kannst sie alle gewinnen" ein, und machen Sie mit dem nächsten Trade weiter.*** Diese „fehlerfreien" Trades können zu diesem Zeitpunkt weitgehend ignoriert werden.

3. ***Wenn Sie nach der Überarbeitung entscheiden, dass ein vermeidbarer Fehler gemacht wurde, dann tragen Sie diesen Trade in der Spalte: „Zerstöre sie, oder du wirst zerstört" unter einer Unterbezeichnung der Fehler ein.*** Das soll Ihnen helfen, die Fehler zu unterscheiden. Ein paar Beispiele für solche Unterbezeichnungen sind: „zu spät eingestiegen", „zu schnell ausgestiegen", „Stop ignoriert" usw. Wie Sie wissen, gibt es einen ähnlichen Vorgang im Kapitel 6.

Suchen und zerstören Sie den Erzfeind, der für Ihren Untergang verantwortlich ist

Nach einer Reihe von Verlust-Trades werden Sie feststellen, dass sich eine bestimmte Art Fehler häuft. Wenn Sie diese entdeckt haben, haben Sie auch den Erzfeind gefunden, der für Ihren Untergang verantwortlich ist. Und Sie müssen ihn sofort gnadenlos ausmerzen. Ihr einziger Lebenszweck ist zu diesem Zeitpunkt die vollständige Ausradierung dieses häufig begangenen Fehlers. Egal was es kostet, egal wie anstrengend es ist, Sie müssen diesem Fehler ein Ende setzen. Wenn dieser Fehler „das Stop ignoriert" heißt, dann müssen Sie anfangen, an Ihren Stops festzuhalten. Und wenn es frühzeitiges Verkaufen bedeutet, dann tun Sie es. Verkaufen Sie frühzeitig. Aber was immer Sie tun, lassen Sie nie mehr zu, dass einer Ihrer Trades ein gesetztes Stop überschreitet. Versprechen Sie sich selbst, dass in den kommenden Tagen, Wochen oder Monaten die Spalte „das Stop ignoriert" die wenigsten Eintragungen haben wird.

Wenn diese Art Fehler das kleinste Ihrer Probleme geworden ist, arbeiten Sie an der nächstgrößten Kategorie Ihrer Probleme. Und halten Sie an diesem Vorgehen ein Leben lang fest, wird Ihnen die größte Schwierigkeit nicht mehr die Entscheidung bereiten, welchen Todfeind Sie zerstören sollen, sondern die Frage, ob es überhaupt noch welche gibt – basta!

12 Erfolgsgesetze für das Trading

Lebensregeln des Master Traders

6

Gesetz Nr. 1: Selbsterkenntnis

Für den Trader ist es entscheidend, zu wissen, wer er ist und was er ist. Nur dann ist er in der Lage zu erkennen, wie er an der Börse agieren soll. Sehen Sie, der Trading-Stil sollte ausschließlich auf den Neigungen, Vorlieben, Wünschen, Ängsten usw. des Traders basieren. Wenn Trader versuchen, einen Trading-Stil zu übernehmen, der gegen ihre innere Einstellung geht, können die Ergebnisse katastrophal sein. Stellen Sie sich zum Beispiel einen Trader vor, von dem wir wissen, dass er äußerst ungeduldig ist. Dieser Trader findet es wahrscheinlich schrecklich, eine Aktie länger als zehn Tage zu halten. Eigentlich kommen ihm fünf Tage schon wie eine Ewigkeit vor. Mit dieser dominanten Eigenschaft wäre es ein großer Fehler, einen langfristigen Trade über zwei Monate zu übernehmen. Der Trader würde sich über die Börse selbst schaden. Aber wenn der Trader das weiß, dann kann er seine Börsenaktivität auf diejenigen Aktionen konzentrieren, die eine schnellere, direktere Bewegung bieten. Und auch wenn die Häufigkeit der Verluste größer ist, entsprechen diese Aktivitäten besser der Persönlichkeit des Traders. Und das Endergebnis sind bessere Entscheidungen. Haben Sie das verstanden? Hier noch ein paar Fragen, die Sie stellen sollten, um herauszufinden, wer, was und wo Sie an der Börse sind. Haben Sie erst einmal die Antworten, wird es viel leichter sein, zu entscheiden, ob Sie von Natur aus eher ein Trader oder ein Anleger sind.

1. ***Bin ich geduldig?*** Wenn die Antwort ja ist, sind Sie ein echter mittelfristiger bis langfristiger Börsianer. Wenn Sie von Natur aus nicht geduldig sind, wäre

ein kurzfristiges Börsenverhalten passender für Ihre emotionale und psychologische Konstitution.

2. ***Fühle ich mich im Schoß der Zeit sicher?*** Ein Ja würde bedeuten, dass Sie zu denken neigen, dass sich alle Dinge letztendlich regeln, wenn man ihnen genug Zeit lässt. Das würde Sie zu einem mittel- bis langfristigen Anleger machen. Wenn Sie sich gedrängt fühlen, gegen die Zeit zu kämpfen, Probleme schneller zu lösen, als die Zeit sie heilen kann, dann sind Sie höchstwahrscheinlich von Natur aus ein Trader.

3. ***Macht mich langes Warten nervös?*** Wenn Sie anfangen, nervös zu werden, sobald Sie einen Trade gestartet haben, dann sind Sie definitiv ein Trader. Wenn Sie in einem Trade immer nervöser werden, je länger er dauert, ist kurzfristiges Handeln das richtige für Sie. Wenn Sie eine Aktie kaufen und sofort weitermachen, einen Freund anrufen, ein Sandwich essen, die Zeitung lesen oder eine Besorgung machen können, dann sind Sie kein Trader.

Die Antworten auf die folgenden Fragen zeigen Ihnen, ob Sie sich vorrangig auf mikro-, kurz- oder mittel- bis langfristige Zeitrahmen konzentrieren sollten.

1. ***Wo liegt meine Hemmschwelle für Risiko?*** Wenn Ihnen ein Verlust von 250 US-Dollar bei einem Trade als Scheitern vorkommt, dann ist Ihr korrekter Trading-Stil kurzfristig. Wenn Sie bei einem Trade 1.000 US-Dollar verlieren können und immer noch ein gutes Gefühl hinsichtlich der Aussichten haben, dann ist es besser für Sie, wenn Sie einen längeren Zeitrahmen wählen.

2. ***Bin ich jemand, der bereit ist, einen größeren Schlag (Verlust) hinzunehmen, wenn dieser mögliche größere Gewinne gewährleistet?*** In solchem Fall ist es besser für Sie, einen langen Zeitrahmen zu wählen.

3. ***Fühle ich mich bei kleineren, weniger bedeutenden Kursbewegungen wohler, wenn ich meine Verluste auf ein Minimum reduzieren kann?*** Wenn die Antwort auf die Frage ja ist, dann sind Sie von Natur aus ein kurzfristiger Trader, und Mikrozeitrahmen sind das Beste für Sie.

Diese Fragen werden dem Trader zu erkennen helfen, auf welche Techniken und Taktiken er sich konzentrieren sollte.

1. Bin ich ein Glücksspieler?
2. Setze ich mein Geld gerne im großen Stil aufs Spiel?
3. Bin ich der Typ, der lieber in kleinen Summen rechnet?
4. Denke ich billig?
5. Bedeuten mir Kurs oder Qualität mehr?
6. Hasse ich sogar kleine Verluste?
7. Ist der Kick genauso wichtig wie das Gewinnen?

Wir könnten endlos so weitermachen. Aber wir sind sicher, dass Sie es verstanden haben.

Gesetz Nr. 2: Erkenne deinen Feind!

Auch wenn es das Wichtigste für jeden Trader ist, dass er sich selbst kennt, so muss er aber auch erkennen, wer der Feind ist. Wie wir schon bei verschiedenen Gelegenheiten erwähnt haben, bedeutet Trading Krieg. Aber mit wem? Für uns Trader sind hauptsächlich andere Trader und Börsianer der Feind. Denken Sie eine Minute darüber nach. Jedes Mal, wenn Sie eine Aktie kaufen, gibt es am anderen Ende des Trades jemanden, der Ihnen diese Aktie verkauft. Mit anderen Worten, jemand anders wird genau die Aktie los, die Sie kaufen, und benutzt Sie dazu. Und dieser Jemand, beachten Sie das, denkt, dass er intelligenter und klüger ist als Sie. Wissen Sie, wer dieser Jemand ist? Das ist Ihr Feind. Die meisten Börsianer übersehen diesen Punkt. Sie arbeiten irgendwie mit der Vorstellung, dass sie von der Börse als solches kaufen. Sie haben ein geistiges Bild von einem undeutlichen Ort oder Raum, wo ganze Stapel des Wertpapiers, das sie kaufen wollen, herumliegen und nur darauf warten, gekauft zu werden. Falsch! Immer wenn Sie kaufen, kaufen Sie die Aktie von jemandem. Und umgekehrt, immer wenn Sie verkaufen, kauft jemand diese Aktie von Ihnen. Die Frage ist, kennen Sie die Person? Verstehen Sie, wie diese Person denkt, ihre Motive, ihre Überzeugungen, Gefühle und Beweggründe? Denn wenn Sie das nicht tun, wie wollen Sie wissen, dass es nicht dieser Jemand ist, der Recht hat?

Es ist wichtig, zu wissen, dass Sie, wenn Sie mit Aktien handeln, normalerweise mit einem Market Maker handeln, einem Mitglied der NASDAQ, das sowohl für Kunden als auch auf eigene Rechnung Aktien kauft und verkauft. Ein paar der großen Market Maker sind Goldman Sachs (GSCO), Merrill Lynch (MLCO), First Boston (FBCO) usw. Trotz ihrer respektablen Namen sind sie dennoch nicht Ihre Freunde, wenn Sie an der NASDAQ handeln. Sie sind genau diejenigen, die am anderen Ende Ihres Trades sitzen. Sie kaufen, und die anderen verkaufen an Sie. Und umgekehrt. Sind die anderen einfach nur großzügig, weil Sie Ihnen die Aktien verkaufen, die Sie haben wollen? Ganz bestimmt nicht. Die anderen denken, dass sie Recht haben und Sie Unrecht. Sie wetten gegen Sie, und so werden sie zu ...? Genau, zu Ihrem Feind. Aber denken Sie immer daran, dass unser größter Feind nicht irgendein entfernter Trader oder Kursmakler ist, sondern wir selbst. Wir selbst sind unser größter Feind. Wir sind das größte Hindernis für unseren Fortschritt und Erfolg, und wir sind die Einzigen, in deren Macht es liegt, dieses Hindernis zu überwinden. All die psychologischen und emotionalen Todfeinde, die besiegt werden müssen, liegen in uns selbst. Sie gehören zu uns, und wenn wir jemals darauf hoffen wollen, als Trader erfolgreich zu sein, dann muss dieser größte aller Feinde bekämpft, umgewandelt und wiedergeboren werden. Aber bevor wir uns selbst besiegen können, müssen wir uns selbst kennen lernen, wie uns Shakespeare schon vor ein paar Hundert Jahren sagte: „Der Fehler liegt nicht in den Sternen, sondern in uns selbst.“ Hier ein paar Möglichkeiten, den Feind in dir kennen zu lernen:

1. ***Platzieren Sie niemals einen Trade ohne die Frage: „Wer sitzt am anderen Ende meines Trades?“*** Diese Frage wird Ihnen immer klarmachen, dass der Feind bei jedem Trade am anderen Ende sitzt. Ein Teil des erfolgreichen Tradings besteht darin, zuerst die Feinde auf der anderen Seite Ihres Trades kennen zu lernen und dann zu lernen, sie zu beseitigen.

2. ***Übersehen Sie nie sich selbst, wenn Sie einen Schuldigen suchen.*** Wenn Sie als Trader verlieren, sind Sie selbst der eigentliche Feind hinter diesen Verlusten. Auch wenn andere Trader und Market Maker Feinde sind, so sind sie die geringeren. Trader, die sich selbst besiegt haben (die emotionalen und psychologischen Dämonen), haben damit auch den Rest besiegt. Die Meisterschaft im Trading ist das Nebenprodukt der Selbstbeherrschung.

Gesetz Nr. 3: Besorge dir eine Ausbildung, und zwar schnell!

Wenn es darum geht, Buchhalter, Rechtsanwalt, ja sogar Klempner zu werden, dann akzeptieren die meisten Leute die Notwendigkeit einer guten Ausbildung. Der nationale, wenn nicht sogar weltweite Schrei nach einer besseren Ausbildung ist ohrenbetäubend. Und das Ergebnis dieser Konzentration auf das Lernen sind

Schulen, die alles unterrichten, vom Stricken bis Chemie und Elektronik. Aber seltsamerweise halten die meisten Leute eine Ausbildung für unnötig, wenn es um das Trading geht. Für uns ist das unglaublich bestürzend, denn Trading ist wahrscheinlich eine der schwierigsten Herausforderungen, die es gibt. Aber die meisten Börsianer, sogar die so genannten ernsthaften, verlieren irgendwie das Vertrauen in eine Ausbildung, wenn es um ihr Geld geht. Es spielt keine Rolle, dass die Börse eine Möglichkeit für einen finanziellen Ruin ist. Die meisten sind eher bereit, ohne Anleitung aus der Hüfte zu schießen, oder noch schlimmer, jemand anderen vertrauensvoll aus der Hüfte schießen zu lassen. Es scheint nicht einmal etwas auszumachen, dass eine Ausbildung für erfolgreiches Trading Gewinne ermöglichen kann, die die wildesten Träume übertreffen. Viele haben das Gefühl, sie müssten allein und ohne Anleitung hinaus in die Dunkelheit gehen. Die Wahrheit ist, dass der Durchschnittsbürger niemals einen Beruf wie Rechtsanwalt oder Arzt ohne Ausbildung ergreifen würde und diese Einstellung jedoch vollkommen fehlt, wenn es um das Trading geht. Irgendwie sind sie zu der Überzeugung gekommen, dass sie naiv an die Börse gehen können, sich mit den Kursmaklern der New York Stock Exchange (NYSE), den NASDAQ-Market-Makern und Profis wie uns messen können und gewinnen. Man muss nicht erst darauf hinweisen, dass nichts weiter von der Wirklichkeit entfernt sein könnte. Wir sind seit mehr als 13 Jahren im Trading-Geschäft. Es war nicht leicht, unseren jetzigen Standard zu erreichen. Wir können uns gut an all die Qualen und Härten erinnern, die wir erfahren haben, bis wir waren, wo wir jetzt sind. Manche spüren wir heute noch. Glauben Sie auch nur einen Augenblick, dass wir und Trader wie wir zulassen, dass jemand ohne jede Ausbildung in unsere Welt kommt und an unserem Familientisch Platz nimmt? Da schneit es eher in der Hölle, bevor das passiert.

Wir sind fest davon überzeugt, dass die Trading-Ausbildung, die wir professionellen Tradern, Market Makern und Geldmanagern in den letzten fünf Jahren geboten haben, notwendig ist. Es besteht kein Zweifel, dass Ausbildung der Schlüssel für die Tür zur Trading-Meisterschaft ist. Wir sind schon lange genug in diesem Spiel, das wir Trading nennen, um zu wissen, dass jeder für das Recht, ein Gewinner zu sein, bezahlen muss. Man bekommt keine Harvard-Ausbildung, ohne die Harvard-Studiengebühr zu bezahlen. Es sollte klar sein, dass Sie Ihr Lehrgeld bezahlen müssen. Und als Trader werden Sie es auf jeden Fall bezahlen: freiwillig oder unfreiwillig. Die Börse sorgt schon dafür. Sie müssen sich nur entscheiden, welchen Weg Sie einschlagen wollen. Wir denken, Sie sollten sich dafür entscheiden, freiwillig zu bezahlen. Hier ein paar Schritte, wie Sie zu Ihrer Ausbildung kommen können:

1. ***Suchen Sie sich eine Qualitätsfirma, die ein Trainingsprogramm für Trader anbietet.*** Das erspart Ihnen während Ihrer Lernphase Jahre des Probierens, des Irrens und verlorenen Geldes. Wir nennen hier ein paar der besseren Trainingsprogramme, unseres mit eingeschlossen:
   a) Pristine.Com (www.pristine.com) – der Rolls-Royce der Trading-Ausbildung. Wir bieten verschiedene Trainingsprogramme an, von 1- bis 3-tägigen Seminaren zum Einsteigen bis zu 6-monatigen Komplettkursen. Das längste Trainingsprogramm, das wir anbieten, ist als Pristine's Mentorship Program bekannt. Unser Augenmerk liegt auf dem Training von ernsthaften Tradern, die ihren Lebensunterhalt an der Börse verdienen wollen. Die Teilnehmer lernen, wie man dieselben ausgefeilten Trading-Taktiken und -Techniken anwendet, die auch wir täglich einsetzen, um Gewinne an der Börse zu machen. Es werden Kenntnisse in der Ausführung vermittelt, zusammen mit der richtigen Interpretation des NASDAQ-Level-II, dem Lesen von Charts und dem Trading aufgrund von Nachrichten. Richtiges Denken, ein entscheidendes Element des erfolgreichen Tradings, ist ebenso ein wichtiger Punkt. Verschiedene Trading-Stile werden ebenso unterrichtet wie das Mikro-Trading mit kleinen, aber beständigen Tagesgewinnen, das Swing-Trading mit seinen dynamischeren Gewinnen mit einem Zeitrahmen von zwei bis fünf Tagen und das mittelfristige Trading zum Zweck der Vermögensbildung an der Börse. Viele Besucher unserer Trainingsprogramme haben eine erfolgreiche Karriere als Profi-Trader gestartet. Manche dieser Teilnehmer bieten selbst Training und individuelles Mentoring an, und deshalb wird Pristine.com als Ausbildungsstätte für Leute betrachtet, die nicht nur erfolgreiche Trader werden, sondern die erfolgreich auf ihrer Ausbildung aufbauen wollen.
   b) Cornerstone Securities, Inc. – eines der ersten Unternehmen, die sich auf das Electronic Day Trading spezialisiert haben. Wenn Sie nach Professionalität in dieser Branche suchen, können Sie Ihre Suche an der Türschwelle von Cornerstone einstellen. Diese Firma hat landesweit über 20 Büros und bietet das beste Komplettprogramm für Trader, die vor Ort traden wollen. Wir mögen dieses Unternehmen besonders deshalb, weil es das Zuhause einiger der Top-Trader der USA ist. Cornerstone glaubt fest an Ausbildung, und die meisten seiner Trainer, wenn nicht sogar alle, sind erfolgreiche Teilnehmer des Pristine-Trainingsprogramms.
   c) Trader's Edge Net (www.daytrading.com) – Trading ohne Schnörkel und Flausen. Trader's Edge Net, das von Marc Freidfertig und George West geleitet wird, den Autoren des Bestsellers *The Electronic Day Trader*, bietet

ein Wochenseminar für jene an, die lernen wollen, wie ein Profi zu handeln. Das Seminar konzentriert sich hauptsächlich auf die Interpretation des NASDAQ-Level-II und ein Software-Training mit Watcher, einer sehr ausgefeilten Tradingplattform auf DOS-Basis, die blitzschnelle Ausführungen an der NASDAQ ermöglicht. Auch wenn wir nur von einem Trainer wissen, dass er eine Ausbildung bei Pristine gemacht hat, so gefällt uns die Tatsache, dass Broadway Trading LLC, eine Tochterfirma, das Zuhause von ein paar sehr dynamischen und profitablen Tradern ist.

2. ***Lesen Sie die Trading-Bücher, auf die es wirklich ankommt.*** Es gibt jede Menge Bücher auf dem Markt, die sich mit dem Thema Trading und Börse befassen. Und die Zahl steigt ins Unermessliche. Leider bieten die meisten dieser Bücher nicht viel mehr als Basiswissen und vage akademische Theorien. Die besten Bücher sind solche, die dem Trader helfen, richtig zu denken. Taktiken und Techniken sind auch wichtig, und viele Bücher behandeln diesen Teil des Tradings nicht sehr ausführlich. Aber die paar, die sowohl eine Anleitung zum richtigen Denken als auch taktische Elemente anbieten, sind Gold wert. Wir nennen Ihnen zehn Bücher, die für die meisten Trader in der Lernphase hilfreich sein dürften. Wenn auch nicht alle die zwei wichtigen Elemente beinhalten, die wir gerade angesprochen haben, so sind sie es trotzdem wert, gelesen zu werden. Die mit Sternchen versehenen beinhalten beide Elemente und haben als Ergebnis einen starken Effekt auf unsere Art, zu denken und zu handeln.

Empfohlene Bücher

1. How I Made $ 2 Million in the Stock Market, by Nicholas Darvas (****).
2. Trading for a Living, by Dr. Alexander Elder, John Wiley (1993).
3. Japanese Candlestick Charting Techniques, by Steve Nison, Prentice Hall (1991).
4. How to Make Money in Stocks, by William J. O'Neill, McGraw-Hill (1994).
5. The Disciplined Trader, by Mark Douglas, Prentice Hall (1990).
6. Winner Take All, by William Gallacher, Irwin (1997).
7. Reminiscences of a Stock Operator, by Edwin Lefevre, Market Place Books.
8. The Electronic Day Trader, by Marc Friedfertig and George West, McGraw-Hill (1998).
9. How to Get Started in Electronic Day Trading, by David Nassar, McGraw-Hill (1998).
10. Strategies for the On-line Day Trader, by Fernando Gonazalez and William Rhee, McGraw-Hill (1999).

Gesetz Nr. 4: Schütze dein wertvollstes Gut!

Als aktiver Trader werden Sie sich gezwungen sehen, mit Situationen fertig zu werden, in denen zahllose Rückstufungen durch Broker, negative Ertragsberichte oder negative Wirtschaftsnachrichten die gesamte Börse und auch Ihre offenen Aktienpositionen in eine Krise stürzen. Wenn Verluste auch ein beständiger Begleiter sind, eine unvermeidbare Realität für jeden Börsenteilnehmer, so sind sie doch niemals angenehm für uns, besonders wenn die Ursache dafür nicht in unserer Hand liegt. Da wir an der Börse das Element Unsicherheit nie ganz ausschließen können, ist es immer notwendig, eine schützende Verkaufsstrategie zu haben. Wir nennen diese Verkaufsstrategie die Pristine Insurance Policy. Wie zahlreiche unserer Abonnenten wissen, ist das ein Thema, auf das wir persönlich großen Wert legen. Aber die Vernunft sagt uns, dass wir alles in unserer Macht Liegende tun müssen, um unser wertvollstes Gut zu schützen: unser Anfangskapital. Wenn das aufgebraucht ist, dann können Sie uns auf eine Gabel spießen, denn dann sind wir fertig, gekocht, erledigt. Verstanden? Es ist entscheidend. Wir sind überzeugt, dass jeder professionelle Trade einen präzisen Kaufpunkt und zwei Verkaufspunkte haben muss. Einer dieser Verkaufspunkte geht nach oben und zeigt den Punkt, an dem die Gewinne mitgenommen werden sollen. Da wir jedoch in einer realen Welt leben, müssen wir auch einen Verkaufspunkt haben, der sich mit der Möglichkeit auseinander setzt, dass unser Trade schief gehen kann. Da wir Menschen von Natur aus optimistisch und häufig auch naiv sind, wird der „protektive Verkaufspunkt" von den Tradern am wenigsten beachtet. Es muss nicht extra erwähnt werden, dass die meisten Gewinne deshalb kleiner ausfallen als die Verluste. Als Pristine-Trader können wir es uns nicht leisten, menschlich zu sein, zumindest nicht in dieser Hinsicht. Stellen Sie also sicher, dass Sie bei jedem Trade drei Kurse im Kopf haben: den Einstiegskurs, den Gewinnkurs und den schützenden Stop-Kurs, bekannt als die Pristine Insurance Policy. Sie müssen immer daran denken, dass Ihr Sicherheitskurs, Ihr Stop, der wichtigste Kurs von allen ist, zumindest während des Anfangsstadiums Ihres Trades. Dieser Kurs ist die Linie im Sand, die Sie für die Börse gezogen haben. Sie zeigt Ihnen schon im Voraus, wie viel Sie höchstens bezahlen wollen, wenn Sie Unrecht haben, und was noch wichtiger ist, sie ist Ihr Schutz gegen das Einzige, das Sie aus diesem wundervollen Spiel werfen kann: den Kollaps einer Aktie. Sie steigern vielleicht die Häufigkeit Ihrer Verlust-Trades durch diese Stop-Loss-Strategie, aber die Verluste werden im Verhältnis so gering sein, dass sie auf lange Sicht keine Rolle spielen. Glauben Sie uns. Wir haben viel verloren, und wir haben wenig verloren. Wenig verlieren ist viel besser. Schützen Sie Ihr wertvolles Kapital um jeden Preis.

Wir haben hier die grundlegenden Instruktionen ausgeführt, wie wir unsere Pristine Insurance Policy einsetzen, und zwar sowohl für Swing-Trades, die zwei bis zehn Tage gehalten werden, als auch das Intraday-Trading, das Minuten bis Stunden betrifft.

Der Swing-Trade

1. ***Zuerst beginnen wir jeden Swing-Trade auf der Basis einer der drei Einstiegsmethoden.*** Der spezielle Einstiegskurs basiert normalerweise auf dem täglichen Kurschart. Wir behandeln diese drei Einstiegsmethoden detailliert im Kapitel 14.

2. ***Haben wir die Aktie erst einmal gekauft, setzen wir ein schützendens Sell-Stop bei $^1/_{16}$ bis $^1/_8$ unter dem aktuellen Tagestief oder dem Tief des Vortages, welcher eben niedriger war.*** Hier ein Beispiel: Wir kaufen XYZ bei 20 US-Dollar. Das aktuelle Tagestief (das Tief des Kauftages) beträgt 19,25 US-Dollar. Das Tief des Vortages liegt bei 18,50 US-Dollar. Da das Tief des Vortages niedriger ist als das aktuelle Tagestief, würden wir unser schützendes Stop bei 18 $^7/_{16}$ US-Dollar oder 18 $^3/_8$ US-Dollar platzieren.

3. ***Dieser anfängliche schützende Sell-Kurs gilt für ganze zwei Tage, wobei der Kauftag der erste Tag ist.*** Nach zwei Tagen passen wir das Stop oft nach oben an, um unsere Gewinne zu schützen. Detaillierte Ausführungen zur Anpassung von Stops finden Sie im Kapitel 16.

Der Intraday-Trade

1. ***Zuerst beginnen wir jeden Intraday-Trade mit einer der Intraday-Einstiegsmethoden.*** Dieser Einstiegskurs basiert normalerweise auf dem 5- oder 15-Minuten-Kurschart. Wir behandeln die Intraday-Einstiegsmethoden ausführlich im Kapitel 17.

2. ***Haben wir die Aktie erst einmal gekauft, setzen wir ein Stop $^1/_{16}$ unter dem Tief des 5- oder 15-Minuten-Balkens beim Kauf.*** Wenn unser Kauf auf einem 5-Minuten-Chart basiert, würden wir unser Stop direkt unterhalb des aktuellen 5-Minuten-Balkens platzieren, der auch der Einstiegsbalken ist. Wenn unser Kauf auf einem 15-Minuten-Chart beruht, dann würden wir unser Stop direkt unterhalb des aktuellen 15-Minuten-Balkens platzieren, der auch

der Einstiegsbalken ist. Detaillierte Erklärungen über den Einstieg aufgrund von 5- oder 15-Minuten-Charts werden im Kapitel 17 diskutiert, und die Techniken für das Geldmanagement zum Schutz Ihres Geldes werden im Kapitel 15 erklärt.

Gesetz Nr. 5: Einfachheit

Wir sind größtenteils davon überzeugt, dass Trader auf der verzweifelten Suche nach dem „Heiligen Gral" unweigerlich nach allem greifen, das „Kompliziertheit" verspricht. Logarithmen, neurologische Mechanismen und verwirrende mathematische Trading-Gleichungen sind nur ein paar Beispiele dafür, wie weit wir uns von den Grundlagen entfernt haben: Grundlagen wie wichtige Trendlinien, Kursstützung und Kurswiderstand, Volumenanstiege und -abfälle, wichtige Moving Averages, grundlegende Chartmuster und Ähnliches. Besonders die westliche Gedankenwelt geht davon aus, dass alles, was nicht kompliziert ist, auch nicht funktioniert. Unsere Ansicht steht in exaktem Widespruch zu dieser falschen Annahme. Die Klarheit der Gedanken und die Sicherheit im Handeln, die aus einem einfachen Vorgehen resultieren, sind schier unglaublich. Und alle unsere Studenten bekommen ein fundiertes Grundlagenwissen und lernen, wie wertvoll es ist, dieses Wissen ständig aufzufrischen. Wenn Sie heute entscheiden, dass Sie ein Meister der Grundlagen werden wollen, dann werden Sie ganz schnell verstehen, dass Einfachheit die Mutter der Klarheit ist.

Wenn Sie die folgenden Fragen mit ja beantworten, ist Ihr Trading wahrscheinlich zu kompliziert:

1. Würden Ihre Trading-Taktiken und -Techniken einen intelligenten 12-Jährigen ernsthaft verwirren?
2. Sind für Ihr Trading mathematische Berechnungen notwendig?
3. Benötigen Sie einen Taschenrechner beim Trading?
4. Benötigen Sie mehr als drei Computer-Software-Programme für die Ausführung Ihrer Trades?
5. Benötigen Sie mehr als 5 Minuten, um Ihre Trading-Strategie aufzuschreiben?

Das sind nur ein paar Fragen, die darauf hinweisen, dass Ihr Trading zu kompliziert ist. Achten Sie darauf, dass Sie Ihr Trading einfach halten.

Gesetz Nr. 6: Lerne aus deinen Verlusten!

Der Weg zur Trading-Meisterschaft ist eine Reise voller Gefahren. Die Gefahr, der Verlust, die Versuche und Versuchungen, die ein ehrgeiziger Trader durchmachen muss, genügen, um den meisten das Rückgrat zu brechen und auf ihren Seelen schwere Narben zu hinterlassen, wenn sie es wagen, diese Reise anzutreten. Es ist eine Schande, dass so viele denken, dass jemand, der es geschafft hat, an der Börse mit ungeheurer Geschicklichkeit und großem Können zu agieren, nur aufgrund von Glück oder zufälligem Talent in dieser Lage ist. Das ist weit entfernt von der Wahrheit. Schmerz, Verlust, Frust, Verwirrung, Unsicherheit, Unbeständigkeit. Das sind nur ein paar der Stadien und Umstände, die notwendig sind, um die ersehnten Höhen des Erfolgs zu erreichen. Jeder Trader, der heute einen bestimmten Grad an Erfolg genießt, hat gestern garantiert die Schmerzen und die Agonie eines Verlierers durchlebt. Als menschliche Wesen lernen wir einfach nicht aus unseren Erfolgen, sondern aus unseren Fehlern und Verlusten. Als Erwachsene wissen wir, dass man Feuer nicht anfasst, da wir uns irgendwann als Kinder die Finger verbrannt haben. Und so ist es auch beim Trading. Wir lernen erst, wie man gewinnt, nachdem wir alle Arten, zu verlieren, gelernt haben. Meine Frage an Sie lautet also wie folgt: Was machen Sie mit Ihren Börsenflops? Werden sie verschwendet, ignoriert, dürfen sie wachsen und mit der Zeit immer stärker werden? Oder dienen sie als wertvolle Beispiele dafür, was wir in Zukunft nicht mehr tun sollten? In unseren Verlusten liegt das Geheimnis des Erfolges verborgen, nach dem wir suchen. Wir müssen zuerst verlieren und dann diese Verluste als Sprungbrett für das Gewinnen nutzen. Denken Sie daran, für große Sprünge müssen wir erst einen Schritt zurücktreten. Mit anderen Worten, wir treten zurück und springen dann nach vorn. Das ist ein Naturgesetz. Das ist die Handschrift des Erfolgs. Und das ist der Weg zur Trading-Meisterschaft. Ohne diesen ersten Schritt zurück bleibt unser Versuch, vorwärts zu springen, schwach und unwirksam. Also jammern und stöhnen Sie nicht, wenn Sie einen Verlust-Trade erleiden. Im Gegenteil: Sie sollten sich freuen. Denn wenn Sie mit diesem Verlust richtig umgehen, dann ist er ein wunderbarer Schutzengel, der die Kraft hat, Sie in eine Zukunft mit Gewinnen zu führen.

Der Weg zur Trading-Weisheit

Eines der wertvollsten Hilfsmittel, die einem Trader zur Verfügung stehen, ist nicht irgendein modischer Börsenindikator oder eine sexy Trading-Technik, sondern ein einfaches, aber wirkungsvolles Tagebuch über die Verlust-Trades. Ich habe festgestellt, dass das Aufzeichnen aller meiner Verluste es leichter macht, Trends und wiederkehrende Fehler und Irrtümer herauszufinden. Es ist möglich, dass man beispielsweise nach einer Überprüfung einer Folge von fünf Verlusten herausfindet, dass in vier Fällen die Ursache dafür ein zu später Einstieg war. Diese wertvolle Entdeckung enthält den Schlüssel zu einer enormen Verbesserung des Gewinnprozentsatzes, wenn sie richtig ausgewertet wird. Zu diesem Zeitpunkt sollte der Trader sich darauf konzentrieren, früher einzusteigen und die gewünschte Aktie nicht zu lange zu verfolgen. Ich erinnere mich an eine interessante Entdeckung vor ein paar Jahren, die ich machte, nachdem ich die Verluste des Vorjahres überprüft hatte. Nach einer sorgfältigen Überprüfung stellte ich fest, dass 78 Prozent meiner Verluste Aktien betrafen, die zwischen 8 und 15 US-Dollar pro Wert kosteten. Ich erinnere mich an diesen Tag, als ob es gestern gewesen wäre. Es war eine erstaunliche Entdeckung, die mir ohne meine Aufzeichnungen mit Sicherheit entgangen wäre. Diese Überprüfung zeigte ganz klar die einfache Tatsache, dass ich mindestens doppelt so gut abgeschnitten hätte, wenn ich mich von diesen Niedrigkursaktien fern gehalten hätte. Es können so viele unglaubliche Fakten aus der sorgfältigen Überprüfung der eigenen Fehlschläge gezogen werden. Ein täglich geführtes Tagebuch dieser Fehlschläge sagt eine Menge darüber aus, wer, was und wo Sie sind. Mit Datum versehen, können sie uns sogar mitteilen, wohin wir gehen und ob wir überhaupt irgendwohin gehen. Ich gehe nirgends ohne dieses Tagebuch hin. Ja, ich würde nicht einmal zu Hause bleiben ohne dieses Tagebuch. Meine 5-jährige Tochter lernte das Laufen, indem sie immer wieder hinfiel. Jetzt läuft sie. Dieser 33-jährige Trader und Autor lernte das Trading, indem er anfangs verlor. Jetzt unterrichte ich Trader in der ganzen Welt, wie man an der Börse so wie ich gewinnt. Um die Gewinne muss man sich nicht kümmern. Lernen Sie die Kunst, richtig zu verlieren, und Ihre Träume könnten Wirklichkeit werden.

Gesetz Nr. 7: Führe ein Trading-Journal!

Eines der nützlichsten Dinge, die ein Trader tun kann, ist das Führen eines Journals über seine Trading-Fehler. Wie die meisten unserer Studenten und Abonnenten wissen, sind wir fest davon überzeugt, dass unsere Fehler (im Leben wie an der Börse) Trittsteine auf dem Weg zu den höheren Weihen der Börsenmeisterschaft sind. Und das Führen einer detallierten Aufzeichnung Ihrer Börsenfehler wird Ihnen zu erkennen helfen, wer Sie sind, was Sie sind und wohin Sie unterwegs sind. Vor über sieben Jahren half mir diese einfache

Aufgabe, meine Genauigkeit beim Trading dermaßen zu erhöhen, wie ich es nie für möglich gehalten hatte. Ich habe keinen Grund zu der Annahme, dass es bei Ihnen nicht genauso sein wird. Diese einfache, aber wirksame Aufgabe habe ich wie folgt ausgeführt. Zuerst nahm ich alle unsere peinlichen Broker-Statements und schrieb sie säuberlich auf – das Datum des Trades, das Aktiensymbol, den Einstiegskurs, den Ausstiegskurs, die Gesamtprovision, den Grund für den Trade usw. –, und das für jeden einzelnen Verlust-Trade. Mit der Hilfe eines Chartbuches (heute benutze ich www.executioner.com) überprüfte und zerlegte ich jede Entscheidung und stellte fest, dass viele der Fehler im Laufe der Zeit immer wieder gemacht worden waren. Also begann ich, diese Fehler in verschiedene Kategorien einzuteilen, wie „zu spät eingestiegen", „zu früh verkauft", „zu lange gehalten", „zu gierig gewesen", „zu nervös gewesen", „Stop ignoriert" usw. Als ich damit fertig war, hatte ich ein unmissverständliches Bild von mir als Trader (ein versagender Anfänger) und davon, woran ich sofort arbeiten musste, um das Gegenteil zu werden (ein erfolgreicher Profi). Ich nahm die Gruppe mit den meisten Einträgen und ging an die Arbeit, diesen Fehler auszumerzen. Ich ruhte nicht, bis dieser Fehler beseitigt war. Dann machte ich mit dem nächsthäufigsten Fehler weiter und eliminierte diesen. Dann eliminierte ich den nächsten und den nächsten. Zehn Monate später dämmerte mir, während ich meine letzte Fehlergruppe bearbeitete, dass ich seit einigen Monaten gewinnbringend gearbeitet hatte, ohne es richtig zu merken. Ich hatte mich so auf das Eliminieren von Fehlern konzentriert, dass ich meine Gewinn-Trades gar nicht bemerkt hatte. Das war für mich der lebhafte Beweis dafür, dass man sich um die Gewinne nicht kümmern muss. Ein erfolgreicher Trader wird eher gekennzeichnet durch die Art, wie er verliert, als durch die Art, wie er gewinnt. Der Trader, der richtig gewinnt, aber schlecht verliert, wird bald ein Fall für die Statistik sein. Der Trader, der schlecht gewinnt, aber richtig verliert, wird lange genug im Spiel bleiben, um es letztendlich hinzukriegen. Der Trader, der richtig gewinnt und richtig verliert, wird nach kreativen Möglichkeiten suchen müssen, wie er das verdiente Geld ausgeben kann. Aufgrund dieses gewissenhaften Verfolgens meiner Fehler hatte ich gelernt, was ich nicht tun durfte, und mein Trading-Konto wuchs. Gehen Sie Ihren Weg zum Erfolg mit einem Journal, und beobachten Sie, wie sich Ihre Trading-Meisterschaft entwickelt. Sie werden erstaunt sein, wie diese einfache Aufgabe, ein herkömmliches Journal zu führen, Ihnen dabei helfen wird, ein paar Ihrer größten Trading-Feinde zu eliminieren, und Ihre Fähigkeit, zu gewinnen, verstärkt.

Hier ist ein Beispiel, wie meine Studenten und ich unser persönliches Trading-Journal aufbauen:

Trade 1

Kaufdatum: 15.06.99
Börseneinschätzung: positiv (mehr über die Börseneinschätzung in einem späteren Kapitel)
Symbol: PSFT
Aktienumfang: 100
Trade-Typ: long
Trade-Stil: Swing-Trade (2 bis 5 Tage)
Einstiegskurs: $ 18,50
Grund für Einstieg: 30-Minuten-Kaufregel (weitere Details siehe späterer Abschnitt)
Anfangs-Stop-Kurs: $ 17,50 (unter Vortagestief)
Ziel: $ 20,50 bis $ 21 (erwartete Bewegung aufgrund des 200-Tage-Moving-Average)
Verkaufsdatum: 16.06.99
Verkaufskurs: $ 16,75
Grund für den Verkauf: Anfangsstop überschritten
Ergebnis: Verlust von $ 1,75 oder $ 175 (ohne Provision)
Fehler 1: Angst, den Auslöser zu drücken. Zögern beim Einstieg, was zu einem Kauf führte, der $^{1}/_{2}$ Punkt höher lag, als notwendig war. Allein dieser Fehler hat mich $ 25 gekostet.
Fehler 2: Stop ignoriert. Bei meinem Anfangsstop von $ 17,50 erlag ich dem Feind Hoffnung, steckte sozusagen meinen Kopf in den Sand und machte mir vor, die Chancen auf eine Erholung wären gut. Dieser Fehler hat mich noch einmal $^{3}/_{4}$ Punkt oder $ 75 gekostet.
Fehler 3: N/A

Dieser aufgezeichnete Trade enthüllt eine Menge an Informationen über den Trader. Die beiden häufigsten Fehler, nämlich die Angst, auf den Auslöser zu drücken, und das Ignorieren von Stops, lassen den Schluss zu, dass der Trader skeptisch anstatt optimistisch und naiv-optimistisch ist, wenn er äußerst skeptisch sein sollte. Das ist eine nur allzu häufige Kombination, die normalerweise nicht erkannt wird. Wenn wir jedoch unsere Verluste auf diese Art aufzeichnen, kommen solche verborgenen Dinge an den Tag und zeigen uns ganz klar, wer, was und wo wir als Trader sind. Wenn dieses Muster sich abzeichnet, dann sollte das einzige Ziel dieses Traders sein sicherzustellen, dass er während der nächsten zehn Trades diese Fehler auf keinen Fall macht. Der Trader sollte sich entweder auf einen Fehler konzentrieren oder versuchen, mit beiden gleichzeitig fertig zu werden. In jedem Fall ist das Ziel des Traders nicht, Geld zu verdienen, sondern zu gewährleisten, dass kein einziger Trade unter das festgelegte Stop fällt. Auch wenn das bedeuten würde, dass er verkauft, bevor das Stop erreicht ist, so darf der Trader es nicht zulassen, dass auch nur bei einem einzigen Trade das Stop verletzt oder überschritten wird. Der Trader sollte eigentlich sogar hoffen, dass jeder Trade fällt, damit er gezwungen ist, diesem gefährlichen Verhalten (Dämon) das Rückgrat zu brechen. Der Trader muss außerdem üben, schneller einzusteigen. Sobald ein Kaufsignal auftaucht, muss er seine Gedanken ausschalten und sich nur noch darauf konzentrieren, diesen Trade auszuführen. Und auch hier bedeuet das wieder, dass er bei jedem Trade fast ein wenig fanatisch darauf achten muss, dass er um jeden Preis erfüllt wird. Der Grundgedanke ist nicht unbedingt das Geldverdienen, auch wenn das am Ende sehr gut der Fall sein kann. Der Grundgedanke ist, die beiden Dämonen zu besiegen, die die Macht haben, den Trader für immer aus dem Spiel zu werfen.

Das Aufzeichnen jedes Verlust-Trades kann Wunder bewirken. Wir wissen das nur zu genau, weil unser eigenes Trading einen ganz neuen Standard erreichte, nachdem wir eine Weile ein Journal geführt hatten. Das Aufzeichnen von Verlusten wird von unseren privaten Studenten vor Ort sogar verlangt. Versuchen Sie es. Wir sind sicher, es wird Ihnen eine große Hilfe beim Trading sein.

Gesetz Nr. 8: Konzentriere dich nicht hauptsächlich auf niedrig bewertete Aktien!

Wenn es einen Fehler gibt, eine Kardinalsünde, über die ich tausendmal gestolpert bin, dann ist es die Entscheidung, eine Aktie aufgrund ihres Kurses zu handeln. Diese eine Anfängersünde hat schon mehr Kämpfe hervorgerufen als alles andere, außer dem Ignorieren von Stops natürlich. Ich verstehe zwar, woher sie kommt und warum der Drang dazu besteht, aber es ist ein Fehler und sollte von allen Tradern als solcher erkannt werden. Beschränktes Kapital ist das Hauptmotiv. Aufgrund beschränkter Geldmittel neigen Trader dazu, ihre Trades im Bereich der niedrig bewerteten Aktien anzusetzen. Falsch! Hier sollte man erkennen, dass die Chancen auf Gewinne oft steigen, wenn Sie die Kursleiter nach oben gehen. Denken Sie daran. Wenn eine 10-US-Dollar-Aktie um 2 US-Dollar steigen soll, dann muss sie um ganze 20 Prozent steigen. Das ist die Art von Gewinn, von dem Anleger träumen, dass sie ihn im Laufe eines ganzen Jahres machen. In Wirklichkeit erreichen sogar 60 Prozent der professionellen Fondsmanager nicht solche jährlichen Gewinne, und da gibt es Trader, die das in ein bis zwei Tagen erreichen wollen. Kann das sein? Darauf können Sie wetten. „Wo liegt dann das Problem, Oliver?“ Nun, das Problem ist, dass der Trader mit beschränkten Geldmitteln genau der Trader ist, der verzweifelt eine höhere Erfolgsquote bei den Gewinnen braucht. Doch wenn er sich ausschließlich auf die niedrig bewerteten Aktien konzentriert, greift er in einem Bereich mit niedrigeren Chancen nach den Sternen. Mir wäre es lieber, der Trader kauft nur ein paar Aktien im hoch bewerteten Bereich, einfach, weil die Chancen besser stehen. Überdenken wir nun einmal die andere Seite. Wie viel einfacher ist es für eine Aktie mit einem Kurs von 60 US-Dollar in ein oder zwei Tagen um 2 US-Dollar zu steigen? Die Antwort lautet: viel einfacher. Ein 2-US-Dollar-Anstieg, sogar in einem Tag, ist für eine 60-US-Dollar-Aktie fast ein normales Ereignis. Ein 2-US-Dollar-Anstieg bei einer 10-US-Dollar-Aktie ist so selten, dass er wahrscheinlich am nächsten Tag in der Zeitung steht. Dieses Spiel, das wir Trading nennen, basiert nahezu vollständig auf Chancen. In einem bestimmten Sinn ist es ein einfaches, wenn auch kompliziert auszuführendes Zahlenspiel. Und der Trader, der nicht erkennt, wo die besten Erfolgschancen liegen, wird nur eine kurze Börsenkarriere haben. Aber eines ist sicher. Es ist aufregend. Ich bezweifle allerdings, ob Sie noch etwas anderes als Aufregung wollen, wenn Sie dieses Buch lesen. Wenn das der Fall ist, spielen Sie ein wenig öfter mit höher bewerteten Aktien. Sie werden viel härter für Sie arbeiten. Abgesehen davon, hat Ihnen Ihre Mutter nicht immer gesagt: „Du bekommst das, wofür du bezahlst?“

Der Weg zur Trading-Weisheit

Diese Aufforderung bedeutet nicht, dass niedrig bewertete Aktien ganz außer Acht gelassen werden sollen. Wir trainieren unsere neuen Trader vor Ort ausschließlich mit niedrig bewerteten Aktien, weil das damit verbundene Risiko geringer ist. Aber wenn diese Studenten grundlegend verstanden haben, wie die Market Maker arbeiten und wie die von uns angewandten Trading-Strategien einen Vorteil aus ihren schlauen Aktivitäten ziehen, dann fangen wir an, sie die Kursleiter nach oben zu schubsen. Wir nutzen die niedrig bewerteten Aktien auch, wenn wir unseren „accumulation approach" einsetzen. Achtung: Unser „accumulation approach" betrifft das Aufbauen einer ziemlich großen Position einer Aktie innerhalb von ein bis zwei Tagen vor einem erwarteten Anstieg. Das ist eine fortgeschrittene Strategie, in der unsere erfahreneren Trader vor Ort geschult werden. Denken Sie nur daran, dass die guten Dinge manchmal in kleinen Päckchen kommen, aber in den meisten Fällen werden die höher bewerteten Aktien häufiger mit Geschenken kommen, als Sie es eigentlich erwarten.

Gesetz Nr. 9: Keine Streuung!

Einer der am häufigsten verwendeten Ausdrücke der Investmentprofis ist „Streuung". Heutzutage können Sie kein Brokerkonto eröffnen, kein Finanzbuch lesen, keinen Anlageberater treffen oder nicht einmal ein Bier mit einem Finanzplaner trinken, ohne nicht ein Dutzend Mal die Empfehlung zu hören: „Sie müssen streuen". Schon bevor wir den Unterschied zwischen Vorzugs- und Stammaktie kannten, wurde uns eingebläut, nicht alle Eier in einem Korb aufzuheben. Doch mit der Zeit beginnen wir, den Wert dieses Grundsatzes zu hinterfragen, und bei dieser Gelegenheit entdeckten wir ein paar interessante Dinge. Tipp: Als kluger Trader sollten Sie alles hinterfragen und sogar die fundamentalsten Grundsätze einer Realitätsprüfung unterziehen. Sie werden ziemlich erstaunt sein, was Sie dabei entdecken. Seltsamerweise fanden wir heraus, dass eine gute Streuung in Wirklichkeit den eigenen Fortschritt hemmt und das Profitpotential schmälert, wenn ein Trader richtig liegt. Wenn der Trader jedoch falsch liegt, dient die Streuung als wirksamer Schutz gegen große Verluste. Ist das nicht interessant? Streuung schließt weder Verluste aus, noch erhöht sie die Chancen auf Gewinn. Sie bietet einfach nur ein dickeres Kissen, wenn ein Trader falsch liegt. Nun, wir wissen nicht, wie es Ihnen geht, aber wir sind weitaus mehr an Konzepten interessiert, die die Chancen auf Erfolg erhöhen, anstatt uns lediglich zu helfen, zufriedenere Verlierer zu sein. Verstehen Sie uns nicht falsch. Streuung hat ihre Berechtigung. Und wie wir schon viele Male gepredigt haben, richtig zu verlieren ist ein wichtiger Teil dieses Spiels. Uns ist einfach klar, dass Streuung weniger Bedeutung hat, wenn ein Trader talentiert ist. Kurz gesagt: Breite Streuung ist nichts anderes als Ersatz für mangelndes Talent. Das ist ein Konzept, das dazu gedacht ist, die Verluste zufriedenstellender ausfallen zu lassen. Auch wenn es Zeiten gibt, in denen Streuung das richtige Konzept ist, würden wir es vorziehen, wenn Sie Ihre Energien darauf verwenden, insgesamt ein Gewinner zu werden. Denken Sie darüber nach. Welcher Trader braucht schon eine Streuung, wenn auf acht Gewinn-Trades nur zwei Verlust-Trades kommen? Trader, die dieses Level der Meisterschaft erreicht haben, streben danach, den Prozentsatz ihrer Gewinne so hoch wie möglich zu schrauben. Streuung würde diesen Gewinndurchschnitt nur verwässern.

Der Weg zur Trading-Weisheit

Wir wollen nicht die Tatsache schmälern, dass Streuung einen wichtigen Stellenwert hat. Aber wir haben festgestellt, dass sie in der Praxis weit überbewertet wird, wenn es um die doch etwas unterschiedlichen Herausforderungen des kurzfristigen Tradings geht. Nicht nur Master Trader wollen mit konzentrierten Positionen ihre Genauigkeit maximieren, sondern auch Trading-Neulinge tun gut daran, ihr Können Trade um Trade aufzubauen. Das Letzte, was Erfahrung sammelnde Trader wollen, ist, ihre häufigsten Fehler dadurch zu multiplizieren, dass sie die Anzahl ihrer Entscheidungen erhöhen. Am Anfang ist es umso besser, je weniger Entscheidungen zu treffen sind. Das gilt auch für die andere Seite der Medaille. Je größer die erreichte Genauigkeit und das erreichte Können sind, desto weniger braucht man die Sicherheit der Streuung. In der Welt des Tradings sollte mit dem Zunehmen des Könnens immer ein Abnehmen der Streuung einhergehen.

Gesetz Nr. 10: Erkenne, dass keine Aktion manchmal die beste Aktion ist!

Nach Jahren des Redens, Beratens, Unterrichtens und Lehrens vor Tausenden Studenten aus der ganzen Welt haben wir erkannt, dass viele der Probleme, die den lernenden Trader plagen, unter zwei Kategorien fallen: (1) Mangel an Geduld und (2) Unwissenheit, wann Nichtstun die beste Aktion ist. Wie oft haben Sie schon beschlossen, eine Aktie zu verkaufen, nur um ein oder zwei Tage nach dem Verkauf zu sehen, wie sie in den Himmel schießt? Nun fragen Sie sich selbst, wie viele dieser Verkaufsentscheidungen auf einer vorher festgelegten Verkaufsstrategie basierten und wie viele erfolgten, nur weil Sie nervös, gelangweilt oder von etwas anderem abgelenkt waren. Eine Verkaufsstrategie, die festgelegt wird, bevor man in einen Trade einsteigt, ist eines der Hauptmerkmale eines erfahrenen Traders. Aber sogar erfahrene Trader machen den Fehler, ihre festgelegten Strategien zu verletzen und Aktien vorzeitig zu verkaufen, obwohl sie keinen Anlass dazu geben. Wenn Sie auch diese Tendenz haben, dann sollten Sie dem Beachtung schenken, denn wenn Sie keinen Riegel vorschieben, werden Ihnen wahrscheinlich ein paar der besten Augenblicke Ihrer Trading-Karriere entgehen. Das zweite Problem ist weit gefährlicher und für die endlosen Zweifel verantwortlich, die wir zwischen „Gewinn und Verlust" erfahren. Dieser unerfreuliche Kreislauf von Gewinn und Verlust verdient ein eigenes Buch, aber das Wissen, wann man nicht handeln soll, ist das magische Elixier, das dem ein Ende setzen kann. Die meisten Trader erkennen nicht den Wert des Wissens, wann man die Hände im Schoß falten soll. Sie gehen irrtümlicherweise davon aus, dass man immer etwas tun kann oder eine Aktie zum Handeln findet, wenn man gut ist. Das ist nicht nur naiv, es ist auch potentiell ruinös. Als professionelle Trader sind wir nicht viel mehr als Spieler, ähnlich den professionellen Pokerspielern. Und nur wer die Chancen richtig einschätzt, wird kontinuierlich seine Schäfchen ins Trockene bringen. Tatsache ist, dass manchmal keine Aktion die beste Aktion ist, und zu wissen, wann und wie man sich am besten zwischen den Polen Aktivität und Nichtstun bewegt, erhebt einen in den Stand einer besonderen Klasse von Tradern. Bitte behalten Sie diese beiden Punkte immer im Hinterkopf, denn sie sind viel mehr wert als den Preis dieses Buches.

Der Weg zur Trading-Weisheit

Das Wichtigste für einen Master Trader ist die Fähigkeit, den richtigen Zeitpunkt für das „Nichtstun" zu erkennen. Nichtstun ist ein sehr wirksames Hilfsmittel, das nur die erfolgreichsten Trader anwenden können, ein Hilfsmittel, das ihnen nicht nur tausende Dollar spart, sondern eines, das ihnen hilft, zigtausende Dollar zu verdienen. Ich sitze da und beobachte täglich, wie Trader am Anfang des Tages gutes Geld verdienen und den Rest des Tages damit verbringen, alles wieder zurückzugeben. Sie setzen einfach ihre hart verdienten Gewinne aufs Spiel, weil sie die Vorteile eines rechtzeitigen „Nichtstuns" nicht schätzen können. Nach jedem Gewinn-Trade drängen sie noch härter, verlangen nach mehr. Nichts ist für sie in einer Gewinnphase weiter entfernt als Nichtstun. Aber es ist eine unumgängliche Tatsache, dass es Zeiten gibt, in denen der Wind nicht günstig steht und Sie zu Hause bleiben sollten. Es gibt Zeiten, in denen es nicht gut ist, zu kämpfen, auch wenn Sie gerade dran wären. Und es gibt Zeiten, in denen Sie für einen Augenblick aufhören sollten zu handeln, für einen Tag, vielleicht auch eine Woche. Trading kann ein sehr einträglicher Beruf sein, wenn man es beherrscht. Aber der Möchtegern-Trader, der nicht ganz schnell lernt, dass Nichthandeln manchmal die bessere Wahl ist, wird es schwer haben, den Zustand, den wir Trading-Meisterschaft nennen, zu erreichen.

Gesetz Nr. 11: Erkenne, wann es Zeit ist, sich dankbar zu verabschieden!

Die Fähigkeit, seine Aktivitäten rechtzeitig zu reduzieren, wenn die Börsenstimmung unkalkulierbar wird, ist eines der Kennzeichen eines professionellen Traders. Zu viele schlecht informierte Börsenteilnehmer gehen davon aus, dass ein Supertrader jemand ist, der auch die trügerischsten Börsenumstände bekämpft und erfolgreich meistert. Nichts könnte weiter entfernt von der Wirklichkeit sein. Der kluge Trader weiß, dass eine überdurchschnittliche

Performance eher das Ergebnis der Minimierung der Verluste als der Maximierung der Gewinne ist. Deshalb ist es ein wichtiger Teil des erfolgreichen Tradings, sich rechtzeitig von der Börse zu verabschieden. Bedenken Sie folgende Tatsache. Wenn ein langfristiger Anleger sich an den zwanzig positivsten Tagen der letzten vierzehn Jahre von der Börse zurückgezogen hätte, dann hätte er ungefähr 30 Prozent des Gesamtgewinns der vierzehn Jahre verpasst. Erstaunlich, oder? Und ein sehr kräftiges Argument für eine Buy-and-Hold-Einstellung, nicht wahr? Falsch! Was bei dieser Aussage fehlt, ist die Kehrseite. Wenn derselbe Anleger voll investiert bleibt, es aber schafft, die zwanzig schlechtesten Tage dieser Zeitspanne von vierzehn Jahren abzuwarten, dann würden sich seine Gewinne mehr als verdoppeln. Es ist gewinnbringender, die schlechten Zeiten zu vermeiden, als in guten Zeiten aufzustocken. Aber lassen Sie mich noch Folgendes sagen: Beides zu können, in schlechten Zeiten abzuwarten und in guten so gut wie möglich abzuschneiden, macht einen Trader erst zum Supertrader. Also warten Sie ab, wenn die Chancen nicht zu Ihren Gunsten stehen, und vertrauen Sie auf die Tatsache, dass „verpasstes Geld besser als verlorenes Geld ist“.

Wenn eines oder mehrere der folgenden Ereignisse eintreten, ist es wahrscheinlich an der Zeit, sich dankbar zu verabschieden:

1. ***Sie haben nach einer Gewinnsträhne zweimal hintereinander verloren.***
   Tipp: Trader schaden sich oft durch Selbstzerstörung gleich nach einer Gewinnsträhne. Mit anderen Worten, unsere größten Fehlschläge folgen oft auf unsere größten Erfolge.

2. ***Die Börse wird laut S&P-Future außerordentlich negativ.***
   Tipp: S&P-Future ist ein Hauptindikator der Börse. Er gibt wachsamen Tradern oft schon im Voraus Hinweise auf eine Umkehr der Börse.

3. ***Sie fühlen sich aus dem Gleichgewicht, unsicher, verwirrt, desorientiert und wissen nicht, warum.***
   Tipp: Mit der Zeit fangen Trader an, eine „innere Stimme“ zu entwickeln. Diese innere Stimme, die sich mit den Jahren der Erfahrung und Praxis entwickelt, hören wir mit unseren gefühlsbedingten und intuitiven Sinnen. Der Master Trader mit einer gut entwickelten inneren Stimme hört auf diese „Hinweise“.

4. ***Ihr vorher festgelegter Trading-Plan bricht aufgrund eines plötzlichen Börsenereignisses zusammen.***
Tipp: Es ist immer besser, abzuwarten, wenn Ihr Trading-Plan nicht funktioniert. Viele Trading-Neulinge versuchen, gegen die Notwendigkeit, sich zu verabschieden, anzukämpfen, wenn zum Beispiel unerwartete negative Nachrichten bekannt werden, aber das macht den Trader oft zum Glücksspieler, was wiederum zu noch größeren Verlusten führt.

5. ***Sie fühlen sich krank.***
Tipp: Trader sind wie Profiathleten. Sie müssen sich physisch und psychisch gesund halten. Wenn Sie sich krank fühlen, werden Sie nicht einmal mit null abschneiden.

6. ***Ihr Gemütszustand ist erschöpft.***
Tipp: Die stärkste Waffe des Traders ist ein ausgeglichener Gemütszustand. Wenn die mentale Ausgeglichenheit fehlt, fehlen auch gesunde Trading-Entscheidungen.

7. ***Sie beschäftigen sich gerade mit einem persönlichen Problem.***
Tipp: Persönliche Probleme beeinträchtigen die mentale Ausgeglichenheit, was sich wiederum auf die Trading-Entscheidungen auswirkt. Die Börse ist ein beinahe perfektes Spiegelbild davon, wer und was wir sind. Unsere persönlichen Probleme setzen sich auf eigenartige Weise in unserem Trading fort.

Gesetz Nr. 12: Suche keine Entschuldigungen – sie haben noch nie etwas eingebracht!

„Du kannst Entschuldigungen suchen, du kannst Geld verdienen, aber du kannst nicht beides gleichzeitig.“ Wir finden diese weise Aussage so unglaublich wahr, und zwar in jeder Hinsicht. Aber sie gilt ganz besonders für Trader. Als aktive Börsianer beschäftigen wir uns jeden Tag mit der Komplexität und den Schatten der Unsicherheit. Auf unserer Suche nach kontinuierlichen Gewinnen gehen wir bei jedem Trade mit unserem hart verdienten Geld Risiken ein. Das Wort „schwierig“ beschreibt nicht annähernd die Aufgabe des Traders. Jedoch der echte Trader handelt. Wenn man darüber nachdenkt, ist es eigentlich erstaunlich. Der Weg zum Trading-Erfolg ist nicht leicht. Wir alle wissen das. Und doch überleben tausende von uns täglich und drängen vorwärts. Diese mühevolle Reise in das Land ständiger Gewinne ist es, was wir alle schaffen wollen. Und während manche am Wegesrand liegen bleiben, gibt es immer noch welche, die gut im Rennen liegen. Trading-Anfänger liebäugeln immer mit der finanziellen Herausforderung. Täglich kämpfen sie gegen die psychologischen Dämonen, die ihnen im Weg stehen. Und wegen der enormen Schwierigkeiten, der extremen Härten, die einem Erfolg im Wege stehen, sind wir beeindruckt davon, dass es immer welche gibt, die keine Entschuldigungen vorbringen. Und genau diese verdienen letztendlich das Geld, die „süßen Dollars". Immer wenn ich deprimiert und frustriert bin, geschlagen von einer niederschmetternden Verluststrähne – und die haben wir alle –, erinnere ich mich selbst daran, dass mir niemand versprochen hat, dass ein erfolgreiches Leben oder erfolgreiches Trading leicht sein würde. Ja, Entschuldigungen sind schnell gemacht. Aber sie haben noch niemandem einen Cent eingebracht. Ich liebe und respektiere Trader – die echten – , weil sie erkennen, dass Mut am besten damit beschrieben wird, sich zu fürchten und etwas dennoch zu tun. Entschuldigungen sind etwas für Verlierer. Das echte Geld, diese „süßen Dollars", werden immer diejenigen bekommen, die das erkennen. Wenn Sie also den großen Moby Dick jagen, dann machen Sie keine Ausflüchte, bringen Sie die *Sauce Tartar*.

Der Weg zur Trading-Weisheit

Trading ist die letzte Bastion der totalen Freiheit. Die Kollegen in den Rechtsanwalts- und Steuerberatungsbüros arbeiten für ihre Mandanten. Ärzte dienen ihren Patienten. Trader arbeiten nur für sich selbst. Niemand kann einen Teil des Erfolgs der Trader beanspruchen, denn dafür sind sie ganz allein verantwortlich. Und Fehlschläge können nicht auf andere abgewälzt werden. Kurz gesagt: Trader leben in einer eigenen Welt. Jeder Gipfel und jedes Tal gehört ihnen. Aber da es keine Möglichkeit gibt, die persönliche Verantwortung für jede Handlung zu verstecken oder ihr zu entfliehen, ist es für Anfänger oft leichter, Entschuldigungen zu finden. Anderen die Schuld zuzuschieben macht es psychologisch einfacher, mit Fehlschlägen fertig zu werden. Einen Newsletter zu beschuldigen, einem Analysten die Schuld zu geben und die Wall Street anzuklagen sind nur ein paar Möglichkeiten, wie Verlierer die Tatsache umgehen, dass sie ganz allein für ihre Entscheidungen verantwortlich sind. Flüchten Sie sich nicht auch in Entschuldigungen. Denn dieser Weg ist klar. Das Ende, das nur ein Fehlschlag sein kann, ist bekannt. Übernehmen Sie die volle Verantwortung für jede Ihrer Aktionen an der Börse. Akzeptieren Sie ganz ehrlich, dass es niemand in der Hand hat, Sie zu Aktionen zu veranlassen. Sie müssen tief in Ihrem Herzen wissen, dass das Endergebnis jeder Handlung nur bei Ihnen liegt. Die Besten der Trader leben ein Leben in einer Welt, die auf Selbstvertrauen und totaler Unabhängigkeit aufgebaut ist. In dieser Welt liegt die Verantwortung für alle Verluste bei ihnen selbt, aber sie wissen auch, dass sie auch den Erfolg für all die wunderbaren Gewinne für sich beanspruchen können. Und die Trader, die keine Entschuldigungen vorbringen, werden letztendlich mehr Gewinne als Verluste machen.

Die Geheimnisse der Master Trader

15 Tatsachen, die jeder Trader wissen sollte

Geheimnis Nr. 1: Es gibt keine Geschenke an der Wall Street

Es gibt nicht besonders viele Gewissheiten im großen Spiel des Lebens. Tod und Steuern sind zwei, die einem sofort einfallen. Als weitere Gewissheit kann noch die Veränderung genannt werden. Aber wenn es um das etwas kleinere Spiel des Tradings geht, können wir nur mit einer Gewissheit rechnen, nämlich mit der einfachen Tatsache, dass es an der Wall Street keine Geschenke gibt. Wenn Sie glauben, dass Sie bei einem Trade Glück hatten, wird die Zeit zeigen, dass das, was Sie anfänglich für Glück hielten, eigentlich Unglück ist. Stellen wir uns einen Trader vor, der darauf wartet, in eine steigende NASDAQ-Aktie einzusteigen, nachdem alle Market Maker beim Inside-Angebotskurs verschwunden sind. Wenn der Trader Erfolg hat, wenn nur noch ein oder zwei Market Maker bei diesem Angebot übrig sind, dann ist beinahe sicher, dass der Trader die Aktie nicht wirklich will, oder sollte ich sagen, er sollte sie nicht wollen. Jedes Mal wenn Sie denken, dass Sie etwas geschenkt bekommen, stehen die Chancen gut, dass Sie etwas bekommen haben, was Sie gar nicht wollten. Das ist so ähnlich wie bei einem Geschenk. Und die einfache Wahrheit ist, dass an der Wall Street niemand etwas umsonst hergibt. Ja, sogar erfahrene Trader werden immer wieder Fehler machen. Und ja, es wird immer Ignoranten geben, die ständig zum falschen Zeitpunkt kaufen und verkaufen. Aber die wahre Kunst des Tradings ist es, aus diesen Vorkommnissen Erfolg zu erzielen. Das unterscheidet sich von der Annahme, ein Geschenk zu bekommen. Ich meine damit, dass Sie glücklich sind, etwas zu bekommen, von dem Sie wissen, dass Sie es nicht verdient haben. Hier muss der Trader sehr wachsam sein. Mit anderen Worten, Gewinne und/oder Chancen muss man sich an der Börse nehmen, nicht schenken lassen. Wenn Ihnen jemand etwas schenkt, sind die Chancen groß, dass es sich um eine heiße Kartoffel handelt, die Sie ganz schnell jemand anderem servieren sollten, wenn Sie sich nicht die Finger verbrennen wollen. Dabei fühlen Sie sich wahrscheinlich nicht besonders gut, aber nach dem darwinschen Gesetz überleben an der Wall Street nur die Weisesten und Schlausten und nicht diejenigen, die das meiste Glück haben. Nehmen Sie sich, was Sie wollen, aber akzeptieren Sie keine Geschenke. Die gibt es nämlich nicht, jedenfalls nicht an der Wall Street.

Master-Trading-Tipp

Wenn Sie etwas bekommen, von dem Sie genau wissen, dass Sie es eigentlich gar nicht verdient haben, ist es wahrscheinlich eine Falle. Seien Sie immer skeptisch, wenn etwas zu schön ist, um wahr zu sein. Hier ein paar Beispiele wichtiger negativer Warnungen, die als „Geschenke" verkauft werden:

1. **Ihr Gebot wird unter dem aktuellen Börsenkurs erfüllt (Sie kaufen).** Das bedeutet, jemand wollte die Aktie so dringend loswerden, dass er bereit war, sie unter dem aktuellen Bid-Kurs zu verkaufen. Während viele Anfänger hocherfreut wären, wird der Master Trader sofort skeptisch. Tatsache ist, dass dieser Jemand vielleicht etwas weiß, was Sie noch nicht wissen. Wann immer so etwas passiert, passen Sie auf, und seien Sie bereit, die Aktie beim ersten Anzeichen von Schwierigkeiten loszuwerden.
2. **Ihr Angebot wird über dem aktuellen Börsenkurs erfüllt (Sie verkaufen).** Das ist genau das Gegenteil des vorhergehenden Szenarios. Es bedeutet, dass jemand so gierig darauf war, die Aktie zu bekommen, dass er bereit war, sie überhöht zu kaufen. Das kann gut ein Anfänger sein, der gar nicht weiß, was er tut, oder ein begeisterter Trader, der von der Gier gepackt wurde. Aber manchmal sind diejenigen, die bereit sind, zu einem höheren Kurs als dem aktuellen Ask-Kurs zu kaufen, auch echte Profis. Wenn sie alle verfügbaren Aktien kaufen wollen, dann kaufen sie auch über dem aktuellen Börsenkurs. Das bedeutet, die Aktie wird wahrscheinlich nach oben explodieren. Wir sagen unseren Tradern immer, dass sie bereit sein müssen, diese Aktie stark zurückzukaufen, wenn Profis derart in die Aktie einsteigen.
3. **Ein Market Maker bietet zum Ask-Kurs eine kleine Menge an, und trotzdem wird Ihr Auftrag mit Blitzgeschwindigkeit ausgeführt.** Das bedeutet oft, dass das angebliche Bild von Stärke nicht wirkliche Stärke zeigt. Hier folgt ein Beispiel: Vier Market Maker bieten (wollen kaufen) bei einer

Aktie 40 US-Dollar, und nur ein Market Maker bietet 1.000 Stück dieser Aktie zu 40,25 US-Dollar an. Auf den ersten Blick sieht die Aktie stark aus, weil vier Leute bereit sind, 40 US-Dollar zu bezahlen, wogegen nur ein Market Maker bereit ist zu verkaufen. Es werden jedoch unzählige Transaktionen bei 40,25 US-Dollar ausgeführt, obwohl es bei dem Market Maker mit 40,25 US-Dollar bleibt. Achtung: Das bedeutet, dass der Market Maker sein Angebot immer wieder erneuert. In dem ganzen Trubel der Trades bei 40,25 US-Dollar platzieren Sie eine Kauforder über 1.000 Aktien zu 40,25 US-Dollar, und sie wird sofort ausgeführt. Ein Anfänger wäre vielleicht glücklich, die Aktie für 40,25 US-Dollar bekommen zu haben, aber der Master Trader wäre sofort misstrauisch. Manchmal kann die Skepsis eines Master Traders so weit gehen, dass er diese Aktien sofort für 40,25 US-Dollar oder sogar 40 $^{3}/_{16}$ US-Dollar zum Verkauf anbietet.

Es gibt natürlich noch viel mehr Szenarios, aber wir sind sicher, Sie haben verstanden, worauf es ankommt.

Geheimnis Nr. 2: Es gibt jemanden auf der anderen Seite deines Trades, und der ist nicht dein Freund

Ich habe es immer für notwendig gehalten, dass unsere Studenten verstehen, dass es jedes Mal, wenn sie einen Trade platzieren, auf der anderen Seite dieses Trades jemanden gibt, der das Gegenteil glaubt. Es gibt beispielsweise jedes Mal, wenn Sie eine Aktie kaufen, auf der anderen Seite des Trades jemanden, der an Sie verkauft. Die 64.000-US-Dollar-Frage lautet: „Wer ist cleverer?" Wer hat Recht, Sie oder die Person auf der anderen Seite? Viel zu viele Trader und Anleger verhalten sich an der Börse, als ob sie Aktien in einem großen Warenlager in den Wolken kaufen würden, wo die gewünschten Wertpapiere in Stapeln herumliegen. Dieses unklare und irrige Konzept ignoriert das wichtigste Element des Tradings und fördert eine falsche Vorstellung. Trading muss immer als Kampf betrachtet werden, zuallererst als Kampf mit sich selbst, aber auch als Kampf gegen andere Börsenteilnehmer. Als Trader muss man immer gewärtig sein, dass man sich mit jedem Trade den Meinungen und Überzeugungen anderer Trader entgegenstellt, und diese könnten sehr gut diejenigen sein, die Recht behalten. Als Trader ist es unerlässlich, zu verstehen, dass man Aktien nur kaufen kann, weil jemand anders sie unbedingt verkaufen will. Umgekehrt ist man nur in der Lage, Aktien zu einem bestimmten Kurs zu verkaufen, weil jemand anders sie unbedingt zu diesem Kurs kaufen will. Um zu denen zu gehören, die öfter Recht als Unrecht haben, müssen Sie erst vollkommen verstanden haben, was erfolgreiches Trading bedeutet. Das hört sich vielleicht einfach an, aber Sie werden erstaunt sein, dass viele Trader es nicht verstehen. Wir haben in unseren 1- bis 3-Tagesseminaren die Frage „Was bedeutet erfolgreiches Trading?“ Tausenden von Leuten gestellt. Und jedes Mal haben wir so typische Antworten wie „Erfolgreiches Trading bedeutet niedrig zu kaufen und hoch zu verkaufen“ und „Erfolgreiches Trading bedeuet, öfter zu gewinnen als zu verlieren“ erhalten. Obwohl beide Aussagen eine gewisse Wahrheit beinhalten, sind sie dennoch weit von der richtigen Antwort entfernt, hauptsächlich, weil sie ungenau sind und das persönliche Element, von dem wir vorher gesprochen haben, auslassen. Um in das Spiel Trading mit dem richtigen Gemütszustand einzusteigen, müssen Sie die Antwort auf diese einfache Frage wissen. Also schauen wir uns die richtige Antwort hier und jetzt an, bevor wir uns in diese Materie vertiefen. Erfolgreiches Trading bedeutet, Ware (Aktien) von jemandem zu kaufen, der sie zu billig verkauft, und diese Ware wiederum an ihn oder jemand anderen zu verkaufen, wenn Sie genau wissen, dass sie zu teuer ist. Lesen Sie diese Aussage ein paar Mal, bevor Sie weitermachen, denn sie enthält einen der wichtigsten Schlüssel zur Trading-Meisterschaft. Wenn Sie das richtig verstanden haben, werden Sie erkennen, dass erfolgreiches Trading die Kunst ist, einen Dummen zu finden und daraus Vorteil zu ziehen, jemanden zu finden, der keine Ahnung von dem aktuellen Wert der Ware in seinen Händen hat. Das ist die ehrlichste Definition für erfolgreiches Trading, und wer das bedenkt, wann immer er einen Trade eingeht, wird das Spiel mit einer tieferen und besseren Einsicht spielen. Das Problem mit anderen Definitionen für erfolgreiches Trading ist, dass sie den wichtigsten Punkt übersehen. Bei jedem Gewinn-Trade muss jemand der Trottel, der Idiot, der Dumme sein, der die Ware zu billig verkauft und sie zu teuer kauft. Unser Job ist es, sicherzustellen, dass nicht wir oder unsere Studenten diese Dummen sind.

Master-Trading-Tipp

Master Trader spielen in vieler Hinsicht die Rolle des guten Samariters. Sie erleichtern die Niedergeschlagenen, indem sie ihnen die Aktien abkaufen, wenn sie in Not sind, und stellen die Gierigen zufrieden, indem sie ihnen die Aktien verkaufen, die sie haben wollen. In einem gewissen Sinn sind Master Trader die Erretter aus der Not und die Befriediger der Gier.

Geheimnis Nr. 3: Profis verkaufen Hoffnung – Anfänger kaufen Hoffnung

Viele Trader, die neu an der Börse sind – und manche, die nicht mehr so neu sind –, glauben, dass sie ihn finden werden: den Heiligen Gral der Indikatoren, der ihnen aufgrund seiner leichten Handhabung und einfachen Logik ein Vermögen bescheren wird. Vorausgesetzt sie haben genügend Geld und Zeit, um im nächsten Mega-Buchladen durch die Gänge zu streifen und in den Seiten der unterschiedlichsten Börsenbücher zu blättern. Andere hegen eine ähnliche Hoffnung, dass es vielleicht genau der nächste Trade sein wird, der die Goldmine bringt, den Grand Slam oder sie nach einer glorreichen Rundfahrt einfach nur auf den Ausgangspunkt zurückbringt. Aber jeder Master Trader weiß, dass Hoffnung eine gefährliche Sache ist, wenn es um die Börse geht. Obwohl sie oft der Grund dafür ist, warum Leute sich an der Börse engagieren, so verhilft einem Hoffnung selten zum Erfolg an der Börse. Es ist die Fähigkeit, die Realität zu erkennen, die zu kontinuierlichen Gewinnen führt. Damit meinen wir die Fähigkeit, aus dem Kurschart herauszulesen, was wirklich ist, ohne seine Hoffnungen, Wünsche und Ängste hineinzuinterpretieren. Und wie bei den meisten Dingen ist das leichter gesagt als getan. Es ist ein hohes Maß an Klarheit und gesunder Einstellung erforderlich. Mit anderen Worten, anstatt sich auf sich selbst und das Vermögen, das vielleicht gleich um die Ecke wartet, zu konzentrieren, sollte man sich auf die Fakten des aktuellen Trades konzentrieren. Das erfordert, dass man die Einstellung eines Wissenschaftlers annimmt, der gewissenhaft alle Fakten zusammenträgt, bevor er zu einer Schlussfolgerung kommt. Fakten wie die engsten Unterstützungs- und Widerstandsbereiche, die Richtung und die Dauer des momentanen Trends, das Verhältnis zwischen dem letzten Kurs und den zuvor erwähnten Fakten, um den Einstiegspunkt, das Stop und das Kursziel zu bestimmen. Das erfordert auch, dass man unbequeme, aber realistische Fragen stellt, wie: „Was ist, wenn es nicht funktioniert?“, „Bin ich darauf gefasst, diesen Betrag meines kostbaren Kapitals zu verlieren, oder sollte ich mit weniger einsteigen oder vielleicht einfach abwarten?“ Und: „Bin ich diszipliniert genug, gemäß meinem Plan auszusteigen?“ Es ist dieser Vorgang, die Realität zu sehen – ein Vorgang, der mit der Zeit schneller und fast automatisch wird –, der einem ermöglicht, informierte Trading-Entscheidungen zu treffen, im Spiel zu bleiben und, noch wichtiger, am Ende zu den Gewinnern zu gehören.

Master-Trading-Tipp

Hoffnung ist ein Gemütszustand, den professionelle Trader nicht oft in Anspruch nehmen. Immer wenn sie merken, dass sie auf etwas hoffen, das gar nicht existiert, erkennen sie, dass sie in Schwierigkeiten sind, und ergreifen sofort die nötigen Schritte, um aus dem Trade auszusteigen. Hoffnung ist etwas für Anfänger, denen noch das Wissen und ein fester Trading-Plan fehlen. Der Master Trader weiß genau, dass es viel gewinnbringender ist, Hoffnung zu verkaufen als sie zu kaufen. Das Optionsgeschäft ist zum Beispiel größtenteils ein Spiel mit der Hoffnung, sogar zu einem so großen Teil, dass wir es als Rennbahn des armen Mannes bezeichnen. Es ist kein Zufall, dass die größten Gewinner im Optionsspiel diejenigen sind, die Optionen (Hoffnung) verkaufen, und nicht diejenigen, die diese Optionen (Hoffnungen) kaufen. Wenn er die Wahl hat, wird ein Master Trader immer Hoffnung verkaufen, anstatt sie zu kaufen. Es bringt mehr ein.

Geheimnis Nr. 4: Home Runs sind etwas für Verlierer

Der Master Trader weiß, dass Mark McGwire und Sammy Sosa, die beiden Baseball-Superstars, die 1998 um den Baseball-Home-Run-Rekord der Major League kämpften, keine guten Day-Trader abgeben würden. Warum? Weil es ihnen im Blut liegt, nach dem Big One zu jagen, nach dem langen Ball, dem allmächtigen Home Run. Und wenn ihre Strategie vielleicht beim Baseball funktionert, sie funktionert bestimmt nicht beim Day-Trading. Profi-Trader, ich meine solche, die das Spiel beherrschen, sind permanente „Single"-Schläger. Sie erreichen nur gelegentlich ein Double. Und wenn sie sehr viel Glück haben, was auch ab und zu passiert, dann nehmen sie ein Triplé mit nach Hause. Aber der Master Trader strebt nie nach dem Big One. Er versucht nie, eine hohe Punktzahl zu erreichen. Der Drang nach hoher Punktzahl, nach dem Jackpot, ist normalerweise das Ziel eines Verlierers, der mangels Können versucht, mit einem Riesengewinn im Spiel zu bleiben oder zurückzukommen. Das Streben nach Home Runs ist beim Day-Trading ein sicheres Zeichen der Verzweiflung, und falls Sie es noch nicht gewusst haben, Wissen lässt keine Verzweiflung zu. Wir sehen das nur allzu oft. Ein verzweifelter Trader ist seit drei Tagen oder drei Wochen, ja vielleicht sogar drei Monate ununterbrochen unten, und die Qual ist so unerträglich geworden, dass er zu verzweifeln beginnt. Die Aktien erreichen ihre Stops und werden ignoriert, weil der Trader davon überzeugt ist, dass er keinen weiteren Verlust mehr ertragen kann. Oder der Trader bekommt einen 1- oder 2-US-Dollar-Gewinn, aber er kann sich nicht entscheiden zu verkaufen, weil es nicht ganz ausreicht, um glattzustellen. Also hält der Trader die Aktie weiter – als ob diese wissen könnte, dass er noch mehr braucht –, bis sie schließlich wieder fällt und einen weiteren katastrophalen Verlust verursacht. Wir haben gesehen, dass manche Trader so in diesem hinterhältigen Kreislauf gefangen waren, dass sie nicht mehr erkennen konnten, dass sie sich bereits auf einem selbstzerstörerischen Kamikaze-Flug befanden, der nur noch in psychischer und finanzieller Zerstörung enden konnte. Wir als Master Trader brauchen das Herz eines McGwire und die Cleverness eines Pete Rose. Wir brauchen die Kraft eines Sosa, kombiniert mit dem Verstand eines Rod Carew. Kurz, wir müssen Meister im Single, im Grundschlag, im kleinen, aber beständigen Gewinn werden. Und wenn wir das schaffen, werden wir ab und zu mit einem kleinen Geschenk belohnt werden. Einem Geschenk, das wir Home Run nennen.

Master-Trading-Tipp

Ein großer Gewinn ist normalerweise das Kennzeichen eines Anfängers. Das soll nicht heißen, dass man einen großen Punktegewinn bei einer Aktie verachten soll. Aber jeder Master Trader weiß, dass erfolgreiches Trading Beständigkeit bedeutet, und Beständigkeit ist eher möglich, wenn man Singles schlägt, anstatt nach Home Runs zu jagen. Aus diesem Grund überlassen Sie die Home Runs den Anfängern, als Verlockung, im Spiel zu bleiben, während Sie selbst ihnen die kleineren, aber beständigeren Gewinne unter der Nase wegschnappen. Denken Sie darüber nach. Die besten Meister dieses Spiels sind die Kursmakler und Market Maker. Firmen wie Spear, Leads & Kellogg (SLKG), Goldman Sachs (GSCO) und Merrill Lynch (MLCO) stellen das blaue Blut der Wall Street dar, die Titanen in dem Spiel, und sie sind die bei weitem erfolgreichsten Gruppen. Glauben Sie auch nur einen Augenblick, dass sie sich um einen 27-US-Dollar-Gewinn bei Amazon.com oder einen 14-US-Dollar-Anstieg bei AOL kümmern? Die Antwort ist nein. Nur Anfänger warten auf solche Dinge. Die einzige Mission dieser Meister besteht darin, bei jedem Trade einfach die Spanne mitzunehmen, die Differenz zwischen dem Bid- und dem Ask-Kurs. Diese Meister der Wall Street und ihre Vertreter predigen zu kaufen und zu halten, aber jedes Notierungssystem des NASDAQ-Level-II enthüllt, dass sie selbst nicht kaufen und halten. Sie sind ständig auf der Suche nach den Achteln und Vierteln, und sie haben mehr Geld als die Götter. Und sie sind Götter, die Götter der Wall Street. Wenn Sie der letzten Hypothese glauben, dass sich kurzfristiges Handeln nicht auszahlt, dann sollten Sie sich vielleicht ein paar Ratschläge von den wirklichen Meistern holen.

Geheimnis Nr. 5: Mache den Chart, und die Menge wird dir folgen

Es wird geschätzt, dass der Durchschnittsbürger über 60.000 Gedanken pro Tag hat. Leider haben 95 Prozent von uns heute dieselben Gedanken wie gestern, was uns zu nichts anderem als gebündelten Wiederholungen macht. Wenn sich jemand jedoch wirklich als Trader auszeichnen will, dann muss er lernen, unabhängig von anderen zu denken, vollständig „gegen den Strom" zu denken, wenn Sie so wollen. Als Trader unterliegen wir manchmal der Notwendigkeit, proaktiv anstatt reaktiv zu sein. Manchmal schaffen Master Trader eine Börsenreaktion und reagieren nicht bloß auf sie. Mit anderen Worten, sie bewegen die Börse, wenn sie können, und reagieren nicht nur auf sie. Die Börsianer, deren Börsenengagement größtenteils von den beständigen Bewegungen und Aktionen der anderen abhängt, sind in Wirklichkeit nur Gefolgsleute und keine Master Trader. In diesem riskanten Spiel ist es ein Muss, zuversichtlich, unabhängig und mit großer Sicherheit zu handeln, was nur möglich ist, wenn man aufgrund seines eigenen Wissens und seiner Überzeugung handelt. Verstehen Sie uns nicht falsch. Bis zu einem gewissen Grad folgen wir auch dem so genannten „leichten Geld". Darum geht es beim Charting. Aber ich stelle viel zu oft fest, dass einer meiner Trader etwas beschlossen hat und es dennoch nie tut, solange er keine Bestätigung durch andere bekommt. Aber wenn sich unabhängige Trader einmal zu etwas entschlossen haben, dann sollten sie niemals die Bestätigung anderer brauchen, bevor sie tatsächlich handeln. Nehmen wir an, ein Trader beschließt, XYZ über 40 US-Dollar zu kaufen. Der Durchbruch kommt. Und statt sofort wie geplant zu handeln, hat der Trader nun Gedanken wie: „Nun, XYZ ist jetzt bei 40 $^1/_8$ US-Dollar. Vielleicht sollte ich noch warten, ob das Volumen nachzieht." „Schauen wir einmal, ob sie noch ein weiteres Achtel steigen kann, bevor ich einsteige." „Schauen wir einmal, ob die Market Maker anheben oder die Angebotsmenge kleiner wird." „Ich warte noch, bis Goldman Sachs (GSCO) das Angebot verlässt." Das sind alles nur Ausflüchte, um nicht handeln zu müssen, die auf der Notwendigkeit der Bestätigung durch andere basieren. Wirkliche Master Trader werden das Volumen, auf das andere warten. Sie helfen, dieses Extra-Achtel mit ihren eigenen Kaufaufträgen zu schaffen, und sie sind nicht bereit, wegen GSCO oder der Angebotsgröße von ihrem Entschluss abzuweichen. Sie wissen, was sie tun wollen, und glauben fest genug daran, um zu handeln, sobald ihr Verstand ihnen das Okay dazu gibt. Das heißt unabhängig zu sein. Das heißt, ein Meister zu sein, und das ist der Schlüssel nicht nur zum Glücklich-, sondern auch zum Erfolgreichsein.

Master-Trading-Tipp

Wir lehren unsere Trader, die Erschaffer dieser Börsenereignisse zu sein, auf die andere nur warten. „Wenn die Menge darauf wartet, dass eine Aktie über 40 US-Dollar gehandelt wird, bevor sie kauft“, sagen wir, „dann bringen Sie die Aktie auf 40 $^{1}/_{8}$ US-Dollar.“ Mit anderen Worten: „Machen Sie den Chart!“ Das ist wahre Meisterschaft und erfordert oft jahrelange Erfahrung, bis es so weit ist, aber wir dachten, es wäre gut für Sie, zu wissen, wie Profis die Menge gängeln. Der Grundgedanke ist, die gewünschte Aktion auszulösen, indem Sie die Menge dazu bringen, Ihnen zu folgen. Das ist immer möglich, aber unsere Master Trader machen das öfter, als sich manche vorstellen können.

Geheimnis Nr. 6: Alle großen Börsendurchschnitte lügen

Jeder ernsthafte Börsenteilnehmer sollte sich bewusst sein, dass große Börsenindices wie der Dow Jones Industrial Average (DJIA), der S&P-500-Index (SPX) und der NASDAQ-Composite-Index (NASDQ) sehr oft ein ungenauer Maßstab dafür sind, was in Wirklichkeit im Hintergrund passiert. Das ist eine Tatsache, trotz der enormen Beachtung, die sie täglich von den Medien erfahren. Wir wollen mit Sicherheit nicht unterstellen, dass diese beliebten Indices keinen Wert haben. Aber der Master Trader, besonders wenn er kurzfristig handelt, weiß, dass er ein schärferes, genaueres Bild braucht, als diese breiten Durchschnitte liefern können. Wir haben schon Börsenperioden erlebt, in denen der SPX nur 12 Prozent abgab, während der durchschnittliche Aktienhandel an der NYSE um 36 Prozent gefallen war. Wir haben Zeiten erlebt, in denen der NASDAQ-100-Index (NDX) mit 18 Prozent im negativen Bereich war, während der Duchschnitt der an der NASDAQ gehandelten Aktien sich mit umwerfenden 46 Prozent im Minus befand. Die technische Faustregel ist, dass jeder Abstieg mit mehr als 20 Prozent einen Börsen-Crash signalisiert. Die angeführten Zahlen zeigen ganz klar, dass die Börse tatsächlich im eisernen Griff einer hinterhältigen Baisse sein kann, während sie nach außen ein viel rosigeres Bild für die Öffentlichkeit zeichnet. Das ist der lebhafte Beweis dafür, dass große Börsendurchschnitte nicht immer die Wahrheit über die Gesamtlage der Börse zeigen. Es passiert viel öfter, als man annimmt, dass sie die Öffentlichkeit schlichtweg belügen, und der Master Trader ist dazu verpflichtet, diese Lügen aufzudecken. Warum können sie einfach lügen, fragen Sie? Diese breiten Maßstäbe können lügen, weil sie von so handfesten Unternehmen wie Procter & Gamble (PG), Merck (MRK), Microsoft

(MSFT), Dell Computer (DELL) usw. beherrscht werden. Diese starken Aktien werden in den meisten Durchschnitten so stark bewertet, dass sie die Zahlen oft sehr stark in eine bestimmte Richtung drängen. Der erfahrene Trader von heute muss in der Lage sein, sich in die Börse hineinzuversetzen, um die Wahrheit herauszufinden, um sie mit Röntgenaugen zu durchleuchten, wenn Sie so wollen. Das bloße Betrachten der Oberfläche reicht nicht mehr aus. Wenn der Trader ein genaues Bild über den Zustand der Börse haben will, ist das nicht möglich, wenn er sich lediglich auf die meistzitierten Durchschnitte verlässt. Heutzutage muss ein Trader wissen, wie er tiefere Einsicht bekommt.

Wie der Master Trader tiefere Einsicht bekommt

Als kurzfristige Day-Trader, die ihre Positionen im kürzesten Fall ein paar Minuten, im längsten Fall einen Tag halten, haben wir festgestellt, dass es unglaublich wichtig ist, die aktuelle Situation an der Börse glasklar zu sehen. Wie schon erwähnt, können die großen Börsendurchschnitte dieses klare Bild nicht liefern. Also verlassen wir uns auf andere technische Mittel, die sich auf die internen Vorgänge konzentrieren und uns Klarheit verschaffen. Ein solcher technischer Indikator ist der TICK-Indikator der New York Stock Exchange ($TICK). Dieser ausgezeichnete Intraday-Börsenmaßstab bewertet die Anzahl der NYSE-Aktien mit einem Aufwärtstick gegenüber den NYSE-Aktien mit einem Abwärtstick. Wenn der TICK zum Beispiel +400 angibt, wissen wir, dass die Aktien mit einem Aufwärtstick (die gekauft werden) momentan die Aktien mit einem Abwärtstick (die verkauft werden) um 400 Aktien übertreffen. Mit anderen Worten, es wird eine ganze Menge mehr gekauft als verkauft. Wenn der TICK –400 anzeigt, dann ist das Gegenteil der Fall. Und hier wird es spannend. Nehmen wir an, der DJIA ist um 120 Punkte gefallen (negativ), aber der NYSE TICK steigt weiter und überschreitet +600. Tendieren Sie nun mehr zur „Verkaufsseite“ oder zur „Kaufseite“? Wenn Sie einer unserer Studenten vor Ort wären, würden Sie eifrig darauf achten, sich in einem Long-Spiel (Kaufseite) zu engagieren. Während hoch bezahlte Berichterstatter von einem Blutbad der Aktien erzählen, wäre Ihre interne Deutung, sich eher auf die rosige Seite der Sache zu konzentrieren. Das ist nur ein Indikator, der dem Master-Day-Trader hilft, die Börse genau zu deuten, was wiederum zu genauen Trading-Entscheidungen führt. Andere interne Maßstäbe unserer Trading-Studenten sind der NYSE-TRIN-Indikator ($TRIN), besser als ARMS-Index bekannt, der S&P-Futures-Contract, der Utility-Index und US-Bonds. All diese Maßstäbe verhelfen unseren Master Tradern zu einer Genauigkeit, von der die meisten Börsianer nur träumen können. Tiefe Einsicht zu bekommen ist eine Kunst, die nur sehr wenige beherrschen, aber nur der Trader, der entziffern kann, was wirklich passiert und was nicht, wird in die Höhen solcher Trading-Genauigkeit aufsteigen. Wir erledigen einen Großteil dieser Arbeit für die Abonnenten unserer Service-Angebote, aber es ist eine unbezahlbare Fähigkeit, die sich jeder für sich selbst erarbeiten sollte.

Geheimnis Nr. 7: Im Allgemeinen ist es besser, nach der Eröffnung zu kaufen

Trotz der wachsenden Möglichkeiten, Aktien vor der Eröffnung der Börse zu kaufen und zu verkaufen, weiß der Master Trader, dass es in der Regel besser ist, Aktienpositionen nach der Eröffnung der Börse zu übernehmen (zu kaufen). Der Trader hat eine bessere Chance, genau zu erkennen, wo die Aktie eröffnen wird, wenn er die Börseneröffnung abwartet, und kann damit in vielen Fällen eine vernünftigere Entscheidung treffen. Das ist besonders wichtig, wenn das Umfeld trügerisch wird, weil Kursscheren (nach oben und unten) bei der Eröffnung eine unerwünschte Nemesis für Trader bedeuten können. Wenn Sie Ihre Order vor der Eröffnung platzieren, unterstützt das nicht nur diese Scheren, sondern es erhöht auch die Chancen, dass Sie den höchsten Kurs des Tages erwischen. Ein Trader kann die Genauigkeit seines Einstiegs erheblich verbessern, wenn er einfach ein paar Minuten wartet, um zu sehen, wie die Aktie eröffnet und wohin die Menge der Anfänger tendiert. Man sollte auch immer daran denken, dass Aktien, die mit einer Kursschere von mehr als 50 Cent eröffnen, auf der Basis unserer 30-Minuten-Regel für Kursscheren gekauft werden sollten. Details finden Sie im Kapitel 14. Scheren verändern immer das Engagement, und diese Veränderung kann nicht erfolgen, wenn Sie die Minute, die die Börse zur Eröffnung braucht, abwarten können.

Master-Trading-Tipp

Besserer Zugang zu Instinet (INCA) und anderen ECNs (Electronic Communication Networks) hat dem normalen Börsianer die Möglichkeit eröffnet, vor und nach den Börsenzeiten weiterzuhandeln. Es ist noch nicht lange her, da konnten dieses Privileg nur die Mächtigen, die Reichen und die Klugen in Anspruch nehmen. Aber trotz der Tatsache, dass professionelle Trading-Systeme, die von Unternehmen wie Executioner.com angeboten werden, das

Trading vor der Eröffnung zur Alltäglichkeit gemacht haben, ermutigen wir unsere Trader, sich von dieser Praxis so gut wie möglich fern zu halten. Auch wenn es Zeiten gibt, in denen Käufe vor der Börseneröffnung sehr lukrativ sein können, so ist das dargebotene Bild doch meistens irreführend. Eine ganze Menge dieser Spiele wird in diesen „außerbörslichen" Zeiten gespielt. Da das Volumen so gering ist, werden Manipulation und legale Arten der Kursfestlegung für den Anfänger oft zu Todesfallen. Am Ende ist es doch besser, abzuwarten, was Realität ist, und das zeigt sich erst, wenn das Spiel tatsächlich begonnen hat. Denken Sie daran, es gibt keine Geschenke an der Wall Street. Wenn Sie etwas bekommen, von dem Sie das Gefühl haben, dass Sie es gar nicht verdienen, dann werden Sie es auch nicht mehr wollen, wenn Sie schließlich merken, was wirklich los ist.

Geheimnis Nr. 8: Es zahlt sich selten aus, Gewinne vor der Eröffnung mitzunehmen

Wie schon in Geheimnis Nummer 7 erwähnt, haben Trader im heutigen Zeitalter des elektronischen Zugangs dieselbe Möglichkeit, in außerbörslichen Zeiten zu verkaufen, wie sie die Profis haben. Über den Einsatz des Tradingsystems von Executioner.com haben unsere Trader vor Ort und von zu Hause schon Stunden vor und nach den offiziellen Handelszeiten Zugang zur Börse. Schon bald wird ein 24-Stunden-Zugang an allen Börsen möglich sein, und damit wird das Ausführen von Trades zu jeder Zeit als normal betrachtet werden; bis es jedoch so weit ist, lehren wir unsere Studenten, vom Trading in diesem ausgedehnten Zeitrahmen Abstand zu nehmen. Wir lehren unsere Studenten, sich besonders beim Verkauf einer Aktie vor der Eröffnung zurückzuhalten, wenn sie in der vorbörslichen Aktivität gestiegen ist. Warum? Weil wir festgestellt haben, dass Aktien, die vor der Börse positiv gehandelt werden, im Allgemeinen nach der Eröffnung noch ein wenig steigen. Und deshalb zeichnen die Market Maker an der NASDAQ wohl kaum das wahre Bild der Aktie, bevor die Eröffnungsglocke ertönt. Und warum sollten sie auch? Würde es nicht dasselbe bedeuten, als wenn sie der ganzen Welt schon vor Beginn des Spiels zeigen würden, was sie in der Hand haben? Natürlich wäre es so. Meine Erfahrung hat mich gelehrt, dass, wenn ich in der Lage bin, meine Ware (Aktien) eher als der Rest der Menge zu einem scheinbar attraktiven Preis zu verkaufen, dieser Preis in Wirklichkeit nicht sehr attraktiv ist. Wir müssen immer daran denken, dass es an der Wall Street keine Geschenke gibt. Sehen wir uns ein Beispiel zur

Erläuterung dieses Punktes an. Nehmen wir an, Sie besitzen 1.000 Aktien von WXYZ, die am Vortag mit einem Kurs von 20 US-Dollar geschlossen haben. Ungefähr 30 Minuten vor Eröffnung schalten Sie CNBC und Ihr Level-II-Execution-System ein. Sie sind erfreut, dass WXYZ bei verschiedenen Market Makern ein Bid-up von 1,25 US-Dollar hat. Auf Ihrem Level-II-Screen sehen Sie, dass Sie bei dem Bid von Merrill Lynch von 21,25 US-Dollar zuschlagen und damit einen Gewinn von 1,25 oder 1.250 US-Dollar mitnehmen können. Sie denken bei sich: „Nicht schlecht für zweimal Klicken mit der Maus. Das Leben ist großartig." Ja, in diesem Szenario ist das Leben großartig, aber in den meisten Fällen wäre das Leben noch großartiger, wenn Sie einfach auf die Eröffnung der Börse warten würden. Wenn Sie den Trade noch ein paar Minuten nach der Eröffnung halten, ergibt das statistisch gesehen einen noch höheren Verkaufskurs. Natürlich ist das nicht immer der Fall, aber es trifft auf jeden Fall häufiger zu als das Gegenteil.

Master-Trading-Tipp

Der Master Trader weiß, dass Aktien, die außerbörslich hochgeboten wurden, nach der Eröffnung meistens noch etwas steigen. Sie erkennen, dass Neulinge dazu neigen, ihre Bestens-Kaufaufträge vor der Eröffnung zu platzieren, und diese akkumulierten Kaufaufträge verstärken oft noch den Aufwärtstrend der Aktie. Wenn die Börse laut S&P-Futures-Contract in den vorbörslichen Stunden stark ist, könnten wir unserem Trader etwas in der Art zurufen wie: „Hei Leute! Die Börse ist stark, und die WXYZ, die wir gestern gekauft haben, liegt beim vorbörslichen Handel recht gut. Das bedeutet, es gibt eine ganze Menge gieriger Anfänger, die das haben wollen, was wir haben, und sie sind bereit, eine Menge Geld dafür zu zahlen! Deshalb passen die Market Maker die Kurse nach oben an. Sie wollen diese Anfänger zahlen lassen, und wir sollten dasselbe tun! Denkt erst gar nicht daran, eure WXYZ vor Börseneröffnung zu verkaufen! Ihr würdet eure Ware viel zu billig abgeben. Es gibt genügend Anfängerkäufe, die uns einen viel besseren Kurs bescheren werden!"

Achtung: Immer, wenn wir einen Trader haben, der eine ziemlich große und profitable Position hat, die außerbörslich positiv gehandelt wird, dann raten wir ihm, die Hälfte vor der Eröffnung zu verkaufen, damit er den Rest in Ruhe in die Eröffnung laufen lassen kann. Das ist eine ausgezeichnete Alternative, wenn Ihnen die außerbörslichen Gewinne ein Loch in die Tasche brennen. Tipp: Wenn Sie im Zweifel sind, welche der beiden Möglichkeiten Sie wählen sollen, dann versuchen Sie, beide auszuführen. Die Wahrheit liegt oft in der Mitte.

Geheimnis Nr. 9: Die schlechteste Zeit für das Trading ist von 11:15 a. m. bis 2:15 p. m. EST

Viele Day-Trader, jene aktiven Börsianer, die jeden Tag zahllose Trades durchführen, erkennen nicht, dass es bestimmte Tageszeiten gibt, in denen die Chancen auf Erfolg beträchtlich sinken. Und manche dieser Phasen dauern ziemlich lang. Eine solche Zeitspanne ist von 11:15 a. m. bis 2:15 p. m. Wir bezeichnen diese 3-Stunden-Phase oft als die „Mittagsflaute", weil sich Aktien während dieser Zeit gerne in einem Zustand ohne bestimmte Richtung befinden. Während solcher Phasen stecken viele Trader Niederlagen ein. Falsche Starts und kurzlebige Ausbrüche breiten sich aus, und Täuschungen finden häufig statt. In Wirklichkeit sind es der erste und der letzte Teil des Tages, die Tradern die besten Chancen bieten. Deshalb sagen wir unseren Tradern immer wieder, sie sollen der Tagesmitte keine große Bedeutung beimessen und nur die kleinen Veränderungen von Aktien mitnehmen. Auch wenn das nur für aktive Trader gilt, so kann jeder, der sofort 50 Prozent seiner Intraday-Verluste eliminieren will, das erreichen, indem er sich in dieser unvorhersehbaren Zeitspanne zurückhält. Versuchen Sie es. Wir bitten Sie darum.

Master-Trading-Tipp

Master Trader erkennen, dass die lukrativsten Trading-Chancen oft im frühen oder späteren Teil des Tages liegen. Auch wenn sie oft noch ein bisschen hier und da traden, so wissen sie dennoch genau, dass die Mittagsflaute eine Veränderung in ihrem Engagement nötig macht. Warum ist die Zeit von 11.15 a. m. bis 2:15 p. m. normalerweise langweilig und ereignislos? Weil das die Zeit ist, in der ein großer Teil der Wall Street zum Mittagessen geht und die Kontrolle auf Stellvertreter überträgt. Ihre Stellvertreter haben weniger Autorität zum Handeln, und erst wenn die Big Boys wieder zurück sind, erwachen die Aktien wieder zum Leben. Immer wenn ich diese Tatsache in meinen Seminaren zur Sprache bringe, gibt es Leute, die sagen: „Aber Oliver, 11:15 a. m. bis 2:15 p. m. ist eine sehr lange Mittagszeit. Sind Sie sicher, dass sie nur beim Mittagessen sind?" Meine Antwort ist immer die gleiche: „Wenn Sie jemals eine Gruppe Market Maker gesehen hätten, würden Sie diese Frage wahrscheinlich nicht stellen. Wenn wir sagen, die Big Boys kommen um 2:15 p. m. zurück, dann meinen wir das wortwörtlich. Ihr Mittagessen ist big, und sie sind big." Achtung: Das ist eine Verallgemeinerung, die heutzutage zwar immer mehr an Gültigkeit verliert, aber die Power-Trader an der Wall Street sind notorisch übergewichtig. Jetzt wissen Sie, warum.

Geheimnis Nr. 10: Vor der Dämmerung ist es immer am dunkelsten

Wir müssen Ihnen ein dunkles Geheimnis enthüllen. Etwas, das viele unserer Fans niemals erwarten würden. In einem gewissen Sinn ist es ein Geständnis. Eines mit einer sehr wichtigen Botschaft für alle Trader. Jedes Mal, wenn wir beschlossen hatten, alle Short Plays in unserem Newsletter aufzulisten, kehrte die Börse ganz schnell wieder zu einer Aufwärtsbewegung um. Richtig. Sie kehrte um. Und sogar ziemlich abrupt. Nun, viele werden unser kleines Geheimnis überhaupt nicht angenehm finden. Zugegeben, es gab eine Zeit, in der uns diese Entdeckung ziemlich peinlich war. Heute sind wir entweder schon zu starr, um den Stich der Peinlichkeit noch zu fühlen, oder wir sind einfach erwachsen geworden. Jedenfalls weiß ich, dass Sie jetzt fragen werden, warum. Warum sind unser ganzes Wissen, unsere Fähigkeiten und unsere Talente in der Regel umsonst, wenn es darum geht, sich nur auf Short Plays zu konzentrieren? Nun, die Realität ist ziemlich einfach. Eine lange Liste von Short Plays dokumentiert, wie schlecht die Dinge geworden sind. Beachten Sie hier, dass es heißt: „geworden sind“. Die Börse wird nicht erst schrecklich, wenn wir nur Shorts empfehlen. Die Börse ist bereits schrecklich geworden. Mit anderen Worten, es ist meistens kurz vor der Dämmerung am dunkelsten. Wenn die Börse eine längere Zeit des Verkaufens durchlaufen hat, dann sieht die Situation an einem bestimmten Punkt so schlecht aus, dass keine einzige der führenden Aktien mehr nach einem Long Play aussieht. Und das ist der Zeitpunkt, wo der erfahrene Trader erkennt, dass die Dämmerung – eine Erholungsphase – kurz bevorsteht. Wir haben beschlossen, Ihnen das mitzuteilen, weil das Konzept der „Dunkelheit vor der Dämmerung“ für jeden wichtig ist. Das ist etwas, dessen sich jeder Master Trader, den wir kennen, bewusst ist, und es wird Sie immer auf der Hut sein lassen. Es wird sie davon abhalten, sich zu sehr in Gedanken zu verstricken, was, wie Sie wissen, im Umgang mit der Börse schaden kann. Tipp: Der Master Trader behält immer ein gewisses Maß an Unsicherheit bei, sogar wenn die Dinge sehr sicher zu sein scheinen.

Master-Trading-Tipp

Immer wenn die Dinge sicher zu sein scheinen, weiß der Master Trader, dass sie extrem unsicher sind. Immer wenn die Dinge zu sehr auf eine Seite zu tendieren scheinen, weiß der Master Trader, dass er auch an die andere Seite denken muss. Dabei spielt es keine Rolle, dass gerade er das erkennt. Der Trader hat gelernt, dass die Börse nichts anderes als ein Spiegelbild dessen ist, was die Menge durchmacht. Und wenn die Menge bereits ein großes Maß an Schmerz und Pein durchgemacht hat, dann sieht nichts mehr, aber auch schon gar nichts mehr verlockend aus. Aber seltsamerweise fangen genau dann die Dinge an, wieder besser zu werden. Die Schrecken der Börse können nur von denen verursacht werden, die bereits verkauft haben. Verstanden? Bereits verkauft. Wenn das Verkaufen einmal vorbei ist, wenn die Dunkelheit am schwärzesten ist, wartet das Kaufen in diesem Kreislauf schon um die Ecke. Kurz vor der Dämmerung ist es immer am dunkelsten. Immer, wenn die Dinge am schlimmsten aussehen, stehen Sie wahrscheinlich kurz vor der Dämmerung. Vergessen Sie diese einfache Tatsache niemals.

Geheimnis Nr. 11: Die Wall-Street-Gurus liegen immer falsch

Es gab Zeiten, in denen ein paar der Top-Börsenstrategen der Wall Street schon das Ende der finanziellen Zivilisation, so wie wir sie kennen, ausgerufen haben. In diesen Zeiten wurden Verhängnis und Schicksal von einem so großen Chor von Profis besungen, dass sogar besonders abgehärtete Börserverteidiger graue Haare bekamen. In jedem Fall schien die Börse diesen Unkenrufen ins Gesicht zu lachen. Sie denken jetzt vielleicht, diese Börsen-Gurus hätten nachgeforscht, warum ihr Timing in der Regel so schlecht ist. Vielleicht hätten sie den Schlüssel in der Hand gehalten, wenn sie Geheimnis Nummer 10 erkannte hätten, dass es nämlich „vor der Dämmerung immer am dunkelsten ist". Aber lassen Sie mich erklären, warum die Börse sich beinahe umgekehrt verhalten muss, wenn eine große Anzahl dieser Profis gelegentlich zu schreien beginnt „Feuer im Theater". Die Börsenstrategen der Wall Street haben die Verantwortung, die wichtigsten Kunden ihrer Firma rechtzeitig über ihre Ansichten zu informieren. Tatsächlich würden es verantwortungsvolle Börsenstrategen nicht wagen, mit der Ankündigung einer Börsenbaisse an die Öffentlichkeit zu gehen, bevor nicht die meisten ihrer Kunden entweder verkauft oder sich auf das erwartete Ereignis eingestellt haben. Mit anderen Worten, diese Gurus gehen mit ihren Baisserufen erst an die Öffentlichkeit, wenn sie das Gefühl haben, ihre Kunden sind für das Verhängnis gerüstet. Kein Wunder, dass es immer so aussieht, als ob die Börse immer gegen diese Burschen wäre. Die gesamten Verkäufe ihrer großen Kunden haben bereits stattgefunden. Wer sollte nach deren Meinung noch verkaufen, mein Großvater Bill? Vielleicht ist es der warmherzige Hausmeister in meinem Bürogebäude, der zwei Aktienfonds besitzt, den sie fürchten. Die bekommen sie aber nicht. Mein Großvater und der hart arbeitende Hausmeister hören nicht auf sie. Sie wissen gar nicht, dass es sie gibt. Sie bleiben einfach an der Börse investiert. Und auch, wenn sie das nicht täten, erkennen diese „Experten" denn nicht, dass es ihre Kunden sind, die sie fürchten müssen? Ich glaube nicht. Und darum lacht die Börse sie immer aus. Können Sie es hören? Sie lacht noch immer.

Master-Trading-Tipp

Der Master Trader weiß, dass immer, wenn eine große Gruppe der angesehensten Wall-Street-Analysten nach Schwierigkeiten Ausschau hält, höchstwahrscheinlich das Gegenteil eintreten wird. Wir kennen ein paar Trader, die enorm davon profitieren, dass sie unter Verwendung des S&P-Futures-Contract und der Equity-Index-Optionen immer dagegen wetten. Angst und Gier wirken sich für Gurus genauso aus wie für Anfänger. Nur, dass die Gurus nicht bereit sind, es zuzugeben. Darum lacht die Börse auch besonders, wenn sie zeigen kann, dass die Gurus Unrecht hatten. Lernen Sie, immer das Gegenteil zu erwarten, wenn die Wall Street generell in die andere Richtung denkt, denn wenn sich herausstellt, dass sich die Menge der Profis geirrt hat, dann ist die Bewegung in die Gegenrichtung gewaltig. Wenn die Big Boys in die Enge getrieben sind, dann bewegt sich die Börse wirklich.

Geheimnis Nr. 12: Auf Erträge wetten ist ein Spiel für Anfänger

Ich habe es nicht nur einmal, ich habe es schon tausendmal gesagt. Ertragsberichte bewegen keine Aktien. Die Erwartung der Erträge bewegt Aktien. Zu viele Anfänger übersehen diese Tatsache. Und deshalb sind sie oft so perplex, wenn manche Aktien tatsächlich trotz schlechter Erträge steigen und manche trotz guter Erträge fallen. Der Schlüsselpunkt, den jeder Master Trader kennt, ist die Tatsache, dass die Börse ein Discountmechanismus ist. Sie versucht, immer vorauszuahnen, was jeder Bericht sagen wird. Die Prognose positiver Ergebnisse hilft, Aktien nach oben zu bieten, bevor ihre Berichte erscheinen, und die Prognose negativer Ergebnisse ist die Ursache, dass viele Aktien fallen, bevor ihre Berichte bekannt sind. Der Master Trader weiß auch, dass diese Aktien, die schon vor Erscheinen ihrer Berichte so stark angestiegen sind, sehr anfällig für einen Abfall sind, sobald ihr Bericht erschienen ist, sogar wenn er positiv ausfällt.

Warum? Weil die positive Aussage des Berichts erwartet wurde und keine Überraschung mehr brachte. Wenn der Bericht natürlich negativ ausfällt, nachdem die Aktie nach oben geboten wurde, fällt diese ins Bodenlose. Das gilt auch für den umgekehrten Fall.

Master-Trading-Tipp

Der Master Trader versucht immer, bei positiven Tatsachen zu verkaufen. Warum? Weil Tatsachen, wie die Ertragsresultate eines Unternehmens für das vorhergehende Quartal, Ereignisse bilden, die für die Allgemeinheit vorgesehen sind. Diese gierig erwarteten Tatsachen wirken sich fast immer so aus, dass große Mengen in eine Richtung tendieren. Darum verkauft der Master Trader, der versucht, niemals mit der Menge zu laufen, oft bei positiven Nachrichten entgegen der Menge, besonders wenn es positive Tatsachen sind, die schon erwartet wurden. Der Modus Operandi eines echten Master Traders ist es, während der Erwartungsphase zu kaufen, um wieder an jene zu verkaufen, die kaufen, wenn die Tatsachen bekannt sind. Bei diesem Engagement erreicht man nicht immer die größten Gewinne, aber wie schon gesagt, Home Runs sind etwas für Verlierer.

Geheimnis Nr. 13: Warum ein Aufzahlen bei Aktien die Chancen verbessert

Eine der häufigsten Fragen hinsichtlich unseres Börsenengagements ist: „Warum verlangen die meisten Ihrer Trading-Strategien, eine Aktie über ihrem aktuellen Kurs zu kaufen?" „Warum nicht eine Aktie genau da kaufen, wo sie gerade ist, was ja einen niedrigeren Kurs ergäbe?" Obwohl wir dieses Thema in einem späteren Kapitel noch detaillierter behandeln werden, will ich versuchen, diese Fragen in zwei Teilen zu beantworten. Erstens sollte klar sein, dass wir uns auf zwei Formen des Tradings spezialisiert haben. Wir sind professionelle Swing-Trader, die ihre Bemühungen hauptsächlich auf das Entdecken von Aktien konzentrieren, die kurz vor einer Mehrtagesbewegung (ein bis fünf Tage) stehen. Wir sind aber auch professionelle Intraday-Trader, die sich auf das Entdecken von Aktien konzentrieren, die kurz vor einer Mikrobewegung in den nächsten Augenblicken stehen. Offensichtlich können wir es uns mit so einem kurzfristigen Horizont nicht leisten, große Mengen unseres Kapitals in Aktien zu binden, was dazu führt, dass das Einsatzkapital vielleicht Tage, Wochen oder Monate lang herumliegt. Wir verlangen, dass eine Aktie demonstriert, dass sie sich in die gewünschte Richtung bewegt, bevor wir aufspringen. Wenn sie nicht die nötige Stärke, Power und Zähigkeit demonstrieren kann, verwerfen Sie den Gedanken an sie wieder. Tipp: Denken Sie daran, dass alle Aktien schlecht sind, solange sie nicht steigen. Zweitens, und genauso wichtig, hat uns unsere Einstellung, eine Aktie aufgrund ihrer Stärke zu kaufen, mehr Geld gespart als jede andere Trading-Taktik (außer dem Stop-Loss). Ich kann gar nicht aufzählen, wie oft es eine Aktie, an der wir interssiert waren, nicht geschafft hat, über unseren Kaufpunkt zu steigen, nur um dann mit einem Minus von 2, 3 US-Dollar oder manchmal sogar 4 US-Dollar an diesem Tag zu schließen. Ich kann mit großer Überzeugung sagen, dass wir heute ein wenig ärmer wären, wenn wir Aktien zum Börsenkurs gleich nach der Eröffnung kaufen würden, was viele Anfänger tun. Nun, vielleicht sagen manche Leute, dass wir Unrecht haben, wenn eine Aktie unsere Kaufkriterien nicht erfüllt, sondern fällt. Wir denken jedoch, dass wir absolut Recht haben, wenn so etwas passiert. Denken Sie immer daran, dass jede unserer Kaufempfehlungen in Wirklichkeit sagt: „Wir empfehlen XYZ, aber nur, wenn sie genug Stärke zeigt, um diesen Kurs zu übersteigen." Kurz gesagt: Unsere spezielle „Kaufen-über-dem-aktuellen-Kurs"-Strategie erspart uns eine Menge unnötiger Verluste. Ist es nicht genauso wichtig, zu wissen, „wie" man richtig kauft, wie zu wissen, „was" man kaufen soll? Darauf können Sie wetten.

Master-Trading-Tipp

Der Master-Swing-Trader, der nach 1-, 5- oder 10-Tages-Schwankungen sucht, versucht, normalerweise die gewünschte Aktie zu kaufen, sobald sie über dem Vortageshoch gehandelt wird. Der Master-Mikro-Trader oder Day-Trader versucht, die gewünschte Aktie zu kaufen, sobald sie das Hoch eines 2-, 5- oder 10-Minuten-Balkens auf dem Kurschart überschritten hat. Der Master-Mikro-Trader weiß, dass ein Kauf genau am Tiefpunkt profitabler wäre, aber er hat – manchmal auf die harte Tour – lernen müssen, dass die einzigen Trader, die immer den Tiefpunkt erwischen, Lügner sind. Also lässt der Master Trader alle, die denken, dass sie Superman sind, ihr Geld verschwenden bei dem nutzlosen Versuch, den Tiefpunkt zu erwischen. Der Master-Mikro-Trader wartet einfach darauf, dass die Aktie singalisiert, dass Land in Sicht ist. Dieses Signal ist die Fähigkeit der Aktie, über dem Hoch der letzten Periode gehandelt zu werden, wie wir schon beschrieben haben. Nur wenn sie die Stärke dazu hat, denkt der Master Trader daran, die finanzielle Zukunft seiner Familie zu riskieren. Achtung: Wir behandeln die Kunst, zum richtigen Zeitpunkt in eine Aktie einzusteigen, in einem späteren Kapitel.

Geheimnis Nr. 14: Buy-Low, Sell-High ist für Day-Trader die falsche Methode

Es hat mich schon immer fasziniert, dass alles, was uns an der Börse leicht fällt, unter Garantie fast immer falsch ist. Ich habe festgestellt, dass dies für keine andere Herausforderung mehr stimmt, und deshalb ist das erfolgreiche Trading an der Börse so ein schwieriges Unterfangen. Nehmen wir einmal das allgemein anerkannte Konzept des Billig-Kaufens und Teuer-Verkaufens. Diese Art Börsenengagement wurde jahrzehntelang als die Basis der korrekten Börsenteilnahme gepredigt: „Buy low, sell high." Das ist einfach. Das ist die Basis. Das ist prägnant. Das ist offensichtlich richtig. Aber es ist genauso falsch, zumindest die meiste Zeit. Warum? Weil Billig-Kaufen in der Regel zum Kauf einer Aktie führt, die genau gegensätzlich (nach unten) zur der gewünschten Richtung (nach oben) läuft. Wenn wir uns die Zeit nehmen, dieses Konzept mit etwas Verstand zu betrachten, dann entdecken wir sehr schnell, wie dumm sich das anhört. Um billig zu kaufen, muss man sich auf Aktien konzentrieren, die nach unten gehen, während wir uns eigentlich wünschen, dass sie steigen. Ergibt das einen Sinn? Würden wir auch nur eine Sekunde auf den Gedanken verschwenden, einen Zug zu nehmen, der entgegengesetzt zu der gewünschten Richtung fährt? Kann uns nicht schon jeder Sechsjährige sagen, dass es verschwendete Zeit ist, zuerst nach Westen zu fahren, wenn man eigentlich nach Osten will, besonders, wenn man auch gleich nach Osten fahren könnte? Warum wenden dann die meisten Leute diese Erkenntnis nicht auch beim Trading und Investieren an? Warum kaufen sie nicht einfach Aktien, die bereits das tun, was sie sich von ihnen wünschen, nämlich steigen? Warum? Weil uns Billig-Kaufen von Natur aus zusagt. Es ist angenehm. Es hört sich gut an und ist einleuchtend. Hei, ist nicht weniger zahlen der American Way of Life? Ja, aber wenn es um die Börse geht, führt das nur zu einer Verschwendung von Zeit, Geld und potentiellen Gewinnen. Nun, ich habe diese Geschichte garantiert etwas vereinfacht, aber nicht allzu sehr. Intelligentes Trading bedeutet, sich auf Aktien zu konzentrieren, die bereits gezeigt haben, dass sie steigen können. Sich auf Aktien zu konzentrieren, die genau das tun, was wir nicht wollen, in der Hoffnung, dass sie bald tun werden, was wir uns von ihnen wünschen, ist nichts anderes als Glücksspiel.

Master-Trading-Tipp

Alle Master Trader, besonders die Day-Trader, wissen, dass eine Aktie nichts wert ist, bis sie zu steigen beginnt. Kurzfristige Trader haben nicht den Luxus Zeit.

Wenn sie in einen Trade einsteigen, müssen sie ziemlich sicher sein, dass sie ihr Gewinnziel mit einem minimalen Zeitaufwand erreichen. Zeit ist der Freund des Anlegers, aber für den kurzfristigen Master Trader ist sie der Erzfeind. Auch wenn sich der Kauf einer Aktie, die fällt, als rentabel herausstellen kann, so lernen Master Trader, darauf zu warten, dass sich die Aktie in die gewünschte Richtung gewegt, bevor sie aufspringen. Das soll nicht heißen, dass Master Trader spät kaufen, es bedeutet vielmehr, dass sie clever kaufen. Sie sind nicht an Rate- oder Glücksspielen interessiert. Sie wissen einfach, dass es viel cleverer ist, auf einen Zug aufzuspringen, von dem man weiß, dass er in die richtige Richtung fährt, als darauf zu spekulieren, dass ein Zug vielleicht in die gewünschte Richtung fährt.

Geheimnis Nr. 15: Zu wissen, was als Nächstes passiert, kann Sie reich machen

Viele kurzfristige Trader nehmen irrtümlich an, dass die Makrosichtweise hinsichtlich der Börse (mittel- bis langfristig) wenig Bedeutung oder Auswirkung für die Welt des kurzfristigen Tradings hat. Auch wenn die Makrosichtweise für den Trader sicherlich nicht so wichtig ist wie für den Anleger, so ist es dennoch ein Fehler, zu denken, dass sie keine Bedeutung hat. Wir dürfen nicht vergessen, dass uns eine Betrachtung der Börse von groß nach klein (Makro-Mikro) helfen kann, unsere kurzfristigen Strategien mit mehr Verstand einzusetzen. Nehmen wir zum Beispiel an, dass unsere Ansicht ist, dass die Börse wahrscheinlich einen Großteil ihres verlorenen Glanzes zurückgewinnen wird, sobald sie sich etwas abgekühlt hat. Nehmen wir des Weiteren an, dass wir diese Ansicht für spezielle Bereiche hegen, die sich wahrscheinlich sehr günstig entwickeln, wenn wir Recht haben. Der kurzfristige Trader würde sich nun gerne hauptsächlich auf die Gruppenführer dieser Bereiche konzentrieren, mit dem Gedanken, eine Liste mit Möglichkeiten aufzustellen, für den Fall, dass sich das Umfeld ändert. Sie sehen, ein großer Teil des Gewinnens beim Trading liegt an der Fähigkeit, sich darauf zu konzentrieren, was jetzt gerade passiert. Aber die größte Belohnung wird immer der Spieler bekommen, der eine Strategie auf dem aufbauen kann, was nach dem Jetzt kommt. Es ist zweifellos ein Muss, zu wissen, wie man aus den aktuellen Vorkommnissen Vorteil ziehen kann. Aber Trader, die ihre Makroansichten benutzen können, um sich auf das zu konzentrieren, was als Nächstes kommt, werden nie Probleme haben, an der Börse gutes Geld zu verdienen. Die allerbesten Trader stellen sich ständig zwei Fragen:

1. Wie kann ich aus dem, was jetzt passiert, einen Vorteil ziehen?
2. Wie kann ich mich auf die Chancen vorbereiten, die wahrscheinlich in nächster Zukunft auftauchen?

Die erste Frage (mikro) gilt für anständige Von-Tag-zu-Tag-Gewinne an der Börse. Aber das große Geld wird immer mit der zweiten Frage (makro) verdient. Warum? Weil die richtige Antwort auf Frage 2 dazu verhilft, rechtzeitig zur Stelle zu sein. Und wie Sie alle wissen, bekommt der erste Vogel den Wurm. Natürlich ist es unsere Aufgabe, der Vogel und nicht der Wurm zu sein.

Master-Trading-Tipp

Wir haben immer eine duale Haltung gegenüber dem Trading gelehrt, eine, die dazu dient, einen guten Lebensunterhalt zu verdienen, und eine, die dazu vorgesehen ist, Vermögen aufzubauen. Positionstrades und Swing-Trades dienen dazu, Vermögen aufzubauen, während Day-Trades und Scalping dem Trader helfen, seinen täglichen Lebensunterhalt zu verdienen. Der Trader, der ein Meister beider Varianten wird, wird niemals Geldsorgen haben.

8 10 Lektionen für den Master Trader

Lektion Nr. 1: Cash ist König, wenn die Straßen blutig sind

Es heißt, dass ein ängstlicher Mensch vor der Gefahr Angst hat, ein Feigling während der Gefahr und ein mutiger Mensch nach der Gefahr. Wenn das stimmt, dann glaube ich, gehören wir Trader zur letzten Kategorie. Wir haben selten vor oder während einer Gefahr Angst. Viel öfter fühlen wir die Qual einer fallenden Börse, nachdem die Gefahr schon zugeschlagen hat. Bei der Gemeinschaft der Profis ist das allerdings nicht der Fall. Wir haben beispielsweise festgestellt, dass die meisten Fondsmanager während der Gefahr ängstlich sind, was sie als Feiglinge abstempeln würde, wenn wir uns die Aussage zu Herzen nehmen. Als Berater vieler Geldmanager und Fondsunternehmen haben wir es jeden Tag mit Leuten zu tun, die für riesige Geldsummen verantwortlich sind. Und wir können Ihnen versichern, dass jedes Mal, wenn die Börse eine harte Zeit der Unsicherheit durchmacht, diese jungen Leute Panik und Schrecken durchleben (der Durchschnitt der Fondsmanager in den USA ist unter 30). Während einer heftigen Abwärtsbewegung der Börse hatte ein junger Fondsmanager, der jeden Tag unsere Börsenansichten registriert, die Angst dieser Profis wie folgt beschrieben: „Oliver, dieses Mal bin ich wirklich sehr nervös. Ich weiß nicht, was es ist, aber ich fühle mich plötzlich wie eine Pizza auf dem Weg zu einem Verhungernden.“ Wenn wir so etwas von Profis hören, dann werden wir nervös wegen der Allgemeinheit, denn diese jungen Burschen halten die finanzielle Zukunft vieler Amerikaner in ihren Händen. Aber die erschreckendste dieser Tatsachen ist, dass diese Fondsmanager, die Milliarden von Dollars kontrollieren, nur eines können. Mit anderen Worten, sie haben nur ein Börsenhilfsmittel. Eine Vorgehensweise. Eine einzige Art, sich zu engagieren. Sie können nur immer noch mehr kaufen. Warum das so ist? Weil das in den 90er Jahren wie ein Zauberspruch funktioniert hat. Fast das ganze Jahrzehnt, wenn nicht sogar länger, gab es nichts anderes, als auf dem Weg nach unten immer mehr Aktien zu kaufen; das funktionierte; die Taktik half, Vermögen aufzubauen, und die Methode verhalf zu einem bequemen Lebensstil. Und was noch wichtiger war, das war ganz einfach. Aber der schwere Teil kommt erst, wenn die Börse wirklich sauer wird, denn wir sind nicht so sicher, dass diese „Mehrkaufen"-Einstellung dann immer noch wirksam sein wird. Aber bei aller Fairness diesen jungen Profis gegenüber, was könnte man sonst tun? Was kann man unternehmen, wenn man 2 Millionen Stück einer zusammenbrechenden Aktie hat? Verkaufen, um das Chaos und die Panik noch zu vergrößern? Oder dem Chaos mutig in die Augen blicken und noch mehr kaufen? Oder soll man einfach untätig herumsitzen und hoffen und beten, dass alles vorübergeht, während Ihr Vermögen Stunde um Stunde, Tag um Tag weniger wird? Oder stehen Sie auf und gehen aufs Ganze? Es ist ein Dilemma. Und Sie und ich sollten froh sein, dass wir damit nichts zu tun haben. Alles, was ich sagen kann, ist: „Gott sei Dank bin ich ein Trader!" Als Trader müssen Sie und ich uns nicht mit solchen Sorgen herumschlagen. Wann immer wir eine Aktie sehen, bei der wir das Gefühl haben, dass sie innerhalb der nächsten zwei bis fünf Tage steigen könnte, kaufen wir sie. Aber da wir wissen, dass wir nicht in einer perfekten Welt leben, haben wir einen Ausstiegsplan parat, einen Fluchtpunkt, den wir Stop nennen. Deshalb sind wir keine Feiglinge, wir sind clever und realistisch. Sehen Sie, viele Anfänger regen sich auf, wenn die Stops, die sie zum Schutz in ihre Trades eingebaut haben, tatsächlich ausgelöst werden. Ausgelöste Stops können zwar frustrierend sein, aber sie sollten als willkommene Freunde und nicht als Feinde betrachtet werden. Denken Sie darüber nach. Der Zweck eines Stops ist der Schutz, die Rettung. Man soll vor einem Desaster bewahrt werden. Noch wichtiger ist, dass es den Trader zum Handeln zwingt. Stops, besonders ausgelöste, zwingen den Trader, Geld aufzubringen, das er dringend benötigen wird, wenn die Börse schließlich ihr Tief erreicht hat und die Chancen schwinden. Sie sehen, wer bei einem Tief das meiste Bargeld hat, gewinnt. Mit anderen Worten, Cash ist König, wenn die Straßen blutig werden, und an einem bestimmten Punkt auf dem Weg nach unten ausgestoppt zu werden bedeutet, bereit zu sein für die nächste Runde an Chancen. Das ist kein Grund, traurig zu sein. Im Gegenteil, wir sollten uns darüber freuen. Überlegen Sie einmal, wie viele Fondsmanager sich den Luxus eines schützenden Stops wünschen würden.

Überlegen Sie, wie viele sich wünschen, dass sie nicht in diesem „Mehr-kaufen-und-beten"-Kreislauf gefangen wären. Stops sind ein Segen. Ein Privileg. Perfekt sind sie nicht. Das ist sicher. Aber sie sind die beste Möglichkeit zum Schutz, die wir haben. Also schätzen Sie sie, und vor allem, benutzen Sie sie. Sie sind eines der wenigen Dinge, die nur dem individuellen Trader zur Verfügung stehen.

Lektion Nr. 2: Zeitliche Streuung minimiert das Börsenrisiko

Eine der Fragen, die uns sehr oft gestellt werden, ist: „Soll ich jede Aktie aus Ihrer täglichen Empfehlung kaufen?" Die Antwort ist nahezu immer ein deutliches Nein, und das aus folgendem Grund: Erstens wären für den Kauf aller Empfehlungen Geldmittel nötig, die den finanziellen Rahmen der meisten überschreiten. Zweitens, und viel wichtiger, würde Sie der Kauf aller Empfehlungen eines Tages höchstwahrscheinlich zu einem „Opfer der Zeiten" machen. Das bedeutet, dass Privatpersonen, die ihr gesamtes Vermögen auf die Empfehlungen eines Tages verwenden, absolut abhängig von der Performance dieses einzigen Tages werden. Was ist, wenn eine unglaublich dynamische Gelegenheit in den nächsten ein oder zwei Tagen auftaucht? Woher soll das Geld kommen, das ja komplett, sagen wir am Montag, gebunden wurde? Noch schlimmer, was passiert, wenn Ihre Auswahl „in Rauch aufgeht", genau an dem Tag, an dem Sie sich entschließen, alles zu kaufen? Wir ermutigen unsere Swing-Trader immer, ihre Auswahl auf ein oder zwei Wochen zu verteilen. Ein Swing-Trader könnte beispielsweise sein 30.000-US-Dollar-Konto mit jeweils einem Viertel des Gesamtbetrages oder 7.500 US-Dollar zweimal pro Woche investieren. Am Ende einer Zeitspanne von zwei Wochen arbeiten die 30.000 US-Dollar. Und hier kommt die Schönheit dieses Plans zum Ausdruck: Zu dem Zeitpunkt, an dem der Trader die letzten 7.500 US-Dollar investiert, verkauft er wahrscheinlich schon wieder den ersten Einsatz, vielleicht auch schon den zweiten, wenn er Swing-Trader ist. Diese Methode garantiert, dass Sie immer Geldmittel für die gelegentlichen großen Chancen zur Verfügung haben. Und glauben Sie ja nicht, dass zwei Einsätze die Woche nicht genug Aktion sind, während Sie noch Erfahrung sammeln. Sie sollten immer daran denken, dass jedes Spiel aus zwei Aktionen besteht – dem Einstieg und dem Ausstieg –, von den anderen Dingen, die das Trade-Management noch beeinflussen, ganz zu schweigen. In Wirklichkeit muss jemand, der vier Einsätze in der Woche macht, insgesamt acht Entscheidungen treffen. Und wir möchten wetten, dass acht Entscheidungen exakter getroffen werden als, sagen wir mal, fünfzehn. Versuchen Sie es! Ich glaube, es wird Ihnen gefallen.

Lektion Nr. 3: Kaufen kontra Akkumulieren

Aktien mit Tiefs müssen anders behandelt werden als Aktien, die in ihrem etablierten Trend liegen. Wir sind davon überzeugt, dass Trader Aktien kaufen sollten, die Trends verfolgen, wogegen Anleger solche Aktien akkumulieren sollten, die gerade ein Tief haben. Das ist ein Riesenunterschied. Kaufen bedeutet einen einmaligen Kauf zu einem speziellen Kurs, während Akkumulieren viele Käufe über einen längeren Zeitraum und unterschiedliche Kurse bedeutet. Letzteres bietet zwei Arten der Streuung: zeitliche Streuung und Kursstreuung. Die einzige sonstige Form der Streuung bei Aktien ist die Streuung auf verschiedene Wertpapiere. Wenn wir auch die Streuung auf verschiedene Aktien nicht unbedingt unterstützen, so kann die Anwendung aller drei Formen manchmal sehr nützlich sein, besonders wenn es sich um eine mittel- oder langfristige Investition handelt.

Lektion Nr. 4: Das letzte Hilfsmittel zur Entscheidungsfindung

Wir sind davon überzeugt, dass viel zu viele Trader die Bedeutung der Börse und ihrer allgemeinen Richtung zu wichtig nehmen. Diese Tendenz ist auf die Medien zurückzuführen, die einen etwas gröberen Überblick über die Finanzstimmung geben müssen. Auch wenn Börsenklima und Richtung ihren Platz haben, sollte die Richtung nicht auf Kosten guter Trading-Techniken und richtigen Geldmanagements überbewertet werden. Deshalb konzentrieren wir uns hauptsächlich darauf, unseren Tradern und Studenten hilfreiche Tipps zu liefern, die unserer Meinung nach viel wertvoller sind, als ihnen unsere Ansicht über die möglichen Reaktionen der Börse zu vermitteln. Das heißt ganz bestimmt nicht, dass die Börsenrichtung unwichtig ist. Tatsächlich gibt es Zeiten, in denen ein exaktes Engagement an der Börse zwischen permanentem und sporadischem Gewinnen entscheidet. Je kürzer jedoch der Zeitrahmen ist, desto unwichtiger wird die Makro- oder allgemeine Börsenanalyse. Warum das so ist? Weil man kurzfristige Kursbewegungen (nach oben oder unten) praktisch in jedem Börsenumfeld finden kann. Aber viel wichtiger als dieser Punkt ist die Tatsache, dass die Börsenrichtung niemals das letzte Kriterium für die Entscheidung eines Traders sein sollte. Man sollte niemals aufgrund eines bestimmten Index entscheiden, ob man eine Position liquidiert oder nicht. Die letzte Entscheidungshilfe sollte Ihr Stop-Loss oder Ihr vorher festgelegter Verkaufspunkt sein, nicht die Börse. Betrachten wir es einmal andersherum. Wenn der Dow 200 Punkte gefallen ist und eine Aktie ihr Stop-Loss erreicht, verkauft der Master Trader! Wenn der Dow 200 Punkte gestiegen ist und eine Aktie ihr Stop-Loss erreicht, verkauft der Master Trader auch! Und wo kommt die Börsenanalyse ins Spiel? Nirgends. Nicht, wenn das letzte Entscheidungskriterium das Stop-Loss ist. Auch wenn die Börsenrichtung ihren Platz hat, wenn es darum geht, in eine neue Position einzusteigen, so ist sie zweitrangig für Ihre Verkaufsstrategie. Dieses rigorose Engagement verlangt strenge Disziplin, aber wenn der Trader daran festhält, wird er in Form von kleinen Verlusten reich belohnt werden.

Lektion Nr. 5: Verkaufe die Flops und kaufe die Tops

Viele Leute erledigen ihre Geschäftsangelegenheiten mit einem hohen Maß an Professionalität, versagen aber kläglich, wenn es um die vernünftige Verwaltung ihres Trading- oder Anlageprogramms geht. Ich kenne einen sehr bekannten Geschäftsmagnaten, der aus seinen Läden schlecht gehende Waren schneller entfernt, als Sie und ich „Pristine" sagen können. Diese Flops, wie er sie nennt, werden dramatisch im Preis reduziert; und wenn sie erst verkauft sind (in der Regel zu einem Bruchteil ihres ursprünglichen Preises), investiert er das Geld schnell in den Kauf von gut gehenden Waren. Dieses einfache, aber wirkungsvolle Konzept, Flops schnell zu verkaufen, um seine Tops (gut gehende Ware) zu kaufen, hat ihn zum vielfachen Millionär gemacht. Aber wenn Sie diesen schlauen Unternehmer auffordern, seine Non-performing-Aktien-Flops abzustoßen, dann werden Sie heiße Argumente hören wie „Das ist jetzt aber wirklich ein Schnäppchen" und „Ich muss noch dazukaufen". In seinem erfolgreichen Ladenunternehmen stößt er die Flops, die keinen Gewinn bringen, schnell ab. Bei seiner Geldanlage jedoch kauft er umgekehrt noch Flops dazu und greift nach jedem kleinen Gewinn seiner Tops. Macht das Sinn? Für ihn schon. Aber ich arbeite an ihm. Jetzt beschäftigen wir uns mit Ihnen. Wenn Sie feststellen, dass Sie nicht in der Lage sind, neue Chancen zu nutzen, weil Ihr Geld in alten Non-performing-Aktien gebunden ist, ziehen Sie einen Garagenverkauf in Betracht. Seien Sie entschlossen, Ihr Geld für Sie mit der besten verfügbaren Ware arbeiten zu lassen. Und lassen Sie die Flops fallen.

Lektion Nr. 6: Köpfchen oder eine Bullenbörse?

Die Fähigkeit, aus einem negativen Börsenumfeld noch zu profitieren, hebt einen Trader eine ganze Kopflänge über die Menge hinaus. Warum? Weil die meisten Börsenteilnehmer nur bei den besten Bullenbörsen Gewinne machen können, aber nicht die Fähigkeit zu richtigem Handeln haben, wenn sich das Umfeld ins Negative dreht. Ich nenne das „Köpfchen mit einer Bullenbörse verwechseln". Bitte seien Sie sich dessen bewusst, dass keinerlei Talent notwendig ist, um Geld zu verdienen, wenn 90 Prozent aller Aktien steigen, doch das wahre Talent eines Traders zeigt sich mit Sicherheit, wenn die Börse unangenehm wird und Flexibilität, absolute Genauigkeit und überdurchschnittliche Aktienauswahl notwendig werden. Um das wahre Gesicht Ihres Brokers, Finanzberaters, Fondsmanagers und/oder Newsletter-Autors herauszufinden, müssen Sie beobachten, wie Sie abschneiden, wenn alle anderen auf diesem Planeten Geld verlieren. Wir haben unsere Fähigkeit, in solchen Momenten zu glänzen, bewiesen. Wir schlagen Ihnen vor, dass Sie dasselbe von allen Ihren „bezahlten" Beratern verlangen.

Lektion Nr. 7: Beurteilung von Newslettern und anderen Beratern

Es gibt Zeiten, in denen die Aktienempfehlungen in unserem täglichen Newsletter, dem Pristine Day Trader, eine phänomenale Wochenperformance haben. In diesen Zeiten sieht unser wöchentlicher Rückblick vielleicht wie folgt aus: „Fünfzehn von zwanzig Empfehlungen sind um 2 US-Dollar oder mehr gestiegen, das sind mehr als genug Chancen für Day-Trader, um Geld zu verdienen." Auch wenn die tatsächliche Performance immer von Trader zu Trader unterschiedlich sein wird, so besteht dennoch kein Zweifel, dass uns die wöchentliche Bestätigung dieser Aussage Tonnen von E-Mails und zahlreiche Glückwünsche von unseren Abonnenten bringt. Aber ist das der richtige Weg, um den Gesamterfolg unseres (oder eines sonstigen) Newsletters zu beurteilen? Die Antwort ist „nein". Ein striktes Nein. Viel zu viele Börsenteilnehmer verfallen dieser Annahme. Ja, diese Aussagen sind wahr, aber der richtige Weg, die Wirksamkeit eines Service zu bestimmen, besteht darin, sich die „Verlierer" anzusehen. Die wichtigen Fragen sind: „Wie verlieren diese so genannten Experten?" „Und sind ihre Verluste kontinuierlich kleiner als ihre Gewinne, oder erlebe ich vernichtende Schläge, wenn ich ihren Empfehlungen folge?" Auf diese Weise stellen Sie die Effektivität eines Newsletters, Beraters, Fonds, Systems usw.

fest. Es kommt darauf an, wie sie verlieren, nicht wie sie gewinnen. In einem absolut positiven Umfeld kann nahezu jeder Gewinne aufweisen. Aber nur die wirklichen Profis sind in der Lage, in harten Börsenzeiten die Verluste kontinuierlich klein zu halten. Wollen Sie ein außergewöhnlicher Trader werden? Dann lernen Sie, professionell zu verlieren. Um die Gewinne müssen Sie sich nicht kümmern. Denken Sie daran, dass ein professioneller Verlust immer ein kleiner Verlust ist.

Lektion Nr. 8: Zeit ist Geld

Eine vor kurzem veröffentlichte Studie fand heraus, dass wir als Eltern mit unseren Kindern genau dann, wenn sie am aufnahmefähigsten sind, kurz vor dem Schlaf, weniger als 60 Sekunden verbringen. Das ist nicht nur bedauerlich, es ist in meinen Augen ein Verbrechen, wobei das Opfer nicht nur das Kind, sondern auch die Eltern sind. Auch wenn es offensichtlich ist, wie wichtig es ist, Zeit mit unseren Kindern zu verbringen, so macht es einem das Leben mit seinen Myriaden von Details manchmal ziemlich schwer. Aber Schwierigkeiten sind keine akzeptable Entschuldigung und werden es auch niemals sein. Nicht, wenn es um unsere Kinder geht. Sie sind einfach zu wichtig. Alle fürsorglichen Eltern werden dem beipflichten. Aber wenden wir unsere Gedanken wieder dem Trading zu. Meine heutige Frage an Sie lautet: „Wie viel Zeit verbringen Sie jeden Tag damit, ein besserer Trader zu werden?" So, wie ein Kind nach den Aktivitäten des Tages am aufnahmefähigsten ist, so ist das beim Trader der Fall nach Börsenschluss. Verbringen Sie die Zeit nach dem Schlussgong sinnvoll, sammeln Sie Ihre Gedanken, überdenken Sie Ihre Aktionen, analysieren Sie Ihre Trades, bereiten Sie sich auf den nächsten Tag vor, und/oder machen Sie sich Notizen in Ihrem persönlichen Journal? Oder gehören Sie zu den Tradern, die Punkt 16:01 aus dem Büro, aus dem Haus, aus dem Bürostuhl stürzen, um irgendwo Ablenkung zu suchen? Die meisten Möchtegern-Trader erkennen nicht, dass harte Arbeit erforderlich ist, um ein erfolgreicher Trader zu werden. Es ist ein Entwicklungsprozess, der über einen langen Zeitraum stattfindet. Die meisten erkennen nicht, dass mit Tagesrückblicken sinnvoll verbrachte Zeit dabei hilft, den Verstand zu schärfen und die Kasse zu füllen. Häufig begangene Fehler werden einfach ignoriert und rauben dem Trader das Vermögen, wenn weniger als 60 Sekunden am Tag dafür aufgebracht werden, morgen ein noch besserer Trader zu werden. Wenn Sie ein Gewinner sein wollen, dann müssen Sie die Zeit aufbringen, jeden einzelnen Tag die Saat dafür zu legen.

Zeit bedeutet in diesem Fall tatsächlich Geld. Investieren Sie ein wenig davon in Ihre Zukunft.

Lektion Nr. 9: Gewinner verursachen die Ereignisse, Verlierer nehmen sie hin

Ich war schon immer davon überzeugt, dass ein erfolgreiches Leben selbst gemacht, selbst erschaffen wird und nicht einfach zufällig passiert. Und ich bin auch davon überzeugt, dass alle, die in ihrem Trader-Leben Erfolg haben, sich diesen durch eigene Arbeit, Kämpfe und unermüdliche Bemühungen geschaffen haben. Das Problem ist für viele, dass sie denken, dass Erfolg einfach so passiert, ohne sich ihn zu verdienen. Irgendwie übersehen sie die Tatsache, dass Gewinnen das Endresultat langer Bemühungen ist. Kurz gesagt: „Gewinner verursachen die Ereignisse, Verlierer nehmen sie hin.“ Stellen wir uns ehrgeizige Day-Trader vor, die ihren ganzen Tag zwischen 9:30 und 16:00 an der Börse verbringen. Vielleicht verbringen sie ihren Tag mit anderen in einem Büro wie dem unseren oder zu Hause. In dieser Zeit konzentrieren sie sich, fokussieren, suchen ständig nach Chancen, steigen in Trades ein, steigen aus Trades aus usw., doch Minuten, wenn nicht Sekunden nach 16:00 sind sie auf und davon. Ehrlich! Diese Möchtegern-Trader denken leider, dass der Schlüssel zum Erfolg beim Trading einfach zwischen 9:30 und 16:00 liegt. Sie tun nichts dazu. Und doch erwarten sie, dass die Gewinne nur so hereinströmen, weil sie sich um 9:29 (eine Minute vor Eröffnung) hinsetzen, um zu traden. Das Leben, besonders ein erfolgreiches, funktioniert so nicht. Um Erfolg zu haben, müssen Trader in den Stunden nach Börsenschluss oder vor Börseneröffnung arbeiten, studieren, rückblicken, üben, analysieren, aussortieren, überlegen, nachdenken, schreiben, sich erinnern, kategorisieren und organisieren. Wenn sie wirklich Erfolg haben wollen, müssen sich Trader an den kühlen Abenden oder in den frühen Morgenstunden darauf vorbereiten, wenn die Welt und die Börse nicht zusehen. Dann haben sich die Räder des Fortschritts in Bewegung gesetzt, wenn es wieder einmal 9:30 ist. Aber viele Trader wiegen sich selbst in Sicherheit. Sie glauben, weil sie während der Börsenstunden für die Börse da sind, dass die Börse deshalb auch für sie da ist. Falsch! Die Börse ist da komisch. Sie belohnt nur diejenigen, die lernen und die ihre Zeit außerhalb der Handelsstunden sinnvoll verbringen. Und genau so verursachen Sie die Ereignisse. Genau so gewinnen Sie.

Lektion Nr. 10: Nutze die Kraft von Versprechen

Kürzlich habe ich den Kindergarten und die Grundschule meiner Tochter besichtigt. Sie geht ab September in den Kindergarten. Das war eine echte Erfahrung. Ich war erstaunt, wie sehr sich die Dinge geändert haben, seit ich im Kindergarten war. Keine harten Holzlineale mehr, um auf Kinderfinger zu klopfen. Die Lineale, die ich im Kindergarten meiner Tochter gesehen habe, waren aus viel weicherem Material. Es gab keine Lehrer, die in Ju-Jutsu trainiert waren, um mit missratenen Schülern fertig zu werden. Sie machten einen freundlichen, klugen und sehr fürsorglichen Eindruck. Die Bücher waren alle neu, und jeder Lehrer, einschließlich der Assistenten, sprach fließend zwei oder mehr Sprachen. Ich muss zugeben, das alles beeindruckte mich ungemein. Peng! Ich war baff, als ich Lineale aus Schwamm sah. Was mich allerdings am meisten beeindruckte, war, wie einfach, wie wundervoll wirksam ein paar der heutigen Lehrmethoden sind. Ich ging durch eine Klasse und sah zufällig an der Wand hoch. Sie war gepflastert mit persönlichen Versprechen von jedem Kind in dieser Klasse. Jimmy sagte: „Ich verspreche, mit meinen Händen nur gute Dinge zu tun." Mary sagte: „Ich verspreche, nur freundliche Worte zu verwenden." Betsy sagte: „Ich verspreche zu fragen, bevor ich etwas nehme." Und mein persönlicher Favorit kam von Joey, der sagte: „Ich verspreche, nicht vorlaut zu sein." Oh, es gab noch viel, viel mehr. Aber diese einfache Methode, den Kindern gutes Benehmen beizubringen, beeindruckte mich, nicht als Vater, sondern als Trader. Warum? Weil erfolgreiches Trading letztendlich auf gutes Benehmen zurückzuführen ist. Und als Lehrer von Tradern ist es für mich wichtig, Möglichkeiten zu finden, meinen Studenten gutes Benehmen beizubringen. Wie viele von uns haben sich hinsichtlich unseres Trading-Verhaltens nicht schon selbst Versprechen gegeben, und zwar ernst gemeinte? Wie viele haben Dinge aufgeschrieben wie: „Ich verspreche, einer Aktie nie mehr als $^3/_8$ nachzujagen." „Ich verspreche, immer an meinen festgesetzten Stops festzuhalten." Und: „Ich verspreche, niemals eine Bestens-Order vor Börseneröffnung zu erteilen." „Ich verspreche, immer das Risiko abzuwägen, bevor ich nach dem Gewinn jage." „Ich verspreche, die Verantwortung für jeden meiner Trades zu übernehmen." „Ich verspreche, die Lektion aus jedem Verlust-Trade aufzuschreiben." „Ich verspreche, Aufzeichnungen über meine beiden größten Versäumnisse als Trader zu machen." So seltsam das auch wirken mag, aber es liegt eine bestimmte Kraft in solchen persönlichen Versprechen, besonders wenn sie schriftlich gemacht werden. Irgendwie scheint es für die Seele ein Verbrechen gegen das eigene Ich zu sein, wenn ein Versprechen gebrochen wird. Das funktioniert. Warum machen Sie nicht gleich heute ein paar Versprechen?

Schreiben Sie sie auf. Schauen Sie sich diese Versprechen jeden Tag an. Warum? Weil es nicht immer reicht, zu wissen, was richtig ist. Manchmal muss man sich selbst ein Ehrenwort geben, damit man auch das tut, was man als richtig erkennt. Wissen und Tun sind oft zwei ganz unterschiedliche Dinge.

Letzte Worte der Weisheit von einem wahren Meister

Acht elementare Lektionen für das Leben und das Trading – von meiner Mutter

9

Da ich ein ständiger Beobachter mit einem unstillbaren Hunger nach Wissen bin, betrachte ich mich selbst als sehr klugen Studierenden des Lebens. Als Folge habe ich es geschafft, in meinem Leben ein paar äusserst wertvolle Lektionen zu lernen. Aber nachdem ich vor kurzem über diese Dinge nachgedacht hatte, erkannte ich, dass ich alles, was ich über das Trading wissen musste, von meiner Mutter gelernt hatte, noch bevor ich zehn Jahre alt war. Hier nur ein paar der Dinge, die sie mich als kleines Kind gelehrt hat.

Lektion 1: Es macht nichts, wenn du hinfällst, solange du aus dem Aufstehen lernst. Bis heute praktiziere ich die Kunst, aus meinen Trading-Fehlern zu lernen. Jeder meiner Trading-Verluste dient mir als Sprungbrett zu einem höheren Level an Trading-Meisterschaft.

Lektion 2: Erkenne immer, was die anderen fühlen. Das ist genau der Punkt, warum mein Partner, Greg Capra, so ein erfolgreicher Trader ist. Er versucht, immer zu verstehen, was die anderen Trader für eine Aktie fühlen. Der Schmerz der anderen Trader kann eine Chance für Sie bedeuten. Warum? Weil erfolgreiches Trading nichts anderes ist, als Aktien billig von denen zu kaufen, die gerade unter Druck stehen, und sie teuer an jene zu verkaufen, die gierig sind. Um wirklich clever in diesem Spiel namens Trading zu sein, müssen Sie wissen, was andere Trader an der Börse fühlen (Schmerz oder Gier). Diese Fähigkeit kann Sie reich machen. Danke Mama.

Lektion 3: Egal wie schlecht die Dinge heute stehen, morgen gibt es wieder eine neue Chance, um das auszugleichen. Als Trader können Sie das Gepäck von gestern nicht mit in das Heute schleppen. Die Überbleibsel aus dem vorhergegangenen Verlust müssen weggeräumt werden, bevor Sie den nächsten Trade machen können. Ansonsten gehen Sie unter.

Lektion 4: Du musst immer wissen, warum du etwas tust. Starten Sie niemals eine Aktion (Kauf oder Verkauf) aus dem Gefühl heraus oder aus Angst oder Gier. Es ist zwingend notwendig, dass wir, besonders als Trader, verstehen, dass Intelligenz zwischen diesen Gefühlen liegt. Mit anderen Worten, es gibt eine Kluft zwischen Angst und Gier, und aus dieser müssen unsere Aktionen kommen. Bis heute habe ich nie eine Aktie verkauft, wenn ich ängstlich war. Manchmal verliere ich deshalb etwas mehr Geld, aber viel öfter fahre ich besser damit, einen Moment zu warten, bis der Verstand wieder siegt.

Lektion 5: Nimm dich selbst nie zu ernst! Immer, wenn ich eine lange Gewinnsträhne habe, höre ich diese Worte in meinen Ohren klingeln. Trotz der Tatsache, dass ich fast jeden Tag an der Börse gewinne, werden Ihnen alle meine Trader vor Ort bestätigen, dass ich das Handeln niemals zu ernst nehme. Eigentlich bin ich albern, aber das kommt von Mama.

Lektion 6: Kämpfe nur Schlachten, die du auch gewinnen kannst. Aufgrund dieser Weisheit habe ich gelernt, meine Aktien, meine Einstiegs- und Ausstiegspunkte sehr umsichtig auszuwählen. Immer, wenn ich zum Beispiel in eine Aktie einsteige, habe ich ein angenehmes Gefühl, weil sie auf meiner Seite steht, bereit, für mich zu arbeiten. Ich versuche nie, gegen die Börse zu kämpfen, denn das ist eine Schlacht, von der ich weiß, dass ich sie nicht gewinnen kann. Wenn ich bemerke, dass ich eine Wahl getroffen habe, die in Konflikt mit der Börse steht, dann steige ich aus und gehe sofort mit der Börse konform. In der Bibel hat David vielleicht die Schlacht gegen Goliath gewonnen. Aber ich will Ihnen nur eines sagen. An der Börse gewinnt immer Goliath.

Lektion 7: Bekämpfe das Leben nicht, sondern mache es zu deinem Freund. Diese Lektion von meiner Mutter lehrte mich, mit der Börse zu arbeiten und nicht gegen sie, sie als Verbündeten zu betrachten, der einen reich machen kann, und nicht als Gegner, der einem alles nehmen kann. Die Börse ist kein Frankenstein. Sie ist ein Freund. Sie ist nicht der Mörder deiner Träume. Sie befreit deine Träume. Kurz gesagt: Die Börse ist ein weites Feld der Möglichkeiten.

Lektion 8: Ein Verlust macht dich nicht immer zum Verlierer. Manchmal bedeutet Verlieren eigentlich Gewinnen. Viel zu viele Trader übersehen diesen wichtigen Punkt. Wenn ich bei einer Aktie mit einem Verlust von 1 US-Dollar ausgestoppt werde und sie um weitere 2 US-Dollar fällt, dann habe ich nicht verloren. Ich habe gewonnen. Die Kunst des Gewinnens wird dadurch bestimmt, wie intelligent Sie verlieren.

Beherzigen Sie diese Lektionen von meiner Mutter. Sie würde sich freuen, wenn Sie sie in Ihrem täglichen Leben anwenden. Ich wäre zufrieden, wenn Sie sie für Ihr tägliches Trading anwenden. Ich will damit sagen, dass es Lektionen sind, die mir schon in jeder Situation meines Lebens von Nutzen waren. Ich hoffe, sie werden Ihnen ebenso nützlich sein.

Teil ZWEI

Tools und Taktiken für den Master Trader

Entwickeln Sie das Arsenal eines Master Traders

In den folgenden Kapiteln werden wir ein paar einfache Tools und Taktiken aufzeigen, die dem Master Trader zu verstehen helfen, wie die Börse funktioniert. Die folgenden Techniken sind die Eckpfeiler von Pristines Trading-Engagement an der Börse. Es sind zum Teil dieselben Taktiken und Techniken, in denen wir professionelle Trader auf der ganzen Welt unterrichtet haben. Nachdem ein Trader diese Bausteine ganz klar verstanden hat, wird er nie wieder verwirrt sein oder nicht wissen, was er tun soll. Sobald die folgenden

Tools und Taktiken erst einmal beherrscht werden, wird sich der Trader kaum noch auf der falschen Börsenseite wiederfinden. Und wir sind sicher, dass Sie wissen, dass 65 Prozent aller Trading-Verluste darauf zurückzuführen sind, dass der Trader auf der falschen Börsenseite stand. Gehen wir zum nächsten Schritt, einem Repertoire aus Trading-Tools und -Taktiken, das Ihren Weg zur Trading-Meisterschaft beschleunigen wird.

10 Tools und Taktiken für das richtige Börsentiming

Es gibt ein altes Wall-Street-Sprichwort: „Die Börse hat immer Recht." Und obwohl die meisten so genannten weisen Sprüche nutzlos sind, soweit es die Börse betrifft, scheint dieses wahr zu sein, zumindest für den kurzfristigen Trader. Es kann sehr entnervend sein, von einem größeren Börsentrend auf der falschen Seite erwischt zu werden, aber diesen Fehler nicht zuzugeben (sozusagen mit der Börse zu streiten) kann damit enden, dass ein Trader für immer aus diesem wunderbaren Spiel fliegt. Deshalb muss jeder Möchtegern-Trader lernen, wie er die Börse richtig „liest", ihre Stimmung „erfühlt" und ihre nächste Laune „errät". Trotz gegenteiliger Kommentare und Ansichten wird unser Überleben als Trader teilweise von unserer Fähigkeit abhängen, uns mit der Börsenkraft in eine Linie zu bringen. Langfristige Trading-Erfolge hängen davon ab, ob man erkennt, was die Börse will, und sich dem beugt.

Nun, wir sind die Ersten, die zugeben, dass kurzfristiges Börsentiming eine Fähigkeit darstellt, die schwer zu erlernen ist, aber es gibt verschiedene Tools für das Börsentiming, die Ihnen helfen können, richtig zu entscheiden. Auf den folgenden Seiten stellen wir verschiedene der äußerst zuverlässigen Tools und Taktiken vor, die wir benutzen, um die kurzfristige Richtung der Börse exakt einzuschätzen. Wie die meisten unserer Abonnenten wissen, sind wir bei Pristine auch nur Menschen und machen somit unseren Anteil an Fehlern. Aber dank der folgenden Tools für das Börsentiming sind wir nicht allzu menschlich. Wir werden nun versuchen, diese einfachen, aber sehr effektiven Timing-Tools an Sie weiterzugeben.

Börsen-Tool Nr. 1: S&P-Future (S&P)

Beschreibung des S&P-Future

Die Chicago Mercantile Exchange ist das Zuhause eines der größten und liquidesten Finanzinstrumente der Welt, des Standard & Poor's-500-Aktien-Index-Future. Dieses Instrument unterscheidet sich von seinem Bargeld-Äquivalent, dem S&P-500-Index. Der S&P-Futures-Contract ermöglicht – ganz anders als sein Äquivalent – großen Tradern und Anlegern (in der Regel institutioneller Umfang), auf die zukünftige Richtung der Börse Wetten abzuschließen. Allein aus diesem Grund wird er von jedem intelligenten Wirtschafts- und Finanzprofi aufmerksam verfolgt. Der Master Trader, besonders der Intraday-Master-Trader, würde nicht im Traum daran denken, ohne ihn als Führer zu handeln. Hier ein paar interessante Tatsachen, die jeder Trader beachten sollte.

Wie der Master Trader den S&P-Future interpretiert

- Der S&P ist ein Hauptbarometer der Gesamtbörse.
- Der S&P gibt oft die Richtung der gesamten Börse an.

Abbildung 10.1

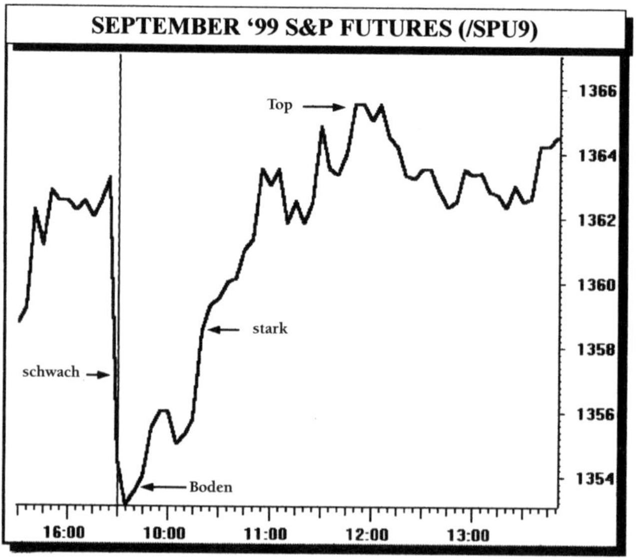

Quelle: The Executioner.com

Fünf-Minuten-Linienchart des /SPU9. Beachten Sie, wie bedeutend die Kehrtwenden um 10:00 a. m. und 10:00 p. m. waren. Ein leichter Abfall fand um 10:00 a. m. statt, und um 12:00 wurde der Anstieg von /SPU9 abgefangen.

- Der S&P ist ein führender Indikator für viele individuelle Aktien wie America Online (AOL), Cisco Systems (CSCO), Dell Computer (DELL), Microsoft Corporation (MSFT) usw. Mit anderen Worten, Intraday-Schwankungen beim S&P-Futures-Contract gehen oft ähnlichen Schwankungen der vorangegangenen Aktien voraus. Diese Tatsache bietet dem aufmerksamen Intraday-Trader häufig interessante Scalping-Chancen.
- Wir beobachten den S&P-Futures-Contract über 2-, 5- und 15-Minuten-Charts. (Abb. 10.1)

Wie der Master Trader den S&P-Future benutzt

- Der Master Trader bevorzugt Intraday-Long-Positionen, wenn der S&P über seinem Eröffnungskurs liegt und steigt.
- Der Master Trader bevorzugt Intraday-Short-Positionen, wenn der S&P unter seinem Eröffnungskurs liegt und fällt.
- Der Master Trader benutzt die Unterstützungs- und Widerstandsanalyse beim S&P, um das Timing der Intraday-Käufe und -Verkäufe festzulegen.
- Der Master Trader kombiniert verschiedene Kehrtwendungen mit dem S&P, um potentielle Trendwenden der Börse vorauszuahnen.
- Der Master Trader beobachtet die 5- und 15-Minuten-Charts des S&P, die

Quelle: The Executioner.com

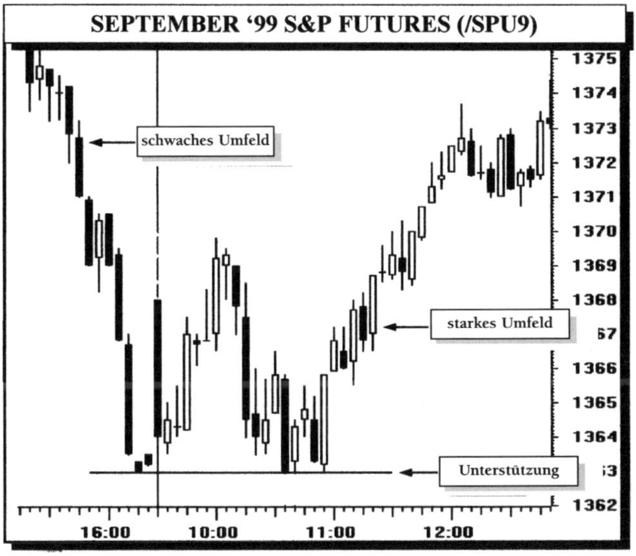

Abbildung 10.2

Fünf-Minuten-Chart des S&P-Futures-Contract. Der Master Trader versucht, Intraday-Longs und -Shorts mit dem vorherrschenden Trend des 5-Minuten-S&P-Futures-Contract abzustimmen.

mit 200 Simple Moving Averages (SMAs) überlagert werden. Der 200 SMA dient oft als signifikante Intraday-Stützung und Widerstand für den S&P. (Abb. 10.2)

Börsen-Tool Nr. 2: NYSE-Tick-Indikator ($TICK)

Der $TICK hat sich als einer der zuverlässigsten Börsenindikatoren für Intraday-Trader entpuppt, und wir glauben, er verdient einen besonderen Platz im Arsenal jedes Master Traders. Dieser einfache, aber wirkungsvolle Indikator gibt die Anzahl der NYSE-Aktien, die aktuell mit einem Aufwärtstick gehandelt werden (steigen), gegenüber der Anzahl der NYSE-Aktien an, die aktuell mit einem Abwärtstick gehandelt werden (fallen). Ein Aufwärtstick ist eine Transaktion zu einem höheren Kurs als die vorhergehende Transaktion, während ein Abwärtstick den Verkauf eines Wertpapiers zu einem niedrigeren Kurs als beim vorhergehenden Verkauf bedeutet. Ein $TICK von +500 würde zum Beispiel bedeuten, dass die Anzahl der Aktien, die aktuell steigen, die Anzahl der fallenden um 500 übersteigt. Ein $TICK von –500 würde das Gegenteil bedeuten, 500 mehr auf dem Abwärtstrend als auf dem Aufwärtstick. Zusammengefasst heißt das, dass der

Abbildung 10.3

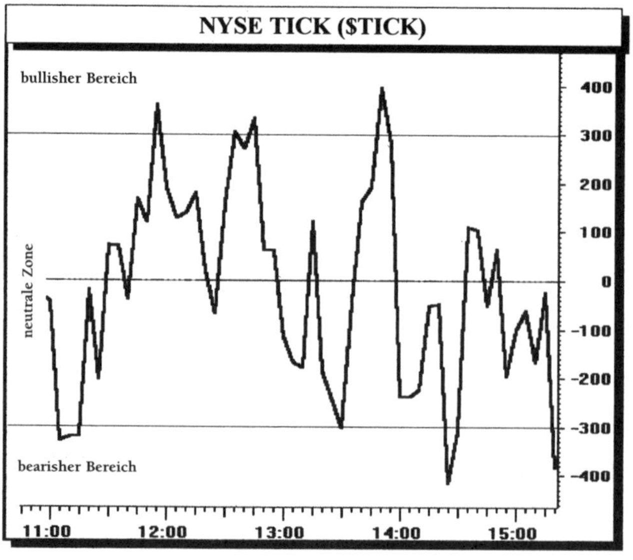

Quelle: The Executioner.com

Fünf-Minuten-Linienchart des $TICK mit einer neutralen Zone

$TICK dem Trader hilft, den Stand der allgemeinen Käufe und Verkäufe an der Börse zu beobachten, Augenblick für Augenblick. Er informiert auch in einer sofortigen Momentaufnahme, wer dominiert, die Bullen oder die Bären. Und hier zeigen wir Ihnen, wie wir den $TICK bei unserem täglichen Trading nutzen.

Wie der Master Trader den $TICK interpretiert

- Ein $TICK zwischen –300 und +300 zeigt ein allgemein neutrales Börsenumfeld an.
- Ein $TICK nahe +1000 deutet auf eine exzessive Hausse hin, der normalerweise eine Kehrtwende nach unten folgt.
- Ein $TICK nahe –1000 deutet auf eine exzessive Baisse hin, der normalerweise eine Kehrtwende nach oben folgt. Beachten Sie, dass bei Baissebörsen TICKs gut unter –1000 üblich sind.

  Als Beispiel nehmen wir einmal an, dass die Börse seit vier aufeinander folgenden Tagen fällt. Am fünften Tag bricht die Börse wieder nach unten durch und produziert einen negativen $TICK von –1100 (Sie erinnern sich, das bedeutet, dass die fallenden Aktien im Moment die steigenden Aktien um 1100 Aktien übertreffen). Der kluge Trader bereitet sich langsam darauf vor,

Quelle: The Executioner.com

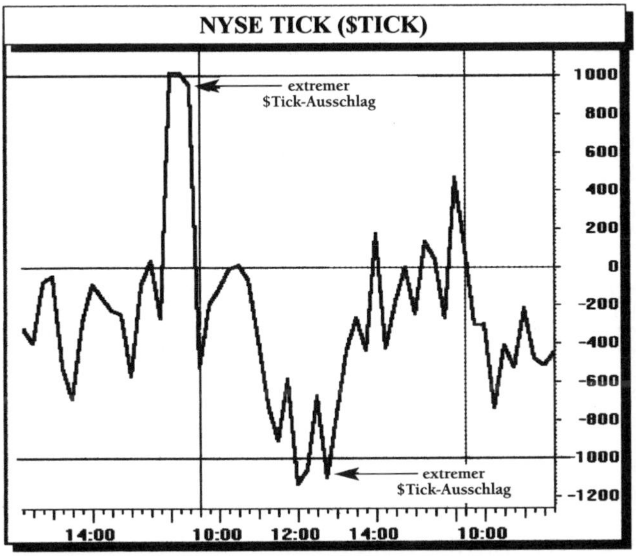

Abbildung 10.4

Dieser 15-Minuten-Linienchart des $TICK zeigt, wie zuverlässig die extremen 1000er-Levels sind. Nach Erreichen der +1000 kehrt der $TICK schnell nach unten um. Ein Extrem unter –1000 löst auf dieselbe Art eine scharfe Kehrtwende nach oben aus.

dass die Börse auf Intraday-Basis eine Kehrtwende nach oben macht. Tipp: Ein äußerst negativer $TICK zeigt an, dass jemand „Feuer" gerufen hat und alle mit einem Herdentrieb zum Ausgang rennen (verkaufen). Dieses klimatische Tief der Ticker-Aktivität ist der Auslöser, dass die Börse an einem Tag ihre gesamte „Verkaufsmunition" verschießt und sehr wenig Verkaufspotential für die folgenden Tage übrig lässt.
Dasselbe passiert bei einem Aufwärtstrend. Ein hoher $TICK von sagen wir einmal +1000 nach einer ordentlichen Anzahl von Aufwärtstagen wäre die Warnung einer Börse, die ihre gesamte „Kaufmunition" an einem Tag verschossen hat, ähnlich wie ein kleiner Junge, der sein ganzes Taschengeld auf einmal ausgibt. Abbildungen 10.3 und 10.4 belegen dies mit Beispielen.

- Ein $TICK mit +1000 nach einer längeren Börsenkorrektur ist in der Regel ein signifikantes Tief, dem oft eine monatelange Erholungsphase folgt. Die $TICK-Spanne misst die Differenz zwischen dem $TICK-Hoch und dem $TICK-Tief eines Tages. Ein $TICK-Hoch von zum Beispiel +1200 und ein $TICK-Tief von –200 am selben Tag würden eine $TICK-Spanne von +1000 ergeben.

Abbildung 10.5

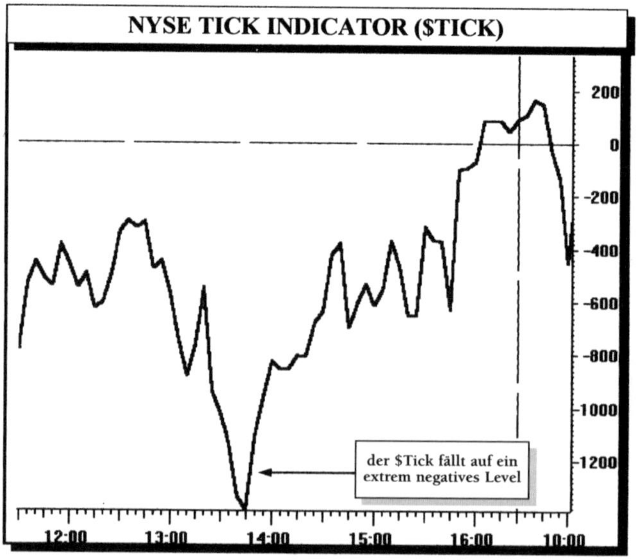

Quelle: The Executioner.com

Dieser 5-Minuten-Chart des $TICK zeigt einen sehr ernsten Abfall unter die –1000-Marke. Diese extreme Bewegung lässt Rückschlüsse auf das bereits stattgefundene Verkaufen zu. Man muss beachten, dass der $TICK sein Tief nahe der Umkehrzeit um 1:30 p. m. hatte und mit der Erholung bis zum Schluss fortfuhr.

Wie der Master Trader den $TICK nutzt

- Der Master Trader bevorzugt Intraday-Long-Positionen, wenn der $TICK steigt.
- Der Master Trader bevorzugt Intraday-Short-Positionen, wenn der $TICK fällt.
- Der Master Trader sucht nach potentiellen Intraday-Longs, wenn der $TICK ein Extrem von –1000 oder mehr erreicht.
- Der Master Trader sucht nach potentiellen Intraday-Shorts, wenn der $TICK ein Extrem von +1000 oder mehr erreicht.
- Der Master Trader nutzt die Unterstützungs- und Widerstandsanalyse beim $TICK für das Timing der Intraday-Käufe und -Verkäufe. (Abb. 10.5, 10.6 und 10.7)

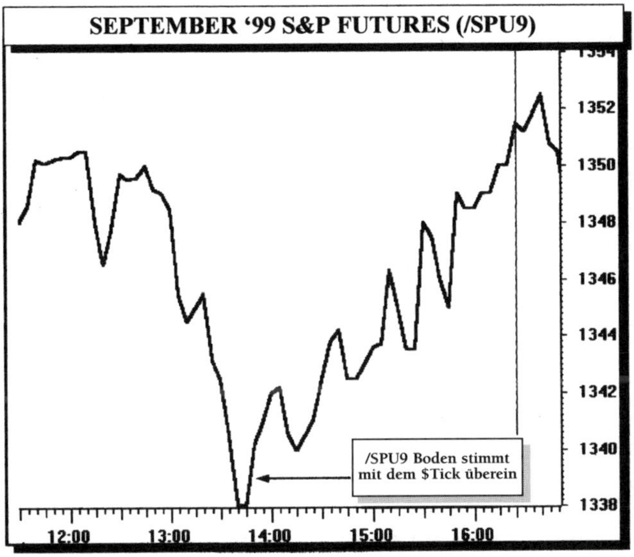

Quelle: The Executioner.com

Abbildung 10.6

Dieser Fünf-Minuten-Chart zeigt, wie das Tief des S&P perfekt mit dem extremen $TICK übereinstimmt. Die nachfolgende Erholung bis zum Schluss erfolgt schrittgleich mit dem $TICK.

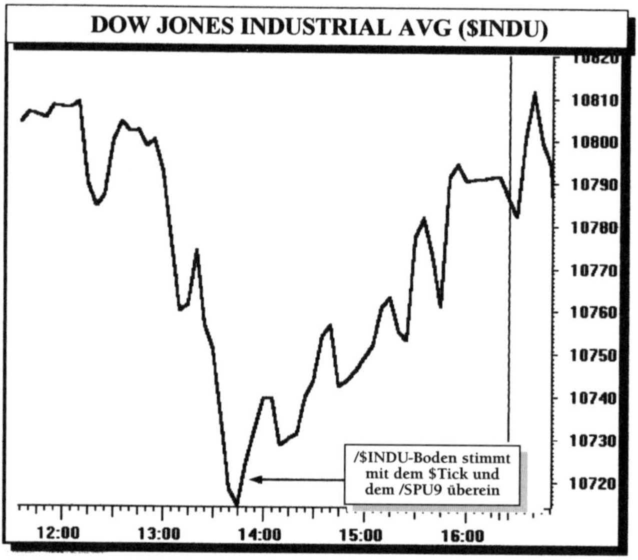

Abbildung 10.7

Quelle: The Executioner.com

Dieser Fünf-Minuten-Linienchart zeigt die simultanen Tiefs von $INDU und $TICK. Die nachfolgende Erholung des $INDU bis zum Schluss erfolgte ebenfalls schrittgleich mit dem $TICK und dem /SPU9.

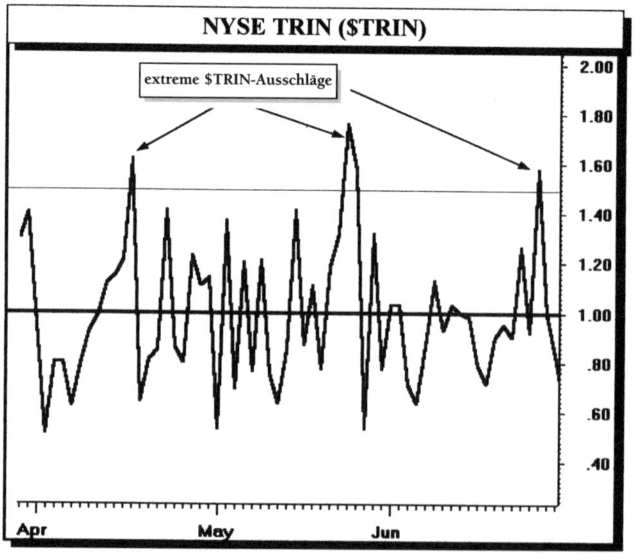

Abbildung 10.8

Quelle: The Executioner.com

Fünf-Minuten-Linienchart des $TRIN mit der 1.00-Schwelle und der extremen 1.50-Schwelle.

Börsen-Tool Nr. 3: NYSE Trader's Index (TRIN)

Beschreibung des NYSE TRIN

Die Formel für den TRIN lautet wie folgt:

$$\frac{\text{Steigende Wertpapiere / steigendes Volumen}}{\text{Fallende Wertpapiere / fallendes Volumen}} = \text{TRIN}$$

Der NYSE Trader's Index (TRIN), auch bekannt als Arm's Index, ist eines der wertvollsten Intraday-Tools für das Börsentiming, die wir und unsere Trader vor Ort benutzen. Er ist ein wunderbares Hilfsmittel, das uns hilft, das Level des Intraday-Trading-Risikos an der Börse abzuschätzen. Als treuer Begleiter des Intraday-Scalpers oder Mikrotraders ist er konkurrenzlos. Mit Hilfe eines 5-Minuten-Liniencharts des TRIN beurteilen wir die Börse folgendermaßen:

Quelle: The Executioner.com

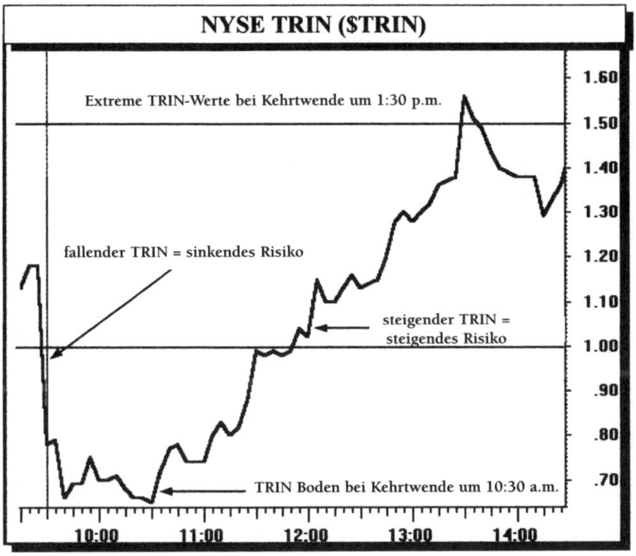

Abbildung 10.9

Fünf-Minuten-Linienchart des $TRIN. Tipp: Ein steigender $TRIN bedeutet steigendes Intraday-Risiko. Ein fallender $TRIN deutet auf ein abnehmendes Intraday-Risiko. Beachten Sie, dass das Tief und das Hoch des $TRIN in den Zeiten der Schlüsselkehrtwenden liegt.

Wie der Master Trader den TRIN interpretiert

- Ein steigender Intraday-TRIN ist kurzfristig bearish und zeigt ein steigendes Risiko für den Intraday-Trader an. Mit anderen Worten, ein steigender TRIN heißt steigendes Risiko. Das bedeutet einen Kaufvorteil. Denken Sie daran, dass der Short-Verkäufer einen steigenden TRIN als bullish betrachten würde.
- Ein fallender Intraday-TRIN ist kurzfristig bullish und zeigt an, dass das Risiko für den Intraday-Trader abnimmt. Mit anderen Worten, ein fallender TRIN heißt weniger Risiko. Das bedeutet einen Verkaufsvorteil.

Neben der Richtungsanalyse hilft der TRIN als Intraday-Indikator dem Master Trader, den Allgemeinzustand der Börse zu beurteilen. Und so benutzen wir den TRIN, um den aktuellen Zustand der Börse zu bestimmen:

- Ein Intraday-TRIN unter 1.00 bedeutet in der Regel, dass wir es mit einem gesunden Börsenumfeld zu tun haben. Denken Sie daran, dass Sie hier eine Intraday-Momentaufnahme des Börsenumfelds erhalten. Aus einer längerfristigen Perspektive ist sie unbedeutend.
- Ein Intraday-TRIN-Wert über 1.00 bedeutet in der Regel, dass wir es mit einem riskanteren Börsenumfeld zu tun haben, das verdächtig nach einem Intraday-Abfall oder Ausverkauf aussieht.

Abbildung 10.10

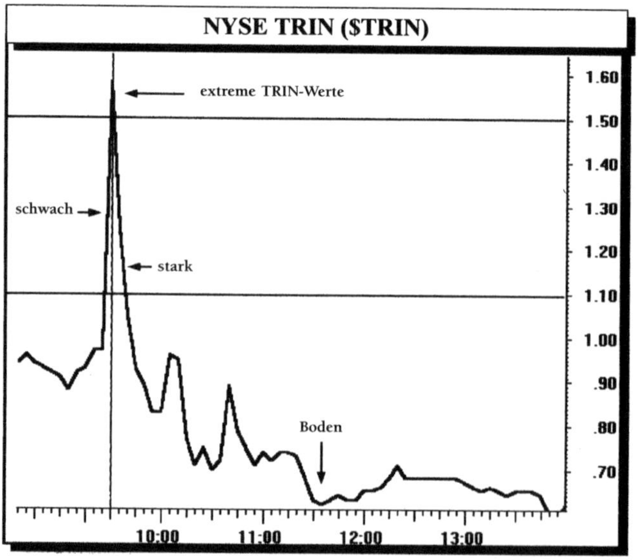

Quelle: The Executioner.com

Dieser Fünf-Minuten-Linienchart zeigt einen Schluss-$TRIN, der höher als 1.50 ist. Dieses Extrem lässt ein Börsentief erwarten. Nach dem extremen Spike am Schluss startet der $TRIN mit einem stundenlangen Sinken am nächsten Morgen. Tipp: Ein Schluss-$TRIN höher als 1.50 führt in der Regel zu einer Rally am nächsten Morgen.

Neben der Richtungsanalyse hilft der TRIN auch bei der Overbought- und Oversold-Analyse, was wir manchmal mit Schwellenanalyse bezeichnen. Und so nutzen wir den TRIN, um zu beurteilen, wann die Börse exzessiv overbought oder oversold ist:

- Wenn der Intraday-TRIN unter 0.35 fällt, ist das Börsenumfeld zu euphorisch geworden. Mit anderen Worten, ein bullischer Intraday-TRIN, der unter 0.35 fällt, erzählt uns, dass sich die Mehrheit, die Menge, die Masse bereits an der Börse engagiert hat und die Börse zu einem starken Intraday-Rückzug bereit ist.
- Ein Intraday-TRIN über 1.50 lässt eine zu bearishe Einstellung vermuten und eine Börse, die darauf wartet, die Bären mit einer starken Intraday-Erholung zu überraschen.
- Ein Schluss-TRIN bei 1.50 oder höher zeigt ein hohes Maß an Pessimismus und später Baissestimmung. Das lässt vermuten, dass Panikverkäufe kurz vor Schluss stattgefunden haben und die Börse bereit ist für eine Kehrtwende oder eine Aufwärtsbewegung am Morgen. Tipp: Ein Schluss-TRIN von 1.50 oder höher, kombiniert mit einem Schluss-$TICK von –500 oder mehr, erhöht die Chancen auf eine positive Eröffnung am nächsten Tag. Da wir nicht alle Nuancen jedes Tools in diesem Buch ausführen können, stehen allen Interessierten zusätzliche Berichte auf unserer Website unter www.pristine.com zur Verfügung.

Quelle: The Executioner.com

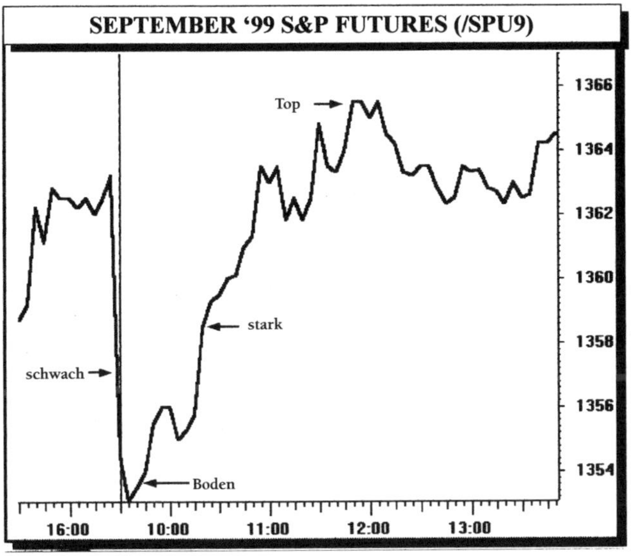

Abbildung 10.11

Dieser Fünf-Minuten-Linienchart des /SPU9 zeigt, wie synchron der S&P-Future und der $TRIN gehen können. Beachten Sie, wie perfekt die Tiefs und Hochs des /SPU9 mit dem $TRIN übereinstimmen.

Ein paar Beispiele, die diese Punkte demonstrieren, finden Sie in den Abbildungen 10.8 und 10.9.

Wie der Master Trader den TRIN nutzt

- Wenn der Intraday-TRIN steigt, wird der Master Trader defensiver und kürzt sein Intraday-Engagement auf der Long-Seite.
- Wenn der Intraday-TRIN fällt, wird der Master Trader aggressiver und erhöht sein Intraday-Engagement auf der Long-Seite.
- Wenn der TRIN unter 1.00 ist, neigt der Master Trader in der Regel eher zur Kaufseite.
- Wenn der TRIN über 1.00 ist, neigt der Master Trader in der Regel eher zur Verkaufsseite.
- Wenn der TRIN auf oder unter 0.35 fällt, versucht der Master Trader, alle Longs zu verkaufen, und beginnt, nach Chancen auf der Short-Seite zu suchen.
- Wenn der TRIN auf über 1.50 steigt, versucht der Master Trader, alle Shorts abzudecken, und beginnt, nach Chancen auf der Long-Seite zu suchen. (Abb. 10.10 und 10.11)

Börsen-Tool Nr. 4: New Lows (NLs)

Der tägliche Indikator New Lows (NLs) der NYSE berichtet über die Anzahl der Big-Board-Aktien, die ein neues 52-Wochen-Tief erreicht haben. Diese einzelne (tägliche) Statistik bietet eine der schnellsten und genauesten Möglichkeiten, die Börsengesundheit zu beurteilen. Schauen wir uns das einmal genauer an. Eine grundlegende Tatsache, die oft von Tradern übersehen wird, ist: „Verkäufe" sind das Einzige, das eine Börse schwächen oder eine Aktie ein neues 52-Wochen-Tief erreichen lassen kann. Es sind die Verkäufe oder ihr Fehlen, das tatsächlich aufdeckt, wie es um die Börse bestellt ist. Deshalb ist es entscheidend, über alle plötzlichen Veränderungen beim Umfang der Verkäufe auf dem Laufenden zu sein. Die NLs geben den Verkaufsdruck der Börse sehr genau wieder. So nutzen wir die NLs für die Interpretation der Börsenlage.

Wie der Master Trader den NLs interpretiert

- Steigende NLs weisen darauf hin, dass der Verkaufsdruck der Börse wächst und das Umfeld wahrscheinlich schwierig wird.
- Fallende NLs sagen uns, dass das Kaufinteresse steigt, während die Verkäufe

spärlicher werden, und dass eine Verbesserung der Börsenlage bevorsteht. Wir haben festgestellt, dass verschiedene NLs eine ziemlich bemerkenswerte Geschichte über die Börsenlage erzählen:

- Tägliche NLs unter 20 stellen ein äußerst bullish orientiertes Börsenumfeld dar. Dieser euphorische Zustand dauert in der Regel nicht lange. Tatsächlich führt er gerne zu einer schnellen Börsenerleichterung.
- Tägliche NLs zwischen 20 und 40 stellen ein positives Börsenumfeld dar.
- Tägliche NLs über 40 stellen eine neutrale Abkühlperiode für die Börse dar.
- NLs, die höher als 60 sind, signalisieren eine sich verschlechternde oder etwas schwierige Börse.
- NLs, die höher als 80 sind, stellen eine Bärenbörse dar. Normalerweise gibt es immer weniger gute Chancen. Das ist das Umfeld, das typischerweise die überzeugten Buy-and-Hold-Börsianer zu Fall bringt, denn die Bewegungen nach oben werden schnell durch abrupte Bewegungen nach unten neutralisiert.

Tipp: Beachten Sie, dass die NLs auch weit höher als 80 liegen können, auch wenn es nicht sehr oft passiert. Als Augenzeugen haben wir sehen können, wie im August 1998 die NLs über 1.000 angestiegen sind.

Quelle: The Executioner.com

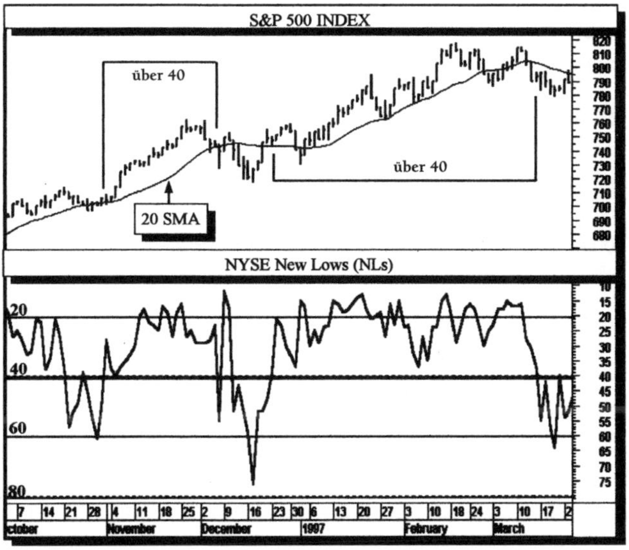

Abbildung 10.12

Die täglichen Charts des S&P-500-Index und der NYSE NLs zeigen ganz deutlich, wie bearish die Gesamtbörse ist, wenn die NLs über 40 bleiben. Tipp: Die 40er-Linie der NLs ist die Grenze zwischen den Bullen und den Bären.

Das Beobachten dieser einfachen Statistik wird Ihnen helfen, in unruhigen Zeiten Ihren klaren Verstand zu behalten. Wir schlagen Ihnen vor, sie jede Woche zu benutzen. Sie wird Ihnen sehr dabei helfen, die fünf vorherrschenden Börsenzustände zu erkennen:

1. Den Zustand von Gier und extremer Euphorie (NLs unter 20)
2. Den Zustand von Gesundheit (NLs unter 40, aber über 20)
3. Den Zustand von Ruhe (NLs unter 60, aber über 40)
4. Den Zustand von Aufruhr und Verwirrung (NLs unter 80, aber über 60)
5. Den Zustand von Angst und Pessimismus (NLs über 80).

Wie der Master Trader die NLs nutzt

- NLs unter 20 stellen eine extreme Bullenbörse dar. Während dieser bullishen Phase versucht der Master Trader, ausschließlich die Long-Seite zu spielen. Der Master Trader wird außerdem hinsichtlich des Umfangs und Gewinnziels aggressiver sein.
- NLs über 40 stellen eine Abkühlphase dar. Das ist in der Regel ein erstes Warnsignal, dass die Börse ein wenig ermüdet ist. Die Börse wird wahrscheinlich kurzfristige Trading-Chancen in beide Richtungen anbieten. Aber der Master Trader wird in diesem Umfeld lieber schnell ein- und aussteigen, da die Bewegungen sehr kurzlebig sind (siehe Abb. 10.12).
- NLs über 80 signalisieren eine nachlässige Börse. Der Master Trader konzentriert sich ausschließlich auf die Suche nach guten Ausstiegschancen, da Erholungen nur noch sehr selten, wenn überhaupt, auftreten und der Weg des geringsten Widerstandes höchstwahrscheinlich nach unten führt.

Börsen-Tool Nr. 5: Mighty 5 Index

Der Mighty 5 Index, der von Pristine entwickelt wurde, ist ein Mini-Index aus fünf Aktien, den wir geschaffen haben, um unseren Tradern vor Ort zu helfen, hinsichtlich der Börsengesundheit und der Börsenlage auf dem Laufenden zu bleiben. Mit den Jahren haben wir entdeckt, dass bestimmte Schlüsselaktien die Aktionen der allgemeinen Börse nicht nur imitieren, sondern sie sogar anführen. Diese Tendenz zur Vorgabe kann dem aufmerksamen Trader unschätzbare Hinweise und profitable Chancen bieten. Nur durch das einfache tägliche Beobachten dieser Schlüsselaktien kann der Master Trader ein Gefühl für die Börse bekommen, das dem der so genannten Börsenprofis in nichts nachsteht. Wir gehen noch auf die fünf einzelnen Aktien des Mighty 5 Index ein. Wir sind sicher, dass Sie die Geschichten, die Ihnen jede erzählen kann, interessant finden.

Der „Mighty Five Index"

General Electric (GE) • GE ist die Börse. Wenn wir eine Aktie als Stellvertreter für die Gesundheit der gesamten Börse auswählen müssten, wäre es GE. Was immer die Börse macht, macht schließlich auch GE. Was immer GE macht, wird schließlich auch die Börse machen. GE ist eines der größten Unternehmen der Welt und verkauft so ziemlich alles auf dem Planeten Erde. GE ist so umfassend, dass sie in keinem langfristigen Depot fehlen sollten.

CitiGroup, Inc. (C) • Diese einzigartige Aktie beinhaltet die gesamte Finanzindustrie. Mit ihrer Aufteilung repräsentiert sie die drei großen Finanzsektoren: Banken, Broker und Versicherungen. Die Abteilung Citibank von C stellt den Bankensektor dar. Die Abteilung Solomon Smith Barney repräsentiert den Brokerbereich. Und die Traveler-Abteilung von C stellt den Versicherungssektor dar. Beachten Sie, dass es keine anhaltende Börsenerholung ohne eine Zusammenarbeit und ernsthafte Beteiligung des Finanzsektors geben kann. Mit C haben Sie das gesamte Bild der Finanzwelt.

Microsoft, Inc. (MSFT) • Es gibt heutzutage wohl niemanden mehr, der an den enormen Auswirkungen der Technologie auf unser Leben, auf unsere Wirtschaft und auf unsere Welt zweifelt. In den letzten Jahrzehnten wurde der Technologiesektor als solches zum Herzstück der Börse, zu ihrem Lebenselixier, wenn Sie so wollen. Und wir sind der Meinung, dass das auch noch etliche Jahrzehnte der Fall sein wird. Deshalb ist es heutzutage so wichtig, sich über diesen großen Sektor der Börse auf dem Laufenden zu halten, was kluge Trader einfach durch die Beobachtung der täglichen Bewegungen von Microsoft tun können. Anhand dieser Mega-Aktie können Ebbe und Flut des gesamten Technologiesektors beobachtet werden. Wenn der Technologiesektor das Herzstück der Börse ist, dann ist Microsoft das Herzstück des Technologiesektors. Steigen Sie nicht in den Technologiesektor ein, ohne gewissenhaft zu überprüfen, was MSFT gerade macht.

America Online (AOL) • Eine Internetmanie hat unsere Vorstellungen ergriffen, hat sich unseres Lebens bemächtigt und unsere Börsen verändert wie keine andere Zeiterscheinung der Geschichte. Die zukünftigen Aussichten für das Internet sind atemberaubend, und egal, was Skeptiker sagen, das Internet wird ähnlich wie das

Telefon für lange Zeit unsere Kommunikation beeinflussen, ebenso wie unsere Geschäftsbeziehungen zum Rest der Welt. Da diese aufstrebende Industrie so entscheidend für die Gesamtpsyche der Börse geworden ist, ist es zu einem Muss für jeden guten Trader geworden, sich darüber täglich auf dem Laufenden zu halten. Wer diesen Sektor verfolgt, kann keinen Zweifel daran haben, dass AOL diesen Bereich beherrscht. Im eigentlichen Sinn ist AOL der Großvater aller Internetaktien und kann als Barometer für den gesamten Internetsektor gesehen werden.

General Motors (GM) • Zyklische Aktien sind enorm wichtig für den guten Trader, denn sie dienen als nahezu perfektes Barometer der Wirtschaft. Und wie Sie sicher wissen, bedeutet eine gesunde Wirtschaft eine gesunde Börse. GM ist eine zyklische Schlüsselaktie und deshalb ein Schlüsselbarometer für die gesamte Wirtschaft. Wenn Leute bereit sind, Autos zu kaufen, sind sie auch bereit, Schulden zu machen, was bedeutet, sie vertrauen auf ihre Jobs und die Wirtschaft. Zuversichtliche Verbraucher, die bereit sind, zusätzliche Schulden zu übernehmen, treiben Finanzaktien nach oben. Wirschaftsanalyse ist Thema für ein eigenes Buch. Aber der Master Trader kann fast so gut sein wie ein professioneller Betriebswirtschaftler, wenn er einfach nur GM beobachtet. Das sagt fast alles aus.

Wie der Master Trader den Mighty 5 Index interpretiert und nutzt

- Wenn alle fünf Aktien des Mighty 5 Index oben sind, dann konzentriert sich der Master Trader ausschließlich auf die Long-Seite.
- Wenn alle fünf Aktien des Mighty 5 Index unten sind, dann konzentriert sich der Master Trader ausschließlich auf die Short-Seite (Verkauf).
- Wenn Microsoft Corp. (MSFT) und America Online (AOL) gleichzeitig gut abschneiden, sucht der Master Trader hauptsächlich, wenn nicht sogar ausschließlich, nach Trading-Chancen bei wichtigen Technologieaktien.
- Wenn MSFT und AOL beide unten sind, werden keine Intraday-Long-Engagements bei Technologieaktien übernommen. Short-Engagements sind unter dieser Bedingung eine Möglichkeit.
- Wenn CitiGroup, Inc. (C) gut abschneidet (an einem Tag weit gestiegen ist), dann unterstützt der Finanzsektor die Börse. Das bedeutet oft, dass Intraday-Rückzüge der Börse gute Kaufchancen sind und kein Grund zur Sorgen. Die Trading-Chancen in den Sektoren Bank, Brokerage und Versicherung stehen auch gut. Dasselbe gilt für den umgekehrten Fall.
- Wenn MSFT weit gefallen ist, werden viele Technologieaktien verkauft werden. Intraday-Erholungen bei den Techs werden sich schnell verlaufen, wenn

MSFT nach unten geht. Das bietet erstklassige Gelegenheiten zum Shortgehen. Dasselbe gilt für den umgekehrten Fall.

- Wenn AOL hoch steht, werden gute Trading-Gelegenheiten auf der Long-Seite des Internetsektors allmählich selten werden. In so einer Situation sieht der Master Trader Rückzüge bei Internetaktien als potentielle Kaufgelegenheiten an. Dasselbe gilt für das Gegenteil. Tipp: Trader von Internetaktien, die gegen den Trend von AOL kämpfen, spielen mit dem Feuer.
- Wenn General Electric (GE) richtig hoch steht und die Börse richtig unten ist, dann geht der Master Trader davon aus, dass die Börse demnächst folgt. Deshalb hält der Master Trader nach frühzeitigen Kaufchancen Ausschau, wozu er die Unterstützungs- und Widerstandsanalyse sowie andere Trading-Strategien und -Techniken einsetzt. Dasselbe funktioniert im umgekehrten Fall.

Man muss nicht extra erwähnen, dass wir mit solchen Situationen endlos weitermachen könnten, aber es ist äußerst wichtig, zu beachten, dass diese Situationen nur Anleitungen sind. Sie dienen dazu, eine allgemeine Richtung und/oder einen groben Intraday-Spielplan vorzugeben, was die meisten Anfänger vergessen. (Abb. 10.13)

Symbol		Last		High	Low	Change
$TICK	(1)	513	S	609	-793	+513
$TRIN		1.84	S	1.84	.65	+.64
/SPU9	(2)	1331.80	S	1358.00	1330.00	-18.00
/NDU9		2276.50	S	2327.00	2276.00	-10.75
$INDU	(3)	10655.15	S	10825.80	10647.86	-136.14
$TRAN		3333.24	S	3366.48	3327.62	-15.71
$INX		1328.72	S	1350.92	1328.49	-12.31
$COMPX		2638.49	S	2676.45	2631.87	-1.52
GE	(4)	109	S	112 5/16	108 11/16	-3
GM		61 1/8	S	64 1/8	60 3/8	-2 13/16
C		44 9/16	S	46 1/4	44 1/2	1 3/16
MSFT		85 13/16	S	88 5/8	85 1/2	-1 1/8
AOL		95 1/4	S	100 1/2	94 1/4	-1 5/8
$SOX.X	(5)	493.97	S	501.93	490.99	+1.33
$NF.X		532.39	S	541.95	532.11	-9.40
$IIX.X		278.33	S	285.51	276.77	3.69
$XBD.X		389.71	S	398.22	389.56	-8.41
$DRG.X		349.02	S	352.77	348.84	-.54
$XOI.X		514.68	S	519.73	508.70	+5.88

Quelle: The Executioner.com

Abbildung 10.13

Diese Liste zeigt, wie wir das Market Finder Feature des Executioner.com nutzen, um an der Spitze der allgemeinen Börse zu bleiben. Die Beobachtungsliste wird den ganzen Tag überwacht und bietet eine einfache Möglichkeit, zu bestimmen, welcher Sektor anfängt, gekauft oder verkauft zu werden. (1) TICK und TRIN, (2) S&P und NASDAQ 100 Futures Contracts, (3) DJIA, Transportation Index, S&P 500 Index (cash), NASDAQ Composite, (4) Mighty 5, (5) Indices für Halbleiter, Finanzen, Internet, Broker, Arzneimittel und Öl. Beachten Sie, dass der gezeigte Tag sehr negativ verläuft.

Ein Börsenquiz

Frage 1: Was ist historisch gesehen der negativste Monat des Jahres? Das zu wissen kann sowohl Anlegern als auch Tradern helfen, ihre Depots und Tradings-Pläne entsprechend auszurichten.

Antwort: September. In den letzten 15 Jahren war der September nur fünfmal positiv.

Frage 2: Was ist historisch gesehen der positivste Monat des Jahres? Die richtige Antwort darauf kann sogar dem erfahrenen Trader noch einen Kick geben.

Antwort: Mai. In den letzten 12 Jahren war der Mai elfmal der beste Monat.

Frage 3: Welche 3-Monats-Periode ist die beste Zeit, um voll investiert und/oder ausgereizt zu sein? Das zu wissen kann dem klugen Trader hohe Gewinne einbringen, die den Börsendurchschnitt weit übertreffen.

Antwort: November, Dezember, Januar. Dank der Steuerberechnung spät im Jahr und den Versuchen von offenen, geschlossenen und Renten-Fonds, in letzter Minute noch einen Performancebonus herauszuarbeiten, stellen diese drei Monate die beste Zeit einer Börsenfreundlichkeit dar.

Frage 4: Welcher Monat beendet historisch gesehen eine Bärenbörse? Die richtige Antwort darauf kann dem klugen Trader helfen, Hochs und Tiefs zu erkennen.

Antwort: Oktober. Die letzten Bärenbörsen von 1946, 1957, 1960, 1966, 1974, 1987, 1990 und natürlich 1998 endeten alle im Oktober.

Frage 5: Welche 5-Tages-Spanne des Monats ist die beste, um an der Börse voll investiert zu sein? Das zu wissen kann Anlegern und Tradern helfen, das Ausmaß ihres Engagements und ihrer Aggressivität zu bestimmten.

Antwort: Der letzte, erste, zweite, dritte und vierte Tag eines Monats. Diese 5-Tages-Spanne übertrifft historisch gesehen die restlichen Tage eines Monats, und zwar dank der Tatsache, dass Fonds den größten Geldfluss um das Ende oder den Anfang eines Monats haben.

Frage 6: Welcher einzelne Tag des Monats ist historisch gesehen der beste Tag, um an der Börse investiert zu sein?

Antwort: Der zweite Tag des Monats. Die Börse steigt viel öfter am zweiten Tag des Monats (62,3 Prozent) als an jedem anderen Trading-Tag.

Die statistischen Fakten stammen aus Yale Hirsch's Stock Trader's Almanach, einem unerlässlichen Guide für Börsentendenzen.

Ein letztes Wort zur Börse

Da wir das zwanzigste Jahrhundert für immer zurücklassen, ist es beinahe unmöglich, nicht über die Frage nachzudenken: „Was hält das neue Millennium für uns Trader und Anleger bereit?" Während des letzten Jahrzehnts hat der stabile Anstieg der Aktienkurse zahllose Verkünder des Weltuntergangs hervorgebracht, die alle dieselbe Geschichte der Überbewertung wiederholen. Als Aktien der Computerbranche alle Erwartungen übertrafen und Internetaktien in den Himmel schossen, war das strapazierteste Wort vieler Profis „überzogen". Bis zu einem bestimmten Grad ist dieses „Overbought"-Geschrei verständlich. Der NASDAQ-100-Index war allein 1998 um unglaubliche 82 Prozent höher, die beste Perfomance überhaupt. Bis zu diesem Jahr war ein Anstieg von 65 Prozent im Jahr 1991 die Krönung. Aktien, die diesem Index zu so unglaublichen Höhen verhalfen, waren Microsoft Corporation (MFST), Cisco Systems (CSCO), MCI Worldcom (WCOM), Dell Computer (DELL) und Sun Microsystems (SUNW), die sich alle in den letzten fünf Jahren verfünffacht haben. Man muss nicht erst erwähnen, dass die führenden Internetaktien in den letzten Jahren noch besser abgeschnitten haben, mit Amazon.com (AMZN) mit einer Verzehnfachung und Yahoo! (YHOO) mit einer Verachtfachung in nur einem Jahr. Kann das so weitergehen? Hat die Zeiterscheinung, die Internetaktien schneller als irgendeine andere Gruppe in der Geschichte steigen ließ, ein euphorisches Hoch erreicht? Viele professionelle Börsenbeobachter an der Wall Street denken das, aber es waren genau diese Experten, die das Überschreiten der 3000 des DJIA für übertrieben hielten. Unsere Meinung ist, dass wir keine Börse haben, die überzogen ist, sondern dass wir eine Börse haben und weiterhin haben werden, die schon lange überfällig war. Auch wenn wir mehr als andere wissen, wie gefährlich es ist, zu sagen: „Diesmal liegen die Dinge anders", so bleibt die unbestreitbare Tatsache, dass es wirklich so ist. Wir leben heute in einer anderen Welt, angetrieben von einer anderen Dynamik und anderen Medien. Eine technologische Explosion, die erst am Anfang steht, hat die Herzen der Leute entflammt und den Vorstellungen von Menschen, Unternehmen und Ländern rund um den Globus Flügel verliehen. Der komplette Kreislauf der Kommunikation – von der Entstehung bis zur Veröffentlichung – nähert sich schnell dem Punkt, an dem die mächtigen Barrieren von Zeit und Raum einer industriellen Einheit und einer Universalität, Platz machen, die auch dem Einzelnen klar wird. Wenn die neuen technologischen Wunder der Welt unsere Gedanken beflügelt haben, warum sollte das nicht auch für die Börse gelten? Wenn die heutigen Fortschritte helfen, dass unsere Errungenschaften immer höhere Levels erreichen, warum sollte die Börse, die all das reflektiert, nicht auch steigen? Die Börse ist nur ein Spiegel dessen, was wir als menschliche Rasse erfahren und werden. Wenn wir Fortschritte machen, so gilt das auch für die Börse, die unsere menschliche Erfahrung reflektiert. Was die Wall-Street-Profis in ihren abgeschlossenen Clubs offensichtlich vergessen, ist, dass die Börse letztendlich ein Spiegelbild der Menschen darstellt, und nicht umgekehrt. Wenn unser Lebensstandard jedes Jahr steigt, wird kein KGV die Börse davon abhalten, sich günstig zu verhalten, egal wie astronomisch das auch ist. Das schnelle Tempo der Technologie trägt uns höher und höher. Und solange das der Fall ist, muss sich auch die Börse höher und höher bewegen. Sicherlich werden wir abrupte Auf und Abs haben und gelegentlich einen ernsten Fall von Schluckauf. Aber wie schon meine Mutter sagte: „Schluckauf bedeutet, dass du wächst, sei froh darüber!“

11 Charting-Tools und -Taktiken

Einführung in das Charting

Es sollte inzwischen keine Überraschung mehr sein, dass unser Trading-Stil von Natur aus kurzfristig ist. Das heißt, unsere ganzen Einstiegs- und Ausstiegspunkte basieren auf technischen Vorkommnissen und nicht auf fundamentalen oder wirtschaftlichen. Jede spezielle Aktion von uns basiert auf einer Anzahl sehr zuverlässiger Chartmuster, die ausschlaggebende kurzfristige Verlagerungen der Börsenstimmung darstellen. Und hier wird das Börsenengagement von Pristine interessant. Überdenken Sie folgende Tatsache: *Jede festgelegte Periode (das heißt Tag, Stunde, 15 Minuten, 5 Minuten, 1 Minute) ist nichts anderes als eine Schlacht oder eine Miniauseinandersetzung zwischen den beiden einzigen existierenden Gruppen: den Käufern und den Verkäufern, besser bekannt als Bullen und Bären.*

Wenn Sie sich einen täglichen Chart ansehen, stellt jeder Balken, den Sie sehen, eine individuelle Schlacht dar, die im Zusammenhang mit einem andauernden Krieg geschlagen wurde. Wenn Sie sich einen 2-Minuten-Chart ansehen, dann stellt jeder Balken eine 2-Minuten-Auseinandersetzung im Zusammenhang mit einem niemals endenden Krieg dar. Wenn das stimmt, und glauben Sie uns, das tut es, dann liegt der Erfolg des Master Traders vollkommen in seiner Fähigkeit, exakt zu bestimmen, welche Gruppe den Krieg gerade dominiert. Auch wenn eine Gruppe die aktuelle Schlacht (Periode) gewinnen kann, so kann dennoch die andere Gruppe den Krieg (den Trend) dominieren. Und es wird immer der Master Trader sein, der sich ständig an die Gruppe hält, die den Krieg dominiert, der immer in der Lage sein wird, die Börse als Einkommensquelle zu nutzen. Jedoch die Master Trader, die in der Lage sind, immer den Augenblick herauszufinden, an dem die eine Gruppe die Kontrolle über die andere übernimmt, werden die Börse dazu nutzen können, Einkommen zu produzieren und Vermögen anzuhäufen.

Wir haben eine ganze Reihe sehr zuverlässiger Chartmuster entdeckt, die genau herausfinden, wann ein Wechsel im Gleichgewicht der Kräfte zwischen Käufern und Verkäufern eingetreten ist. Nachdem Sie die folgenden Abschnitte gelesen und gewissenhaft studiert haben, werden Sie nicht nur wissen, wie man diese Chartmuster erkennt, sondern Sie werden auch wissen, wie man die Taktiken und Strategien entwickelt, mit denen man sie gewinnbringend auswertet.

Wie schon früher erwähnt, sind Charts die Fußspuren des Geldes, und sie lügen nicht. Sie sind wie die Röntgenbilder eines Arztes, die einen tieferen Einblick in das Innenleben der Patienten ermöglichen. In unserem Fall sind das die Börse und die einzelnen Aktien. Dieses Kapitel zeigt Ihnen die Hilfsmittel, die Sie zu einem Börsendoktor höchsten Ranges machen. Aber bevor wir uns mit den einzelnen Tools beschäftigen, müssen wir noch auf ein paar grundlegende Charting-Konzepte eingehen, die für die fortgeschritteneren Tools, die wir später in diesem Kapitel besprechen, wichtig sind.

Charting-Grundlagen

Kerzen werden den Weg weisen

Der Master Trader kann aus einer Vielzahl von Chart-Typen auswählen. Da gibt es die westlichen Balkencharts, die am meisten verwendet werden, Punkt- und Zahlencharts, die am wenigsten verwendet werden, Liniencharts, wie sie manchmal in den Zeitungen und Börsenberichten gedruckt werden, japanische Candlestickcharts, die dank uns immer beliebter werden, und eine relativ neue Chartform, Äquivolumencharts genannt. Es existieren noch einige andere Formen. Auch wenn die „Würze" der Vielfalt ihre Vorteile hat, so sind wir dennoch der Meinung, dass der japanische Candlestickchart bei weitem der beste und auch der einzige ist, den ein Master Trader braucht. Tatsächlich halten wir den japanischen Stil des Chartings für so überlegen, dass wir heute gar keinen Chart mehr ansehen, der nicht in Candlestick-Form ist. So lebenswichtig sind Candlestickcharts heute für uns geworden.

Nun soll das nicht heißen, dass Candlesticks magische Kräfte haben oder dass sie mehr Informationen enthalten als normale Balkencharts, denn das ist nicht der Fall. Wir sind nur aus einem einzigen Grund so verliebt in Candlestickcharts: Sie lassen so einfach erkennen, welche Gruppe, die Bullen oder die Bären, gerade gewinnt oder die Kontrolle übernimmt. Das ist alles. Sie beinhalten keine weiteren Tatsachen. Sie besitzen keinerlei Möglichkeiten, die nicht auch die anderen haben. Candlesticks ermöglichen es dem Trader einfach, visuell und ohne große Anstrengung zu erkennen, welche Gruppe die Schlacht gewinnt. Anders ausgedrückt, sie liefern die Möglichkeit, schneller zu erkennen, auf welcher Seite Goliath steht: auf der Seite der Käufer oder der Seite der Verkäufer. Wie schon erwähnt, ist es immer der Trader, der mit Goliath wettet und nicht gegen ihn, der als Sieger hervorgeht. Hier folgen zwei Beispiele zur Demonstration dieses Punktes. Das erste Beispiel zeigt Goliath auf der Seite der Käufer. Das andere zeigt ihn auf der Seite der Verkäufer.

Erkennen Sie, wann die Bullen die Kontrolle haben

Jedes Mal, wenn eine Aktie über dem Eröffnungskurs schließt, haben die Bullen (Käufer) diese spezielle Zeitspanne gewonnen.

Schluss > Eröffnung = die Bullen regieren

Abbildung 11.1 ist ein Beispiel für einen Sieg der Bullen/Käufer, dargestellt mit einem westlichen Balkenchart. Abbildung 11.2 zeigt dasselbe Beispiel eines Sieges der Bullen/Käufer. Nur verwenden wir dieses Mal den japanischen

Abbildung 11.1

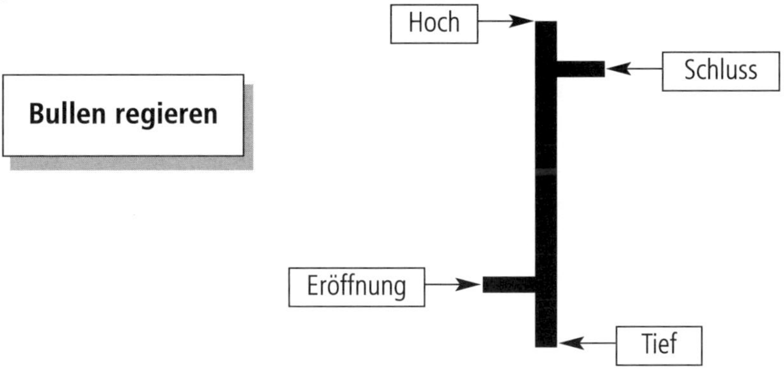

Bullen/Käufer gewinnen die Schlacht (westlicher Balken-Chart)

Abbildung 11.2

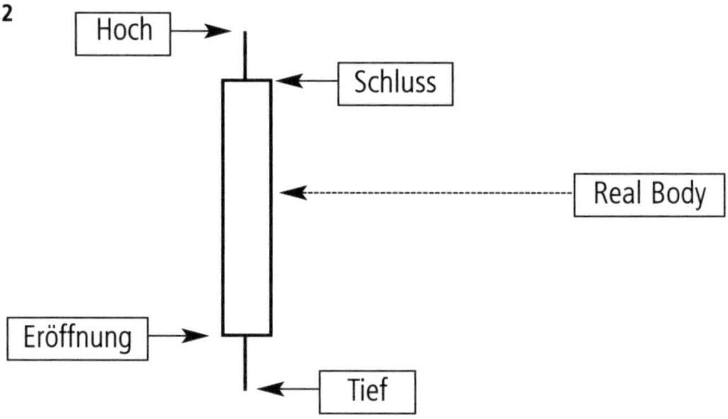

Bullen/Käufer gewinnen die Schlacht (japanischer Candlestick-Chart)

Candlestickchart. Beachten Sie, dass in beiden Beispielen die Aktie über dem Eröffnungskurs schließt, was bedeutet, dass die Käufer stark genug waren, um die Verkäufer zurückzudrängen. Wir lehren unsere Trader, die Eröffnung als Start einer Schlacht zu betrachten. Wenn die Schlacht auf einem höheren Level endet, als sie begann, dann haben die Käufer die Schlacht gewonnen. Wenn die Käufer die meisten der einzelnen Schlachten gewinnen, dann ist klar, dass sie den Krieg dominieren. Den Vorgang, nachzuvollziehen, wer jede Schlacht gewonnen hat, nennen viele Chartisten Trendanalyse. Ein Aufwärtstrend ist nichts anderes als ein Krieg aus vielen Schlachten, die von den Käufern gewonnen wurden.

Aber werfen wir einen genaueren Blick auf das zweite Beispiel, um zu sehen, wie viel besser das Candlestickcharting die Ergebnisse dieser Schlacht zeigt. Da sich die Japaner der Bedeutung der Tatsache, wer jede einzelne Schlacht gewinnt, sehr bewusst sind, betonen sie das Verhältnis zwischen dem Eröffnungs- und dem Schlusskurs mit einem zylindrischen Körper, oder Real Body, wie er allgemein genannt wird. Im Candlestick-Beispiel in Abbildung 11.2 stellt das untere Ende des Bodys die Eröffnung dar, während der obere Teil den Schluss darstellt. Die Dochte an jedem Ende oder die „Wicks“ stellen die extremen Hoch- und Tiefstkurse der Periode dar. Auch wenn die Hochs und Tiefs wichtig sind, so ist es immer der Teil zwischen dem Eröffnungs- und Schlusskurs, der von größter Bedeutung ist, denn er bestimmt, welche Gruppe die Schlacht gewonnen hat. Wenn die Bullen die Schlacht gewinnen, ist der Real Body immer weiß. Wir raten unseren Tradern immer, weiß als leichtgewichtig zu betrachten. Wenn die Bullen gewinnen, steigt der Kurs über den Eröffnungskurs, weil er leichtgewichtig ist. Zusammengefasst heißt das: Ein weißer oder heller Candlestick-Balken sagt uns sofort, dass die Bullen/Käufer die Schlacht gewonnen haben. Und nun zum umgekehrten Szenario.

Erkennen Sie, wann die Bären die Kontrolle haben

Jedes Mal, wenn eine Aktie unter dem Eröffnungskurs schließt, haben die Bären die betreffende Periode gewonnen.

Schluss < Eröffnung = die Bären regieren

Die Abbildungen 11.3 und 11.4 zeigen ein Beispiel, in dem Bären/Verkäufer die Schlacht gewinnen, was wir in westlichen Balkencharts (Abb. 11.3) und japanischen Candlestickcharts (Abb. 11.4) dargestellt haben. Beachten Sie, dass in die-

Abbildung 11.3

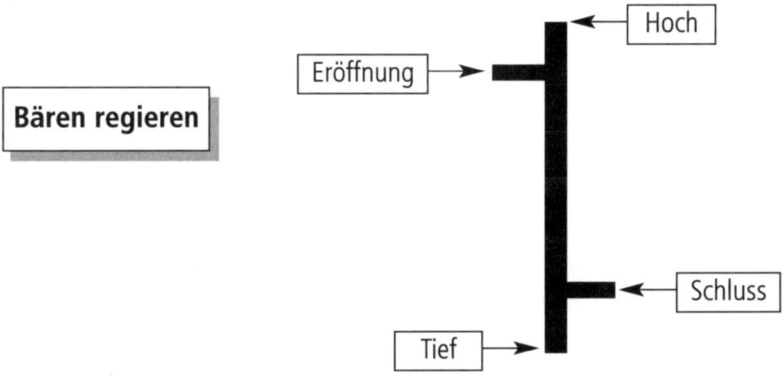

Bären/Verkäufer gewinnen die Schlacht (westlicher Balken-Chart)

Abbildung 11.4

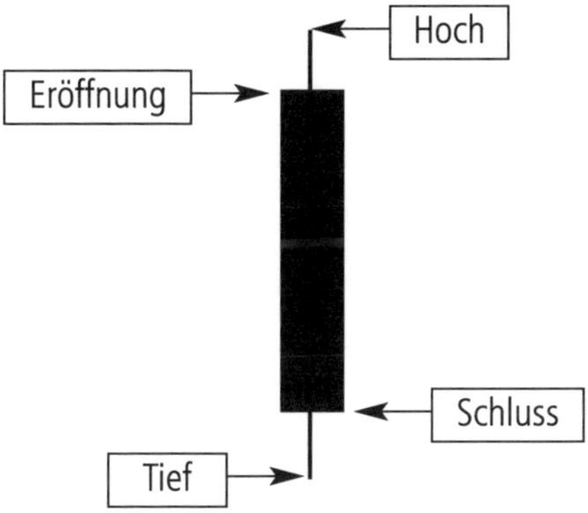

Bären/Verkäufer gewinnen die Schlacht (japanischer Candlestick-Chart)

sen Beispielen die Aktie unter dem Eröffnungskurs schließt, was bedeutet, dass die Verkäufer stark genug waren, die Käufer zurückzudrängen. Beachten Sie außerdem, um wie viel leichter es ist, den Ausgang dieser Schlacht zu erkennen. Der japanische Candlestick zeigt mit seinem dunklen, schweren Real Body mit größerer Klarheit, dass die Bären die Kontrolle haben. Wenn die Bären die Schlacht gewinnen, ist der Real Body immer schwarz oder von dunkler Farbe. Das bedeutet, ein dunkler Candlestick-Balken sagt uns immer, dass die Bären/Verkäufer die Schlacht gewonnen haben. Und denken Sie wieder daran, dass Sie die Eröffnung als Startpunkt jeder Schlacht betrachten müssen. Wenn die Schlacht mit einem niedrigeren Kurs endet, als sie begann, dann haben die Bären/Verkäufer die Schlacht gewonnen. Wenn die Bären die meisten der Schlachten gewinnen, ist klar, dass sie momentan den Krieg dominieren. Ein Abwärtstrend ist nichts anderes als ein Krieg, der von den Bären/Verkäufern beherrscht wird.

Wenn Bullen und Bären gleichziehen

Es muss noch erwähnt werden, dass es Zeiten gibt, in denen weder die Bullen noch die Bären gewinnen. So wie die Bullen mit einem Schlusskurs über dem Eröffnungskurs gewinnen und die Bären mit einem Schlusskurs unter dem Eröffnungskurs gewinnen, so gibt es einen Gleichstand oder ein „Tie", wenn Eröffnung und Schluss gleich sind. Dieser Zustand der Neutralität wird in der Candlestick-Form als Balken ohne richtigen Real Body dargestellt. Abbildung 11.5 ist ein Beispiel dafür.

Wenn dieses Beispiel wie ein Balkenchart aussieht, was es ja ist, ist es gleichzeitig auch ein Candelstickchart. Da Eröffnung und Schluss derselbe Kurs waren,

Abbildung 11.5

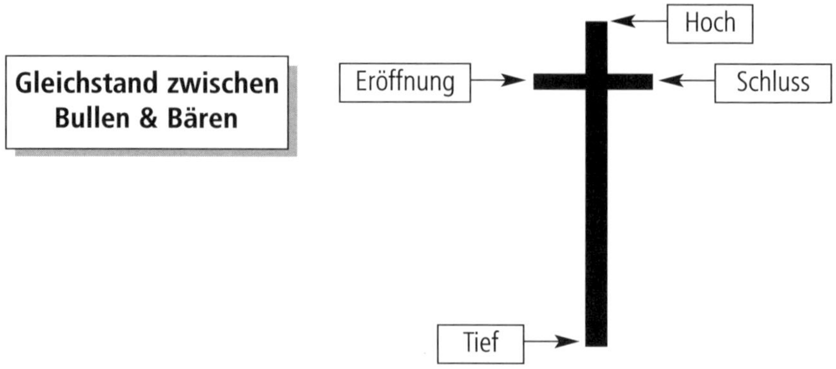

Eine Pattsituation dargestellt in Form eines Candlesticks ohne Real Body

gibt es keinen Real Body oder eine Spanne zwischen den Kursen. Diese „Ties“ können sehr informativ sein, abhängig davon, wann und wo sie auftreten.

Im folgenden Abschnitt werden wir ein paar unserer wirkungsvollsten Charting-Taktiken und -Techniken aufzeigen. Unserer Ansicht nach ist der folgende Abschnitt der wertvollste des ganzen Buches, und wir ermuntern Sie dazu, ihn mehrmals durchzulesen und durchzuarbeiten. Wer sich wirklich vertraut macht mit den folgenden Tools und Techniken, ist auf dem besten Weg, ein Master Trader höchsten Ranges zu werden. Wir wollen, dass Sie wissen, dass alles, was Sie hier lesen, von großem Nutzen für uns war. Wenn Sie erst einmal gelernt haben, wie man die folgenden Tools erkennt, anwendet und kombiniert, dann sind wir sicher, dass Sie in den kommenden Jahren dafür belohnt werden. Machen wir also mit dem ersten Trading-Tool weiter.

Charting-Tool Nr. 1: Narrow-Range Bar (NRB)

Beschreibung des Narrow-Range Bar

Als Narrow-Range Bar (NRB) wird ein Balken definiert, der einen geringeren Abstand zwischen Hoch und Tief hat. Erscheint ein NRB, so heißt das, dass eine dramatische Abnahme der Volatilität eingetreten ist und normalerweise starke Schwankungen aus dieser Periode schwacher Volatilität entstehen. Schauen wir uns ein Beispiel eines NRB an.

Wenn XYZ am Montag ein Hoch von $ 22 und ein Tief von $ 20 hat, wäre die Tagesspanne insgesamt $ 2 ($ 22 – $ 20 = $ 2). Wenn XYZ am nächsten Tag zwischen $ 21 und $ 21,50 gehandelt wird, wäre das ein NRB. Siehe Beispiel in Abbildungen 11.6 und 11.7.

Abbildung 11.6

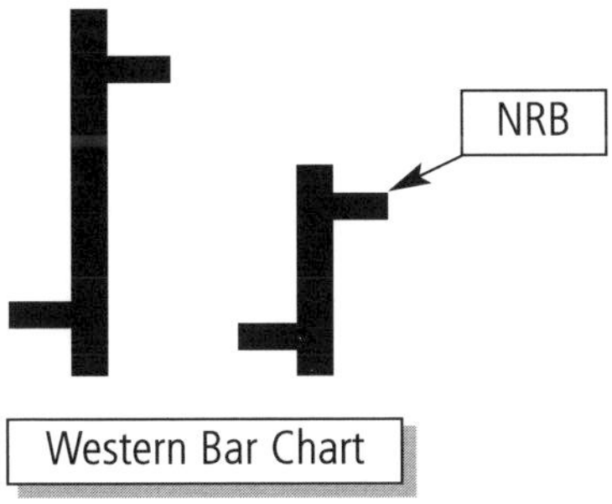

Ein Narrow-Range Bar in einem westlichen Balken-Chart

Abbildung 11.7

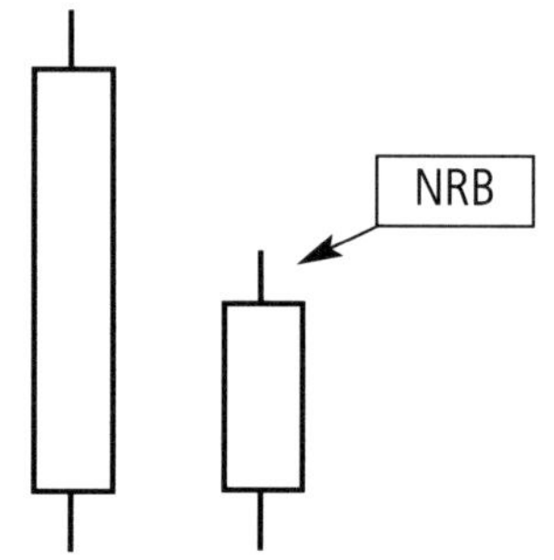

Ein Narrow-Range Bar in einem Candlestick-Chart

Wie der Master Trader Narrow-Range-Tage (NRBs) interpretiert

- Das Vorhandensein eines NRB signalisiert, dass Käufer und Verkäufer ungefähr Gleichstand haben (Abb. 11.8).
- Ein NRB ist nur dann bemerkenswert, wenn er nach einigen normalen bis langen Balken auftritt.
- Ein NRB bietet dem Master Trader eines der deutlichsten Zeichen, dass eine Kehrtwende bevorsteht.
- Eine Kehrtwende (nach oben oder unten) nach einem NRB ist in der Regel kräftiger und zuverlässiger als eine Kehrtwende nach einem normalen Balken.
- Wenn ein NRB nach ein paar sinkenden Balken auftritt, wartet der Master Trader darauf, dass die Aktie wieder steigt.
- Wenn ein NRB nach ein paar steigenden Balken auftritt, wartet der Master Trader darauf, dass die Aktie nach unten geht.

Wie der Master Trader NRBs nutzt

- Der Master Trader versucht, nach dem Sinken einiger Balken über dem Hoch eines NRB zu kaufen (Abb. 11.9).
- Der Master Trader versucht, nach dem Steigen einiger Balken unter dem Tief des NRB zu verkaufen.
- Der aggressive Master Trader kauft oft aufgrund eines NRBs nach einigen sinkenden Balken, wenn der NRB über dem Eröffnungskurs schließt.
- Der aggressive Master Trader geht oft short aufgrund eines NRBs nach einigen steigenden Balken, wenn er unter dem Eröffnungskurs schließt.

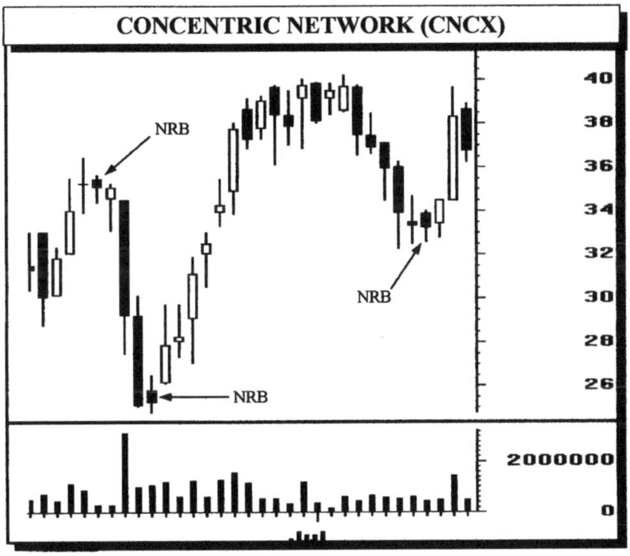

Quelle: The Executioner.com

Abbildung 11.8

Narrow-Range Bars (NRBs) kennzeichnen außerordentliche Hochs und Tiefs im CNCX.

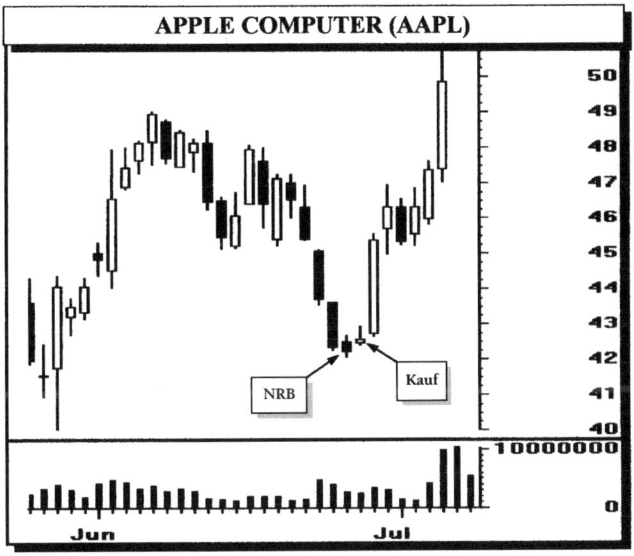

Quelle: The Executioner.com

Abbildung 11.9

Nach einigen sinkenden Balken erfolgt bei AAPL ein NRB, der einen sehr stabilen Anstieg beendet. Der Master Trader kauft über dem NRB.

Charting-Tool Nr. 2: Reversal Bars (RB)

Beschreibung des Reversal Bar

Ein Reversal Bar (RB) wird durch eine anfängliche, oft heftige Bewegung in eine Richtung markiert, gefolgt von einer abrupten Kehrtwende, die diese Periode in der entgegengesetzten Richtung beendet, unter dem Anfangspunkt. Nach einem ursprünglich heftigen Absinken markiert ein bullisher Reversal Bar eine Kehrtwende und schließt bei oder nahe dem Hoch dieser Periode, über dem Eröffnungskurs. Nach einer Erholung markiert ein bearisher Reversal Bar eine Kehrtwende und schließt bei oder nahe dem Tief dieser Periode, unter dem Eröffnungskurs. Schauen wir uns zwei Beispiele an.

Bullisher Reversal Bar • XYZ öffnet am Montag bei $ 20, fällt während des Tages auf $ 18, kehrt dann zurück nach oben und schließt bei $ 20,50 (siehe Abb. 11.10 und 11.11).

Bearisher Reversal Bar • XYZ öffnet am Mittwoch bei $ 20, steigt während des Tages auf $ 22, kehrt zurück nach unten und schließt bei $ 19,50 (siehe Abb. 11.12 und 11.13).

Abbildung 11.10

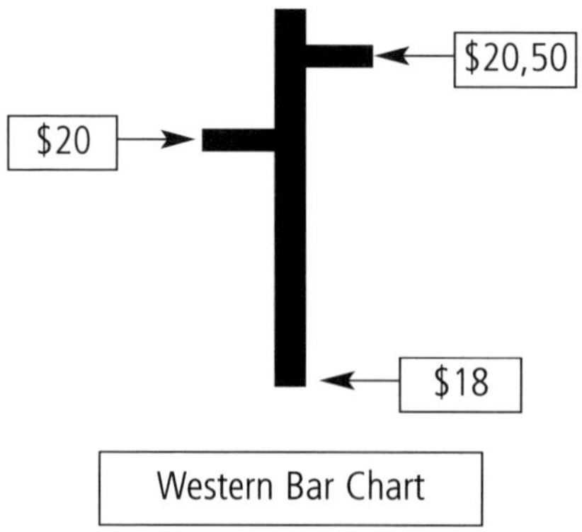

Ein bullisher Reversal Bar in einem westlichen Balken-Chart

Abbildung 11.11

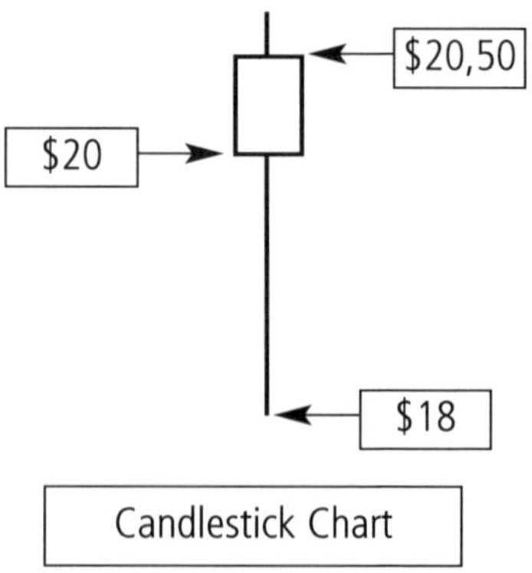

Ein bullisher Reversal Bar in einem Candlestick-Chart

Abbildung 11.12

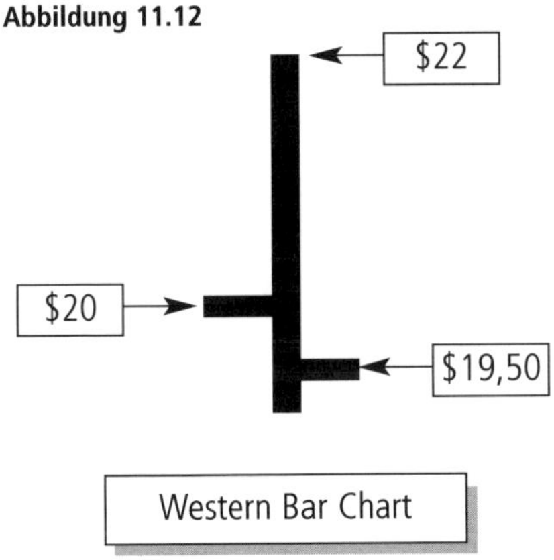

Ein bearisher Reversal Bar in einem westlichen Balken-Chart

Abbildung 11.13

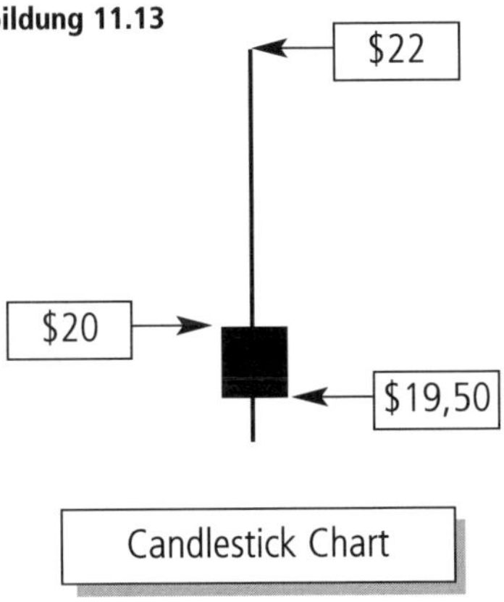

Ein bearisher Reversal Bar in einem Candlestick-Chart

Wie der Master Trader Reversal Bars (RBs) interpretiert

- Das Vorhandensein eines RBs signalisiert, dass eine scharfe Kehrtwende oder ein Trendwechsel bevorsteht.
- Eine Kehrtwende (nach oben oder unten) nach einem RB ist in der Regel kräftiger und zuverlässiger als eine Kehrtwende nach einem normalen Balken.
- RBs zeigen, wo Glattstellungen aufgetreten sind.
- Der bullishe RB zeigt, dass die Börsenkontrolle sich von den Verkäufern zurück zu den Käufern verlagert hat.
- Der bearishe RB zeigt, dass die Börsenkontrolle sich von den Käufern zurück zu den Verkäufern verlagert hat.
- Ein bullisher RB ist am bemerkenswertesten, wenn er nach einigen sinkenden Balken auftritt.
- Wenn ein bullisher RB nach einigen sinkenden Balken auftritt, wartet der Master Trader darauf, dass die Aktie wieder steigt.
- Ein bearisher RB ist am bemerkenswertesten, wenn er nach einigen steigenden Balken auftritt.
- Wenn ein bearisher RB nach einigen steigenden Balken auftritt, wartet der Master Trader darauf, dass die Aktie wieder sinkt (Abb. 11.14).

Abbildung 11.14

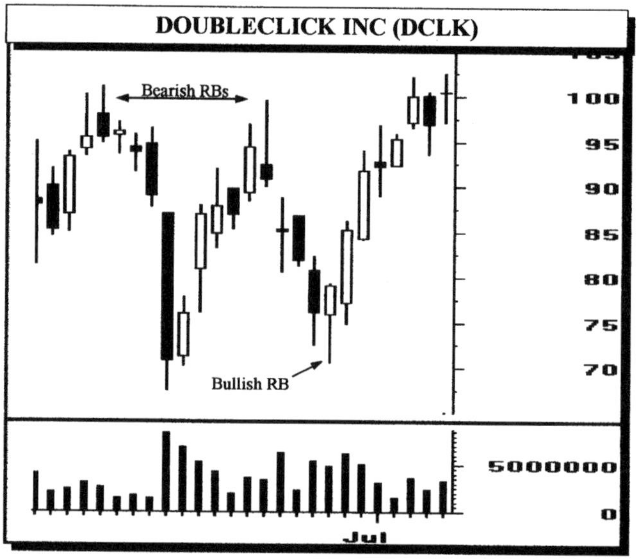

DCLK fiel dramatisch nach einem bearishen Reversal Bar (RB). Ein bullisher Reversal Bar (RB) löste eine größere Erholungsphase aus.

Wie der Master Trader RBs nutzt

- Der Master Trader versucht, über dem Hoch eines bullishen RBs nach einigen sinkenden Balken zu kaufen.
- Der Master Trader versucht, unter dem Tief eines bearishen RBs nach einigen steigenden Balken zu verkaufen.
- Der aggressive Master Trader kauft oft kurz vor Schluss aufgrund eines bullishen RBs.
- Der aggressive Master Trader geht oft kurz vor Schluss short aufgrund eines bearishen RBs.

Charting-Tool Nr. 3: Tails

Tails markieren Verschiebungen im Kräftegleichgewicht zwischen Käufern und Verkäufern. Ein *Topping Tail*, der nach oben zeigt, entsteht aus einer ursprünglichen Aufwärtsbewegung, die einer plötzlichen Abwärtsbewegung weicht. Ein *Bottom Tail*, der nach unten zeigt, entsteht aus dem Fallen einer Aktie und einer plötzlichen Umkehr nach oben. Schauen wir uns schnell zwei Beispiele an.

Abbildung 11.15

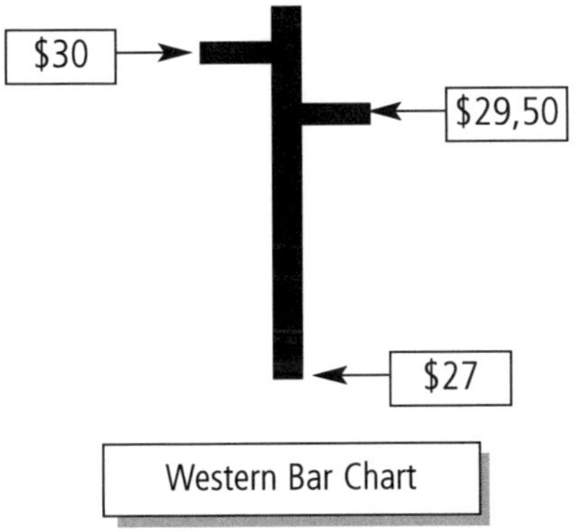

Bottoming Tail in einem westlichen Balken-Chart

Abbildung 11.16

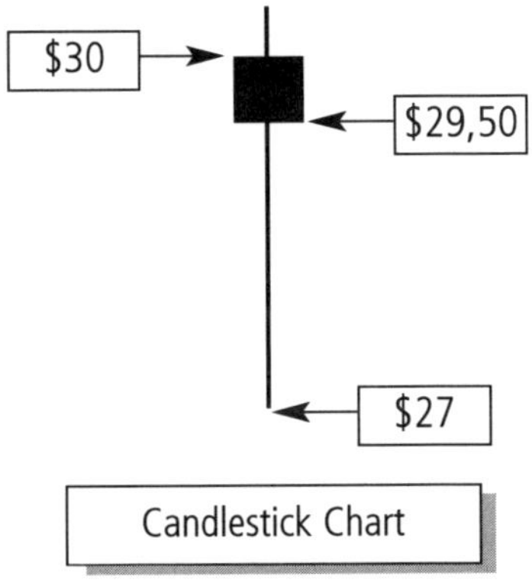

Bottoming Tail in einem Candlestick-Chart

Bottoming Tail • XYZ öffnet bei $ 30, fällt während des Tages auf $ 27 und kehrt dann nach oben zurück, um bei $ 29 zu schließen. In diesem Fall hat der Tail eine Länge von $ 2, was der Spanne zwischen dem Tief des Balkens ($ 27) und dem Schlusskurs des Balkens ($ 29) entspricht (siehe Abb. 11.15 und 11.16).

Topping Tail • XYZ öffnet bei $ 31,50, steigt während des Tages auf $ 34 und kehrt dann nach unten zurück, um bei $ 31,75 zu schließen. In diesem Fall hat der Tail eine Länge von $ 2,25, was der Spanne zwischen dem Hoch des Balkens ($ 34) und dem Schlusskurs des Balkens ($ 31,75) entspricht (siehe Abb. 11.17 und 11.18).

Abbildung 11.17

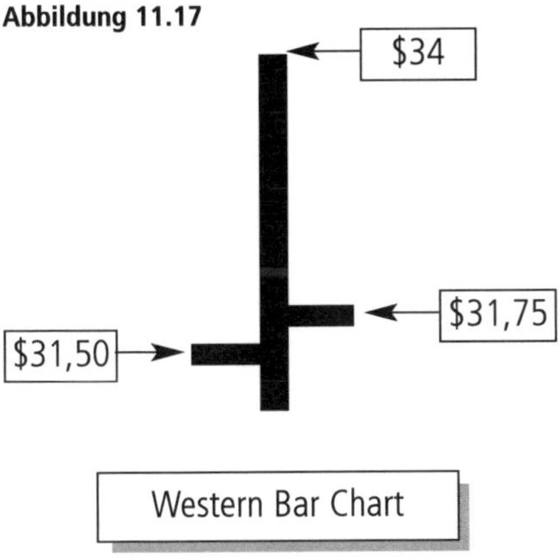

Topping Tail in einem westlichen Balken-Chart

Abbildung 11.18

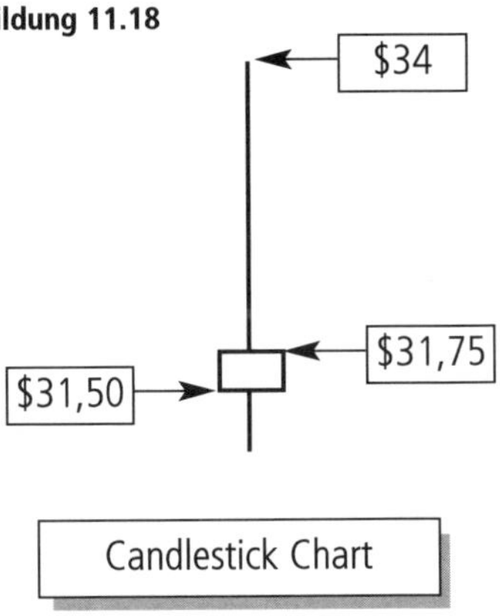

Topping Tail in einem Candlestick-Chart

Wie der Master Trader Tails interpretiert

- Eine Kehrtwende (nach oben oder unten) nach einem Tail ist in der Regel etwas betonter.
- Tails zeigen, wo Glattstellungen auftraten.
- Ein Topping Tail deckt auf, wo professionelle Verkäufer Aktien an die Allgemeinheit abstoßen.
- Ein Bottoming Tail deckt auf, wo professionelle Käufer Aktien billig ansammeln.
- Der Bottoming Tail zeigt an, dass die Börsenkontrolle sich von den Verkäufern auf die Käufer verlagert hat.
- Der Topping Tail zeigt an, dass die Börsenkontrolle sich von den Käufern auf die Verkäufer verlagert hat.
- Ein Bottoming Tail ist am bemerkenswertesten, wenn er nach einigen sinkenden Balken auftritt.
- Wenn ein Bottoming Tail nach einigen sinkenden Balken auftritt, wartet der Master Trader darauf, dass die Aktie wieder steigt.
- Ein Topping Tail ist am bemerkenswertesten, wenn er nach einigen steigenden Balken auftritt.
- Wenn ein Topping Tail nach einigen steigenden Balken auftritt, wartet der Master Trader darauf, dass die Aktie wieder fällt.

Abbildung 11.19

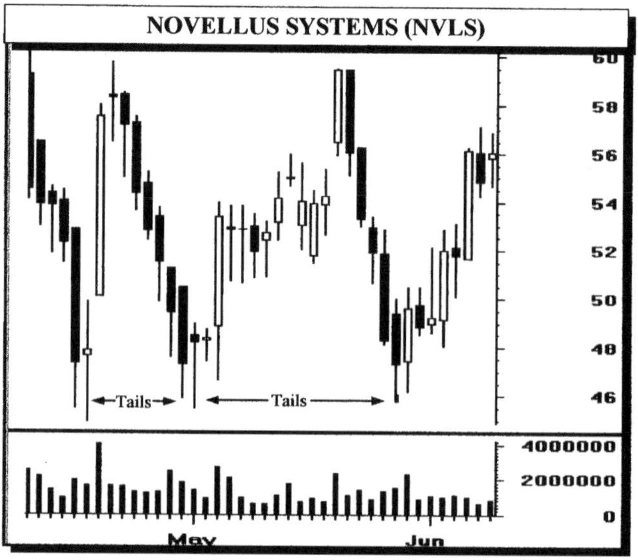

Quelle: The Executioner.com

Dieser Chart von Novellus Systems (NVLS) zeigt, wie informativ Bottoming Tails sein können. Der Bottoming Tail zeigt, dass die Käufer fleißig am Werk waren und Aktien um die 46 US-Dollar akkumuliert haben.

Wie der Master Trader Tails nutzt

- Der Master Trader versucht, über dem Hoch eines Bottoming Tails nach einigen sinkenden Balken zu kaufen (siehe Abb. 11.19).
- Der Master Trader versucht, unter dem Tief eines Topping Tails nach einigen steigenden Balken zu kaufen (siehe Abb. 11.20).

Charting-Tool Nr. 4: Gaps

Beschreibung der Gaps

Gaps sind die von der Gruppe der Master Trader am meisten beachteten Charting-Vorkommnisse, da sie die Grundlage für viele Trading-Techniken sind. Genau genommen gibt es zwei verschiedene Arten von Gaps, die Upside Gaps und die Downside Gaps.

Ein *Upside Gap* tritt ein, wenn der Eröffnungskurs des aktuellen Balkens über dem Schlusskurs oder dem Hoch des vorhergehenden Balkens liegt. Ein *Downside Gap* tritt ein, wenn der Eröffnungskurs des aktuellen Balkens unter dem Schlusskurs oder Tief des vorhergehenden Balkens liegt. Das Gap, oder Fenster,

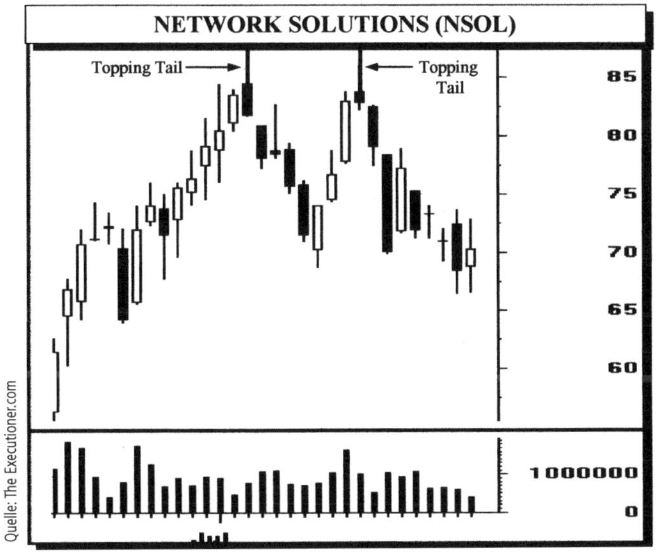

Abbildung 11.20

NSOL fiel heftig nach zwei Topping Tails. Beachten Sie, dass diese Topping Tails auch zwei bearishe Reversal Bars verursachen.

wie es manche Trader nennen, bildet eine Spanne, in der keine Trades stattgefunden haben. Schauen wir uns zwei Beispiele an.

Upside Gap • XYZ wird am Mittwoch zwischen $ 30 (Tagestief) und $ 32 (Tageshoch) gehandelt und hat einen Schlusskurs von $ 31,75. Wenn die Aktie den Handel am Donnerstag bei $ 33 beginnt, bildet sie eine Spanne zwischen $ 31,75 (Schlusskurs des Vortages) und $ 33 (Eröffnungskurs des laufenden Tages), die ein Upside Gap von $ 1,25 darstellen würde. Wenn XYZ am Donnerstag den Handel bei $ 28 beginnt, stellt die Spanne zwischen $ 30 (Tief des Vortages) und $ 28 (Eröffnung des laufenden Tages) ein Downside Gap von $ 2 dar (siehe Abb. 11.21).

Downside Gap • XYZ wird am Mittwoch zwischen $ 32 (Tageshoch) und $ 30 (Tagestief) gehandelt und hat einen Schlusskurs von $ 30,25. Wenn die Aktie den Handel am Donnerstag bei $ 29 beginnt, bildet sie eine Spanne zwischen $ 30,25 (Schlusskurs des Vortages) und $ 29 (Eröffnungskurs des laufenden Tages), die ein Downside Gap von $ 1,25 darstellen würde (siehe Abb. 11.22).

Abhängig davon, wo die Upside und Downside Gaps auftreten, stellen sie Vorkommenisse dar, die den Trader vor größeren Wendepunkten warnen können.

Abbildung 11.21

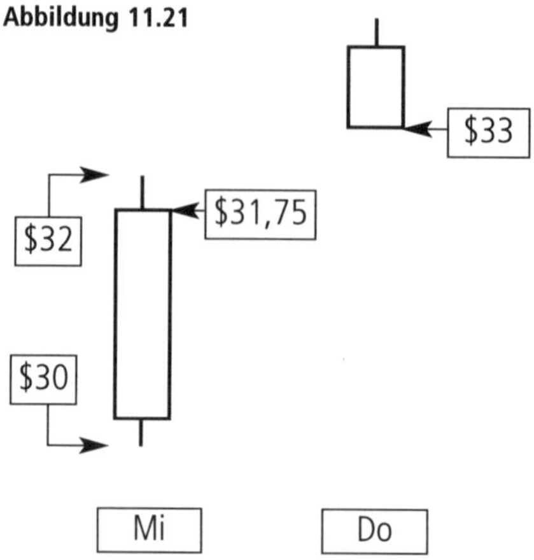

Beispiel eines Upside Gaps

Abbildung 11.22

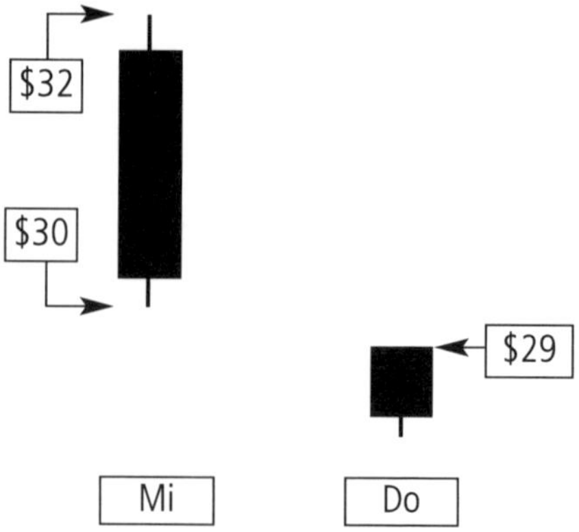

Beispiel eines Downside Gaps

Wie der Master Trader Gaps interpretiert

- Die Börse mag Gaps nicht besonders. Deshalb werden Gaps in der Regel kurz nach ihrem Auftreten aufgefüllt, besonders wenn sie intraday auftreten.
- Gaps dienen oft als Kursstützung und -widerstand, das heißt, sie können Erholungsphasen und Kursstürze anhalten und/oder umkehren.
- Upside Gaps, die nach einigen Abwärtsbalken auftreten, werden normalerweise von Profis ausgelöst. Mit anderen Worten, Upside Gaps aufgrund von Oversold-Bedingungen sind typische Anzeichen für frühzeitige Käufe der Profis.
- Upside Gaps, die nach einigen Aufwärtsbalken auftreten, werden i.d.R. von Amateuren ausgelöst. Mit anderen Worten: Upside Gaps aufgrund von Overbought-Bedingungen sind typische Anzeichen für späte Käufe der Amateure.
- Downside Gaps, die nach einigen Aufwärtsbalken auftreten, werden i.d.R. von Profis ausgelöst. Mit anderen Worten: Downside Gaps aufgrund von Overbought-Bedingungen sind typische Anzeichen für frühzeitige Verkäufe der Profis.
- Downside Gaps, die nach einigen Abwärtsbalken auftreten, werden normalerweise von Amateuren ausgelöst. Mit anderen Worten, Downside Gaps aufgrund von Oversold-Bedingungen sind typische Anzeichen für späte Verkäufe der Amateure (Abb. 11.23 und 11.24).

Quelle: The Executioner.com

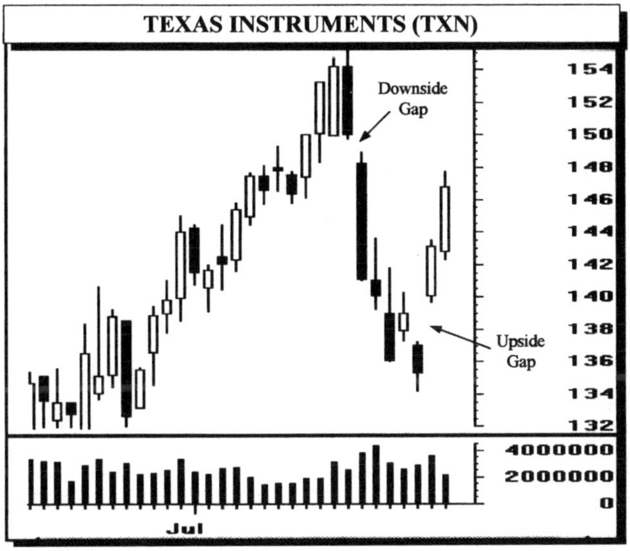

Abbildung 11.23

Das Downside Gap führt nach einem heftigen Anstieg von TXN zu einem sehr heftigen Zusammenbruch. Nach dem Absturz löst ein Upside Gap eine starke Erholungsphase aus.

Wie der Master Trader die Gaps nutzt

- Der Master Trader versucht, über dem Hoch eines Upside Gap, bedingt durch Oversold-Bedingungen, zu kaufen.
- Der Master Trader versucht, unter dem Tief eines Downside Gap, bedingt durch Overbought-Bedingungen, zu verkaufen.
- Der Master-Intraday-Trader versucht, beim ersten Rückzug nach einem Upside Gap, bedingt durch Oversold-Bedingungen, zu kaufen.
- Der Master-Intraday-Trader versucht, bei der ersten Erholungsphase direkt nach einem Downside Gap, bedingt durch Overbought-Bedingungen, zu verkaufen.

Charting-Tool Nr. 5: Unterstützung und Widerstand

Beschreibung von Unterstützung und Widerstand

Das Konzept von Unterstützung und Widerstand bildet die Grundlage für eine ganze Reihe von Trading-Taktiken. Viele Master Trader verdienen ihren Lebensunterhalt an der Börse, indem sie ausschließlich das Konzept von Unterstützung und Widerstand anwenden. Unterstützung ist ein Kurslevel oder Kurs-

Abbildung 11.24

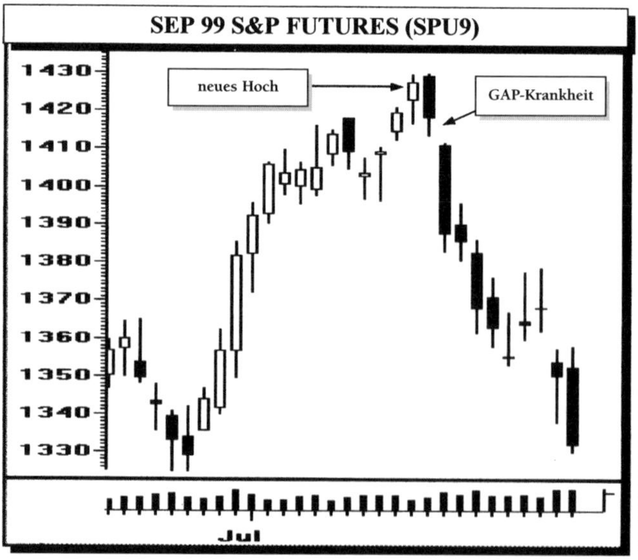

Quelle: The Executioner.com

Der Tageschart vom 29. September 1999 von S&P-Futures zeigt, wie tödlich ein Downside Gap im Bereich eines neuen Hochs sein kann. Diese Downside Gaps sind so bearish bei ihrem Auftreten, dass wir oft sagen, dass die betreffende Aktie oder der Index an der „Gap-Krankheit" leidet.

bereich, bei dem die Nachfrage nach einer Aktie höchstwahrscheinlich das vorhandene Angebot weit übertrifft und den aktuellen Kursabfall aufhält. Umgekehrt ist Widerstand ein Kurslevel oder Kursbereich, bei dem das Angebot einer Aktie höchstwahrscheinlich die vorhandene Nachfrage übertrifft und den aktuellen Anstieg aufhält. Die meisten Trader wissen nicht, dass es größere und kleine Formen von Unterstützung und Widerstand gibt. Eine größere Unterstützung kommt zum Beispiel ins Spiel, wenn eine Aktie auf ein früheres Tief fällt. Eine kleinere Unterstützung kommt ins Spiel, wenn eine Aktie ein früheres Hoch wieder erreicht. Das Umgekehrte gilt für größere und kleinere Widerstände. Hier folgen zwei Beispiele dafür.

Größere Unterstützung und Widerstand • Nach einem Absinken auf $ 20 (Abb. 11.25a) nehmen wir an, dass XYZ sich auf $ 24 erholt und einpendelt (Abb. 11.25b). Vom 24-US-Dollar-Bereich fällt XYZ zurück auf $ 20 (Abb. 11.25c). Der 20-US-Dollar-Bereich dient als Bereich für eine größere Unterstützung. Hier erwartet der Master Trader, dass sich XYZ wieder erholt (Abb. 11.25c). Wenn sich XYZ wieder von den $ 20 erholt, dient der 24-US-Dollar-Bereich höchstwahrscheinlich als größerer Widerstand (Abb. 11.25d). Hier erwartet der Master Trader einen weiteren potentiellen Abfall.

Abbildung 11.25

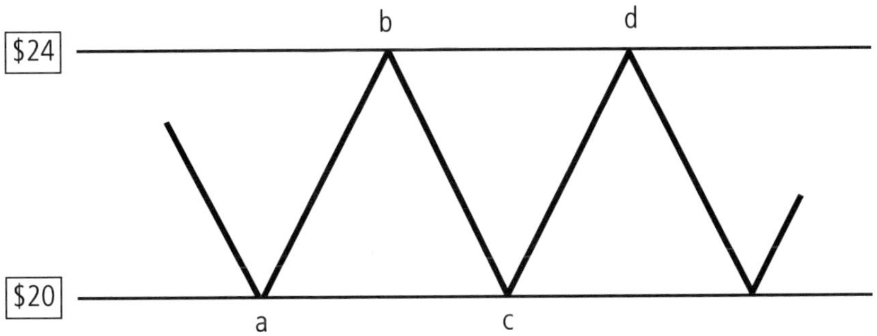

Ein Beispiel für größere Stützung und Widerstand

Abbildung 11.26

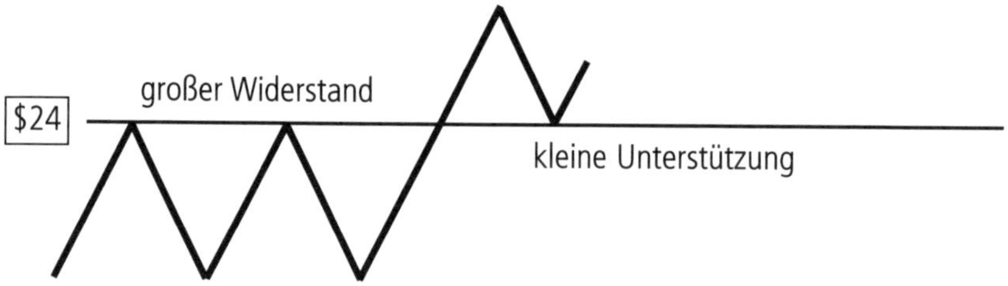

Beispiel dafür, wie ein großer Widerstand zur kleinen Stützung wird.

Kleinere Unterstützung und Widerstand • Fahren wir mit dem vorherigen Beispiel fort, um die kleinere Form von Unterstützung und Widerstand zu demonstrieren. Wenn XYZ signifikant die $ 24 (großer Widerstand) durchbrechen und bei, sagen wir einmal, $ 26 gehandelt würde, würde der Bereich um $ 24 zur kleinen Unterstützung werden. Wenn XYZ fallen, die $ 20 (große Unterstützung) durchbrechen und bei niedrigen $ 18 gehandelt würde, würde der Bereich um $ 20 zum kleinen Widerstand werden (siehe Abb. 11.26). Tipp: Mit anderen Worten: Die große Unterstützung wird, sobald sie erst einmal durchbrochen wurde, zum kleinen Widerstand (Abb. 11.27).

Abbildung 11.27

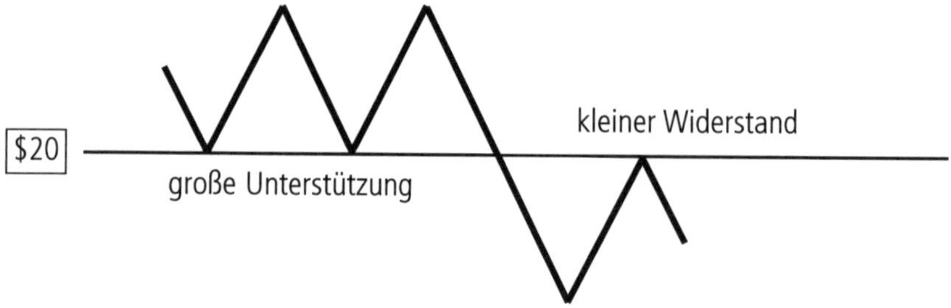

Beispiel, wie eine große Stützung zum kleinen Widerstand wird.

Wie der Master Trader Unterstützung und Widerstand interpretiert

- Größere und kleinere Unterstützung und Widerstand sind Bereiche, keine speziellen Kurspunkte. Sie sollten als Grenzzäune betrachtet werden, auf die sich die Bullen und Bären lehnen können, und nicht als Glasfronten, die beim ersten Kontakt zerbrechen.
- Ein vorausgehendes Tief, das eine starke Erholung gestoppt hat, ist eine typische größere Unterstützung, wenn es wiederholt erreicht wird (Abb. 11.28).
- Ein vorausgehendes Hoch, das einen heftigen Kurssturz ausgelöst hat, ist ein typischer größerer Widerstand, wenn es wiederholt erreicht wird (Abb. 11.29).
- Kaufchancen mit geringem Risiko liegen oft im Bereich größerer Unterstützung.
- Verkaufschancen mit geringem Risiko liegen oft im Bereich des größeren Widerstands.
- Bei Aufwärtstrends werden die Bereiche der kleineren Unterstützung zu Schlüsselbereichen für Käufe (Abb. 11.30).
- Bei Abwärtstrends werden die Bereiche des kleineren Widerstands zu Schlüsselbereichen für Verkäufe (Abb. 11.31).
- Größere und kleinere Unterstützung und Widertand ergeben in Verbindung mit einem oder anderen Pristine-Charting-Tools zahlreiche gute Gelegenheiten für Käufe und Verkäufe.

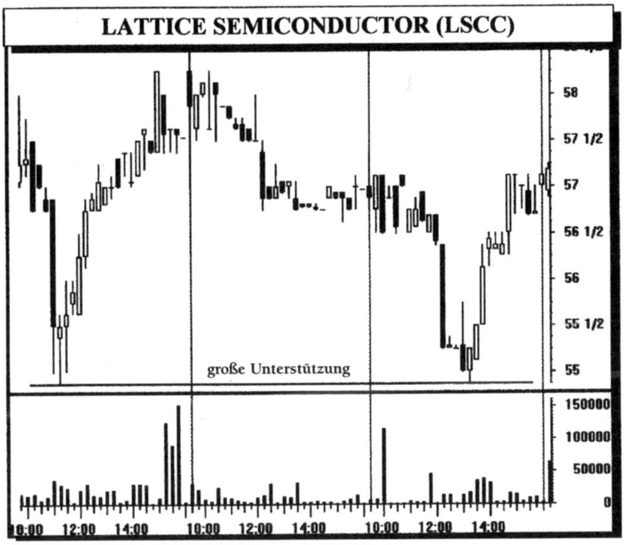

Quelle: The Executioner.com

Abbildung 11.28

Dieser 15-Minuten-Chart von Lattice Semi (LSCC) zeigt, wie signifikant die große Unterstützung sein kann.

Abbildung 11.29

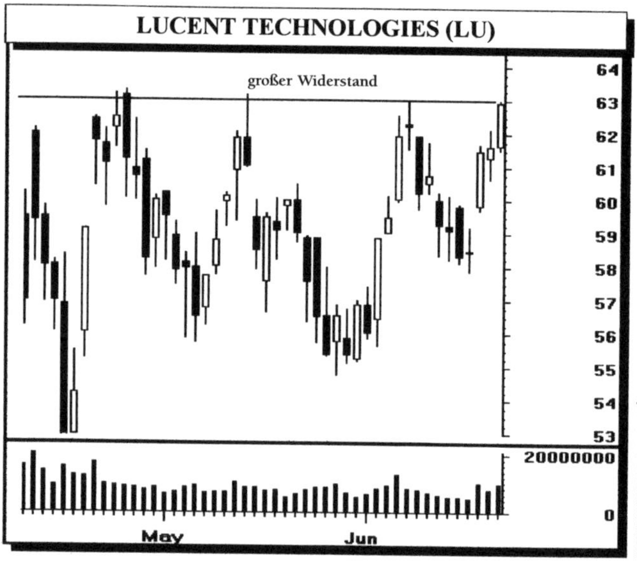

Quelle: The Executioner.com

Dieser Tageschart von Lucent Tech (LU) demonstriert eindrucksvoll das starke Konzept des großen Widerstands.

Abbildung 11.30

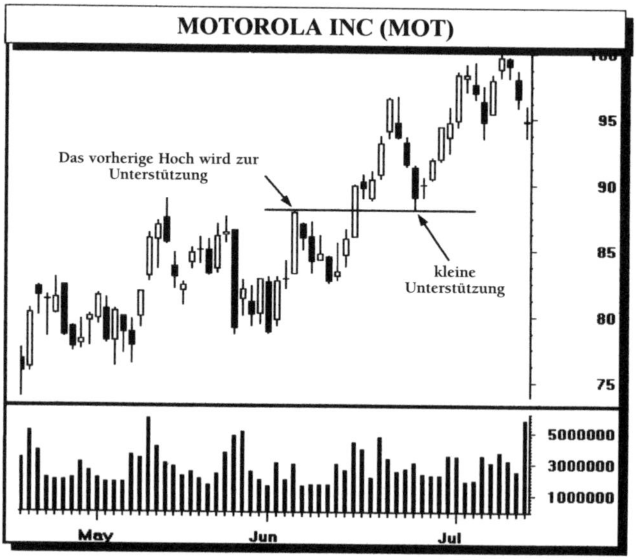

Quelle: The Executioner.com

Vorausgehende Hochs dienen oft als kleine Kursstützung, wenn sie erst einmal durchbrochen wurden. Dieser Tageschart von Motorola Inc. (MOT) zeigt das ganz deutlich.

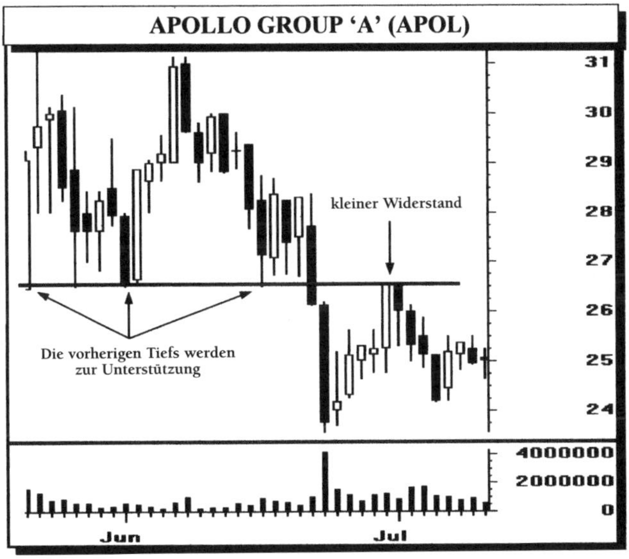

Quelle: The Executioner.com

Abbildung 11.31

Vorausgehende Tiefs dienen oft als kleiner Widerstand, wenn sie erst einmal durchbrochen wurden. Dieser Tageschart von APOL zeigt das ganz deutlich.

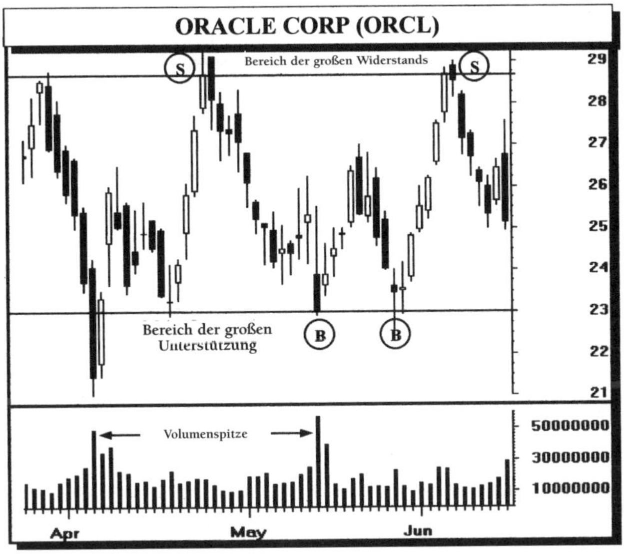

Quelle: The Executioner.com

Abbildung 11.32

Der Tageschart von Oracle Corporation (ORCL) zeigt perfekte Beispiele von großer Stützung und Widerstand. Denken Sie daran, dass Stützung und Widerstand als Bereiche betrachtet werden müssen und nicht als spezielle Kurspunkte. Die mit S markierten Bereiche sind potentielle Verkäufe, während die mit B markierten Bereiche potentielle Käufe sind.

Wie der Master Trader Unterstützung und Widerstand nutzt

- Der Master Trader sucht nach einer der Schlüsselsituationen in den Bereichen der großen und kleinen Unterstützung. Eine Schlüsselsituation bei oder in der Nähe der Unterstützung löst einen Kauf aus (Abb. 11.32).
- Der Master Trader sucht nach einer der Schlüsselsituationen in den Bereichen des großen und kleinen Widerstands. Eine Schlüsselsituation bei oder in der Nähe des Widerstands löst einen Verkauft aus (Abb. 11.33).

Charting-Tool Nr. 6: Rückläufe

Das Konzept der Rückläufe ist einer der Hauptschlüssel für die Tür zur Vorhersage von Kursbewegungen und zu Einstiegspunkten mit geringem Risiko. Sie geben dem Master Trader Hinweispunkte für die Voraussage, wo Kurswenden eintreten könnten, und sie dienen ebenso als Möglichkeit, um abzuschätzen, wie stark die vorausgegangene Bewegung war. Das Wichtigste ist allerdings, dass Rückläufe die Erwartungen der Trader in Schach halten. Sie halten den Trader davon ab, seine Hoffnungen und Ängste in die Erwartungen der nächsten Bewegung zu projizieren. Mit anderen Worten, Rückläufe helfen dem Trader dabei, objektiv zu bleiben.

Abbildung 11.33

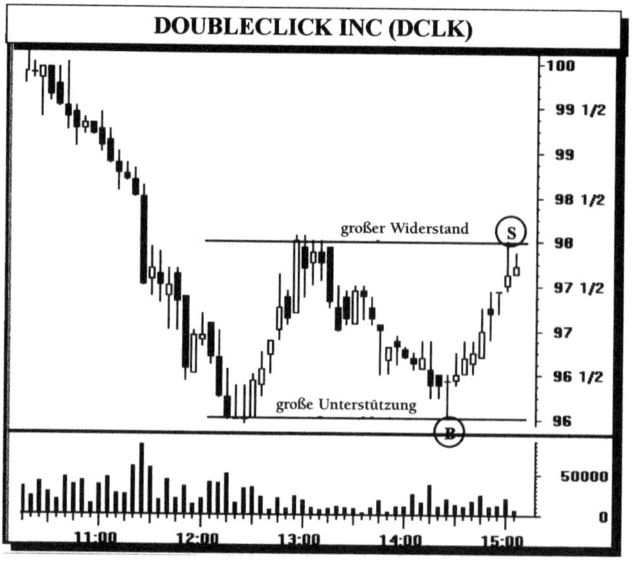

Quelle: The Executioner.com

Dieser 5-Minuten-Chart von Doubleclick (DCLK) zeigt große Stützung im 96-US-Dollar-Bereich und großen Widerstand im 98-US-Dollar-Bereich. Der mit B markierte Bereich ist ein Kauf, der mit S markierte Bereich ein Verkauf.

Abbildung 11.34

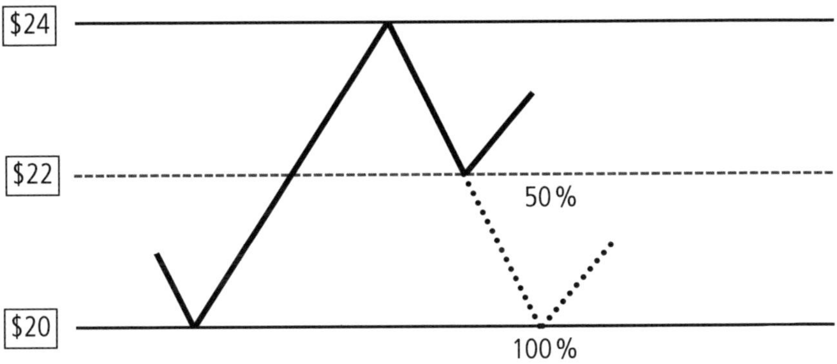

Beispiel für Rückläufe von 50 und 100 Prozent

In seiner reinsten Form ist ein Rücklauf eine Kursbewegung in die entgegengesetzte Richtung des letzten Kursverlaufs. Wenn eine Aktie zum Beispiel um 4 US-Dollar steigt, dann um 2 US-Dollar zurückfällt, hat sie einen Rücklauf von 50 Prozent erfahren. Wenn die Aktie um die gesamten 4 US-Dollar gefallen wäre, hätte sie einen Rücklauf von 100 Prozent erfahren, was Chartisten ein doppeltes Tief nennen. Dasselbe gilt im umgekehrten Fall. Wenn eine Aktie um 4 US-Dollar fällt, dann wieder um 2 US-Dollar steigt, hat sie einen Rücklauf von 50 Prozent erfahren. Beachten Sie, dass die wichtigsten Rückläufe für Trader bei 40, 50, 60 und natürlich 100 Prozent liegen (siehe Abb. 11.34). Schauen wir uns die folgenden Beispiele an.

Wie der Master Trader Rückläufe interpretiert

- Schlüsselbereiche der Rückläufe sind in der Regel Hinweise, keine exakten Punkte.
- Wenn eine Aktie einen leichten Rücklauf (40 Prozent oder weniger) durchmacht, wird die vorausgehende Bewegung als stark betrachtet, und dementsprechend stark sollte auch die Gegenbewegung ausfallen.
- Wenn eine Aktie einen stärkeren Rücklauf (60 Prozent oder mehr) durchmacht, wird die vorausgehende Bewegung als schwach betrachtet, und dementsprechend schwach sollte die Gegenbewegung ausfallen.
- Der erste Rücklauf nach einer starken Aufwärtsbewegung ist nahezu immer eine gute Kaufgelegenheit.
- Der erste Rücklauf nach einer starken Abwärtsbewegung ist nahezu immer eine gute Verkaufsgelegenheit.

- Einem Rücklauf von 40 Prozent nach einer starken Aufwärtsbewegung folgt normalerweise ein Anstieg auf ein neues Hoch.
- Einem Rücklauf von 40 Prozent nach einem starken Abfall folgt normalerweise eine Bewegung zu einem neuen Tief.
- Ein Rücklauf von 50 Prozent nach einem starken Anstieg führt oft zu einer Bewegung, die eine Chance von 50:50 hat, das vorhergehende Hoch zu übertreffen. Dasselbe gilt für den umgekehrten Fall.
- Ein Rücklauf von 60 Prozent nach einem starken Anstieg führt oft zu einer Bewegung, die eine Chance von 1:3 hat, das vorhergehende Hoch zu übertreffen. Dasselbe gilt auch für den umgekehrten Fall.
- Einem Rücklauf nach unten von 100 Prozent, also einem doppelten Tief, folgt normalerweise eine Chance von 50:60 Prozent von einer Erholungsphase.
- Einem Rücklauf nach oben von 100 Prozent folgt normalerweise eine Chance von 50:60 von einem Kurssturz.
- Exzellente Einstiegspunkte bieten sich bei oder nahe allen Schlüsselpunkten der Rückläufe: 40, 50, 60 und 100 Prozent. Allerdings sind die Ziele bei jedem ziemlich unterschiedlich (Abbildungen 11.35 und 11.36).

Abbildung 11.35

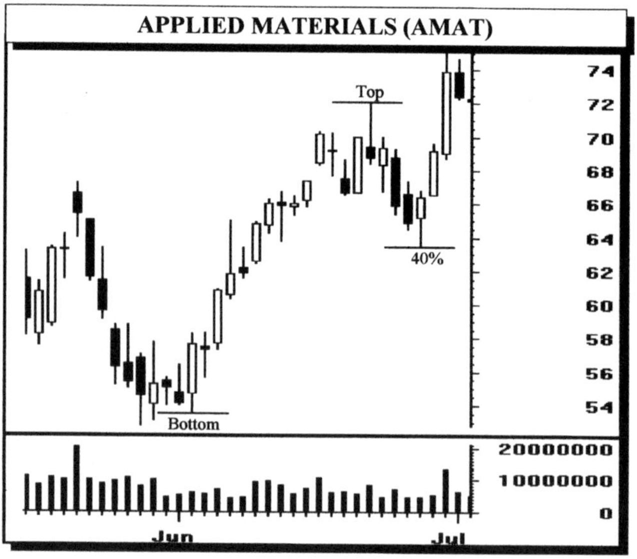

Quelle: The Executioner.com

Dieser Tageschart von AMAT demonstriert einen nahezu perfekten Rücklauf von 40 Prozent. Beachten Sie, dass AMATs Bewegung vom Tief zum Hoch ziemlich robust war. Das macht den Master Trader auf die Wahrscheinlichkeit eines schwachen Absinkens aufmerksam. Beachten Sie des Weiteren, dass die Formation eines bullishen Reversal Bars (RB) ebenfalls eine potentielle Wende beim Rücklaufbereich von 40 Prozent signalisiert.

Wie der Master Trader Rückläufe nutzt

- Der Master Trader sucht bei allen Schlüsselbereichen eines Rücklaufs nach Kauf- und Verkaufsgelegenheiten: bei 40, 50, 60 und 100 Prozent.
- Der Master Trader versucht, bei leichten Rückläufen (40 Prozent oder weniger) Gewinne weit über dem vorhergehenden Hoch mitzunehmen. Dasselbe gilt im umgekehrten Fall.
- Der Master Trader versucht, bei Rückläufen von 50 Prozent Gewinne leicht über dem vorhergehenden Hoch mitzunehmen. Dasselbe gilt im umgekehrten Fall.
- Der Master Trader versucht, bei Rückläufen von 60 Prozent Gewinne leicht unter dem vorhergehenden Hoch mitzunehmen. Dasselbe gilt im umgekehrten Fall. (Abb. 11.37)
- Nach einem Rücklauf von 100 Prozent versucht der Master Trader, Gewinne aus der Gegenbewegung zwischen den Bereichen von 40 und 50 Prozent mitzunehmen. (Abb. 11.38)

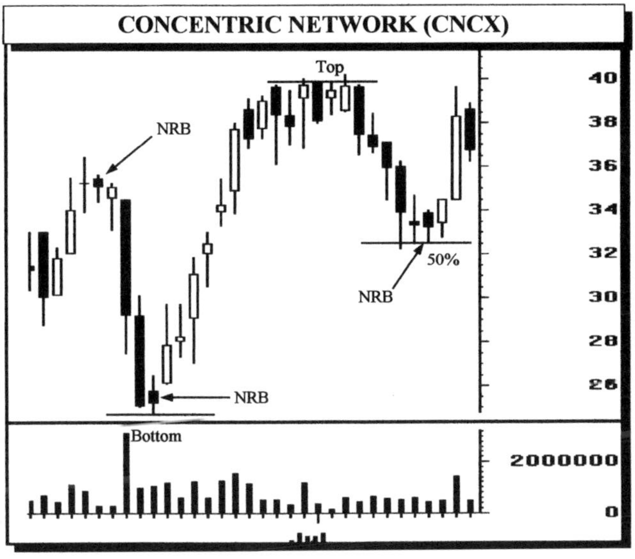

Quelle: The Executioner.com

Abbildung 11.36

Dieser Tageschart von CNCX demonstriert einen nahezu perfekten Rücklauf von 50 Prozent. Beachten Sie, dass CNCXs Bewegung vom Tief zum Hoch ziemlich robust war. Das macht den Master Trader auf die Wahrscheinlichkeit eines möglichen Kurssturzes aufmerksam. Beachten Sie außerdem, dass die Formation eines Narrow-Range-Balkens (NRB) ebenfalls eine potentielle Wende beim Rücklauflevel von 50 Prozent signalisiert.

Abbildung 11.37

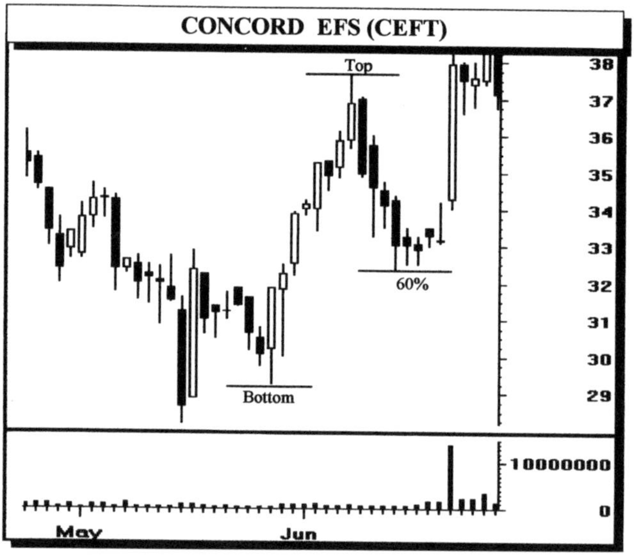

Quelle: The Executioner.com

Dieser Tageschart von CEFT zeigt ein nahezu perfektes Retracement. Die Bewegung vom Bottom zum Top ist recht robust, woraus der Master Trader schließt, dass wahrscheinlich ein flacher, aber spielbarer Abstieg folgt. Beachten Sie auch, dass der Bottoming Tail und die NRB-Formation einen potentiellen Umschwung auf dem 60%-Retracement-Level signalisieren.

Abbildung 11.38

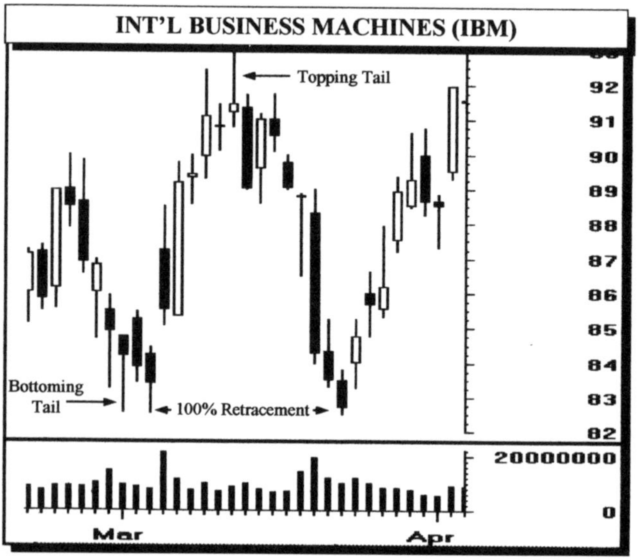

Quelle: The Executioner.com

Dieser Tageschart von IBM zeigt ein nahezu perfektes 100%-Retracement. Beachten Sie, dass das 100%-Retracement auf dem gleichen Niveau liegt wie die große Unterstützung.

Charting-Tool Nr. 7: Reversal Times

Beschreibung der Reversal Times

Ein Jahrzehnt des Aktienhandels hat uns die erstaunliche Entdeckung gebracht, dass es bestimmte Zeitpunkte oder Zeitspannen gibt, zu denen Aktien und der allgemeine Markt als Ganzes immer wieder Kurswenden erleben. Diese Reversal Times, wie wir sie nennen, sind im Allgemeinen so genau, dass viele unserer Studenten und Abonnenten, die dieses Konzept kennen, immer wieder erstaunt sind. Man sollte aber beachten, dass diese Reversal Times von Natur aus Intraday-Vorkommnisse sind. Wir betrachten sie als wertvolles Hilfsmittel für Mikro-Trader, die ständig danach trachten, kleine Kursbewegungen während des Tages auszunutzen. Die wichtigsten Reversal Times sind: (1) 9:50–10:10 a. m., (2) 10:25–10:35 a. m., (3) 11:15–11:30 a. m., (4) 12:00–12:15 p. m., (5) 1:15–1:30 p. m., (6) 2:15–2:30 p. m., (7) 3:00 p. m. und (8) 3:30 p. m.

Wie der Master Trader Reversal Times interpretiert

- 9:50–10:10 a. m. EST. Eine Aktie, die sich nach oben in eine solche Reversal-Zone bewegt, bleibt sehr oft stehen oder beginnt zu fallen. Dasselbe gilt im umgekehrten Fall. Eine Aktie, die sich nach unten in eine solche Reversal-Zone bewegt, wird in der Regel stehen bleiben oder sich nach oben wenden. Die Reversal-Zeit von 9:50 bis 10:10 a. m. ist eine der zuverlässigsten Reversal Times von allen.
- 10:25–10:35 a. m. EST. Eine Aktie, die sich nach unten in diese Reversal-Time-Zone bewegt, wird in der Regel auch anhalten oder nach oben umkehren. Wenn sich eine Aktie in diese Reversal-Zone nach oben hineinbewegt, wird sie oft stehen bleiben oder nach unten umkehren. Hier handelt es sich ebenfalls um eine sehr zuverlässige Reversal Time (Abb. 11.39).
- 11:15–11:30 a. m. EST. Diese Reversal Time bewirkt im Allgemeinen zwei Dinge. Erstens neigt sie dazu, den vorausgegangenen vorherrschenden Trend zu stoppen. Wenn eine Aktie zum Beispiel sehr heftig in diese Zeitzone hineinsteigt, ist es sehr wahrscheinlich, dass der Anstieg in der Zeitspanne von 11:15 bis 11:30 a. m. ganz abrupt zum Stehen kommt. Wir haben außerdem festgestellt, dass dieser Stillstand aus dieser Zeitzone in der Regel ziemlich lange anhält. Man muss nicht erst erwähnen, dass dasselbe im umgekehrten Fall gilt. Zweitens läutet die Reversal Time von 11:15 bis 11:30 a. m. die so genannte Mittagsflaute ein. Die Mittagsflaute ist

eine längere Zeitspanne, die sich von 11:15 a. m. bis 2:15 p. m. hinzieht. Während dieser ausgedehnten Zeitzone hängen viele Aktien, so wie auch die Börse, nur lustlos herum.

- 12:00–12:15 p. m. EST. Wir haben festgestellt, dass diese Zeitperiode an Tagen mit einem ruhigen oder richtungslosen Morgen besonders wichtig ist. Trotz der Tatsache, dass sie in die Mittagsflaute fällt, haben wir schon erlebt, dass in der Zeitzone von 12:00 bis 12:30 p. m. größere Bewegungen in beide Richtungen stattfanden, allerdings nur, wenn die Zeit vorher sehr ruhig war. Denken Sie daran, dass diese Reversals von 12:00 bis 12:30 p. m. wesentlich seltener auftreten als die beiden vorher genannten Reversal-Zeiten.
- 1:15–1:30 p. m. EST. Das ist eine der weniger wichtigen Reversal-Perioden. Wir haben festgestellt, dass sie am bedeutendsten ist, wenn sie mit dem Wiedererreichen eines vorhergehenden Hochs oder Tiefs zusammenfällt. Nehmen wir beispielsweise an, dass XYZ gegen 11:15 a. m. ein Hoch hat. Nach einem Rückzug erholt sie sich wieder und erreicht um 1:30 p. m. noch einmal das Hoch von 11:15 a. m. Die Chancen auf ein doppeltes Hoch steigen enorm, denn das wiederholte Erreichen des vorangegangenen Hochs fällt in die Zeitspanne von 1:15 bis 1:20 p. m. Diese Wiederholungen, die mit der Reversal Time von 1:15 bis 1:30 p. m. zusammentreffen, können ein paar interessante Trading-Gelegenheiten bieten.
- 2:15–2:30 p. m. EST. Wie schon vorher erwähnt, setzt diese Zeitspanne der Mittagsflaute ein Ende. Sie ist auch eine sehr zuverlässige Reversal-Periode für Aktien und die Börse ganz allgemein. Wichtig zu merken ist dabei, dass die Zeitspanne von 2:15 bis 2:30 p. m. oft genau die Zeit ist, in der sich die Lage wieder aufheizt. Die Reversal Time von 2:15 bis 2:30 p. m. ist manchmal so ausgeprägt, dass viele Master Trader diese Zeitspanne als die zweite Eröffnungsphase der Börse betrachten (Abbildungen 11.40 und 11.41).
- 3:00 p. m. EST. Diese Reversal Time bringt oft einen Wechsel, da sie mit dem Schluss der Rentenmärkte zusammenfällt. Rentenpapiere haben oft eine starke Auswirkung auf den Aktienmarkt. Sobald die Rentenmärkte geschlossen haben, haben die Trader das Gefühl, sich um eine Sache weniger kümmern zu müssen. Mit anderen Worten, sind die Rentenpapiere erst einmal aus dem Weg, können sie der Börse nicht mehr helfen oder sie beeinträchtigen. Das führt oft dazu, dass Aktien oder die Börse einen anderen, beschleunigten Charakter bekommen. Wir haben festgestellt, dass die Reversal Time von 3:00 p. m. ein äußerst wertvoller Führer für den S&P-Future ist.

- 3:30 p. m. EST. Wir haben festgestellt, dass diese Zeit oft jede Bewegung umkehrt, die in der vorausgegangenen Reversal Time von 3:00 p. m. entstanden ist, besonders wenn die Börse einen Seitwärtstrend verfolgt. Wenn die Börse zum Beispiel um 3:00 p. m. zu fallen beginnt und das bis 3:30 p. m. anhält, geht die nächste Bewegung höchstwahrscheinlich nach oben. Dieselbe Situation entsteht im umgekehrten Fall. Denken Sie daran, dass die letzte halbe Stunde für viele Day-Trader eine der aktivsten ist, da sie die letzte Gelegenheit für Aktivitäten ist.
- 4:00 p. m. EST. Wir haben festgestellt, dass kurz nach 4:00 p. m. nahezu alles zum Stehen kommt. Könnte das etwas mit der Tatsache zu tun haben, dass die Börse um 4:00 p. m. schließt? Natürlich. Das ist doch offensichtlich. Aber denken Sie daran, dass ein Handel rund um die Uhr möglich ist. Sobald dieses fortgeführte Trading einsetzt, wird die Zeit um 4:00 p. m. zu einer wichtigen Reversal Time.

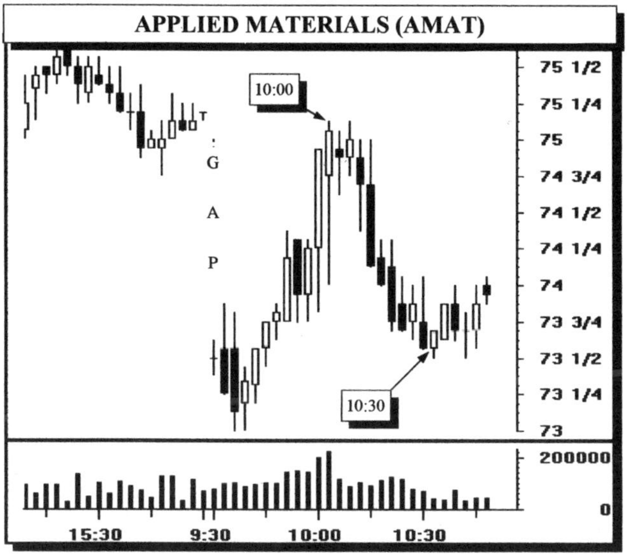

Quelle: The Executioner.com

Abbildung 11.39

Nach einer niedrigen Eröffnung am Morgen des 25. Juli erholte sich AMAT in die Reversal Time von 9:50–10:10 a. m. und füllte das Gap in deren Verlauf. Der nachfolgende Abfall hatte sein Tief in der Reversal Time von 10:25–10:35 a. m.

Wie der Master Trader Reversal Times nutzt

- Der Master Trader sucht nahe der wichtigsten Reversal Times nach Kaufchancen und anderen Einstiegspunkten mit niedrigem Risiko.
- Der Master Trader kombiniert die anderen Trading-Tools wie Narrow-Range-Balken, Tails, klimaktisches Volumen sowie Unterstützung und Widerstand mit den Reversal Times, um die Wahrscheinlichkeit, die Richtung und die Stärke der potentiellen Kehrtwenden vorauszusehen.
- Der Master Trader benutzt die Reversal Times außerdem als Hinweise auf Gewinnmitnahmen.
- Zahlreiche Kauf- und Verkaufsgelegenheiten ergeben sich von selbst zu den Reversal Times.

Charting-Tool Nr. 8: Volumenspitzen

Beschreibung der Volumenspitzen

Das Volumen bedeutet für die Börse das Gleiche wie das Benzin für das Auto. Es stellt nicht nur das Interesse von Käufern und Verkäufern dar, es kann auch als

Abbildung 11.40

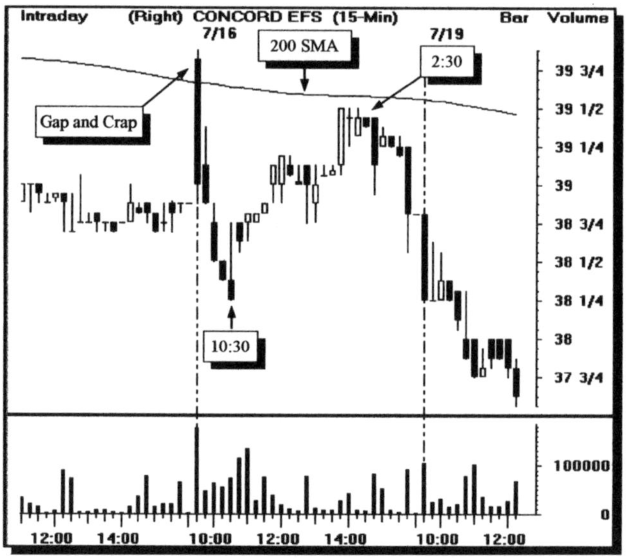

Quelle: The Executioner.com

Am 16. Juli schließt Concord EFS (CEFT) in einem 15-Minuten-Chart zum 200 SMA auf. Die Aktie fällt dann in die Reversal Time von 10:30 a. m. und kehrt um. CEFT erholt sich in Richtung 200 SMA und hat um 2:30 sein Hoch, der Rest ist Geschichte.

Barometer für Gier und Angst genutzt werden. Es gibt keinen Zweifel, dass Volumen, und besonders Volumenspitzen, einer der wertvollsten Schlüssel für die Vorhersage von Kehrtwenden ist. Der Trader, der die Kunst beherrscht, das Verhältnis zwischen Kurs und Volumen richtig zu deuten, ist in der Lage, mit erstaunlicher Sicherheit Wendepunkte von Aktien vorherzusehen.

Mit den Jahren haben wir herausgefunden, dass viel zu viele Trader glauben, dass eine steigende Aktie, begleitet von einem explosiven Volumenanstieg, positiv ist und eine fallende Aktie, begleitet von einem explosiven Volumenabfall, negativ ist. Auch wenn sich diese allgemeine Annahme manchmal als richtig erweisen kann, so trifft sie in den meisten Fällen nicht zu. Das Volumen in seiner nützlichsten Form teilt uns mit, wann einer Aktie der Kauf- oder Verkaufstreibstoff ausgeht. Und das führt uns zu der, unserer Meinung nach, wichtigsten Volumenregel. **Volumenspitzen nach einem starken Anstieg oder Abfall zeigen an, dass eine baldige Kurswende bevorsteht.** Die wichtige Aussage in dieser Regel lautet: „nach einem starken Anstieg oder Abfall". Auch wenn es noch ein paar nützliche Volumenregeln gibt, so ist diese die bei weitem wertvollste für Trader. Schauen wir uns zwei Beispiele in den Abbildungen 11.42 und 11.43 an.

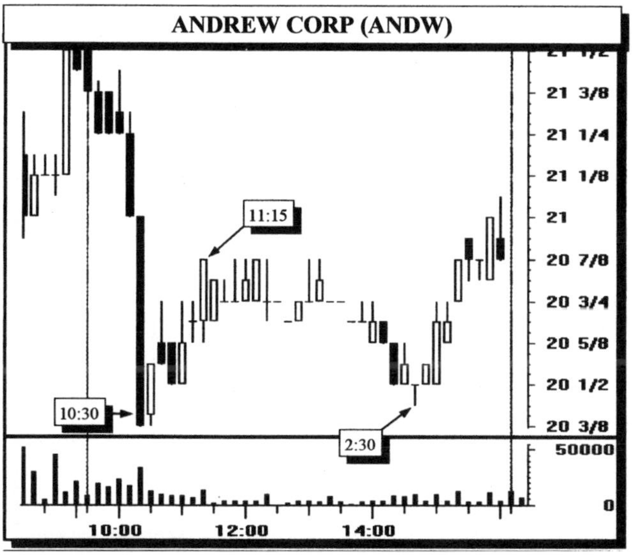

Quelle: The Executioner.com

Abbildung 11.41

ANDWs morgendlicher Abfall hat seinen Tiefpunkt in der Reversal Time von 10:25–10:35. Die nachfolgende Erholung stoppt in der Reversal Time von 11:15–11:30. Gegen 1:30 p. m. fängt ANDW an, wieder etwas zu fallen mit einem Tief in der Reversal Time von 2:15– 2:30 p. m.

Abbildung 11.42

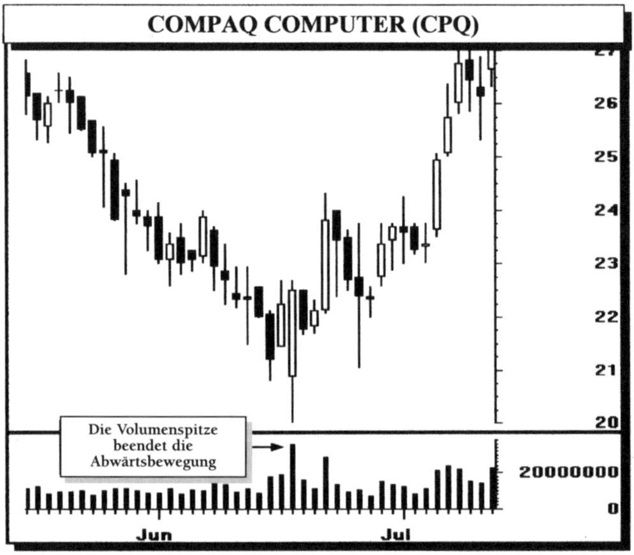

Quelle: The Executioner.com

Dieser Tageschart von Compaq Computer (CPQ) zeigt, wie Volumenspitzen abrupt in einem größeren Tief enden können. Beachten Sie, dass der bullishe Reversal Bar (RB) mit einem Bottoming Tail zu diesem Tief beitrug. Diese Vorkommnisse sind Fußspuren von mächtigen Käufern.

Abbildung 11.43

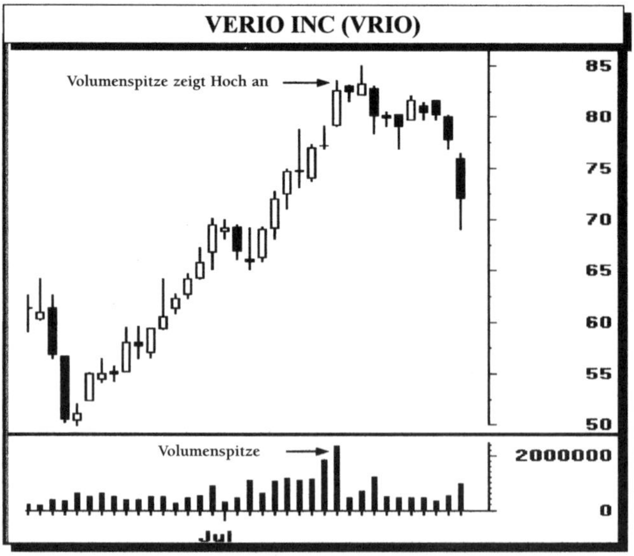

Quelle: The Executioner.com

Dieser Tageschart von VRIO demonstriert, wie Volumenspitzen abrupt in einem Hoch enden können.

Wie der Master Trader Volumenspitzen interpretiert

- Ein Volumen wird als Volumenspitze bezeichnet, wenn es das durchschnittliche Tagesvolumen der letzten zehn Tage doppelt überschreitet.
- Volumenspitzen bedeuten in der Regel das Ende des vorhergehenden Aufwärts- oder Abwärtstrends.
- Volumenspitzen nach einem starken, mehrere Balken umfassenden Anstieg zeigen ein Hoch an. In diesem Fall haben die Käufer ihren ganzen Treibstoff verbraucht.
- Volumenspitzen nach einem starken, mehrere Balken umfassenden Abfall zeigen ein Tief an. In diesem Fall haben die Verkäufer ihren ganzen Treibstoff verbraucht.
- Volumenspitzen sind als Konzept noch wirksamer, wenn sie in Verbindung mit anderen Charting-Tools angewendet werden.

Wie der Master Trader Volumenspitzen nutzt

- Wenn es nach einer starken Aufwärtsbewegung zu einer Volumenspitze kommt, ist der Master Trader kauforientiert.
- Wenn es nach einer starken Abwärtsbewegung zu einer Volumenspitze kommt, ist der Master Trader verkaufsorientiert.
- Ist er in einer Long-Position, versucht der Master Trader, Gewinne mitzunehmen, wenn die Volumenspitze auf eine mehrere Balken umfassende Aufwärtsbewegung folgt.
- Ist er in einer Short-Position, versucht der Master Trader, Gewinne mitzunehmen, wenn die Volumenspitze auf eine mehrere Balken umfassende Abwärtsbewegung folgt.

Charting-Tool Nr. 9: Moving Average

Beschreibung des Moving Average

Moving Averages (MA) sind mathematische Mittel, mit denen die groben Daten eines Kurscharts geglättet werden und der unnötige „Lärm" ausgeschaltet wird. Moving Averages sind bei weitem die besten Tools zum Verfolgen von Trends. Sie sind so gut, dass wir keinen Kurschart beachten, wenn er nicht von mindestens einem der fünf folgenden wichtigen Moving Averages begleitet ist. Beachten Sie, dass es unterschiedliche Typen oder Versionen von Moving Averages gibt. Wir verwenden die „einfache“ Version von Moving Averages. Trotz aller Einwände suchen wir immer noch nach handfesten Beweisen, dass die attraktiveren Versionen wie Exponential, Triangular und Weighted Moving Averages eine höhere Zuverlässigkeit aufweisen, wenn es um Wertpapiere geht. Futures benötigen allerdings den Einsatz der exponentiellen Form der Moving Averages, einfach weil die Mehrheit der Future-Trader inzwischen hauptsächlich Exponential Moving Averages verwendet.

$$\text{Formel für den einfachen MA} = \frac{P1 + P2 + ... + PN}{N}$$

Wobei P = Kurs der bewerteten Aktien und N = die Anzahl der Balken ist, die ein Trader in den Moving Average einbeziehen möchte. Wenn die letzten fünf Schlusskurse einer Aktie zum Beispiel 20, 20,75, 22, 21,25 und 21 US-Dollar waren, dann würde der einfache 5-Balken-Moving-Average der Schlusskurse bei 21 US-Dollar eingezeichnet, ($ 20 + $ 20,75 + $ 22 + $ 21,25 + $ 21) dividiert durch 5.

Die fünf wichtigsten einfachen (simple) Moving Averages (SMA)

1. ***10 SMA.*** Ein kurzfristiger MA, der bei den stärksten Auf- und Abwärtstrends von Aktien verwendet wird.
2. ***20 SMA.*** Ein kurz- bis mittelfristiger MA. Er ist unser wichtigster MA. Wir raten unseren Tradern immer, den 20 MA als permanenten Teil jedes Charts bzw. jedes Zeitrahmens zu betrachten.
3. ***50 SMA.*** Ein mittelfristiger MA. Er ist einer der beliebtesten MAs, besonders bei Institutionen. Aufgrund dieser professionellen Beachtung sollte er häufig herangezogen werden. Beachten Sie bitte: Wir haben festgestellt, dass der 40 SMA mit dem 50 SMA ausgetauscht werden kann.
4. ***100 SMA.*** Ein mittel- bis langfristiger MA. Er wird von Day-Tradern nicht sehr häufig verwendet, kann aber hilfreich sein, wenn sich ihm die Börse oder Aktien nähern.
5. ***200 SMA.*** Ein langfristiger MA. Er ist einer der zuverlässigsten MAs überhaupt. Wir verwenden ihn bei Tagescharts und 15-Minuten-Intradaycharts, wo seine Genauigkeit unübertroffen ist.

Auch wenn die mathematischen Berechnungen für einen einfachen Moving

Average grundlegend und einfach anzuwenden sind, erfolgt das alles automatisch per Computer oder Charting-Software. Die meisten Master Trader haben heute direkten Zugang über elektronische Trading-Systeme (DAET), die alles anbieten, was ein Trader braucht, inklusive Charts. Das DAET-System des Executioner.com zum Beispiel, das wir sehr oft benutzen, bietet Echtzeitnotierungen, Echtzeitcharts, Echtzeitnachrichten, NASDAQ-Level-II-Zugang, ECN-Zugang, Live-Depotüberwachung und das komplette Angebot, Design und Format festzulegen. Das Chartingpaket ist besonders effektiv und ermöglicht ein müheloses Platzieren oder Ausdrucken von Moving Averages in den Charts. Schauen wir uns an, wie der Master Trader die MAs sieht.

Wie der Master Trader Moving Averages (MAs) interpretiert

- Es gibt kein zuverlässigeres Hilfsmittel als MAs, wenn es um Aktien in Aufwärts- oder Abwärtstrends geht.
- Es gibt kein schlechteres Hilfsmittel als MAs, wenn es um Aktien mit einem leichten Seitwärtstrend geht.
- Steigende MAs, besonders der 10, 20 und 50 SMA, bedeuten, dass die Aktie positiv ist. Deshalb werden Rückgänge in der Regel kurzlebig sein und wenig gute Kaufgelegenheiten bieten.
- Fallende MAs, besonders der 10, 20 und 40 SMA, bedeuten, dass die Aktie negativ ist. Deshalb werden Erholungsphasen in der Regel kurzlebig sein und wenig gute Gelegenheiten zum Shortgehen bieten.
- Je schärfer die Kurve des MA ist, desto stärker ist der Trend.
- Starke Aktien neigen dazu, ihre Rückgänge bei oder in der Nähe von steigenden MAs zu stoppen.
- Schwache Aktien neigen dazu, ihre Erholungsphasen bei oder in der Nähe von fallenden MAs zu stoppen.
- Der 10 SMA wird am besten in einem Zeitrahmen von einem Tag bei Aktien angewendet, die einen starken Aufwärts- oder Abwärtstrend haben.
- Der 20 SMA ist der wichtigste MA des Traders und sollte praktisch bei jedem Chart, besonders mit Zeitrahmen, angewendet werden (Abbildungen 11.44 und 11.45).
- Der 50 SMA sollte beim Tageschart herangezogen werden.
- Der 100 SMA sollte zum Augenmerk werden, wenn eine Aktie mit einem Aufwärts- oder Abwärtstrend den 50 SMA beachtlich überschritten hat.
- Der 200 SMA wird am besten für den Tageschart und den 15-Minuten-Intradaychart verwendet (Abb. 11.46).

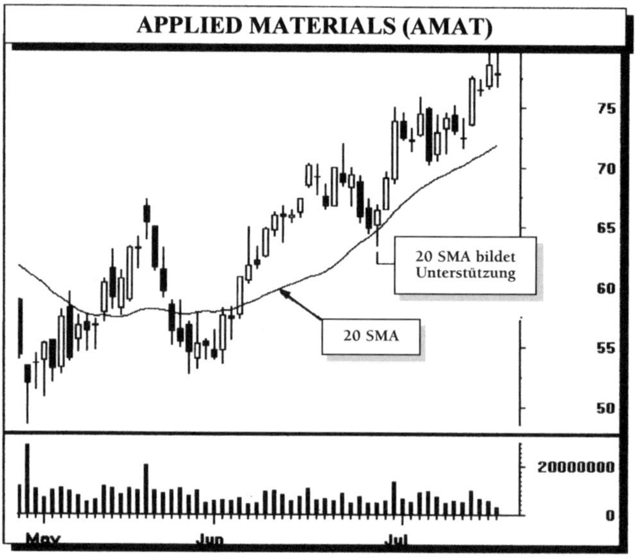

Abbildung 11.44

Quelle: The Executioner.com

Applied Materials (AMAT) findet beim steigenden SMA Stützung.

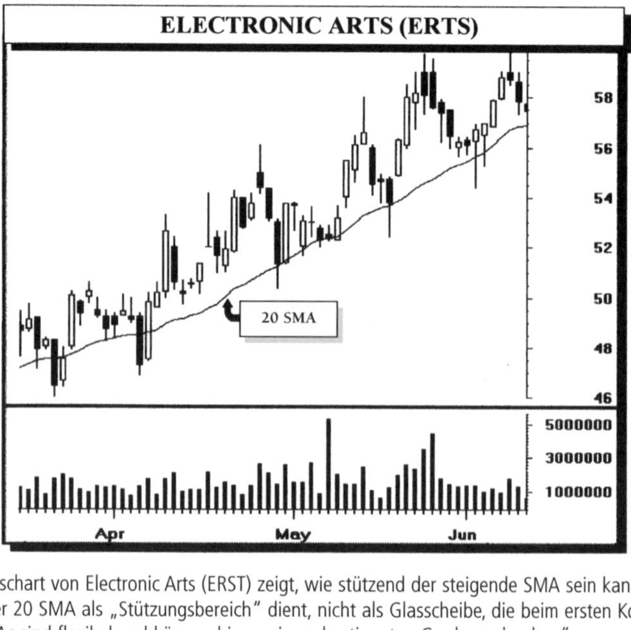

Abbildung 11.45

Quelle: The Executioner.com

Dieser Tageschart von Electronic Arts (ERST) zeigt, wie stützend der steigende SMA sein kann. Beachten Sie, dass der 20 SMA als „Stützungsbereich" dient, nicht als Glasscheibe, die beim ersten Kontakt zersplittert. MAs sind flexibel und können bis zu einem bestimmten Grad „nachgeben".

- Alle Aktien können in drei Gruppen eingeteilt werden: (1) Aktien mit steigenden 20 MAs, die ein guter Ausgangspunkt für Kaufkandidaten sind; (2) Aktien mit fallenden 20 MAs, die ein guter Ausgangspunkt für Short-Kandidaten sind; (3) Aktien mit relativ flachen 20 MAs, die repräsentativ sind für Aktien in richtungslosen Trading-Bereichen und/oder Seitwärtskonsolidierungen.
- Weitere Vorkommnisse wie NRBs, RBs und Volumenspitzen, die bei oder in der Nähe von steigenden oder fallenden MAs auftreten, bieten oft erstaunliche Kauf- und Verkaufsgelegenheiten.

Wie der Master Trader Moving Averages nutzt

- Wenn eine Aktie mit einem starken Aufwärtstrend zurückfällt und wieder auf einen steigenden MA trifft, orientiert sich der Master Trader in Richtung Kauf.
- Wenn eine Aktie mit einem starken Abwärtstrend sich wieder erholt und erneut auf einen fallenden MA trifft, orientiert sich der Master Trader in Richtung Verkauf (Abbildungen 11.47, 11.48 und 11.49).

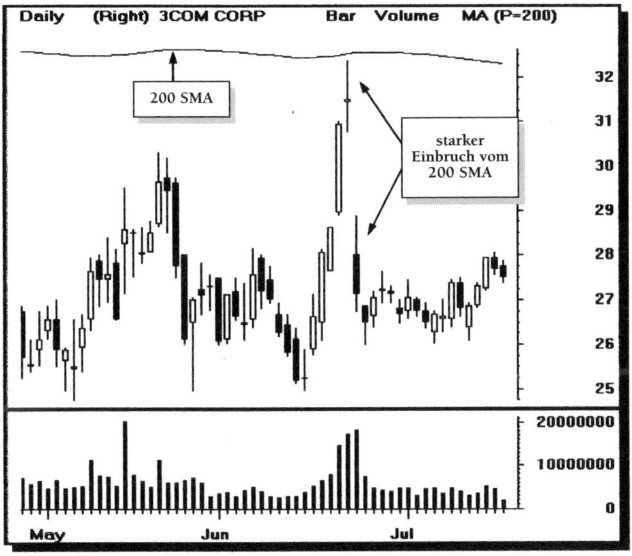

Quelle: The Executioner.com

Abbildung 11.46

3COM Corp (COMS) erholt sich bis auf seinen 200 SMA und bricht zusammen.

Abbildung 11.47

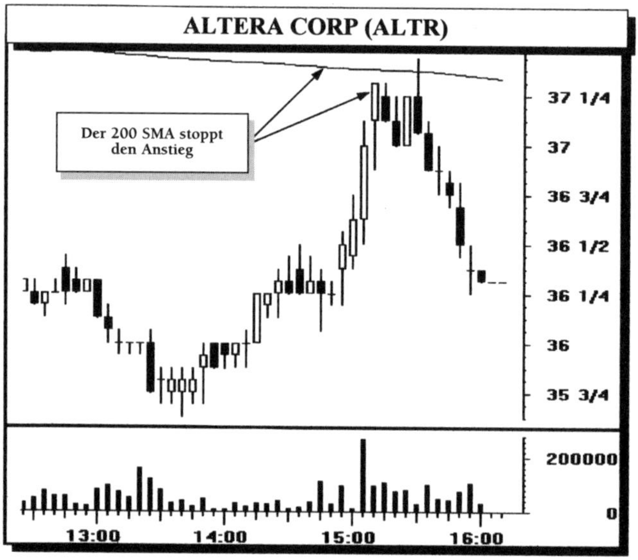

Quelle: The Executioner.com

Dieser 5-Minuten-Chart von ALTR zeigt ganz klar, wie stark der 200 SMA sein kann. Tipp: Ein übersteigerter 200 SMA bei einem Tageschart, einem 5- oder 15-Minuten-Chart kann exzellente Gewinnchancen bieten.

Abbildung 11.48

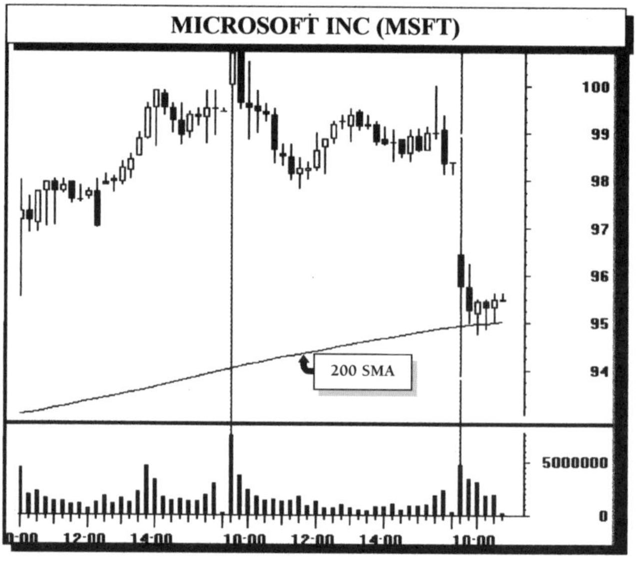

Quelle: The Executioner.com

Der 200 SMA ist beim 15-Minuten-Chart „Gesetz", und dieser 15-Minuten-Chart von MSFT zeigt das ganz klar. Beachten Sie, wie exakt der scharfe Kursabfall beim 200 SMA stoppt. Tipp: Der Master Trader denkt gar nicht daran, einen 15-Minuten-Chart ohne überlagerten 200 SMA anzusehen.

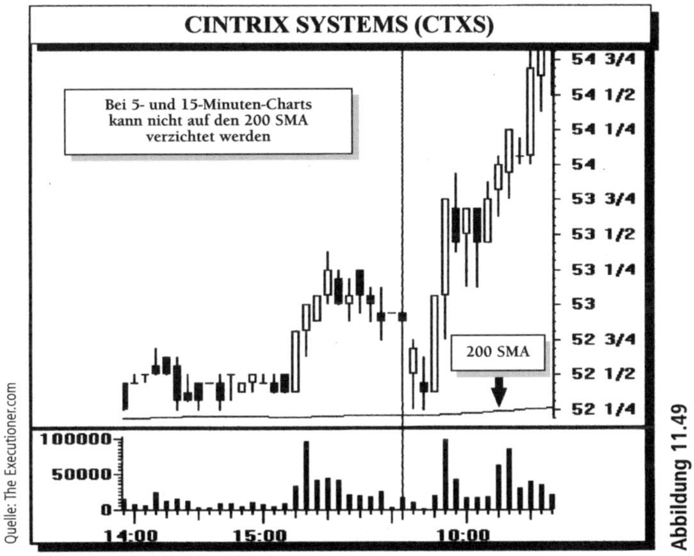

Dieser 5-Minuten-Chart von CTXS demonstriert, wie mächtig der 200 SMA als Stützung ist. Beachten Sie, wie stark die Erholung des 200 SMA war.

Charting-Tool Nr. 10: Absinken um 3 bis 5 Balken

Beschreibung des Absinkens von 3 bis 5 Balken

Das Absinken um 3 bis 5 Balken ist ein sehr einfaches Vorkommnis, das die Basis für zahlreiche profitable Trading-Chancen bildet. Soweit es uns betrifft, ist es einer der Hauptschlüssel zu Einstiegspunkten mit geringem Risiko, und dementsprechend häufig verwenden wir ihn schon seit nahezu einem Jahrzehnt für unsere täglichen Analysen. Wenn es nur ein einziges Trading-Konzept geben würde, das wir unterrichten können, dann wäre es das Absinken um 3 bis 5 Balken.

In seiner einfachsten Form ist das Absinken um 3 bis 5 Balken einfach ein Absinken von 3 bis 5 aufeinander folgenden Abwärtsbalken, wobei die Betonung auf *aufeinander folgend* liegt. Bevor wir aber tiefer in dieses nicht wegzudenkende Charting-Event eingehen, müssen wir definieren, was wir mit einem Abwärtsbalken meinen. Soweit es das Absinken um 3 bis 5 Balken betrifft, wird ein Abwärtsbalken durch folgende Kriterien definiert:

1. Der Schlusskurs des aktuellen Balkens ist niedriger als der Schlusskurs des vorhergehenden Balkens.

2. Der Schlusskurs des aktuellen Balkens ist niedriger als der Eröffnungskurs des aktuellen Balkens.
3. Der Eröffnungskurs des aktuellen Balkens liegt bei oder nahe dem Hoch des aktuellen Balkens.
4. Der Schlusskurs des aktuellen Balkens liegt bei oder nahe dem Tief des aktuellen Balkens (siehe Abb. 11.50).

Wir haben festgestellt, dass starke Aktien (mit einem Aufwärtstrend) nach 3 bis 5 Abwärtstagen in der Regel eine heftige Erholungsphase erleben. Die stärksten Aktien

Abbildung 11.50

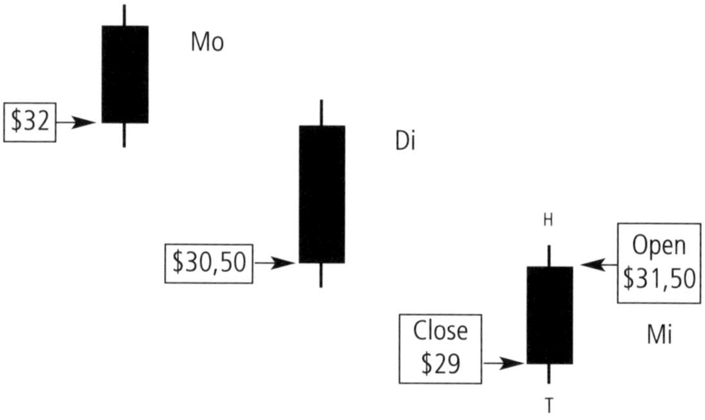

Ein Absinken um 3 bis 5 Balken, das alle vier Kriterien erfüllt. Es ist wichtig, darauf zu achten, dass diese Kriterien lediglich ein allgemeiner Hinweis sind. Wenn sie zu strikt und genau eingehalten werden, kann das zu verpassten Trading-Chancen führen.

Abbildung 11.51

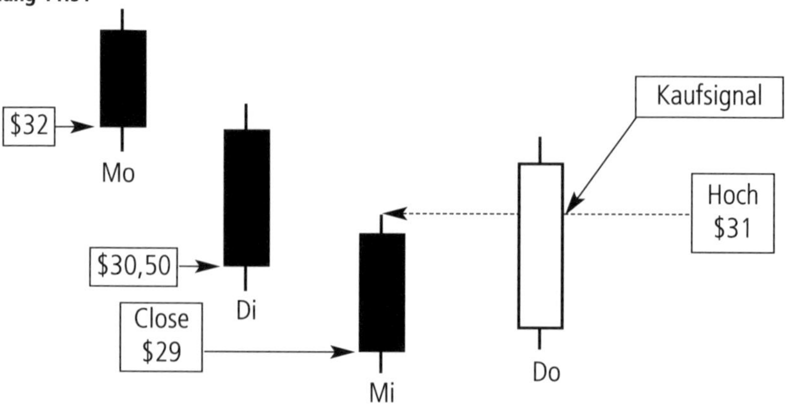

Nach einem Absinken um 3 bis 5 Balken kauft der Master Trader, sobald die Aktie über dem Hoch des vorhergehenden Balkens gehandelt wird. In diesem Fall kauft der Master Trader am Donnerstag über 31 US-Dollar.

erholen sich im Allgemeinen nach 3 Abwärtstagen, wogegen sich die mäßig starken Aktien nach 4 oder 5 Abwärtstagen erholen. *Tipp*: Jeder Kursabfall, der 5 aufeinander folgende Abwärtsbalken überschreitet, signalisiert Schwäche. Die 3 bis 5 Abwärtsbalken schütteln die schwachen Nerven einer Aktie ab (diejenigen, die bei ersten Anzeichen von Schwierigkeiten aussteigen), schaffen eine mäßige Oversold-Situation, die neue Käufer anzieht, und saugen das Angebot effektiv auf. Nach diesem einfachen, aber effektvollen Ereignis kommt der Master Trader auf den Spielplan und wartet auf den richtigen Augenblick, um zuzuschlagen (einzusteigen). Wann der richtige Augenblick ist, fragen Sie? *Nach einem Absinken um 3 bis 5 Balken kauft der Master Trader sofort, wenn die Aktie das nächste Mal über dem Hoch des vorhergehenden Balkens gehandelt wird.* Schauen wir uns das Beispiel in Abbildung 11.51 an.

Wie der Master Trader das Absinken um 3 bis 5 Balken interpretiert

- Aktien mit einem starken Aufwärtstrend stoppen ihren Kursabfall in der Regel nach 3 bis 5 aufeinanden folgenden Abwärtsbalken.
- Ausgezeichnete Kaufgelegenheiten mit niedrigem Risiko entstehen meist nach einem Absinken um 3 bis 5 Balken.
- Die besten Abfälle um 3 bis 5 Balken sind diejenigen, bei denen der Eröffnungskurs jedes Abwärtsbalkens nahe dem Schlusskurs des vorhergehenden Balkens liegt. Mit anderen Worten, ein Absinken um 3 bis 5 Balken, bei dem Lücken nach oben oder unten entstehen, schwächt oder verletzt sogar das Muster.
- Ein Absinken um 3 bis 5 Balken im Zusammenhang mit einem Abwärtstrend führt zu guten Verkaufschancen. Ein Ansteigen um 3 bis 5 Balken ist offensichtlich die umgekehrte Situation.
- Ein Absinken um 3 bis 5 Balken, kombiniert mit weiteren Tools und Ereignissen wie NRBs, Tails, Volumenspitzen, Unterstützung und Widerstand und Moving Averages, ergibt nahezu perfekte Kaufchancen. Beachten Sie bitte: Diese Kombinationen bilden die Basis für nahezu alle unsere Trading-Taktiken und -Techniken.

Wie der Master Trader das Absinken um 3 bis 5 Balken nutzt

- Wenn eine starke Aktie ein Absinken um 3 bis 5 Balken durchmacht, versucht der Master Trader im Allgemeinen, über dem Hoch des vorhergehenden Balkens zu kaufen (Abbildungen 11.52 und 11.53).
- Wenn eine schwache Aktie einen Anstieg um 3 bis 5 Balken durchmacht, versucht der Master Trader im Allgemeinen, unter dem Tief des vorhergehenden Balkens short zu gehen (Abb. 11.54).

Abbildung 11.52

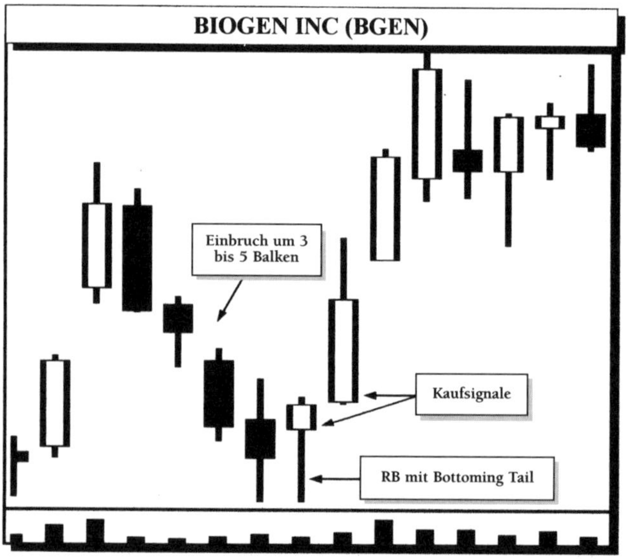

Quelle: The Executioner.com

Dieser Tageschart von BGEN zeigt ein nahezu perfektes Bild vom Einbruch um 3 bis 5 Balken. Nach dem Einbruch um 3 bis 5 Balken kauft der Master Trader, sobald die Aktie über dem Hoch des vorhergehenden Balkens gehandelt wird. Tipp: Aggressive Master Trader kaufen bei jedem bullishen RB nach einem Einbruch um 3 bis 5 Balken.

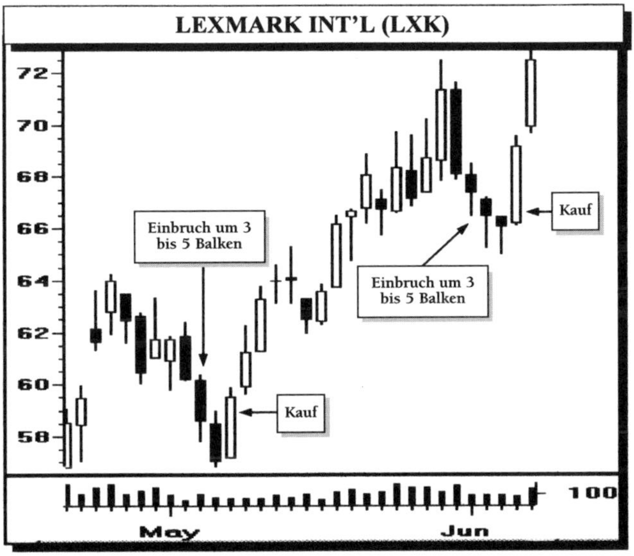

Quelle: The Executioner.com

Abbildung 11.53

Dieser Tageschart von LXK zeigt zwei Einbrüche um 3 bis 5 Balken, die jeweils eine Kaufchance ergeben. Tipp: Nach einem Einbruch um 3 bis 5 Balken kauft der Master Trader, sobald die betreffende Aktie über dem Hoch eines vorhergehenden Balkens gehandelt wird.

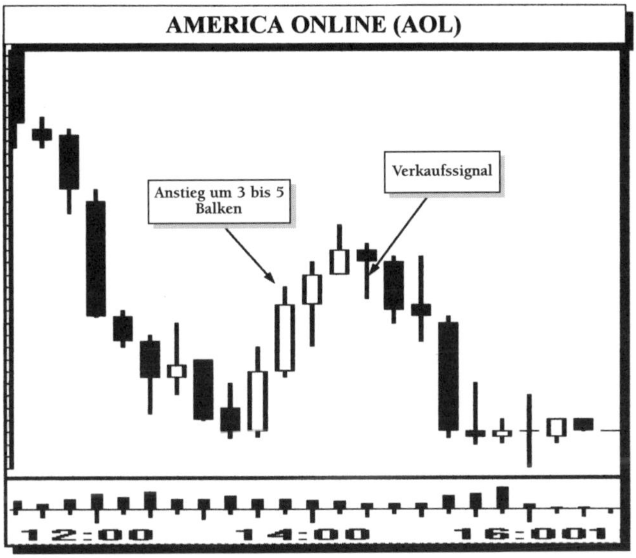

Quelle: The Executioner.com

Abbildung 11.54

Dieser 15-Minuten-Chart von AOL zeigt einen Anstieg um 3 bis 5 Balken, der eine perfekte Verkaufschance ergibt. Nach einem Absinken um 3 bis 5 Balken im Zusammenhang mit einem Abwärtstrend verkauft der Master Trader, sobald die Aktie unter dem Tief eines vorhergehenden Balkens gehandelt wird.

12 Tools und Taktiken zur Ausführung

Sobald Trader ihre Trading-Strategie festgelegt und die Chance auf einen Trade erkannt haben, müssen sie entscheiden, wie sie am besten Kapital aus dieser Chance schlagen. Master Trader wissen, dass ihr Trading-Erfolg wesentlich von den Methoden zur Orderausführung abhängt. Eine ansonsten erfolgreiche Trading-Strategie kann aufgrund einer schlechten Technik zur Auftragsplatzierung zu Nettoverlusten führen. Tatsächlich ist es einer der schwierigsten Teile des Tradings, die beste Möglichkeit zur Orderausführung festzustellen.

Die meisten Anleger kennen den Unterschied zwischen den elementarsten Auftragstypen wie zum Beispiel Bestens-Aufträge und Limit-Orders. Ein *Bestens-Auftrag* ist eine Aufforderung, eine Aktie sofort zum bestmöglichen Kurs zu kaufen/verkaufen ohne Einschränkung hinsichtlich des schließlich für die Aktie zu zahlenden Kurses. Eine *Limit-Order* ist eine Aufforderung, eine Aktie zu einem festgelegten Kurs oder besser zu kaufen/verkaufen. Ein Trader kann beispielsweise eine Limit-Order für den Kauf von Intel Corporation (INTC) zu einem Kurs von 82 US-Dollar oder niedriger platzieren.

Master Trader wissen, dass diese elementaren Auftragstypen nur die Grundlage für die Entwicklung ihrer eigenen Strategien zur Orderausführung und die Gewinnmaximierung über den direkten Zugang sind. Unterschiedliche Trading-Methoden erfordern unterschiedliche Strategien zur Orderausführung. Trader, die danach trachten, die Spanne mitzunehmen und „Market Maker“ zu spielen, haben eine komplett andere Strategie zur Auftragsausführung als Momentum-Trader, die versuchen, eine schnell schwankende Aktie zu erwischen. Glücklicherweise haben Master Trader eine Vielzahl von Möglichkeiten zur Orderausführung. Für die NASDAQ-Aktien sind diese Möglichkeiten die Nutzung einer der Electronic Communication Networks (ECN), das Small-Order Execution System (SOES), das SelectNet System (SNET) und die ausgefeilteren automatisierten Auftragsverteilungsmöglichkeiten wie das Archipelago System (ARCA). Für NYSE-Aktien verwenden Master Trader hauptsächlich das SuperDOT (Designated Order Turnaround) System, um ihre Orders auf das Börsenparkett zu leiten. Diese Möglichkeiten zur Orderausführung stehen Tradern zur Verfügung, die sich die effektive Software von Firmen wie The Executioner (www.executioner.com) zunutze machen. Es sollte noch erwähnt werden, dass The Executioner eine der ersten Firmen war, die dem Privatmann diese effektive Trading-Software zur Verfügung gestellt haben, und es ist das System, das von allen Pristine-Tradern vor Ort verwendet wird (Abb. 12.1).

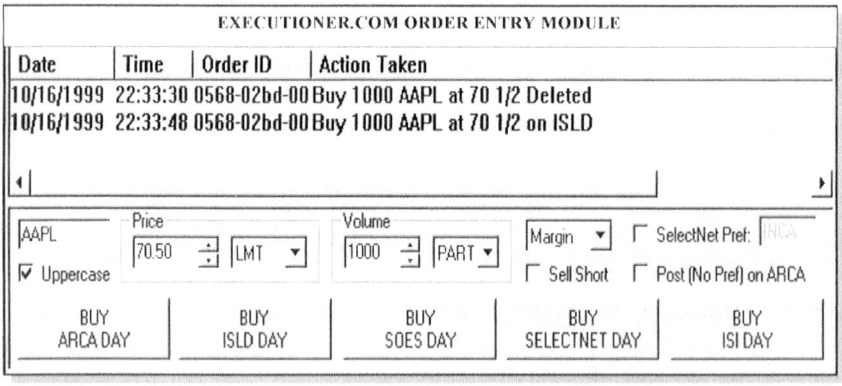

Quelle: The Executioner.com

Abbildung 12.1
Das Ausführungsmodul von The Executioner.com zeigt die zahlreichen Möglichkeiten, die dem Trader zur Orderausführung zur Verfügung stehen. Die Anwender von Executioner.com haben direkten Zugang zu zwei ECNs. Archipelago (ARCA) und Island (ISLD), das Small-Order Executioner System (SOES), SelectNet (SNET) und SuperDOT (ISI). Diese Hilfsmittel zur Ausführung sind entscheidende Tools für den Master Trader, und es ist unbedingt notwendig, zu wissen, wie jedes einzelne funktioniert und wann es verwendet werden sollte.

Und schließlich lassen manche Trader ihre Aufträge über Discountbroker wie zum Beispiel Datek, E-trade, Ameritrade, Fidelity usw. ausführen, wobei ihre Aufträge zur Ausführung an Market Maker verkauft werden. Wir werden uns nun jede dieser zur Verfügung stehenden Möglichkeiten zur Orderausführung ansehen und besprechen, wann jede einzelne angebracht ist.

Execution Tool Nr. I: Electronic Communication Networks (ECNs)

Beschreibung der Electronic Communication Networks (ECNs)

ECNs wurden 1997 von der NASDAQ eingeführt, um Limit-Orders anzuzeigen und auszuführen. Während dieses Buch geschrieben wurde, gab es neun ECNs mit der Aussicht auf viele weitere. Die aktuellen neun sind: Island (ISLD), Archipelago (ARCA), Instinet (INCA), Bloomberg Tradebook (BTRD), Spear, Leeds and Kellogg (REDI), Attain (ATTN), Strike (STRK), BRUT und Next-Trade (NTRD). Alle anderen Notierungen auf dem Level-II-Bildschirm stammen von Market Makern. Auf manchen Level-II-Bildschirmen werden ECNs mit einem „#“ nach ihrem Symbol angezeigt, zum Beispiel ISLD# oder INCA#. Das soll das Erkennen von Notierungen, die von ECNs sind, erleichtern. ECNs dürfen nicht mit Market Makern verwechselt werden; es gibt hunderte von Market-Maker-Firmen, einige davon sind Goldman Sachs (GSCO), Merrill Lynch (MLCO) und Solomon Smith Barney (SBSH), um nur ein paar zu nennen (Abb. 12.2).

Ein ECN ist lediglich ein computerisiertes Limit-Order-Buch, das aus hunderten oder tausenden einzelnen Aufträgen besteht, eine Aktie zu einem bestimmten Kurs zu kaufen oder zu verkaufen. Die Funktion eines ECN ist es, Käufer und Verkäufer elektronisch abzugleichen, ohne dass noch ein menschlicher Trader oder Market Maker dafür nötig ist. Wie Sie sehr bald sehen werden, sind ECNs so etwas wie Mini-Börsen. Die besten Bid- und Ask-Limit-Orders für jede Aktie werden an die NASDAQ weitergeleitet und als die Bid/Ask-Notierung des ECN dargestellt. Nehmen wir beispielsweise an, dass die folgenden Limit-Orders für die Aktie INTC über das ISLD-Buch platziert wurden:

Kaufe 100 Aktien zu 70 $^{7}/_{8}$*
Kaufe 200 Aktien zu 70 $^{7}/_{8}$*
Kaufe 200 Aktien zu 70 $^{5}/_{8}$
Kaufe 300 Aktien zu 70 $^{1}/_{4}$

Verkaufe 400 Aktien zu 71 $^{1}/_{16}$*
Verkaufe 1.000 Aktien zu 71 $^{1}/_{4}$
Verkaufe 100 Aktien zu 72

Zu diesem Zeitpunkt ist der beste (*) Bid-Kurs im Buch 70 $^{7}/_{8}$ mit einem Gesamtumfang von 300 Aktien. Der beste (*) Aks-Kurs ist 71 $^{1}/_{16}$ mit 400 angebotenen Aktien. Demnach würde die NASDAQ-Level-II-Anzeige für ISLD diese besten Bid/Ask-Kurse und Umfänge anzeigen (Abb. 12.3).

Master Trader sind in der Lage, über das SelectNet System entsprechend den bestehenden Limit-Orders jedes der ENCs auszuführen. Allerdings ist der Trader nur mit direktem Zugang in der Lage, tatsächlich eine Limit-Order an das ECN-Limit-Order-Buch weiterzuleiten, um auf dem NASDAQ-Level-II angezeigt zu werden. Trader haben in der Regel nur zu ein paar ECNs direkten Zugang, wobei die gebräuchlichsten ISLD, ARCA und REDI sind.

Vorteile der ECNs

- Sie ermöglichen eine extrem schnelle Ausführung (nur 0,2 Sekunden), wenn eine passende Order gegenüber einer vorhandenen Order im Limit-Order-Buch eines ECNs ausgeführt wird.
- ECN-Notierungen sind real. Wenn Sie eine Notierung bei einem ECN sehen, dann ist das eine reale Notierung zu diesem Kurs und mit diesem Umfang. Wenn Sie der Erste sind, der eine passende Order gegenüber einer ECN-Notierung platziert, erhalten Sie auf jeden Fall eine Ausführung.
- ECNs zeigen ihren gesamten Umfang (es sei, die Auftraggeber haben ausdrücklich verlangt, dass ihre Order nicht angezeigt wird). Wenn

Abbildung 12.2

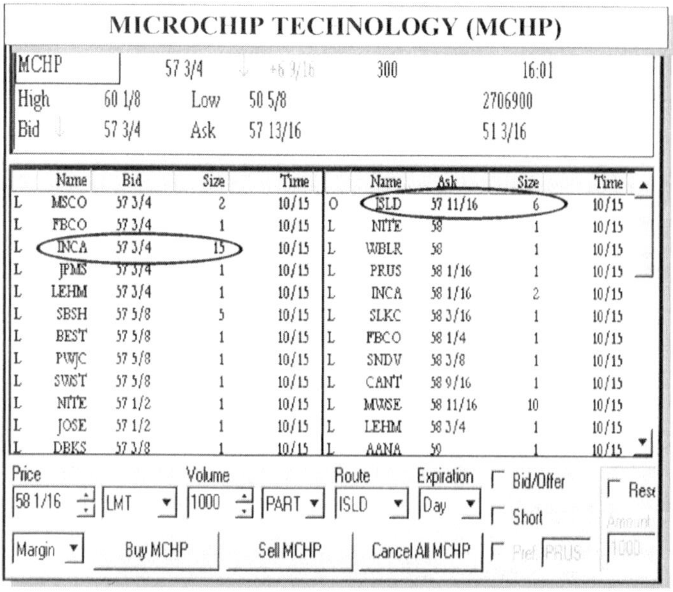

Quelle: The Executioner.com

Diese Tabelle zeigt eine NASDAQ-Level-II-Notierung für MCHP. Der NASDAQ-Level-II-Bildschirm ermöglicht es dem Trader, die Markttiefe einer Aktie, das heißt die Bids und Offers von ECNs und Market Makern, zu sehen. Eingekreist sehen Sie INCA und ISLD, zwei ECNs. Alle anderen Bids und Offers sind von Market Makern. Wir behandeln die NASDAQ-Level-II-Notierungen und die Charakteristik von Market Makern noch ausführlicher im Kapitel 13.

ein ECN insgesamt Kauforders über 14.200 Aktien zum Kurs von 81 hat, dann sehen Sie alle 14.200 Aktien auf Ihrem Level-II-Bildschirm.

- ECNs ermöglichen es den Tradern, ihre Limit-Order zur Anzeige auf dem NASDAQ-Level-II weiterzuleiten. Das bringt eine breite Werbung bei allen Börsenteilnehmern für Ihre Order.
- ECNs können Kurse mit viel feineren Nuancen notieren, als es bei der NASDAQ möglich wäre. ISLD lässt zum Beispiel Aufträge zu, die Kurse mit so feinen Nuancen wie $^1/_{128}$ bei Aktien über 10 US-Dollar und $^1/_{256}$ bei Aktien unter 10 US-Dollar angeben. Diese Aufträge werden für die Anzeige auf dem NASDAQ-Level-II auf das nächste $^1/_{16}$ oder $^1/_{32}$ (bei Aktien unter 10 US-Dollar) auf- oder abgerundet. Im ECN-Buch werden sie allerdings mit ihrem aktuellen Kurs eingetragen und ausgeführt.
- ECNs vermeiden die vielen Nachteile, die mit der direkten Zusammenarbeit mit Market Makern über SOES- und SNET-Systeme verbunden sind.

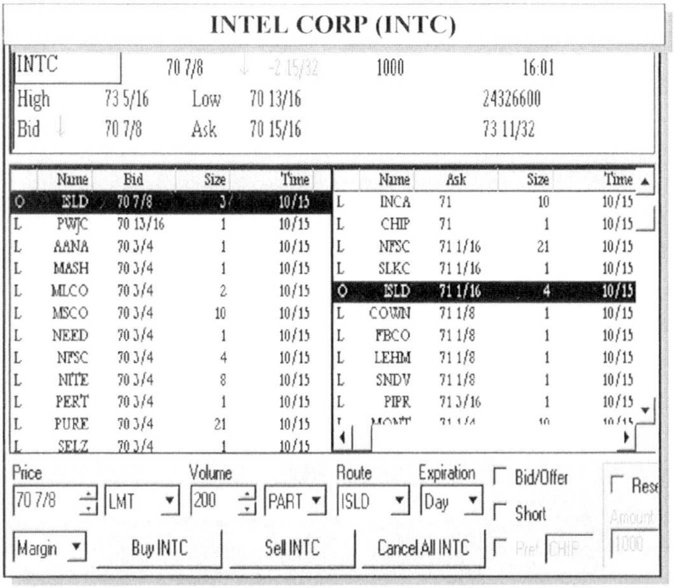

Quelle: The Executioner.com

Abbildung 12.3

Die beiden Aufträge über ISLD zum Bieten für INTC-Aktien werden am NASDAQ-Level-II-Bildschirm als eine einzige ISLD-Notierung über 300 Aktien angezeigt. Siehe linke Seite, das ist die Bid-Seite. Die einzige Order über den Verkauf von 400 INTC-Aktien über ISLD wird auf der rechten Seite angezeigt, nämlich der Ask- oder Angebotsseite.

Nachteile der ECNs

- Einige ECNs sind nicht besonders liquide, und es kommt selten zur Ausführungen. Die liquidesten und damit effektivsten ECNs sind INCA, ISLD, ARCA und REDI. Wir sagen unseren Studenten immer, sich auf kein Trading-System mit direktem Zugang einzulassen, das keine Möglichkeit bietet, direkt über ISLD oder ARCA zu handeln. Diese beiden ECNs sind, soweit es uns betrifft, unerlässlich. Wir werden uns noch eingehender mit dem Charakter von ARCA beschäftigen.
- Bei einer schnell steigenden Aktie ist es schwierig, über ein ECN zum oder unter dem Inside-Ask-Kurs zu kaufen. Mit anderen Worten, es ist unwahrscheinlich, dass Ihr Auftrag zum Inside-Bid-Kurs der Aktie erfüllt wird, und es wird wahrscheinlich kein Angebot an ECN-Limit-Orders geben, das zum Inside-Ask-Kurs passt.
- Häufig werden Teile Ihrer Aufträge ausgeführt werden. ISLD ist die schlimmste Ursache für dieses Problem, da sie sogar Aufträge über eine einzige Aktie annehmen. Stellen Sie sich die Enttäuschung vor, wenn eine Order über 1.000 Aktien nur über 14 Aktien ausgeführt wird. Beachten Sie bitte: Alle anderen ECNs fordern, dass die platzierten Orders über mindestens 100 Aktien lauten.

Wie ein Master Trader die ECNs nutzt

Master Trader erkennen die vielen Vorteile der ECNs und nutzen sie sehr oft. Spezielle Beispiele, wann ECNs eingesetzt werden sollten, sind:

- Wenn Master Trader unter dem aktuellen Angebots(Ask)-Kurs für eine Aktie bieten. Die besten Ergebnisse werden erzielt, wenn das Bid beim liquidesten verfügbaren ECN platziert wird, was normalerweise ISLD ist.
- Wenn Master Trader eine Aktie über dem aktuellen Bid-Kurs zum Verkauf anbieten. Die besten Ergebnisse werden erzielt, wenn das Angebot beim liquidesten verfügbaren ECN platziert wird, was normalerweise ISLD ist.
- Wann immer Master Trader eine NASDAQ-Aktie zum Ask-Kurs kaufen oder zum Bid-Kurs verkaufen wollen. Wenn ein ECN mit akzeptablem Umfang verfügbar ist, führen die Master Trader ihre Orders immer zuerst über das ECN aus, anstatt mit den weniger zuverlässigen Market Makern zu verhandeln. Beachten Sie bitte: Aufgrund der zusätzlichen Kosten beim Traden über INCA leiten viele Trader ihre Aufträge lieber zu einem Market Maker, wenn kein anderes ECN beim gewünschten Kurs genannt ist.

- Wenn eine Aktie schnell steigt, versucht der Master Trader wahrscheinlich, seinen Kaufauftrag über ein liquides ECN ein paar Stufen über dem Ask-Kurs ausführen zu lassen. Durch das Bezahlen einer Provision bei einer schnell steigenden Aktie ist der Master Trader oft in der Lage, eine Position zu übernehmen und vom nachfolgenden Anstieg der Aktie zu profitieren. Das Umgekehrte gilt für den Verkauf einer Long-Position einer schnell fallenden Aktie.

Execution Tool Nr. 2: Small-Order Execution System (SOES)

Beschreibung des Small-Order Execution Systems (SOES)

Das SOES-System wurde 1984 eingeführt, um dem Kleinanleger besseren Zugang zur NASDAQ zu gewähren. Das SOES-System konnte bis vor kurzem verwendet werden, um eine nahezu sofortige Ausführung von bis zu 1.000 Aktien zum Inside-Ask-Kurs (bei einem Kaufauftrag) oder zum Inside-Bid-Kurs (bei einem Verkaufsauftrag) zu erreichen. Nach dem Börsencrash von 1987, wo sich Market Maker einfach weigerten, ihr Telefon abzunehmen, und deshalb kein Handel mit ihnen stattfinden konnte, fand dieses System weite Verbreitung. Es ist interessant, dass die Öffentlichkeit immer noch so wenig über SOES weiß. Aber fragen Sie heute aktive Trader, so werden Sie feststellen, dass SOES ein fester Bestandteil ihres Vokabulars ist, wenn nicht sogar ihres Lebens.

Die erste Grundlage, die Sie bei SOES verstehen müssen, ist, dass es der einzige verpflichtende Ausführungsmechanismus für Market Maker ist. Mit anderen Worten, wenn ein Market Maker einen bestimmten Kurs bekannt gegeben oder angezeigt hat, dann verpflichtet eine SOES-Order ihn, sie zum angezeigten Betrag auszuführen. Das einzige Manko ist, dass Market Maker 17 Sekunden Zeit haben, ihre angezeigten Kurse zu aktualisieren, so dass ein Trader manchmal über SOES zu einem Market Maker Kontakt aufnimmt, ohne zu realisieren, dass er nicht länger bei diesem Kurs genannt wird. Es kann außerdem SOES-Orders geben, die vor Ihrer Order eingegangen sind, was die Chancen auf eine Ausführung reduziert. Aber wenn die Notierungen des Market Makers real sind und es keine große Anzahl von SOES-Orders vor Ihnen gibt, dann ist der Market Maker verpflichtet, Ihren Auftrag auszuführen. Nun muss man aber wissen, dass SOES keineswegs eine Garantie für eine Ausführung an der NASDAQ ist. In Wirklichkeit liegt die Ausführungsrate von SOES-Orders zurzeit bei 38 Prozent. Mit anderen Worten, nur 38 Prozent aller SOES-Orders werden ausgeführt. Also verwechseln Sie die verpflichtende Art des SOES nicht mit einem Konzept für Garantie. Aber sogar mit dieser sinkenden Ausführungsrate bietet SOES, wenn es richtig eingesetzt wird, den Master Tradern ein paar kreative und fortschrittliche Möglichkeiten, schnell und leise in eine NASDAQ-Aktie einzusteigen.

Die Arbeitszeiten des SOES-Systems sind von 9:30 a. m. bis 4:00 p. m. Ostküsten-Zeit. Beachten Sie, dass SOES-Bestens-Aufträge schon ab 7:15 a. m. platziert werden können, die Ausführung erfolgt dann um 9:30 a. m. bei der Börseneröffnung.

Das SOES-System kann sowohl für Bestens-Aufträge als auch börsenfähige Limit-Orders für den Kauf oder Verkauf von NASDAQ-Aktien verwendet werden. Nehmen wir zum Beispiel an, dass INTC bei einem Bid von 70 $^{7}/_{8}$ und einem Ask von 70 $^{15}/_{16}$ gehandelt wird und ein Trader die Aktie kaufen will. Es gibt verschiedene Möglichkeiten, wie ein Trader das SOES-System für den Kauf der Aktie einsetzen kann. Der Trader kann:

- eine SOES-Limit-Kauforder bei 70 $^{15}/_{16}$ platzieren. Der Trader erwartet, dass seine Order ausgeführt wird, wenn ein Market Maker bei diesem

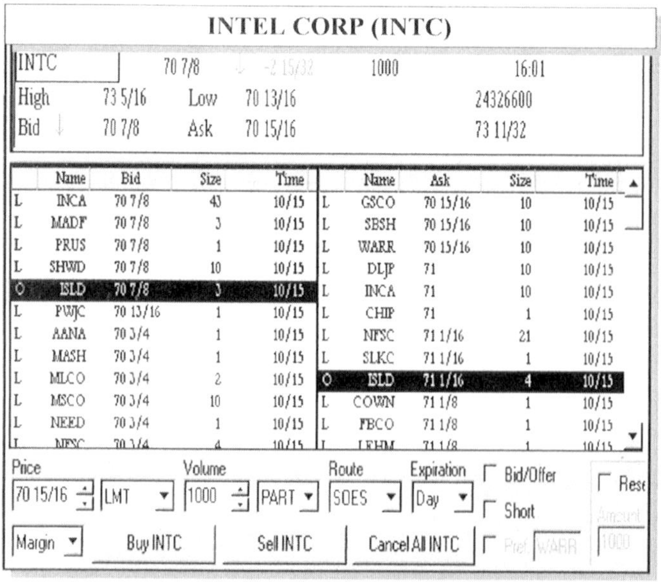

Abbildung 12.4

Quelle: The Executioner.com

Der Master Trader leitet eine Order über 1.000 INTC-Aktien über SOES weiter. Beachten Sie, dass ISLD bei 70 $^{15}/_{16}$ US-Dollar, dem Inside-Angebots-Kurs nicht genannt ist. ISLDs nächstes Angebot liegt bei 71 $^{1}/_{16}$ US-Dollar. Wäre ISLD bei 70 $^{15}/_{16}$ US-Dollar genannt, wäre die beste Möglichkeit für den Master Trader, seinen Auftrag über ISLD zu platzieren. Mit nur einem Market Maker auf der Angebotsseite ist SOES hier die bessere Wahl.

Kurs verfügbar ist, und die Order die erste ist, die mit diesem Kurs beim Market Maker ankommt. Beachten Sie bitte: ECN-Notierungen sind nicht über SOES ausführbar; deshalb wird Ihre Order sofort abgewiesen und zurückgeschickt, wenn die einzige Notierung bei 70 $^{15}/_{16}$ über ISLD, INCA oder ein anderes ECN erfolgt.

- eine SOES-Limit-Kauforder zu einem Kurs über dem Inside-Ask platzieren, 71 $^{1}/_{8}$ zum Beispiel. Wenn die Aktie schnell steigt, sind Trader eventuell bereit, im Notfall den höheren Kurs zu bezahlen, um ihre Aufträge erfüllt zu bekommen. In diesem Fall könnten die Aufträge der Trader bei niedrigen 70 $^{5}/_{16}$ ausgeführt werden oder auch in Höhe des Limit-Kurses von 71 $^{1}/_{8}$. Wenn die Aktie extrem schnell steigt, gibt es vorher wahrscheinlich so viele andere SOES-Orders, dass der Aktienkurs den Order-Kurs von 71 $^{1}/_{8}$ übersteigt und die Aufträge der Trader gar nicht zur Ausführung kommen. In diesem Fall wird die Order mit dem Vermerk „abgelehnt“ oder „gelöscht“ zurückgeschickt, je nach verwendetem System, nachdem der Ask-Kurs der Aktie 71 $^{1}/_{8}$ überstiegen hat.
- eine SOES-Bestens-Kauforder platzieren. In diesem Fall sind Trader so begierig darauf, dass ihre Aufträge ausgeführt werden, dass sie jeden Kurs akzeptieren. Die Order kann sofort bei 70 $^{15}/_{16}$ ausgeführt werden, sie kann aber auch eine Minute oder später zu einem wesentlich höheren Kurs ausgeführt werden. Diese Art von Auftrag sollte mit Vorsicht verwendet werden, denn es ist unmöglich, den tatsächlichen Ausführungskurs zu begrenzen oder zu kontrollieren. Normalerweise wird diese Art von Auftrag nur von Tradern verwendet, die darauf begierig sind, aus einer Position auszusteigen, die sich schnell zu ihrem Nachteil entwickelt (Abb. 12.4).

Vorteile des SOES

- Es werden extrem schnelle Ausführungen ermöglicht (das heißt 1 Sekunde oder weniger).
- Es ist sehr einfach und unkompliziert, diesen Ordertyp zu platzieren, da es nicht notwendig ist, auszuwählen, an wen die Order geschickt werden soll.
- Das SOES-System wird von der NASDAQ kontrolliert. Alle SOES-Ausführungen werden elektronisch über das SOES-System bestimmt und an jede Seite des Trades gemeldet. Deshalb gibt es keine Möglichkeit des Missbrauchs durch Market Maker.

Nachteile des SOES

- Bei aktiven Aktien ist die Warteschlange bei SOES wahrscheinlich überladen mit Aufträgen anderer Trader, was es sehr unwahrscheinlich werden lässt, dass Ihre Order ausgeführt wird, bevor der Kurs sich weiterbewegt.
- Vor Kurzem eingetretene Regeländerungen ermöglichen es den Market Makern, bei allen Aktien so geringe Mengen wie 100 Stück zu nennnen. Die Folge ist, dass es sehr schwierig sein kann, größere Aufträge (bis zu 1.000 Aktien) zum aktuell genannten Kurs ausgeführt zu bekommen.
- Eine andere SOES-Regel erlaubt den Market Makern eine Verzögerung von 17 Sekunden, ab dem Zeitpunkt, an dem sie eine Order zu dem von ihnen genannten Kurs ausgeführt haben, bevor sie eine weitere Order ausführen oder ihren genannten Kurs ändern. Als Folge können Sie oft „lustlose" Notierungen beim Inside-Bid- oder -Ask-Kurs von Market Makern sehen, die bereits einen Auftrag erfüllt haben und nun ihre vollen 17 Sekunden abwarten, bevor sie ihre Notierungen auf einen ungünstigeren Kurs korrigieren. Es gibt keine Möglichkeit, zu erkennen, ob die genannten Notierungen der Market Maker real oder ob sie lustlose Notierungen aufgrund der kommenden Korrektur sind. *Beachten Sie bitte*: Die Verzögerung von 17 Sekunden wird auf 5 Sekunden reduziert, sobald der Bid-/Ask-Kurs der Aktie Gleichstand haben (das heißt denselben Kurs haben) oder diese Kurse sich kreuzen (das heißt der Inside-Bid- ist höher als der Inside-Ask-Kurs).
- ECNs sind nicht kompatibel mit SOES. Das heißt, Ihre SOES-Order wird niemals über eine existierende ECN-Order zum gewünschten Kurs ausgeführt werden. Dieser Mangel wird durch die Verwendung von ausgeklügelten Order-Routing-Systemen wie dem ARCA-System ausgeglichen, das Ihre Order über das passendste Hilfsmittel ausführen lässt. Mehr darüber in Kürze.
- Wie der Name schon sagt, SOES ist nur für kleine Aufträge gedacht. Der Umfang eines Auftrags ist bei sehr lebhaften Aktien auf 1.000 Stück, bei weniger lebhaften Aktien auf maximal 500 oder 200 Aktien beschränkt.
- Da Sie nur zum Inside-Ask-Kurs kaufen oder zum Inside-Bid-Kurs verkaufen können, *verlieren Sie bei diesem Auftragstyp immer die Spanne zwischen dem Bid- und Ask-Kurs.*

Wie der Master Trader das SOES-System nutzt

Der Master Trader erkennt die Mängel des SOES-Systems und benutzt es dementsprechend sparsam. Es gibt jedoch verschiedene Situationen, in denen SOES die richtige Wahl sein kann:

- Der Master Trader, der bereit ist, die Spanne aufzugeben, benutzt eine SOES-Order, wenn er eine langsam schwankende Aktie kaufen/verkaufen will, vorausgesetzt der gesamte Umfang der Market Maker beim Inside-Bid/Ask ist ausreichend, um den Auftrag zu erfüllen. Wenn sich eine Aktie nicht lebhaft bewegt, ist es unwahrscheinlich, dass viele SOES-Aufträge vor Ihrem Auftrag in der Warteschlange sind. Als Folge kann der Master Trader davon ausgehen, dass solche Aufträge sofort ausgeführt werden.
- Der Master Trader verwendet oft SOES-Aufträge als effektive Möglichkeit, um in eine Aktie einzusteigen, wenn sie gerade ihre Richtung ändert. Der Schlüssel zur Ausführung ist die Fähigkeit, den Richtungswechsel vor den anderen Tradern zu entdecken. Mit einer schnellen Entscheidung und einer schnellen Orderplatzierung kommen solche SOES-Aufträge sehr oft zur Ausführung. Sie können allerdings nicht abwarten, bis der Richtungswechsel offensichtlich wird, denn sonst wird sich Ihre Order in einer langen SOES-Warteschlange wiederfinden und wird wahrscheinlich nicht ausgeführt, während sich der Kurs in die erwartete Richtung bewegt.

Execution Tool Nr. 3: SelectNet (SNET)

Beschreibung des SelectNet (SNET)

SelectNet (SNET) ist ein Computersystem, das von der NASDAQ eingeführt wurde, um Kauf- und Verkaufsaufträge weiterzuleiten. Die Arbeitszeiten sind von 9:30 a. m.–4:00 p. m. EST. Zusätzlich gibt es noch Arbeitszeiten von 9:00–9:30 a. m. und von 4:00–5:15 p. m.

Das SNET-System gibt es in drei Ausführungen:

1. SNET mit Bevorzugung (preference) eines Market Makers
2. SNET mit Bevorzugung (preference) eines ECNs
3. SNET ohne Bevorzugung (broadcast).

Sehen wir uns die drei Ausführungen genauer an.

SNET mit Bevorzugung eines Market Makers

Nehmen wir an, Sie schicken eine *preferenced* SNET Order über den Kauf von 1.000 DELL zu 36 $^1/_2$ zu dem Market Maker Goldman Sachs (GSCO). Ihre Order wird sofort auf dem Level-III-Bildschirm des GSCO Market Makers bei DELL erscheinen. *Beachten Sie bitte*: Die Level-III-Systeme werden von Market Makern zur Platzierung ihrer Aufträge genutzt. Sie haben zahlreiche Möglichkeiten, Ihren Auftrag zu bearbeiten:

- Sie können Ihre Order sofort ausführen, vorausgesetzt sie wollen Ihnen die Aktien verkaufen.
- Sie können Ihren Auftrag teilweise mit lediglich 100 bis 900 Aktien ausführen, wenn sie Ihnen nicht die ganzen 1.000 Aktien verkaufen wollen.
- Sie können Ihren Auftrag ablehnen und ihn als abgelehnt/storniert zurückschicken.
- Sie können Ihren Auftrag ignorieren und einfach gar nicht antworten.
- Sie können über Ihren Auftrag verhandeln, indem sie zum Beispiel zurückschreiben, dass sie Ihnen die ganzen 1.000 Aktien zu einem Kurs von 36 $^9/_{16}$ verkaufen. *Beachten Sie bitte*: Das passiert normalerweise nur bei großen Aufträgen zwischen Market Makern. Trader haben damit in der Regel nichts zu tun.
- Sie können Ihren Auftrag ganz oder teilweise zu einem besseren Kurs ausführen. Trader werden so etwas höchstwahrscheinlich nie erleben. Wie schon gesagt, es gibt keine Geschenke an der Wall Street.

Nun schauen wir uns an, wozu die Market Maker hinsichtlich Ihrer Order *verpflichtet* sind. Wenn Sie GSCO mit ihrem aktuell genannten Ask-Kurs bevorzugen und sie innerhalb der letzten 17 Sekunden keinen anderen Auftrag ausgeführt haben, dann sind sie verpflichtet, Ihre Order bis zu dem genannten Umfang zu dem von ihnen genannten Kurs auszuführen. Wenn sie allerdings in den letzten 17 Sekunden einen anderen Auftrag ausgeführt haben, dann können sie ihren genannten Kurs jederzeit innerhalb der 17 Sekunden zurückziehen und sind *nicht verpflichtet*, einen weiteren Auftrag zu diesem Kurs auszuführen. Außerdem haben sie keinerlei Verpflichtung, Ihren Auftrag auszuführen, wenn er einen ungünstigeren Kurs als ihre Notierung nennt (das heißt, die Aktie hat ein Bid von 36 $^3/_8$ und ein Ask von 36 $^9/_{16}$, GSCO liegt beim Angebotskurs von 36 $^9/_{16}$, und Sie bieten ihnen einen Kauf bei 36 $^1/_2$ an und versuchen, die Spanne zu teilen).

SelectNet mit Bevorzugung eines ECNs

Nehmen wir an, dass Sie eine *preferenced* SNET Order über den Kauf von 1.000 DELL bei 36 $^1/_2$ an das ECN RediBook (REDI) schicken. Da ein ECN lediglich ein computerisiertes Auftragsbuch für Limit-Orders ist, wird Ihr Auftrag wie folgt bearbeitet:

- Das ECN führt Ihre Order sofort aus, vorausgesetzt in seinem Orderbuch sind genügend Aktien aus einer passenen Order verfügbar und Ihre Order war die erste. Sofort nachdem Ihre Order ausgeführt ist, aktualisiert das ECN seine Notierung, um ein korrigiertes Orderbuch wiederzugeben, abzüglich der Order, die für Sie ausgeführt wurde.
- Wenn das ECN passende Aufträge für einen Teil, aber nicht Ihren ganzen Auftrag hat, dann wird der Auftrag sofort teilweise über 100 bis 900 Aktien ausgeführt. Sofort nach Ausführung Ihrer Order aktualisiert das ECN seine Notierung, um ein korrigiertes Orderbuch wiederzugeben, abzüglich der Order, die für Sie ausgeführt wurde.
- Wenn jemand anders seine Order vor Ihnen an das ECN schickt und im ECN-Orderbuch keine Aktien mehr übrig sind, wird Ihre Order sofort abgelehnt und zurückgeschickt. Sie können sofort sehen, dass das ECN seine Notierung aktualisiert und sie nicht mehr länger auf Ihrem Level-II-Bildschirm zum ursprünglichen Kurs angegeben wird. Die Limit-Order zum ursprünglichen Kurs wurde ausgeführt und nicht mehr länger angezeigt. Keine Spielchen, keine 17 Sekunden usw.

Beachten Sie, dass die *preferenced ECN Order* genau dasselbe wie eine *preferenced Market Maker Order* ist. Ich unterscheide sie nur deshalb, weil Sie die ganzen Spielchen der Market Maker vermeiden können, wenn Sie über ECNs handeln. Das Spielfeld ist absolut eben, wenn es um die Regel der ECNs geht: „Wer zuerst kommt, mahlt zuerst“. Wie Sie wissen, ist das nicht der Fall, wenn Sie es mit Market Makern und deren ziemlich unfairen Vorteilen zu tun haben.

Ein paar allgemeine Anmerkungen

Market Maker sind nicht verpflichtet, ihren wahren Umfang anzuzeigen. Wenn sie 100.000 Aktien verkaufen wollen, können sie auch lediglich 100 Aktien anbieten. Im Vergleich dazu bieten ECNs normalerweise ihren vollen Umfang an, es sei denn, der Auftraggeber gibt anderweitige Anweisungen. Sie werden manchmal sehen, dass – speziell bei INCA – eine Order über 1.000 Aktien angezeigt wird. Dann werden 400 Aktien erledigt und 600 bleiben übrig. Schließlich werden die verbliebenen 600 Aktien noch ausgeführt, und die Order wird sofort wieder mit 1.000 Aktien erneuert. Das passiert in der Regel bei institutionellen Aufträgen, die mit dem Vermerk „Maximale ausgewählte Umfangsanzeige“ abgeschickt werden, in diesem Beispiel sind das 1.000 Aktien. Viele ECNs haben diese Möglichkeit, aber sie wird außer bei Institutionen sehr selten eingesetzt, und Sie sehen das in erster Linie nur bei folgenden ECNs: INCA, REDI und BRUT, die hauptsächlich von Institutionen genutzt werden.

SelectNet Broadcast Order

Nehmen wir an, Sie schicken eine SNET Broadcast Order (das heißt ohne Bevorzugung) über den Kauf von 1.000 DELL zu 36 $^1/_2$ ab. Diese Order wird sofort in der Level-III-Anzeige *aller* Market Maker dieser Aktie erscheinen. Jeder dieser Market Maker hat nun die Gelegenheit, Ihren Auftrag auszuführen. Allerdings ist keiner dazu verpflichtet. Außerdem müssen Sie beachten, dass Ihre Order nicht auf dem Level-II-Bildschirm für die Aktie erscheint und somit den Bid- oder Ask-Kurs der Aktie nicht beeinflusst. Manchmal ist eine SelectNet Broadcast Order eine erfolgreiche Möglichkeit, aus einer rapide fallenden Position auszusteigen, wenn Sie bereit sind, zum Beispiel einen zusätzlichen Viertelpunkt oder mehr unter den Inside-Bid bei einer Verkaufsorder oder über den Inside-Ask bei einer Kauforder zu gehen.

Vorteile des SelectNet-Systems

- Es ermöglicht dem Trader die Kontrolle, wohin die Aufträge weitergeleitet werden.
- Es biete die Möglichkeit einer sehr schnellen und zuverlässigen Ausführung, wenn ein ECN bevorzugt wird.
- Es besteht die Möglichkeit von Alles-oder-nichts-Aufträgen (AON), um eine Teilausführung auszuschließen. Ein Trader kann zum Beispiel einen Market Maker bevorzugen, um 1.000 Aktien mit einer AON zu kaufen, auch wenn der Market Maker nur 100 Aktien anbietet. Das verhindert, dass der Market Maker den Auftrag nur teilweise mit 100 Aktien ausführt, denn es wird verlangt, dass er den Auftrag entweder komplett ausführt oder komplett ablehnt. Das kann eine sehr effektive Möglichkeit sein, Provisionen zu reduzieren, die durch zahlreiche Ausführungen über nur 100 Aktien entstehen würden.
- Man hat die Möglichkeit, vor und nach den offiziellen Stunden zu handeln (das heißt 9:00–9:30 a. m. und 4:00–5:15 p. m. EST), besonders wenn ECNs bevorzugt werden.

Nachteile des SelectNet-Systems

- Ausführungen via Market Maker können unzuverlässig sein. Der Grund sind lustlose Notierungen von Market Makern aufgrund der 17-Sekunden-Regelung.
- Die gewünschte Anzahl von Aktien ist nicht immer verfügbar, da die Market Maker nur verpflichtet sind, über den genannten Umfang abzuschließen, der auch lediglich 100 Aktien betragen kann.
- SelectNet-Orders können vom Auftraggeber nicht storniert werden, es sei denn, sie haben dem Empfänger mindestens 10 Sekunden Zeit gelassen, um den Auftrag zu akzeptieren oder abzulehnen.
- Aufträge mit Bevorzugung können sich bei lebhafter Börse als mühsam und schwierig herausstellen, denn Sie müssen erst auswählen, an wen Sie die Order schicken wollen.

Wie der Master Trader das SNET-System nutzt

Der Master Trader schätzt die Flexibilität, die ihm das SNET bietet, und kann dieses System auf mehrere Arten nutzen:

- Der Master Trader nutzt das SNET als Hilfsmittel zum Feststellen von Tatsachen, indem er bei einem Market Maker preferenced Orders über mehr Aktien platziert, als der Market Maker anzeigt. Auch wenn Market Maker zum Beispiel nur 100 Aktien bei ihrem Inside-Bid oder -Ask angeben, erfüllen sie trotzdem oft eine preferenced SNET Order über 1.000 Aktien oder mehr und zeigen damit ihre wahre Absicht als Käufer oder Verkäufer.
- Bei lebhafter Börse ist der Master Trader oft bereit, ein paar Kurslevels nachzugeben, um einen Auftrag zur Ausführung zu bringen. Um zum Beispiel auf der Long-Seite zur Ausführung zu kommen, kann der Master Trader entweder einen bestimmten Market Maker mit einem höheren Kurs bevorzugen oder eine SNET Broadcast Order mit einem höheren Level platzieren (das heißt ohne Bevorzugung). Um eine rapide fallende Aktie zu verkaufen, kann der Master Trader entweder einen bestimmten Market Maker mit einem niedrigeren Kurs bevorzugen oder eine SNET Broadcast Order mit einem niedrigeren Level platzieren (das heißt ohne Bevorzugung).
- Da die meisten Trading-Firmen keinen direkten Zugang zu allen ECNs anbieten, nutzt der Master Trader das SNET, um Aufträge zu jedem beliebigen ECN weiterzuleiten, zu dem er keinen direkten Zugang hat. Denken Sie daran, dass eine Zusammenarbeit mit bekannten ECN-Orders **immer** einer Weiterleitung an das SOES oder einem bevorzugten Market Maker vorzuziehen ist.

- Der Master Trader nutzt SNET Orders in den Stunden vor und nach den offiziellen Tradingzeiten für das Handeln mit ECN Orders. Normalerweise sind Market Maker in diesen Zeiten nicht ansprechbar, deshalb sollten während dieser Handelszeiten viel häufiger ECNs genutzt werden.

Execution Tool Nr. 4: Archipelago (ARCA)

Beschreibung des automatisierten Order-Routing-Systems (ARCA)

Ausgefeilte Order-Routing-Systeme wurden entwickelt, um den Tradern schnelleren und effektiveren Zugang zu den Systemen SelectNet und ECN zu ermöglichen. Diese Systeme sind nicht generell verfügbar, können aber für den Trader mit Zugang zu dieser Technologie sehr hilfreich sein. Ein Beispiel. The Executioner (www.executioner.com) bietet das hoch entwickelte Order-Routing-System ARCA an, um Ihre Aufträge automatisch so weiterzuleiten (routing), dass die Wahrscheinlichkeit einer Ausführung maximiert wird. Das ist ein sehr schnelles und kompexes System, das entwickelt wurde, um dem Trader die wichtige Aufgabe der Weiterleitung seiner Aufträge abzunehmen; es ist vor allem bei großen Aufträgen hilfreich, die in kleinere Ausführungen aufgeteilt werden müssen. Beachten Sie bitte: ARCA hat eine Doppelfunktion: Es dient als ECN und als hoch entwickeltes Order-Routing-System. Manche Trading-Firmen bieten nur die ECN-Möglichkeiten von ARCA an und vernachlässigen die ausgefeilten Order-Routing-Möglichkeiten dieses nicht mehr wegzudenkenden Systems. Executioner.com ist nur eine der wenigen Firmen, die der Öffentlichkeit beide Funktionen anbieten. Wenn Sie nach einem Trading-System mit direktem Zugang suchen, stellen Sie sicher, dass es sich um eines handelt, das die Fähigkeiten eines ECNs und die Order-Routing-Funktionen von ARCA bietet. Nur dann haben Sie wirklich Zugang zu denselben Tools, wie sie von vielen großen Institutionen genutzt werden.

Betrachten wir einmal, wie komplex Routing-Systeme arbeiten. Das ARCA-Order-Routing-System verwendet folgende Prioritäten für die Bearbeitung und Ausführung Ihres Auftrags:

- Zuerst überprüft es, ob intern entsprechende Aufträge im Buch des ARCA ECN vorhanden sind.
- Zweitens überprüft es, ob auf anderen ECNs entsprechende Aufträge vorliegen.

- Als Nächstes überprüft es die Verfügbarkeit von Market Makern und sortiert sie nach Kurs und Umfang.
- Schließlich werden alle eventuell noch übrigen Aktien aus Ihrem Auftrag auf die bereits festgestellten Market Maker verteilt.

Diesen komplexen Vorgang kann man leichter anhand eines Beispiels verstehen. Nehmen wir an, ein Trader will 5.000 Aktien von INTC zum Inside-Ask-Kurs von 80 kaufen. Nehmen wir außerdem an, dass die genannten Angebote auf dem Level-II-Display wie folgt aussehen:

Umfang	MM*	Kurs
1	GSCO	80
10	MLCO	80
14	SLD#	80
4	ARCA#	80
3	MSCO	80
4	REDI#	80 $^{1}/_{18}$
1	HRZG	80 $^{1}/_{8}$
10	NITE	80 $^{1}/_{8}$

Wie Sie sehen können, gibt es nur 3.200 Aktien zum Inside-Ask-Kurs von 80 gegenüber einer Auftragsgröße von 5.000 Aktien. Wenn man den vorhergehenden Prozess, Prioritäten zu setzen, durchspielt, sieht das wie folgt aus:

1. Eine Order über 400 Aktien geht an ARCA.
2. Eine Order über 1.400 Aktien geht an ISLD.
3. Die Market Maker GSCO (100 Aktien), MLCO (1.000 Aktien) und MSCO (300 Aktien) erhalten jeweils eine bevorzugte SNET Order.
4. Da immer noch 1.800 Aktien des Auftrags über 5.000 Aktien ausstehen, werden diese restlichen Aktien gleichmäßig zu diesem Kurs auf die drei übrigen Market Maker verteilt (jeweils 600 Aktien).

Als Ergebnis werden die folgenden Aufträge augenblicklich über das ARCA-Order-Routing-System zur sofortigen Ausführung weitergeleitet:

Kaufe 400 Aktien von ARCA zu 80 direkt aus dem ARCA-Buch
Kaufe 1.400 Aktien von ISLD zu 80 über die direkte ISLD-Verbindung
Kaufe 700 Aktien (d. h. 100 + 600) von GSCO zu 80 über SNET

Kaufe 1.600 Aktien (d. h. 1000 + 600) von MLCO zu 80 über SNET
Kaufe 900 Aktien (d. h. 300 + 600) von MSCO zu 80 über SNET

Auf diese Weise bearbeitet das Order-Routing-System Ihre Order sehr schnell und effektiv und leitet sie weiter zur endgültigen Ausführung. Wenn irgendeine dieser Order abgelehnt oder nicht ausgeführt wird, leitet das System die verbleibenden Aktien automatisch an andere verfügbare Market Maker oder ECNs weiter. Wenn schließlich keine Market Maker oder ECNs mit dem gewünschten Kurs übrig bleiben, die bereit sind, den Auftrag auszuführen, werden die verbleibenden Aktien im ARCA-ECN-Limit-Order-Buch eingetragen und auf dem NASDAQ-Level-II als ARCA# Bid mit einem Kurs von 80 US-Dollar pro Aktie angezeigt.

Vorteile von ARCA

- Es ermöglicht dem Trader, schnell Aufträge bei den im Moment bestmöglichen ECNs und Market Makern zu platzieren.
- Es ermöglicht dem Trader, eine große Order schnell über viele Teilausführungen bei unterschiedlichen ECNs und Market Makern auszuführen, *während ihm nur eine einmalige Provision berechnet wird. Beachten Sie bitte*: Allein dieser Punkt macht ARCA zu einem unverzichtbaren Trading-Hilfsmittel, auf das kein Trader verzichten sollte.
- Es kann eine effektive Möglichkeit sein, eine Order bei einem schnell steigenden Markt ausgeführt zu bekommen.

Nachteile von ARCA

- Wenn ein Market Maker beschließt, eine bevorzugte SNET Order über ARCA zu ignorieren, bleibt die Order noch 30 Sekunden aktiv, bevor sie automatisch storniert und zurückgeleitet wird. Das kann bei einer lebhaften Börse eine Ewigkeit sein.

Wie ein Master Trader ARCA nutzt

Der Master Trader kennt diese Order-Routing-Technologie und erkennt, dass sie in der Lage ist, ausgezeichnete Entscheidungen zu treffen. Der Master Trader erkennt außerdem, dass ARCA die Aufträge viel schneller platziert, als es manuell möglich wäre. Als Ergebnis findet er viele Anwendungsmöglichkeiten für diese Technologie. Schauen wir uns ein paar davon an:

- Der Master Trader nutzt das ARCA-Order-Routing-System, wenn er größere

Aufträge platziert, die zur Ausführung in kleine Teilaufträge geteilt werden müssen.

- Bei sehr schnell schwankenden Börsen erreicht der Master Trader eine Ausführung, indem er Kauf-(Verkaufs-)Aufträge über (unter) dem Inside-Ask-(Bid-)Kurs platziert. **Beachten Sie bitte:** Das ARCA-System ist in der Lage, Aufträge schnell an zweite oder dritte Möglichkeiten weiterzuleiten, wenn sie von einem der ersten Versuche abgelehnt wurden.
- Der ehrgeizige Master Trader, der wahrscheinlich Hilfe braucht, um schnell und effektiv die beste Order in der Vielzahl der Möglichkeiten herauszufinden, nutzt ausschließlich ARCA.

Execution Tool Nr. 5: SuperDOT

Beschreibung des SuperDOT-Systems (Designated Order Turnaround)

Master Trader, die hauptsächlich mit Aktien handeln, die an der New York Stock Exchange (NYSE) eingetragen sind, werden ihre Aufträge normalerweise über das SuperDOT-System platzieren. Auch wenn die NYSE keine elektronische Börse wie die NASDAQ ist, so leitet das SuperDOT-System dennoch die Aufträge der Kunden direkt an denjenigen NYSE-Kursmakler, der für diese Aktie verantwortlich ist. Der Kursmakler kann dann den Auftrag manuell ausführen oder in sein Limit-Order-Buch eintragen.

Vorteile des SuperDOT-Systems

- In der Regel bietet es eine bessere Liquidität für Ihre Aufträge. Sehr oft werden Aufträge von Tradern über 5.000 Aktien und mehr problemlos ausgeführt.
- SuperDOT-Limit-Orders werden vom Kursmakler über sein Limit-Order-Buch verwaltet. Alle Limit-Orders von Kunden haben Priorität und müssen von diesem Kursmakler erfüllt werden, bevor er irgendwelche Orders zum gleichen Kurs auf eigene Rechnung ausführt. Das macht dieses System so fair, da der NYSE-Kursmakler nicht gegen Sie arbeitet, wie es bei den Market Makern an der NASDAQ der Fall ist.

Nachteile des SuperDOT-Systems

- Das SuperDOT-System ist viel langsamer als das vollständig elektronische NASDAQ-System. Börsenfähige Aufträge können in lediglich fünf bis zehn Sekunden ausgeführt werden, aber auch erst innerhalb einiger Minuten, was für einen aktiven Trader eine Ewigkeit ist.

Wie ein Master Trader das SuperDOT-System nutzt

- Unter Beachtung der Einschränkungen nutzt der Master Trader das SuperDOT-System für alle an der NYSE und AMEX registrierten Aktien. Es ist die einzige wirkliche Möglichkeit, um mit NYSE-Aktien über einen direkten Brokerzugang wie zum Beispiel den Executioner.com zu handeln.

Execution-Tool Nr. 6: Online-Broker

Beschreibung von Online-Brokerage-Firmen

Manche Trader sind in der Lage, ihr Trading erfolgreich über traditionelle Discountbroker abzuwickeln, wie zum Beispiel E-trade, Ameritrade, Fidelity, E-Schwab usw. Diese Broker sind in der Branche als „Zahlung nach Auftragsvermittlung“-Broker bekannt, da sie normalerweise Kundenaufträge zur Ausführung an Market-Making-Firmen verkaufen. Oft können diese Discountbroker von den Market Makern eine bessere Bezahlung erreichen als aus den Kundenprovisionen. Das bringt einen möglichen Interessenkonflikt für den Discountbroker mit sich, der entscheiden muss, ob er die Aufträge seiner Kunden an den Market Maker mit dem besten Ausführungskurs weiterleitet oder an den Market Maker, der am meisten für die Auftragsvermittlung bezahlt. Unserer Meinung nach wird diese Praxis bald der Vergangenheit angehören. Die Verbindungen zwischen Brokern mit direktem Zugang und Online-Brokern werden sich zum Vorteil der Trader entwickeln. Bis dahin müssen ein paar der Nachteile des Tradings mit Online-Brokern einfach hingenommen werden. Aber wir dürfen die Macht hinter diesen massiven neuen Riesen nicht ignorieren oder herabmindern. Sie sind eine Kraft, mit der man rechnen muss, und deshalb denken wir, dass jeder kluge Trader ein Konto bei einem Online-Broker haben sollte, ebenso wie ein Konto mit direktem Zugang. Soweit es ein Konto bei einem Online-Broker betrifft, ist E-Trade bei weitem am fortschrittlichsten, bietet den besten kostenlosen Service und hat das beste Geschäftskonzept. Was Broker mit direktem Zugang angeht, bietet

Executioner.com das schnellste System, das beste Training und – besonders wichtig – das beste Beratungspersonal der Branche. Aus diesen Gründen läuft unser Trading über diese beiden Einrichtungen. Ein paar der bekanntesten Online-Broker werden nachfolgend aufgezählt:

Charles Schwab (www.eschwab.com)
E-Trade (www.etrade.com)
Ameritrade (www.ameritrade.com)
Muriel Siebert (www.siebertnet.com)
Datek Online (www.datek.com)
Brown and Company (www.brownco.com)
Waterhouse WebBroker (www.waterhouse.com)
Scottrade (www.scottrade.com)

Vorteile der Online-Brokerage-Firmen

- Sie berechnen normalerweise niedrigere Provisionen als Broker mit direktem Zugang, was sie sich aufgrund der Zahlungen der Market Maker, die ihre Aufträge ausführen, leisten können.
- Sie bieten normalerweise die Möglichkeit, zusätzlich zu den üblichen Bestens- und Limit-Orders auch Stop-Orders für NASDAQ-Aktien zu platzieren.
- Durch ihre begrenzten Möglichkeiten zur Orderausführung sind sie viel leichter zu handhaben.

Nachteile der Online-Brokerage-Firmen

- Sie sind eventuell bei der Ausführung von Bestens-Aufträgen sehr langsam. Bei sehr schnell schwankenden Börsen kann das zu wesentlich niedrigeren Ausführungskursen führen. Am Tag nach Thanksgiving 1998 haben zum Beispiel viele Anleger Verkaufsaufträge für ONSL platziert, als die Aktie zwischen 95 und 90 US-Dollar hin- und herschwankte. Ihre Aufträge wurden 15 oder 30 Minuten später zu einem Kurs unter 60 US-Dollar pro Aktie ausgeführt. Autsch!
- Sie sind eventuell bei der Anzeige Ihrer Limit-Orders an der NASDAQ sehr langsam. Die NASDAQ-Regel für die Anzeige von Limit-Orders verlangt, dass Market Maker Ihren Auftrag innerhalb von 30 Sekunden entweder ausführen oder anzeigen. In der Praxis

scheinen sich die Market Maker allerdings nicht sehr genau an diese Regel zu halten.

- Discountbroker bieten eine sehr eingeschränkte Auswahl an Möglichkeiten für die Weiterleitung und Ausführung von Aufträgen an. Das hält den Master Trader davon ab, seine Aufträge auf die effektivste Art und Weise weiterzugeben, so dass ein effektives Trading unter Umständen sehr schwierig wird.

Wie der Master Trader Discount-Brokerage-Firmen nutzt

In der Regel nutzt der Master Trader keine Discount-Brokerage-Firmen für kurzfristige Trades, obwohl diese Broker ganz akzeptabel für Swing-Trades über ein paar Tage oder länger sind. Die langsamere Auftragsausführung und die niedrigeren Kurse stellen zu viele Nachteile für den Teilzeit- oder Vollzeit-Trader dar. Allerdings können Discountbroker eine gute Möglichkeit für neue Trader darstellen, die gerade anfangen, das Trading-Business zu lernen, und für die diese Einfachheit der Online-Broker, zusammen mit der Möglichkeit, ganz unkompliziert 24 Stunden am Tag Aufträge zu platzieren, eine große Hilfe ist. Außerdem kann die Möglichkeit, Stop-Orders zu platzieren, für diese Trader eine gute Sache sein. In dem Maße, wie diese Trader ihre Fähigkeiten und ihr Selbstvertrauen entwickeln, wird es ratsam sein, ein Konto bei einer Firma zu eröffnen, die darauf spezialisiert ist, die Bedürfnisse von aktiven Tradern zu erfüllen, wie zum Beispiel The Executioner.

13 Tools und Taktiken des NASDAQ-Level-II

Ein NASDAQ-Level-II-Primer

Level-I-Notierungen: Was sie sind, warum sie unvollständig sind

Level-I-Notierungen zeigen in erster Linie die Inside-Bid- und -Offer-Kurse von NASDAQ-Aktien. Manche Level-I-Displays zeigen vielleicht sogar die Anzahl der Market Maker, die bereit sind, zum Inside-Bid- oder -Offer-Kurs zu kaufen oder zu verkaufen. Neben zu den besten Bid- und Ask-Kursen zeigt das typische Level-I-Display noch technische Fakten, wie das akkumulierte Volumen, das Tageshoch, das Tagestief, den letzten Handelskurs, den letzten Handelsumfang und die Nettoveränderung des Tages. Diese ganzen Informationen des Level-I werden als erstrangige Notierungen bezeichnet (Abb. 13.1).

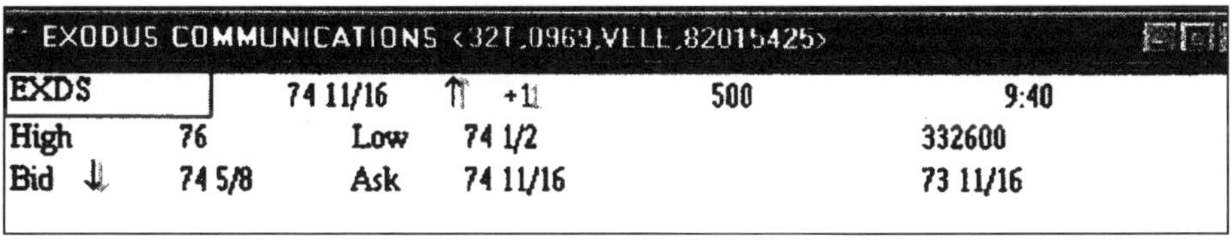

Abbildung 13.1

Quelle: The Executioner.com

Es muss klar sein, dass der Level-I als solcher für die Einschätzung des wirklichen Interesses der Market Maker nicht ausreichend ist. Dazu fehlt ihm einiges. Erstens sagt er dem Trader nicht, *wer* die Aktie kaufen oder verkaufen will. Zweitens gibt er dem Trader keine Information darüber, wie viele Aktien jeder einzelne Market Maker/ECN zum Kauf oder Verkauf anbietet. In dem Beispiel in Abbildung 13.1 gibt es ein Kaufgebot für Exodus Communications (EXDS) für 74 $^{5}/_{8}$ US-Dollar und ein Verkaufsangebot für 74 $1^{1}/_{16}$ US-Dollar. Der Trader hat keine Vorstellung, wer bietet oder anbietet oder wie viele Leute hinter dem aktuellen Bidding und Offering stehen. Und außerdem sagen die Level-I-Notierungen dem Trader nichts darüber, wer außerhalb der aktuellen Bid-/Ask-Spanne nachfragt und anbietet und wie hoch Nachfrage und Angebot sind. Mit anderen Worten, erstrangige Notierungen geben dem Trader keinen wirklichen Einblick in die aktuelle Situation der Aktie. Aus diesem Grund sind sie als Hilfsmittel für den Trader unvollständig und äußerst unzureichend. Ein Trader, der lediglich mit dem Level-I bewaffnet ist, wird niemals in der Lage sein, das wahre Bild der Stärke oder Schwäche einer Aktie zu erkennen.

Leider sind die Level-I-Notierungen die einzige Form von Information, die den Kunden von konventionellen Wall-Street-Brokern zur Verfügung steht. Sogar in unserer heutigen fortschrittlichen Welt haben 95 Prozent aller kleineren Broker noch nicht einmal Zugang zu den Level-I-Notierungen. Unserer Meinung nach haben diese Broker dadurch keine andere Wahl, als ihren Kunden unvollständige Informationen zu geben, was in unseren Augen jedem Dienstleistungsgedanken widerspricht. Dank der technologischen Fortschritte, zunehmender Kenntnisse der Anleger und der Bereitschaft von Firmen wie dem Executioner.com ergibt sich für den Einzelnen größere Transparenz und leichterer Zugang zu umfangreicheren Informationen. Das Vehikel, das diese umfangreicheren Informationen bietet, ist das so genannte Level-II-Notierungs-Display.

Was ist der Level-II?

Erst der Level-II erlaubt den aktiven Tradern einen wirklichen Blick hinter die Kulissen. Die farbcodierte Box zeigt alle einzelnen Market-Maker-Firmen an, alle Kursmakler und alle ECNs, die für die entsprechende Aktie einen Markt darstellen (kaufen und verkaufen). Jeder Käufer (Bid) und Verkäufer (offer) wird durch eine Vier-Buchstaben-Abkürzung für NASDAQ-Aktien und eine Drei-Buchstaben-Abkürzung für Firmen, die mit NYSE- oder ASE-Wertpapieren handeln, gekennzeichnet. Er zeigt uns nicht nur die erstrangigen Level-I-Bid- und -Ask-Kurse, sondern auch die zweit- und drittrangigen Kurse, die darunter liegen. Dieses zweite Notierungslevel stellt den wirklichen Wert der Level-II-Notierungen dar.

Die Level-II-Fenster werden als *Market-Maker-Fenster* bezeichnet. Es gibt bei diesen Fenstern zwei Teile. Der obere Teil zeigt normalerweise das, was schon vorher im Abschnitt über den Level-I gesagt wurde. Der untere Teil dieses Fensters zeigt alle teilnehmenden Market Maker und ECNs bei jedem Kurslevel, zusammen mit der Anzahl der Aktien, die jeweils angeboten werden. Die Kurse unterscheiden sich durch die Farbe. Anders als bei Inside-Bid und -Offer, die in den meisten Systemen normalerweise gelb sind, dienen diese Farben lediglich der Unterscheidung der einzelnen Kurse. (Abb. 13.2)

Der obere Teil des Bildschirms zeigt die Level-I-Notierungen, während der untere Teil alle einzelnen Börsenteilnehmer zeigt, die Adaptec Inc (ADPT) kaufen oder verkaufen wollen. Beachten Sie, dass jedes Kurslevel zur leichteren Unterscheidung mit einer anderen Farbe dargestellt wird.

Aufwärtsmomentum

Auf einem Level-II-Bildschirm wird ein Aufwärtsmomentum oder ein steter Kursanstieg durch die steigende Anzahl an Market Makern angezeigt, die sich dem Bid anschließen, bereit zu kaufen, und durch eine sinkende Anzahl an Market Makern auf der Ask-Seite, die bereit sind zu verkaufen. Eine treppenförmige Bewegung entgegen dem Uhrzeigersinn setzt ein, wenn die konkurrierenden Market Maker den Kurs weiter verbessern, indem sie die Kurse auf ein Level anheben, zu dem sie bereit sind, die Aktie zu kaufen oder zu verkaufen. Wenn die Kurse

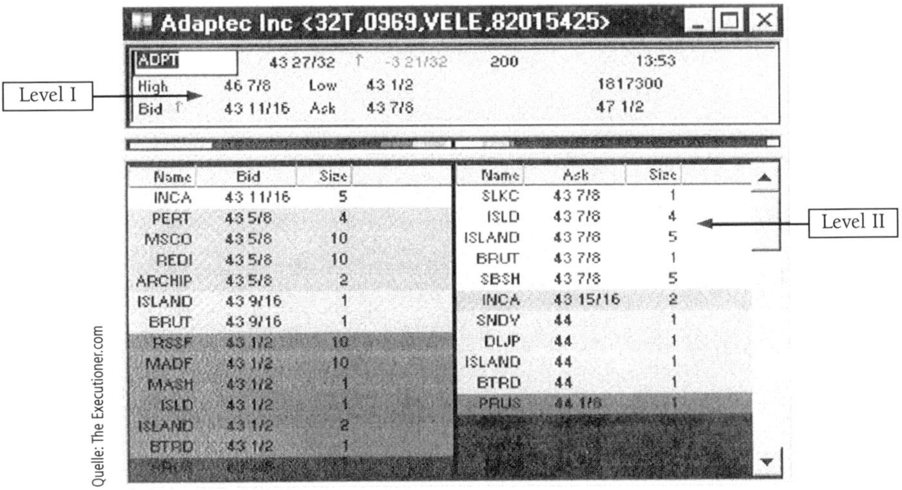

Abbildung 13.2

Der obere Teil des Bildschirms zeigt Level-I-Quoten und der untere Teil alle individuellen Marktteilnehmer, die Adaptec Inc (ADPT) kaufen und verkaufen. Beachten Sie, wie zur leichteren Erfassung jedes Preisniveau von den anderen durch eine andere Farbe oder Hinterlegung abgegrenzt wird.

höher steigen, sieht der Trader auf dem Level-II-Bildschirm buchstäblich, wie sich die Market Maker schrittweise überholen und um die besten Kaufpositionen wetteifern. Trader, die ECNs benutzen, konkurrieren ebenfalls um die Möglichkeit, zu kaufen, und überholen die Market Maker, wobei sie die Spanne verringern und die Nachfrage nach der Aktie steigern. Während dieses Rennens und Wetteiferns wird eine ganze Reihe von Trades zum Offer-Kurs ausgeführt. Die besten Bid- und Ask-Kurse werden ständig steigen und zunehmen. Die Bewegung auf dem Bildschirm findet entgegen dem Uhrzeigersinn statt. Die Bid-Seite auf dem Level-II-Bildschirm wird weiter nach unten gedrückt, mit immer höheren Bid-Kursen, während auf der rechten Seite neue Ask-Kurse nach oben steigen. Mit anderen Worten, die durch Farben unterschiedenen Kurslevels werden auf der Bid-Seite breiter und schrumpfen im Vergleich dazu auf der Ask-Seite, was bedeutet, dass die Kaufnachfrage größer ist als das Verkaufsangebot. (Abb. 13.3)

Abwärtsmomentum

Auf einem Level-II-Bildschirm wird ein Abwärtsmomentum oder ein ständiger Kursabfall durch eine abnehmende Anzahl an Market Makern angezeigt, die nach-

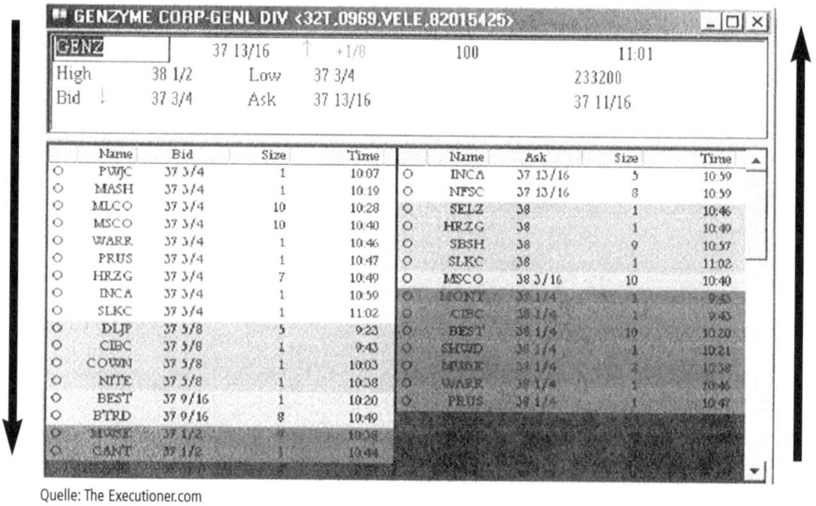

Quelle: The Executioner.com

Abbildung 13.3

Während eines Aufwärtsmomentums bewegt sich die Bid-Seite (links) meist nach unten und wird länger, während die Offer-Seite (rechts) nach oben steigt und kürzer wird.

fragen, und durch eine steigende Anzahl an Market Makern, die anbieten. Die Bewegung auf dem Level-II-Bildschirm erfolgt im Uhrzeigersinn, da der beste Kurs auf jeder Seite stetig fällt. Während eines Abwärtsmomentums wird die Mehrheit der Trades (Prints) in Rot beim Bid-Kurs passieren. Die Offer-Kurslevels auf der rechten Seite werden langsam größer und breiter als die Bid-Seite, was bedeutet, dass die Nachfrage abnimmt und das Angebot oder der Verkaufsdruck zunimmt. Die Market Maker sowie die allgemeine Öffentlichkeit konkurrieren miteinander beim Ausstieg aus der Aktie, indem sie sich auf der Ofer-/Ask-Seite überholen. Das wiederum verkleinert die Spanne und treibt den Bid-Kurs nach unten. (Abb. 13.4)

Kein Momentum oder Gleichgewicht

Wenn ein Gleichgewicht zwischen den Käufern und Verkäufern erreicht ist, auch Sättigungspunkt genannt, kann der Trader feststellen, dass die Farbbänder zur Unterscheidung der einzelnen Kurslevels beinahe gleich sind. Mit anderen Worten, die Anzahl der Käufer und Verkäufer auf jeder Seite fängt an, sich auszugleichen. Der Master Trader weiß dann, dass das Momentum langsamer wird, und versucht,

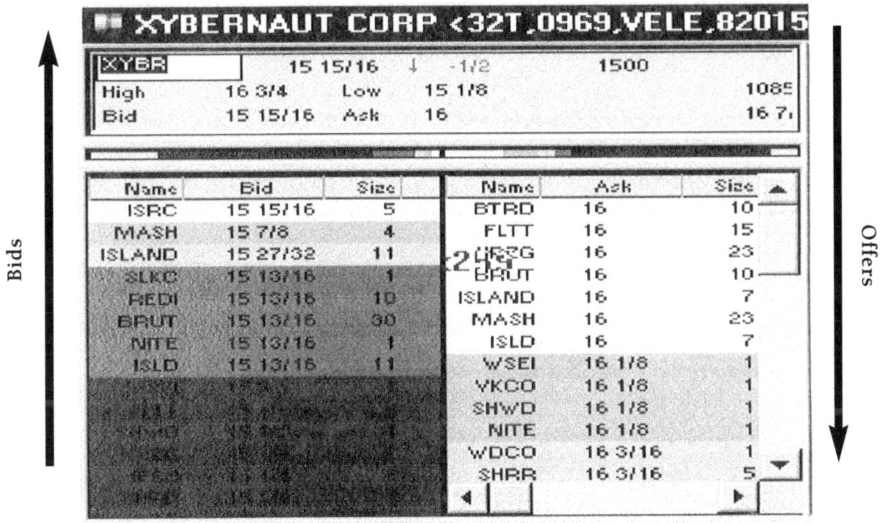

Quelle: The Executioner.com

Abbildung 13.4

Während eines Abwärtsmomentums bewegt sich die Offer-Seite (rechts) normalerweise nach unten und wird länger, während die Bid-Seite (links) ansteigt und die Levels dünner werden.

das Risiko bei offenen Positionen zu verringern, oder überlegt, in eine neue Position einzusteigen, abhängig von der aktuellen Richtung. (Abbildung 13.5)

Beurteilung des Momentums über ISLD

Eine ausgezeichnete Möglichkeit zur Beurteilung des Momentums ist die genaue Beobachtung der ISLD-Bids und -Offers. Nehmen wir an, dass Sie, ein Master Trader, bei einer Aktie mit einer Aufwärtsentwicklung eine Long-Position haben. Sie bemerken, dass die Inside-Farbbänder (Inside-Bid und -Ask) anfangen, sich auf beiden Seiten anzugleichen. Die ISLD-Offer, die die allgemeine Öffentlichkeit präsentiert, hängt einfach fest. Mit anderen Worten, keiner ist bereit, aus dem ISLD-Angebot zu kaufen. Wenn Sie das sehen, dann beschließen Sie, der Master Trader, aus der Position auszusteigen, indem Sie den Bid-Kurs schlagen. Wir haben beschlossen, Gewinne mitzunehmen, was möglich ist, weil die Öffentlichkeit, dargestellt über ISLD, nicht bereit ist zu kaufen und deshalb die Aktie offensichtlich jede Euphorie verloren hat, zumindest kurzfristig. Sie sollten auch nicht vergessen, dass der Profi eher dazu neigt, eine Aktie zu verkaufen, wenn sie steigt. Käufe während eines Abwärtsmomentums werden in der Regel nur von der

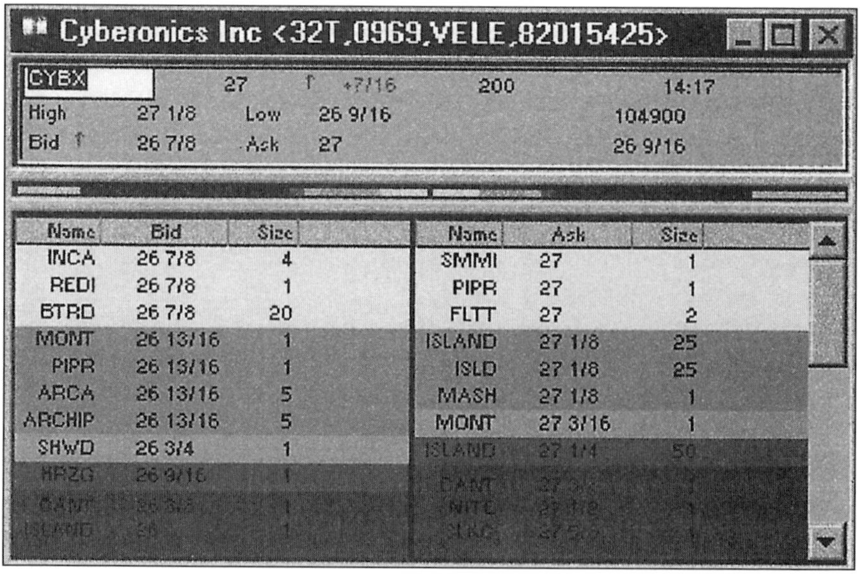

Quelle: The Executioner.com

Abbildung 13.5

Wenn es kein Momentum gibt, verlangsamt sich die Häufigkeit der einzelnen Trades, und die Bid- und Ask-Seite erscheinen oft neutral.

Öffentlichkeit getätigt. ISLD ist einer der Spiegel, in denen der Master Trader die Angst und die Gier der Allgemeinheit sehen kann. Level-II-Notierungen, die eine Beobachtung der Bewegungen sowohl der Profis als auch der Amateure zulassen, werden in dieser Hinsicht unverzichtbar.

Wo ist die Substanz?

Wenn es um das Trading mit NASDAQ-Aktien geht, ist es wichtig, sich zu versichern, dass man mit Aktien handelt, die das haben, was wir „Substanz" nennen. Bei der Substanz handelt es sich um das Ausmaß an Market-Maker-Beteiligung und -Interesse. Mit anderen Worten, wir handeln am liebsten mit Aktien, die einen Horizont haben. Wenn es um die Entscheidung geht, in einen Trade mit einer NASDAQ-Aktie einzusteigen, sollte der Master Trader immer auf den Level-II-Bildschirm schauen, um festzustellen, wie groß die Beteiligung der Market Maker bei jedem Kurslevel ist. Das ermöglicht dem Trader, ein paar Dinge im Voraus festzustellen. Aktien mit wenig genannten Market Makern auf jedem Kurslevel haben in der Regel weniger Volumen und breitere Spannen. Wir lehren unsere Trader, von diesem Typ Aktie Abstand zu nehmen, da die Spannen meist breiter sind und die Aktien von wenigen Händen kontrolliert werden. Das bedeutet höheres Risiko, weil breitere Spannen größere Kursschwankungen bedeuten und weniger kontrollierende Hände größere Kursmanipulationen der Aktie durch die verantwortlichen Profis zulassen. Bei solch „dünnen" Aktien ohne Substanz gibt es wenig bis gar keine Repräsentation bei ISLD, was normalerweise bedeuet, dass die Aktie vollständig von Profis beherrscht wird. Wenn die Öffentlichkeit nicht an einer Aktie teilhat, wird der Job, Geld zu verdienen, viel härter. Warum? Weil es die Fehler der Allgemeinheit und deren mangelndes Wissen sind, die dem Master Trader die größten Chancen auf Gewinn bieten. Deshalb sind niedrige Kurslevels und keine Darstellung über ISLD deutliche Anzeichen, dass wir nach fetteren Weiden Ausschau halten sollten.

Auf der anderen Seite sind Aktien mit einer ordentlichen Market-Maker-Beteiligung bei jedem Kurslevel genau die Art Aktien, mit der wir gerne handeln. Immer wenn wir beschließen, in eine NASDAQ-Aktie long einzusteigen, wollen wir einfach sicher sein, dass der nächste Kurslevel nicht gleich einen halben Dollar Abstand hat, wenn einer oder zwei Teilnehmer auf der Bid-Seite wegfallen. Die Risiken, die mit dieser Tradingeinstellung verbunden sind, wiegen den Gewinn für den Anfänger bei weitem auf. Auch wenn die Gewinne bei diesen dünnen Aktien erheblich sein können, weiß der Master Trader, dass die Risiken noch höher sind. (Abb. 13.6)

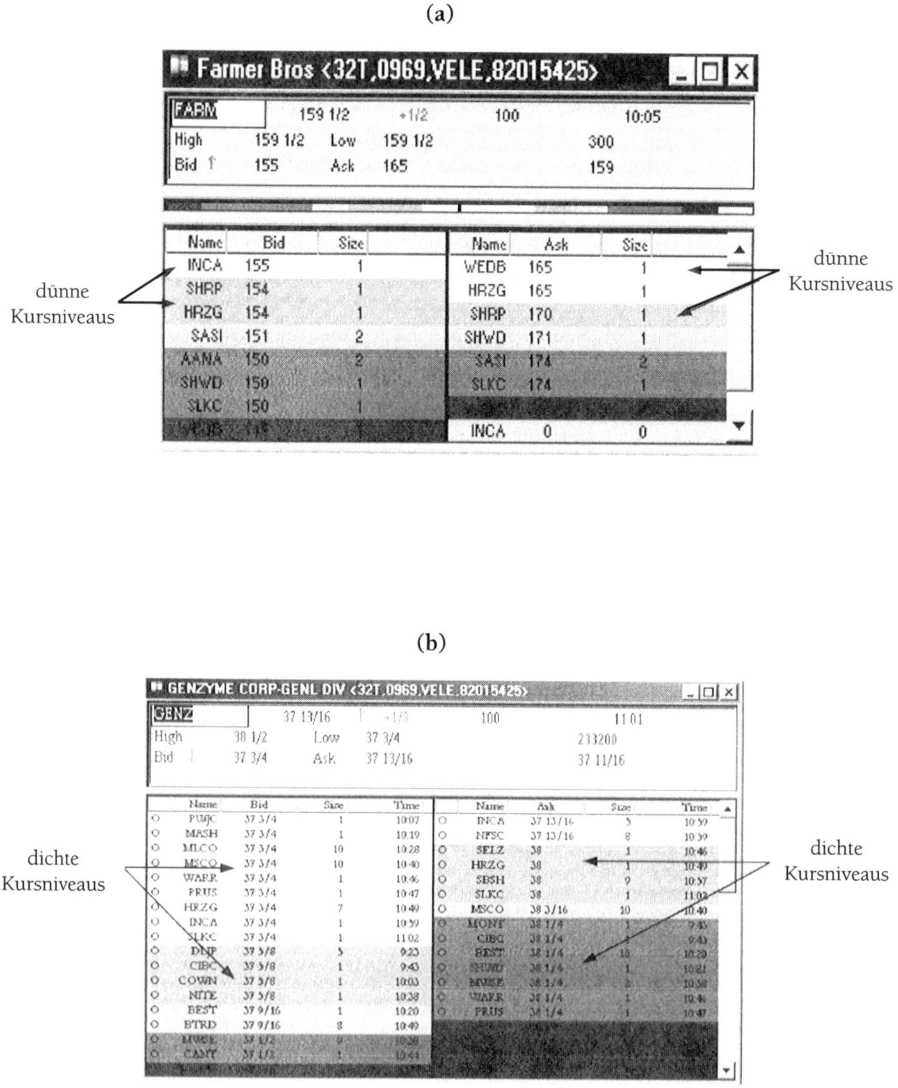

Quelle: The Executioner.com

Abbildung 13.6

(a) Dünne Levels ohne ISLD-Beteiligung bedeuten höheres Risiko. Die Inside-Spanne für Farmer Bros (FARM) beträgt 10 US-Dollar. Sie sollten außerdem beachten, dass FARM meist in ganzen Zahlen, mit nur wenigen Bruchzahlen gehandelt wird. Hier gibt es keine Substanz.

(b) Substantielle Kurslevels deuten auf großes Interesse bei der Öffentlichkeit und bei den Profis hin und bieten zusätzliche Sicherheit für den Master-Day-Trader.

(a)

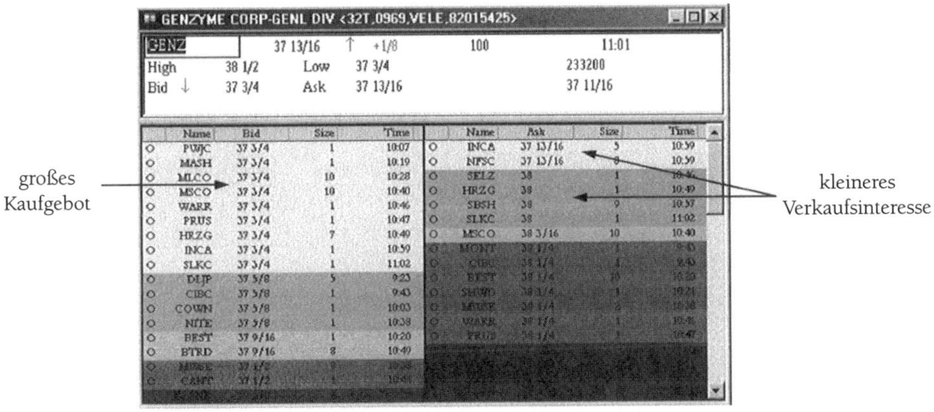

(b)

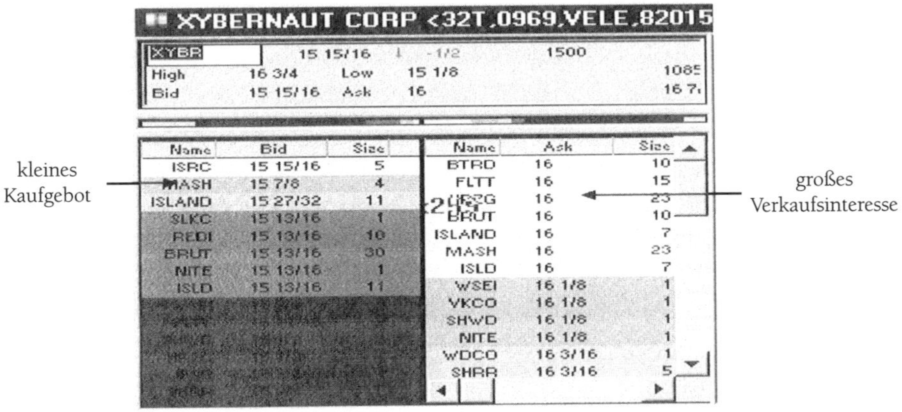

Quelle: The Executioner.com

Abbildung 13.7

(a) Ein großes Kaufgebot in einem insgesamt starken Markt deutet darauf hin, dass es ein größeres Kauf- als Verkaufsinteresse gibt. Achtung: Wenn der Markt insgesamt schwach ist, ist dies nicht unbedingt der Fall. (b) Ein großes Verkaufsgebot in einem insgesamt schwachen Markt deutet darauf hin, dass mehr Verkaufs- als Kaufinteresse vorhanden ist. Achtung: Wenn der Markt insgesamt stark ist, ist dies nicht unbedingt der Fall.

Denken Sie immer daran, dass es als allgemeine Regel gilt, dass die Anzahl der Market Maker auf jeder Seite ein genereller Hinweis auf die Stärke oder Schwäche einer Aktie ist. Wenn eine Aktie 10 Market Maker bei Inside-Bid und nur zwei bei der Inside-Offer hat, dann sagt das dem Master Trader vor allem, dass es mehr Kaufinteressenten als Verkaufswillige gibt. In einem stabilen Börsenumfeld würden wir erwarten, dass diese Aktie steigt. In einem schwachen Börsenumfeld könnte das dagegen niedrigere Kurse bedeuten. Dieses Konzept werden wir später im Abschnitt über das Pancake Stack Play in diesem Kapitel beschreiben. Umgekehrt gilt natürlich dasselbe (Abb. 13.7). Ein weiterer Faktor besteht in der Frage, wer die Mitspieler sind. Das Ausmaß der Teilnehmer ist wichtig, aber genauso wichtig ist die Qualität der Mitspieler. Der Master Trader will immer auf der Seite der Goliaths und der 800-Pfund-Gorillas stehen und nicht auf der Gegenseite. Der junge David hat Goliath vielleicht in der Bibel geschlagen, aber wenn es um die Börse geht, gewinnt Goliath immer. Master Trader wissen genau, dass ihnen das Kapital der Goliaths fehlt und dass sie keinen Zugang zu deren unbegrenztem Auftragsfluss haben. Das macht es unmöglich, mit den Big Players gleichzuziehen. Nimmt ein Trader die Dinge persönlich und versucht, sich in einem Kopf-an-Kopf-Rennen mit ihnen zu messen, wird er nur sehr schnell sein ganzes Kapital verlieren.

Wenn ein Master Trader zum Beispiel für die WXYZ-Aktie bietet und GSCO sich dem Bid anschließt, dann weiß er, dass er auf der richtigen Seite steht. Wenn MSCO die Offer für die ABCD-Aktie nicht erhöhen will und den Kurs immer wieder aktualisiert, dann steigt der Master Trader erst in den Trade ein, wenn MSCO entweder den Kurs erhöht oder zur Inside-Bid-Seite wechselt, womit sie ihre Kaufabsicht bekannt geben würden. Es ist wichtig, dass Sie Ihre Gegner zuerst abschätzen. Gehen Sie sicher, dass sie auch echt sind. Dann versichern Sie sich, wie stark sie sind, und setzen Ihren Plan in Gang. Master Trader überprüfen während ihres Tradings ständig die Bedingungen. Informationen und das Trading-Umfeld sind keine statischen Zustände und müssen ständig auf Veränderungen überprüft werden. Wir als Trader können die Börsen, an denen wir handeln, nicht kontrollieren. Aber uns selbst können wir ganz bestimmt kontrollieren.

Time and Sales: die individuellen Fußspuren

Die Wahrheit liegt immer im Print. Es geht nicht darum, was die Market Maker mir zeigen. Es geht darum, was sie tun, welche Trades sie machen, das gibt den besten Aufschluss über ihre wahren Absichten. Das *Time-and-Sales-Fenster*, bekannt als T&S, hilft uns dabei, die individuellen Fußspuren der Big Players und der Allgemeinheit zu verfolgen. Sie können wählen, ob Sie entweder ein separates

Time-and-Sales-Fenster einrichten oder ob Ihre Software eine Funktion anbietet, die einen integrierten Ticker neben Ihrem Market-Maker-Fenster hat. Viele Day-Trading-Firmen sagen ihren Tradern, dass Aktien fallen werden, wenn Trades beim Bid in die roten Zahlen rutschen. Umgekehrt sagen sie ihren Tradern, dass die Aktie steigen wird, wenn Trades beim Offer-Kurs ins Grüne rutschen. Auch wenn diese beiden grundlegenden Aussagen manchmal stimmen, so ist das bei weitem nicht immer der Fall. Der Time-and-Sales-Ticker kann zusammen mit Ihrem Level-II-Display und den Charts eine wirkungsvolle Kombination sein. Market Maker sind sich bewusst, dass die meisten Trader gelernt haben, die Bewegungen der Hauptteilnehmer zu beobachten, und nutzen das zu ihrem Vorteil. Sie simulieren, wackeln, rütteln und tun, wer weiß was sonst noch, um all die Schwächlinge und losen Früchte vom Baum abzuschütteln. Es liegt in unserer Verantwortung als Master Trader, das zu erkennen und zur Gegenwehr bereit zu sein. Diese Täuschungsmanöver haben viele Gesichter: wie sie uns als Käufern oder Verkäufern die Börse darstellen, wie sie ihren Umfang zeigen, den Umfang ihrer Prints angeben und wann und wo sie überhaupt auftreten (Abb. 13.8).

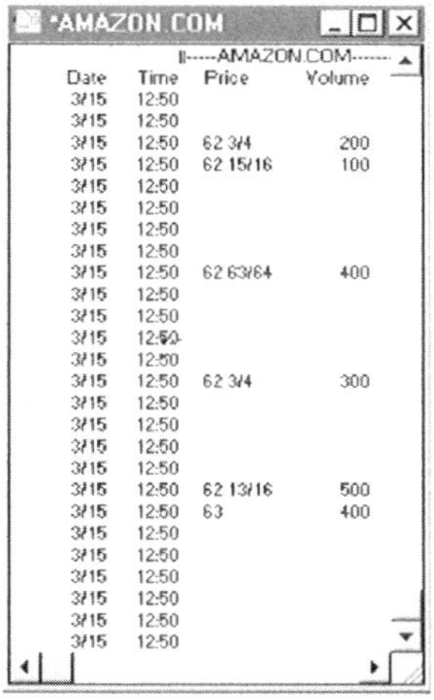

*AMAZON.COM — AMAZON.COM

Date	Time	Price	Volume
3/15	12:50		
3/15	12:50		
3/15	12:50	62 3/4	200
3/15	12:50	62 15/16	100
3/15	12:50		
3/15	12:50		
3/15	12:50		
3/15	12:50		
3/15	12:50	62 63/64	400
3/15	12:50		
3/15	12:50		
3/15	12:50		
3/15	12:50		
3/15	12:50	62 3/4	300
3/15	12:50		
3/15	12:50		
3/15	12:50		
3/15	12:50		
3/15	12:50	62 13/16	500
3/15	12:50	63	400
3/15	12:50		
3/15	12:50		
3/15	12:50		
3/15	12:50		
3/15	12:50		
3/15	12:50		

(a)

Quelle: The Executioner.com

(b)

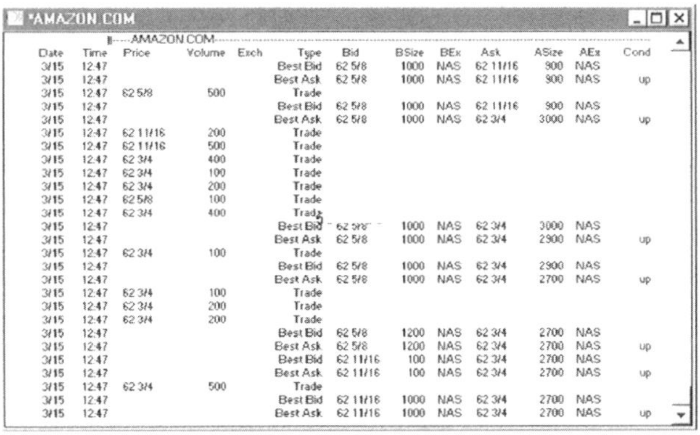

*AMAZON.COM — AMAZON.COM

Date	Time	Price	Volume	Exch	Type	Bid	BSize	BEx	Ask	ASize	AEx	Cond
3/15	12:47				Best Bid	62 5/8	1000	NAS	62 11/16	900	NAS	
3/15	12:47				Best Ask	62 5/8	1000	NAS	62 11/16	900	NAS	up
3/15	12:47	62 5/8	500		Trade							
3/15	12:47				Best Bid	62 5/8	1000	NAS	62 11/16	900	NAS	
3/15	12:47				Best Ask	62 5/8	1000	NAS	62 3/4	3000	NAS	up
3/15	12:47	62 11/16	200		Trade							
3/15	12:47	62 11/16	500		Trade							
3/15	12:47	62 3/4	400		Trade							
3/15	12:47	62 3/4	100		Trade							
3/15	12:47	62 3/4	200		Trade							
3/15	12:47	62 5/8	100		Trade							
3/15	12:47	62 3/4	400		Trade							
3/15	12:47				Best Bid	62 5/8	1000	NAS	62 3/4	3000	NAS	
3/15	12:47				Best Ask	62 5/8	1000	NAS	62 3/4	2900	NAS	up
3/15	12:47	62 3/4	100		Trade							
3/15	12:47				Best Bid	62 5/8	1000	NAS	62 3/4	2900	NAS	
3/15	12:47				Best Ask	62 5/8	1000	NAS	62 3/4	2700	NAS	up
3/15	12:47	62 3/4	100		Trade							
3/15	12:47	62 3/4	200		Trade							
3/15	12:47	62 3/4	200		Trade							
3/15	12:47				Best Bid	62 5/8	1200	NAS	62 3/4	2700	NAS	
3/15	12:47				Best Ask	62 5/8	1200	NAS	62 3/4	2700	NAS	up
3/15	12:47				Best Bid	62 11/16	100	NAS	62 3/4	2700	NAS	
3/15	12:47				Best Ask	62 11/16	100	NAS	62 3/4	2700	NAS	up
3/15	12:47	62 3/4	500		Trade							
3/15	12:47				Best Bid	62 11/16	1000	NAS	62 3/4	2700	NAS	
3/15	12:47				Best Ask	62 11/16	1000	NAS	62 3/4	2700	NAS	up

Abbildung 13.8

(a) Das Basisfenster von Time and Sales zeigt jeden einzelnen (Fuß-)Abdruck der Aktie sowie den entsprechenden Zeitpunkt. Auch der Aktienumfang wird in dem Print dargestellt.

(b) The Executioner (www. Executioner.com) und andere Trading-Systeme mit direktem Zugang bieten ein erweitertes Time-and-Sales-Fenster. Mit dem erweitertem Überblick können Trades, einzelne Market-Maker-Bewegungen und die Richtung jeder Market-Maker-Bewegung genau beobachtet und ausgewertet werden.

Schauen wir uns ein Szenario an, das zeigt, wie wertvoll das Time-and-Sales-Fenster für den Master Trader sein kann. Wir rufen die Level-II-Notierung einer Aktie auf und sehen viele Market Maker beim Bid, die anzeigen, dass sie Käufer sind. Wir bemerken, dass diese Aktie nahe dem Tagestief ist, bei lebhafter Nachfrage. Es gibt nur ein paar Market Maker beim Ask. Wir haben ein ungutes Gefühl. Irgendetwas stimmt nicht. Zur Bestätigung unserer Gefühle überprüfen wir den Print in unserem Time-and-Sales-Fenster. Wir sehen, wie Trades beim Ask abspringen. Unsere Bildschirmfarbe ist grün. Positiv, oder? Nein. Wir schauen genauer hin und bemerken, dass diese Prints beim Ask kleine Pakete mit 100 Aktien betreffen oder nominal mit dem Umfang der Prints auf der Bid-Seite vergleichbar sind. Wir sehen 1.000 Aktien beim Bid verschwinden, dann ein kleiner Ansturm von kleineren Trades zum Ask-Kurs. Die Wahrscheinlichkeit ist groß, dass diese Aktie im Laufe des Tages fallen wird. Und was ist die Moral dieser Geschichte? Achten Sie darauf, wo der wirkliche Umfang gehandelt wird. Tauchen die umfangreichen Prints beim Ask oder beim Bid auf? Das hört sich nach Grundlagenwissen an, aber es ist vergessen, sobald sich die Leute vor den Bildschirm setzen. Sie verirren sich irgendwie in der Informationsflut, die auf sie einstürzt.

Der Master Trader wird immer den Umfang beobachten, der von den Market Makern, den ECNs und dem Band (Time and Sales) angezeigt wird, um die Absichten der großen Mitspieler zu erkennen. Instinet ist bekannt dafür, bei einem einzigen Bid oder Ask, sagen wir einmal, 1.000 Aktien anzuzeigen, obwohl Trades ausgeführt werden, die weit über den angezeigten Umfang hinausgehen. Wir wissen, dass Trades auch noch über andere Mechanismen, wie das SelectNet, abgewickelt werden, aber wenn sich diese Kursbewegung fortsetzt, müssen wir davon ausgehen, dass ein großer Käufer oder Verkäufer ablädt oder seine wahren Absichten verschleiert. Wir haben die Wahl, es durchzuziehen oder zu warten, bis dieser Käuer oder Verkäufer fertig ist, bevor wir einsteigen.

Das Band hilft uns, wenn ein Market Maker versucht, eine Aktie nach oben zu schieben oder nach unten zu drücken, indem er ein riesiges Bid anzeigt und dann schnell zurückzieht. Wenn wir keinen Print sehen, wenn dieser Auftrag verschwindet, dann wissen wir, dass der Hauptspieler nur die Aktie nach oben drükken wollte, um einen besseren Kurs zu erhalten. Wenn ein Trade tatsächlich in unserem Time-and-Sales-Fenster erscheint, müssen wir davon ausgehen, dass es einen Käufer oder Verkäufer mit beträchtlichem Umfang gibt, und wir müssen uns überlegen, ob wir uns dem anschließen.

Charakteristiken der Market Maker

Jeder der großen Börsenspieler hat bestimmte Charakteristiken, die dem Master Trader wertvolle Hinweise geben können, wenn er sie kennt. Es kann Ihr eigenes Spiel nur verbessern, wenn Sie die Gedanken und Handelsweisen der Konkurrenz kennen.

- **GSCO** • Goldman Sachs, oft auch Goldy genannt, ist die berühmteste Firma an der Wall Street. Sie wird von allen Market Makern am höchsten respektiert, besonders aber von den Day-Tradern. Warum? Weil sie nicht nur als die mächtigsten Market Maker angesehen werden, sondern auch als die ehrlichsten, das heißt ihre Bids und Asks sind echt. Das führt uns zu einem weiteren wichtigen Punkt. Die gewichtigen Kunden von GSCO, die in der Mehrzahl reiche Privatleute, große Institutionen, Gemeinden und Regierungen sind, ermöglichen es GSCO, nicht nur in der Größenordnung von ein oder zwei Paketen zu handeln. Beachten Sie bitte: Ein Paket umfasst 1.000 Aktien. Mit anderen Worten, GSCO steht in der Regel bei jedem genannten Kurs für 3.000 Aktien oder mehr gut (Bid oder Ask). Wenn Sie mit einer Aktie handeln, für die GSCO den Markt stellt, können Sie davon ausgehen, dass GSCO die meiste Zeit der Haupt-Market-Maker in dieser Gruppe ist. Manche Trader bezeichnen den Haupt-Market-Maker oder kontrollierenden Market Maker als AX. Wenn Master Trader die Kauf- und Verkaufsaktivitäten von GSCO beobachten, erhalten sie oft wertvolle Hinweise. Wir benutzen oft den Level-II-Bildschirm des Executioners, um GSCO schwarz herauszustellen, damit wir die Bewegungen leichter beobachten können.
- **SBSH** • Solomon Smith Barney ist eine der größten Firmen mit einer langen Liste wichtiger institutioneller Kunden. SBSH ist als Market Maker so bedeutend, dass wir sie manchmal als „Aktienstopper" bezeichnen. Besonders interessant ist, dass wir festgestellt haben, dass das Gewicht von SBSH auf der Verkaufsseite (Offer) viel größer ist als auf der Kaufseite (Bid). Das gilt im Großen und Ganzen für alle Market Maker und reflektiert, dass Institutionen viel aggressiver aus Aktien aussteigen als in Aktien einsteigen. Wenn SBSH ständig beim Inside-Bid und -Offer einer bestimmten Aktie Geschäfte macht, dann wissen Sie, das ist ein Hauptdrahtzieher, der genau beobachtet werden muss.
- **MLCO** • Merrill Lynch ist die größte Brokerage-Firma der

Vereinigten Staaten und verdient dementsprechend Respekt, wenn sie auf Ihrem Level-II-Bildschirm auftaucht. Die breite institutionelle Basis von MLCO zusammen mit der breiten Basis der Einzelgeschäfte macht es notwendig, ihre Bewegungen als Market Maker genau zu beobachten. Wenn sie auch nicht so berühmt sind wie GSCO, so sind sie dennoch sehr oft die Haupt-Market-Maker oder AX für die beliebtesten NASDAQ-Aktien. Bevor sie die Anzahl der Aktien, für die sie den Markt machen, reduzierten, waren sie einer der präsentesten Market Maker der Börse. Ihre Präsenz an der Börse hat momentan etwas abgenommen, aber nicht genug, dass ein Master Trader MLCO vernachlässigen würde.

- **NITE** • Knight/Trimark kam aus dem Nichts und wurde der größte Market Maker der Welt, und das alles innerhalb von ein paar Jahren. Sie stellen eine neue Generation von Market Makern dar, und die Schlüsselrolle, die sie bei der Übernahme eines Großteils des Online-Brokerage-Geschäfts gespielt haben, hat sie zum hervorstechendsten Market Maker von heute gemacht. Auch wenn sie immer noch nicht dasselbe Gewicht wie GSCO oder MLCO haben, sollten sie dennoch beachtet werden, wann immer sie bei Inside-Bid oder -Offer einer Aktie in Erscheinung treten. Wichtig ist, zu wissen, dass das Volumen von NITE in der Hauptsache aus privaten Trades kommt. Mit anderen Worten, ein Großteil des Volumens kommt aus der Verbindung mit Online-Brokern. Das macht NITE zu einem nahezu perfekten Spiegel für die Aktionen der Öffentlichkeit oder der privaten Börsenteilnehmer. Sie sind berühmt für die heiß begehrten Internet-Aktien, die bei den Online-Tradern so beliebt sind.
- **SLKC** • Speer, Leeds & Kellogg ist momentan der größte NYSE-Spezialist, was dem Master Trader einen Einblick in die Macht hinter diesem Market Maker geben sollte. Sie spielen nicht bei jeder Aktie, für die sie den Markt machen, eine vorherrschende Rolle, aber wenn es der Fall ist, dann kann ihre Macht und Zähigkeit schwindelerregend sein. Mit anderen Worten, SLKC kann, wenn es darauf ankommt, einfach das Momentum einer Aktie aufhalten, indem sie unglaubliche Mengen der Aktie übernehmen. Sie können allerdings auch als Market Maker bedeutsam sein, deshalb muss ihre Rolle auf einer von der jeweiligen Aktie abhängigen Basis bewertet werden.
- **MASH** • Meyer Schweitzer ist ein Subunternehmen von Charles Schwab, dem größten Online-Brokerage-Unternehmen der

Vereinigten Staaten. Auch wenn ein großer Teil seines Volumens und seiner Aktivitäten den Privatmarkt präsentiert, so zeigt es dennoch von Zeit zu Zeit einiges an Umfang.

- **HMQT** • Hembrecht & Quist ist ein sehr angesehenes Finanzdienstleistungsunternehmen, das sich auf kleine bis mittelgroße Technologieunternehmen spezialisiert hat. Ihre Researcharbeit wird als erstklassig betrachtet und zieht große Kunden an. Die Stärke von HMQT als Market Maker muss auf einer von der jeweiligen Aktie abhängigen Basis bewertet werden. Wenn sie Haupt-Market-Maker einer Aktie sind, können ihre Macht und ihr Gewicht sehr groß sein. Der Master Trader wird feststellen, dass HMQT sehr oft bei Aktien im mittleren bis unteren Kursbereich auftaucht.
- **HRZG** • Herzog ist ein weiteres angesehenes Finanzdienstleistungsunternehmen, das sich auf die kleineren, aber schnell wachsenden Technologieaktien konzentriert. Der Charakter ist ähnlich wie bei HMQT. Sie werden meist bei Technologieaktien im mittleren bis unteren Kursbereich auftreten.
- **PRUS** • Prudential Securities hat trotz seiner Größe nicht besonders viel Gewicht. Aber wie viele andere zweitklassige Market Maker können sie von Zeit zu Zeit ganz beachtenswert sein. Eines ist sicher, wenn PRUS groß in eine Aktie einsteigt, legen sie eine unglaubliche Zähigkeit an den Tag. Der Master Trader bewertet die Bedeutung von PRUS abhängig von der jeweiligen Aktie.

Bewertung der Market Maker

Mit den Jahren haben wir mit großem Erfolg eine Bewertung der Market Maker entwickelt und zusammengestellt, die uns als allgemeine „Who's who?"-Liste der wichtigsten Market Maker dient. Wir sind sicher, dass diese Rangliste der einflussreichsten Market Maker Ihnen beim täglichen Umgang mit ihnen helfen wird. Sie sind mit einer Bewertung von 1 bis 10 aufgelistet, wobei der einflussreichste mit 10 bewertet ist:

GSCO	10,0	SBSH	8,5	HMQT	7,0
MLCO	9,5	NITE	8,0	MASH	7,0
MSCO	9,0	PWJC	8,0	MONT	7,0
FBCO	9,0	HRZG	7,0	PRUS	7,0

Es ist wichtig, Folgendes zu beachten: GSCO, MLCO, MSCO und FBCO werden alle als institutionelle Market Maker betrachtet. Mit anderen Worten, sie haben die Substanz. Die Substanz ist der beträchtliche tatsächliche Auftragsfluss, den sie haben, weshalb sie als Börsenmitspieler immer ernst genommen werden sollten. Der tatsächliche Auftragsfluss, von dem ich hier spreche, ist eine Darstellung der Wahrscheinlichkeit, dass sie bei dem genannten Kurs und Trade bleiben und nicht einen Auftrag erfüllen und sofort wieder verschwinden. Sie bleiben und ziehen es durch. Machen Sie sich also bereit, Ihren Kinnriemen festzuziehen, wenn Sie sie sehen, denn die spielen nicht. Wenn Sie das Gefühl haben, Sie müssten einen übernehmen und an die Leine nehmen, dann werden Sie sich wahrscheinlich ein neues Hobby suchen müssen. Sie haben die Macht, Ihnen die Butter vom Brot zu nehmen, wenn Sie nicht genau wissen, was Sie tun.

Und genauso wichtig ist es, zu wissen, dass es sich dabei um Market-Maker-Firmen handelt, die selten bereit sind, Long-Positionen zu übernehmen, so wie sie nicht bereit sind, Firmenkapital einzusetzen. Sie versuchen normalerweise, ein Stück von dem großen Volumen der Einzeltrades zu bekommen. Diese Praxis ist als „getting in between orders" bekannt. Es werden Vereinbarungen hinsichtlich des Auftragsflusses mit Privatkunden-Firmen getroffen, und dann werden die Aufträge schnell für einen kleinen Gewinn weitergeleitet. Market-Maker-Firmen wie Mayer & Schweitzer (MASH) und Herzog (HRZG) sind als „Handelshäuser" bekannt, was sie allerdings nur dann sind, wenn sie Aufträge haben. Sie sind selten bereit, Firmenkapital einzusetzen, und spielen bei der Kursfestsetzung eine geringe Rolle (wenn sie keine Aufträge haben). Mit anderen Worten, sie leben von der Spanne.

Wer ist das große Tier?

Jede NASDAQ-Aktie hat in der Regel mindestens einen dominanten Market Maker, der einen Großteil, wenn nicht sogar alle der Aktionen kontrolliert. Wir nennen diese Market Maker die „großen Tiere". Eine der ersten Aufgaben des Master Traders ist es, genau zu bestimmen, wer das große Tier ist. Die zweite Aufgabe ist, zu bestimmen, was das große Tier macht, ob es kauft oder verkauft. Natürlich ist das einfacher gesagt als getan, denn kein Market Maker lässt sich freiwillig in die Karten schauen. Aber wir haben ein paar Tipps zusammengestellt, die dem Master Trader mit einem bestimmten Grad an Genauigkeit zu bestimmen helfen, wer das große Tier ist und was dieses macht. Ausgerüstet mit diesem Wissen, ist der Trader in der Lage, den richtigen Zeitpunkt von Einstieg und Ausstieg besser zu bestimmen.

- Der Market Maker, der immer als Letzter den Inside-, Bid- oder Offer-Kurs verlässt, ist das große Tier. Markieren und beobachten Sie diese Person.
- Der Market Maker, der immer 3K oder mehr auf jedem Level ausführt, ist normalerweise das große Tier. Das große Tier bewegt sich oft in nominalen Kursaufschlägen. Mit anderen Worten, Hauptdrahtzieher agieren meist in Kursbereichen, die sehr nahe beieinander liegen. GSCO bietet zum Beispiel 40 $^3/_8$ US-Dollar für eine Aktie. Nach Übernahme von ein paar tausend Aktien zu 40 $^1/_8$ US-Dollar fällt GSCO auf 40 $^1/_4$ US-Dollar. Das große Tier wird in der Regel nicht auf 39 $^3/_4$ US-Dollar fallen. Auch wenn das manchmal vorkommt, so sind die Hauptmitspieler bei einer Aktie normalerweise immer auf einem Level.
- Der Market Maker, der immer mehr Aktien als angezeigt handelt, ist in der Regel einer der Hauptdrahtzieher. PWJC verkauft zum Beispiel 8.000 Aktien, obwohl sie nur 1.000 Aktien anbieten. Oder HRZG zeigt ein Gebot für nur 100 Aktien, übernimmt (kauft) aber 2.000 Aktien, während ständig die Notierung über 100 Aktien erneuert wird.
- Der Market Maker, der immer aufsteht und für eine sinkende Aktie einen höheren Kurs bietet als alle anderen Market Maker, ist das große Tier. Man nennt das „die Aktie stützen", was normalerweise vorkommt, wenn die allgemeinen Börsenbedingungen schlechter und schwächer werden. Hier ein Beispiel. WYYZ fällt stetig. Der aktuelle Kurs von WYYZ liegt bei einem \$ 40-Bid und einer \$ 40 $^1/_4$-Offer. SBSH, MLCO, HRZG und SHWD bieten für diese Aktie \$ 40, während PWJC die Aktie zu \$ 40 $^1/_4$ zum Verkauf anbietet. SBSH ändert den Bid-Kurs auf \$ 40 $^1/_8$ und hat die einzige Notierung bei \$ 40 $^1/_8$. SBSH wird mit 1.000 Aktien ausgeführt und senkt den Bid-Kurs wieder auf \$ 40. Ein paar Minuten später hebt SBSH den Bid-Kurs wieder auf \$ 40 $^1/_8$ an, übernimmt ein paar tausend Aktien und fällt wieder zurück auf \$ 40. SBSH hebt den Bid-Kurs bei einer schwachen Börse vielleicht noch einmal an. Andere bemerken das allmählich, und Sie werden sehen, wie sich ECN dem Bid anschließt, ebenso wie INCA oder ISLD, und sich bereit macht, denn das Spiel hat begonnen. Diese Aktion signalisiert dem Master Trader, dass der Market Maker der Hauptkäufer der Aktie ist, und seine zukünftigen Bewegungen sollten genau beobachtet und verfolgt werden, wenn sich die allgemeinen Börsenbedingungen verbessern.

Die Jammin' Session

Es gibt Zeiten, in denen es im Interesse eines Haupt-Market-Makers ist, mitzuhelfen, dass eine Aktie stark und/oder stetig steigt. Nehmen wir an, ein Market Maker hat von einem seiner großen insitutionellen Kunden einen Auftrag über den Kauf von 100.000 Stück ABCD erhalten. Der Market Maker hat bereits 78.000 Aktien dieses 100.000-Aktien-Kaufauftrags akkumuliert, hauptsächlich über Instinet, so dass noch 22.000 Aktien zum weiteren Kauf übrig bleiben. In diesem Fall beschließt der Market Maker diese restliche Kaufkraft, um die Aktie höher zu treiben. Wenn dem Market Maker das gelingt, verdient der Kunde bei den bereits gekauften 78.000 Aktien, und der Market Maker ist in der Lage, die restlichen 22.000 Aktien aus seinen eigenen Beständen zu einem weit höheren Kurs zu verkaufen und damit einen guten Gewinn zu machen. Mit anderen Worten, der Market Maker nutzt die Geldkraft seines Kunden, um den Kurs höher zu treiben, dann erfüllt er den restlichen Kaufwunsch seines Kunden, indem er direkt an ihn verkauft, aber erst, wenn es funktioniert, die Aktien zu einem günstigeren (profitableren) Kurs zu bekommen. Dieses „Jammin' the Bid" ist eine Methode, die Market Maker benutzen, um einen solchen Anstieg auszulösen. Und so funktioniert es:

- ABCD wird mit einem Bid von \$ 40 $^1/_4$ angeboten. GSCO hat bereits 78.000 Aktien akkumuliert und muss noch 22.000 Aktien ankaufen, bevor die komplette Kauforder über 100.000 erfüllt ist.
- Über Instinet (INCA) schlägt GSCO den Bid-Kurs um $^1/_{16}$. Das bedeutet, dass GSCO INCA als Kaufvehikel benutzen, indem sie INCA anweisen, einen Bid-Kurs von $^1/_{16}$ unter dem besten Angebot beizubehalten, egal wie hoch der aktuelle Kurs ist. In diesem Fall ist der beste Angebots-(Ask-)Kurs \$ 40 $^1/_4$.
- INCA, manipuliert durch GSCO, taucht plötzlich auf dem Level-II-Bildschirm auf der Bid-Seite mit \$ 40 $^3/_{16}$ auf, das ist $^1/_{16}$ niedriger als das beste Angebot mit \$ 40 $^1/_4$. Öffentlich steht GSCO auf der Offer-Seite als Verkäufer dieser Aktie. Der Master Trader durchschaut das Offensichtliche und betrachtet den Ticker als seinen Freund. Die Allgemeinheit glaubt, dass GSCO ein Verkäufer ist, und schlägt ihre Aktien los, während in Wirklichkeit GSCO nach diesem Angebot „verschwindet" und seinen Angebotskurs erhöht.
- Diese aggressive Bewegung über INCA verkündet der ganzen Welt, dass es einen größeren Käufer gibt, der auf der Aktie so dringend

besteht, dass er bereit ist, den Kurs stark anzuheben, um sie zu bekommen.

- Sobald sie diese Bewegung sehen, schließen sich weitere Trader, Anleger und Market Maker dem Bid an. Andere entschließen sich, das Angebot von 40 $^1/_4$ US-Dollar anzunehmen (zu kaufen). Das signalisiert weiterhin, dass der Käufer über INCA die Aktie so dringend haben will, dass er die Aktie jagt.
- Der Offer-Kurs bewegt sich schnell auf 40 $^3/_8$ US-Dollar, und INCA, das GSCO um $^1/_{16}$ „geschlagen" hat, hebt auf einen neuen Bid-Kurs von 40 $^5/_{16}$ US-Dollar an.
- Noch einmal, weitere Market Maker schließen sich dem Bid von INCA an, *während andere das Angebot annehmen*. Sie erinnern sich, GSCO muss noch 22.000 zusätzliche Aktien ankaufen, was auf zwei verschiedene Arten durchgeführt werden kann: (1) mit einem Kauf zum Bid von INCA, vorausgesetzt ein paar Verkäufer entsprechen GSCOs Bid über INCA, oder (2) das wahrscheinlichste Szenario bei diesem Aufwärtsgerangel ist ein aggressives Inanspruchnehmen der Offer. Mit dem noch ausstehenden Ausgleich fängt GSCO an, dieses Angebot zu drücken, schwenkt dann gleichzeitig zum Bid und zeigt sich damit öffentlich als Käufer auf dem Level-II. Trader bemerken, dass Goldy gewechselt hat, und sehen, wie sich dementsprechend Prints beim Angebot anhäufen. Landesweit beginnen die Ticker der Trader, aufgrund eines Ansturms von grünen Prints zu summen und zu surren. Sogar die Vorsichtigen werden begeistert und springen auf, womit sie zusätzliches Aufwärtsmomentum schaffen. „Hallo Houston, wir haben abgehoben!"
- INCA treibt den Bid-Kurs weiter in diesem wilden Tango an. Das Angebot steigt. INCA treibt den Bid-Kurs Schritt für Schritt um $^1/_{16}$ höher. Und das geht immer so weiter, bis Sie als Nächstes feststellen, dass ABCD für 40 $^7/_8$ US-Dollar angeboten wird.
- GSCO nutzt INCA, um den Bid-Kurs zu treiben, und hat damit effektiv das Feuer angefacht, die Aktie höher getrieben und die Position des Kunden sehr viel profitabler werden lassen. Bei einem so hohen Level ist es sehr wahrscheinlich, dass GSCO nach einem letzten Ausbruch des Momentums ein paar dieser Aktien verkaufen wird, die sie so billig zu niedrigeren Kursen erworben haben, auch wenn ein ECN noch einmal ein Plus von $^5/_8$ verzeichnet. Netter Deal. Sie erinnern sich, unser Schlüssel war INCA. Wenn wir erst einmal erkannt haben, dass INCA

seinen Bid-Kurs nicht mehr weiter anhebt und die Aktie anfängt, sich zu stabilisieren, dann nennen wir diese Jammin' Session ein glückliches Ende und ziehen unser Cashregister.

Der Master Trader, der den Start einer solchen „Jammin' Session" erwischt und diese Aktionen richtig deuten kann, ist in der Lage, sich einzuklinken und mitzuspielen. Wenn man die Situation erst einmal richtig erkannt hat, kann man für die Aktie bieten, sich INCA über ISLD anschließen oder sogar ein mutiges Angebot über eine SelectNet-Broadcast-Order abgeben. Wenn Sie erst einmal eine Position eingerichtet haben, achten Sie auf die Warnsignale, die vorher ausgeführt wurden, und helfen Sie jedem, der Ihnen Ihre Position zu einem höheren Kurs abkaufen will! Denken Sie immer daran, dass die Bewegungen nicht unbedingt groß sein müssen. In manchen Fällen können sie allerdings sehr heftig sein, sehr beständig, und ganz sicher einen anständigen Day-Trading-Gewinn bringen.

Wir raten unseren Tradern immer, nur zweimal zu kaufen und zwei- oder dreimal zu verkaufen, nachdem sie eine Jammin' Session entdeckt haben. Das erhöht die Chancen, dass der Trader nicht kurz vor oder bei einem Hoch kauft, sondern bereits am Verkaufen ist, wenn das Hoch der Mikrobewegung einsetzt. Tipp: Beim Mikro-Trading verkauft der Master Trader immer in einem Aufwärtstrend, während Anfänger erst auf Schwierigkeiten warten und dann auf dem Weg nach unten verkaufen. Das Pristine-Mantra heißt: Verkaufe, wenn du kannst, nicht wenn du musst. Dieser Vorgang gilt im umgekehrten Fall, wenn man mit einer Aktie short gehen will, die in einer Jammin' Session nach unten gedrückt wird.

Das Spiel mit dem Pfannkuchenstapel

Der Ausdruck „Pancake" (Pfannkuchen) wurde von unserem Trainer vor Ort, Mike Campion, geprägt, dessen Vorliebe für die feine Küche und das Trading zu einer Vermischung der Künste geführt hat, so dass für uns alle das Trading ein neues „Aroma" verpasst bekam.

Die meisten Anfänger mit Zugang zu den NASDAQ-Level-II-Notierungen gehen automatisch davon aus, dass die Nachfrage nach einer Aktie groß ist, wenn viele Market Maker auf der Bid-(Kauf-)Seite zu finden sind, und dass damit Stärke demonstriert wird. Sie gehen auch davon aus, dass eine Aktie schwach ist, wenn zahlreiche Market Maker auf der Offer-(Verkaufs-)Seite zu finden sind. Auch wenn es verständlich ist, dass solche Annahmen auf der Seite von schlecht informierten

Tradern grundsätzlich passieren, so stimmen sie trotzdem noch lange nicht. Leider gibt es auch immer noch Day-Trading-Firmen mit so genannten fortgeschrittenen Trainingsprogrammen, die diese irrigen Konzepte unterrichten. Master Trader wissen nicht nur, dass „nicht alles Gold ist, was glänzt", sondern sie wissen, dass, wenn etwas glänzt, es sogar aller Wahrscheinlichkeit nach kein Gold ist. Nehmen Sie sich vor dem allzu Offensichtlichen in Acht! Schauen wir uns ein Beispiel an, das das Spiel mit dem Pfannkuchenstapel demonstriert.

EGGS wird gerade zum Tageshoch gehandelt. Der aktuelle Bid-Kurs ist 10 $^{7}/_{8}$ US-Dollar, und der aktuelle Offer-Kurs, der ebenfalls das Tageshoch erreicht hat, liegt bei 11 US-Dollar. Ein schneller Blick auf einen 5-Minuten-Chart zeigt uns, dass EGGS nach dem frühmorgendlichen Anstieg von 9 $^{7}/_{8}$ US-Dollar auf das Tageshoch kaum zurückgefallen ist. Zweitens bemerken wir sofort auf dem Level-II-Bildschirm, dass bei nur einem ECN mit einem Bid von 10 $^{7}/_{8}$ US-Dollar eine ganze Schlange von Market Makern wie ein Stapel IHOP-Pfannkuchen bei der Offer von 11 US-Dollar sitzt. Zu diesem Zeitpunkt sagen wir „Hmmmm." Das momentane Bild ist ein Bild der Schwäche. Mit anderen Worten, die hauptsächlichen Market Maker geben aller Welt bekannt, dass sie Verkäufer sind. Das Level-II-Bild deutet ebenfalls an, dass es niemanden gibt, der bereit ist, vorzutreten und zu bieten/zu kaufen. Es ist eine ganz natürliche Reaktion, die Aktie als schwach einzustufen, mit übergroßem Angebot, ohne Nachfrage, und deshalb ist sie dazu bestimmt, zu fallen. So sieht das Bild aus, doch wir erkennen, dass etwas nicht ganz stimmt. Könnte es ein *falsches* Bild sein, das uns da die Hauptdrahtzieher zeigen, um uns abzuschütteln, um unsere Nase zu täuschen? Warum sollten echte Verkäufer so erpicht darauf sein, sich der ganzen Welt als die großen Verkäufer zu präsentieren? Sehen Sie, Master Trader würden sich unter diesen Umständen selbst Folgendes fragen: „Wenn jemand wirklich diese Aktie verkaufen will, warum steht sie dann so hoch? Noch wichtiger, warum fällt die Aktie nicht zurück oder erfüllt das Gebot über 10 $^{3}/_{4}$ US-Dollar des einzigen Bieters, wenn das Angebot bei 14 US-Dollar so gesättigt ist?" Wenn die Aktie tatsächlich unter so hohem Verkaufsdruck stünde, wie die gestapelten Angebote vermuten lassen, dann würde sie sofort anfangen zu fallen. Irgendetwas stimmt also in diesem Bild nicht!

Ein näherer Blick deckt auf, dass die umfangreichen Prints auf der Offer-Seite nominal gleich sind mit denjenigen, die auf der Bid-Seite abgehen. Der Punkt, den man hier erkennen muss, ist, dass sie, die „MMs", genau wissen, dass sie von den „Schafen" beobachtet werden und dass die schlecht informierten Level-II-Beobachter sehr wahrscheinlich auf dieses „falsche" Bild von Schwäche hereinfallen werden. Sie versuchen, Ihre Aufmerksamkeit abzulenken, Sie zu zwingen, Ihre Aktien zu billig abzugeben, exakt bevor eine weitere Aufwärtsbewegung folgt. Es ist uns nicht entgangen, dass dieses „Pfannkuchen-Phänomen" passiert, wenn glatten Zahlen wie 13, 19, 22 Bruchzahlen wie 12 $^{1}/_{8}$, 15 $^{3}/_{16}$, 25 $^{11}/_{16}$ gegenüberstehen. Ungeachtet dessen, überprüfen wir unsere 5-Minuten- und 15-Minuten-Charts auf irgendwelche Anzeichen eines überzogenen Widerstandes, der einen Durchbruch über die 14 US-Dollar vereiteln könnte. Nichts kann uns aufhalten, außer einem Widerstand wie etwa einem vorhergehenden Hoch oder einem 200 SMA in der Nähe. Schließlich achten wir noch auf die Tageszeit, nur um sicherzugehen, dass wir nicht gerade vor der Mittagsflaute (11:15 a. m. bis 2: 15 p. m. EST) einen Einstieg bei EGGS planen, denn die meisten Durchbrüche zu neuen Tageshochs gehen in diesem Zeitraum meist daneben. Inzwischen haben wir uns einen gesunden Teller Pfannkuchen mit unseren EGGS bestellt. Wir wissen aufgrund unserer Erfahrung, dass dieses Szenario eine Täuschung der Market Maker und dieser angebotene „Stapel" bald aufgegessen ist und EGGS zu einem neuen Hoch angetrieben wird.

Es gibt zwei Dinge, die passieren müssen, bevor wir die Aktie stapeln. Die erste Voraussetzung ist, dass wir das Time-and-Sales-Fenster brauchen, um eine Reihe umfangreicher 1.000er-Pakete zu 14 US-Dollar zu entdecken. Wenn wir erst einmal eine kleine Ansammlung von Trades bei 14 US-Dollar entdeckt haben, ist die zweite und letzte Voraussetzung, dass zwei oder drei Market Maker beim Angebot entweder auf einen höheren Kurs anheben oder zum Bid wechseln. Es spielt keine Rolle, wie viele Market Maker momentan auf der Offer-Seite genannt sind. Es müssen nur zwei oder drei anheben. Das ist unser Signal, dass die Aktie kurz davor ist, loszustarten. Sobald wir das erkannt haben, kaufen wir bei dem Angebot von 14 US-Dollar. Dann legen wir unsere Sicherheitsgurte an, denn falls das Tausend-Pfannkuchen-Spiel der letzten Jahre ein guter Hinweis ist, dann haben wir eine rasante Fahrt vor uns. Die scheinbar schwache Ausgangsposition, die als Köder für Anfänger gedacht war, ist für uns eine Superchance und wird in Zukunft hoffentlich auch eine sein.

Wir möchten noch darauf hinweisen, dass dieses Pfannkuchenstapel-Spiel auch im umgekehrten Fall funktioniert, obwohl es um einiges schwieriger ist, während einer Abwärtsbewegung short zu gehen, als während eines Aufwärtstrends long zu gehen. Wir müssen auch darauf hinweisen, dass das Spiel mit Pfannkuchenstapeln eine reine Scalping- oder Mikrotrading-Strategie ist. Es ist nicht für Leute gedacht, die auf der Suche nach großen Gewinnen sind, was ein Halten über Nacht notwendig macht. Das Spiel mit den gestapelten Pfannkuchen ist die Quintessenz der Strategie „kaufen und abstoßen".

Tools und Taktiken für den Einstieg

Eine Schritt-für-Schritt-Anleitung für den Profieinstieg in Aktien

14

Ein guter Einstieg macht 85 Prozent eines Gewinn-Trades aus

Vertun Sie sich nicht! Der wichtigste Teil jedes Trades ist der Einstieg. Trader, die gut und rechtzeitig einsteigen, werden einen höheren Prozentsatz an Gewinnen einstreichen als diejenigen, die einen schwachen Einstieg haben. Wir gehen sogar so weit zu sagen, dass Sie schon 85 Prozent Ihres Trades erledigt haben, wenn Sie gut in einen Trade einsteigen. Die anderen 15 Prozent sind nur noch Trade-Management und Gewinnmitnahme, worauf wir im folgenden Kapitel noch näher eingehen werden.

Jedes Mal wenn Sie einen Trade eingehen, setzen Sie Ihr schwer verdientes Geld aufs Spiel. Und Sie werden sichergehen wollen, dass Sie Ihr Geld auf die richtige Art und Weise aufs Spiel setzen. Man muss bedenken, dass jede gesunde Trading-Strategie aus drei Teilen besteht: einem Einstiegspunkt und zwei Ausstiegspunkten. Einem Ausstiegspunkt unter Ihrem Einstiegskurs, besser bekannt als erster Stop-Loss, und einem Ausstiegspunkt über Ihrem Einstiegskurs, besser bekannt als Kursziel. Wenn Sie allerdings den Einstiegspunkt falsch erwischen, dann riskieren Sie, den ganzen Trade zu ruinieren. Das schreit nach einem klaren Verständnis, wann, wo und wie man zuschlagen (einsteigen) muss. Vertiefen wir uns nun weiter in diese überaus wichtige Welt des richtigen Einstiegs in eine Aktie.

Wir haben drei Einstiegstechniken entwickelt, die uns seit vielen Jahren gute Dienste leisten. Diese drei Einstiegsmethoden haben wir an tausende von Tradern in der ganzen Welt weitergegeben, und wir sind sicher, dass Sie Ihre Timing- und Trading-Fähigkeiten auf das Niveau eines Master Traders anheben werden, sobald Sie sie verdaut haben. Keine Verzögerungen mehr, schauen wir uns jetzt alle drei Einstiegstechniken an.

Einstiegstechnik Nr. 1: Schlüsselkauf

Beschreibung des Schlüsselkaufs

Erfolgreiches Trading macht die Fähigkeit erforderlich, zwei Gruppen schlecht informierter Leute zu finden: (1) eine Gruppe, die vor Angst schlottert und erpicht darauf ist, ihre Ware (Aktien) billig an Sie loszuwerden, und (2) eine Gruppe, die der Gier erlegen und bereit ist, Ihre Ware (Aktien) zu teuer zu kaufen. Die Schlüsselsituation für einen Kauf dient dem Master Trader, genau dann als Käufer an der Börse aufzutreten, wenn die Gruppe der Ängstlichen aus dem Spiel aussteigen will. Diese einfache Einstiegstechnik ist eines der wirksamsten Konzepte in Ihrer Trading-Waffenkammer. Es ist tatsächlich so wirksam, dass es oft als einzige Trading-Technik eingesetzt werden kann. Wenn Sie es wirklich verstanden haben und richtig einsetzen, dann sind wir sicher, dass dieses Konzept Ihre Börsenkenntnis um einiges verbessern wird.

Die Schlüsselkaufsituation beinhaltet drei einfache Schritte: zwei grundlegende Situationskriterien und eine Aktion. Schauen wir uns diese beiden Kriterien und die Aktion genauer an.

Die Schlüsselkaufsituation

1. ***Ein neues Hoch.*** Dieses Kriterium gilt für eine Aktie, die kürzlich ein höheres Hoch als das der vorangegangenen Erholungsphase erreicht hat. Das darf nicht mit einem Höchstkurs oder einem 52-Wochen-Hoch verwechselt werden. Wir sind nur an Aktien interessiert, die vor kurzem eine gute Erholungsphase hatten, um sicherzugehen, dass wir es mit einer Aktie zu tun haben, die aggressiv gekauft wurde. Eine generelle Richtlinie lautet: Die Aktie sollte ein neues Hoch nicht früher als 8 Balken (Tage bei Tagescharts) vorher erreicht haben.

2. ***Drei oder mehr aufeinander folgende schwächere Hochs.*** Dieses Kriterium gilt für eine Aktie, die einen Abfall von 3 Balken oder mehr erfahren hat. Das ist ähnlich wie bei unserer Strategie des Absinkens über 3 oder 5 Balken, die wir in einem früheren Kapitel beschrieben haben. Aber in diesem Fall ist ein Absinken um 3 Balken nicht gut genug. Es muss ein Absinken um 3 oder mehr Balken sein, das außerdem noch von 3 oder mehr aufeinander folgenden schwächeren Hochs begleitet wird. Mit anderen Worten, das Hoch jedes Abwärtsbalkens muss niedriger sein als das Hoch des vorhergehenden Balkens.

Beachten Sie, dass wir bei diesen Kriterien konsequent von „Balken“ sprechen, im Gegensatz zu dem Begriff „Tag“. Und zwar deshalb, weil dieses Konzept sowohl im Intraday-Rahmen als auch in täglichen oder wöchentlichen Zeitrahmen angewendet werden kann. Wenn eine Aktie erst einmal diese Kriterien erfüllt hat, ist der Master Trader bereit für Schritt 3, die Aktion.

Die Aktion

3. Kaufen Sie die Aktie, sobald sie $^1/_{16}$ bis $^1/_8$ über dem Hoch eines vorhergehenden Balkens gehandelt wird.

In Abbildung 14.1 sehen Sie das Diagramm einer Schlüsselkaufsituation.

Kriterium 1: ein kürzliches neues Hoch
Kriterium 2: drei oder mehr schwächere Hochs
Kriterium 3: Kauf $^1/_{16}$ oder $^1/_8$ über dem vorhergehenden Hoch
Schauen wir uns ein paar Beispiele in den Abbildungen 14.2 und 14.3 an. Noch ein Wort zu den Lücken. Nehmen wir an, die Aktie, die Sie nach Erreichen der beiden ersten Kriterien kaufen wollen, hat bei Börseneröffnung eine extreme Lücke nach oben (oder nach unten, wenn Sie short gehen wollen). Wie sollen Sie sich in

Abbildung 14.1

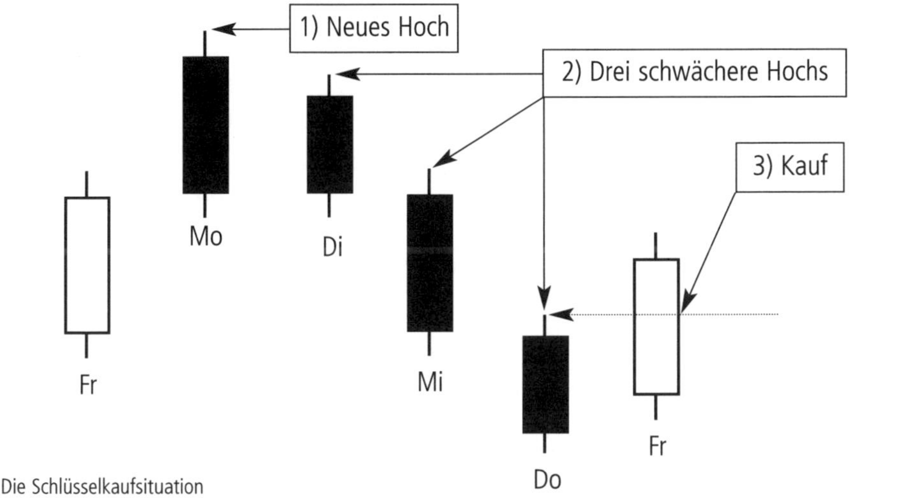

Die Schlüsselkaufsituation

Abbildung 14.2

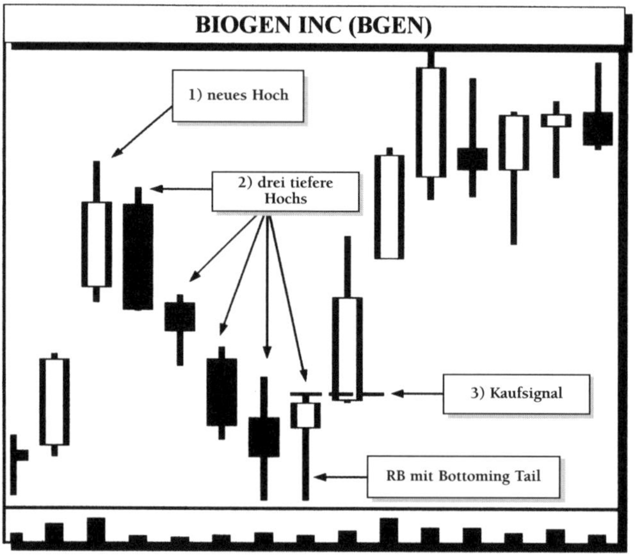

Quelle: The Executioner.com

Dieser Tageschart von BGEN zeigt eine nahezu perfekte Schlüsselkaufsituation. Nachdem ein neues Hoch eingetreten ist (Kriterium 1), durchläuft BGEN fünf aufeinander folgende schwächere Hochs (Kriterium 2). Beachten Sie, dass das Absinken mit einem bullishen Wendebalken endet, betont durch einen Bottoming Tail. An diesem Punkt ruft die Schlüsselsituation nach dem Kriterium 3 – einem Kauf über dem Hoch des bullishen Wendebalkens. Hier wird BGEN zum ersten Mal über dem Hoch eines vorhergehenden Balkens gehandelt. Wie Sie sehen können, folgt eine sehr heftige Erholungsphase. Tipp: Aggressive Master Trader könnten (gegen Börsenende) bei jedem bullischen Wendebalken kaufen, der einem Absinken um 3 bis 5 Balken folgt.

Abbildung 14.3

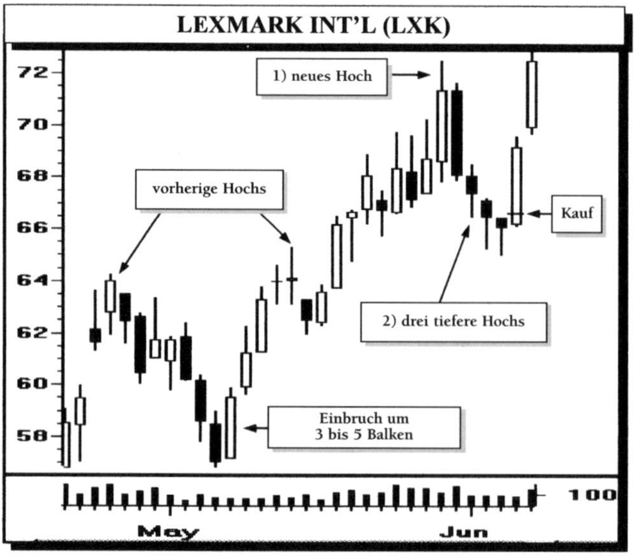

Quelle: The Executioner.com

Dieser Tageschart von LXX zeigt ein zweimaliges Absinken um 3 bis 5 Balken. Das zweite Absinken ergibt eine perfekte Kaufsituation. Kurz nach einem neuen Hoch (Kriterium 1) erfährt LXX einen Abfall, der von drei oder mehr aufeinander folgenden Hochs begleitet wird (Kriterium 2). Schritt 3 ruft nach einem Kauf von LXX, sobald sie über dem Hoch eines vorhergehenden Balkens gehandelt wird. Beachten Sie die nachfolgende heftige Erholung. So einfach wie 1-2-3.

einem solchen Szenario verhalten? Sollen Sie sofort bei Börseneröffnung kaufen? Sollen Sie später kaufen? Oder wäre es richtiger, den Trade fallen zu lassen? Wir fangen nun an, Sie dahin gehend zu unterrichten, wie Sie sich gegenüber Aktien richtig verhalten, die bei der Eröffnung eine Lücke nach oben (oder unten, wenn Sie short gehen) haben, nachdem sie die beiden ersten Kriterien für eine Schlüsselkaufsituation erfüllt haben. Denken Sie daran, dass bei den heutigen lebhaften Börsen solche Lücken sehr häufig vorkommen. Und Trader, die damit nicht umgehen können, sind ganz sicher im Nachteil. Ihre Fähigkeit, mit diesen Lücken professionell umzugehen, macht diese Lücken zu Freunden und nicht zu Feinden. Sie sind gerade dabei, zu lernen, wie man mit ihnen umgeht, während wir zu einer anderen Einstiegstechnik weitergehen, nämlich der 30-Minuten-Kauftechnik.

Einstiegstechnik Nr. 2: Der 30-Minuten-Kauf

Beschreibung des 30-Minuten-Kaufs

Der Master Trader muss sich dessen bewusst sein, dass die ersten 20 bis 30 Minuten des Tradings die wahrscheinlich kniffligste Zeit des Tages sind, besonders wenn die Börse sehr stark eröffnet. Warum? Weil sich Kaufaufträge über Nacht angesammelt haben und Market Maker und Kursmakler genau jetzt einen Extravorteil haben, den sie während keiner anderen Tageszeit genießen. Diese angesammelten Kaufaufträge bieten ihnen vorab, oder sollen wir sagen, Insider-Informationen über die Höhe der Nachfrage bei einer Aktie, was ihnen größere Einflussmöglichkeiten auf den Eröffnungskurs der Aktie einräumt. Das ist der Grund für die Aufwärtslücken der Aktien, diese riesige Anzahl angesammelter Kaufaufträge, die vor Eröffnung der Börse abgegeben werden. Aber hier ist der Schlüssel, ein sehr wichtiger Schlüssel. In vielen Fällen ist die Höhe der Spanne, mit der Market Maker und Kursmakler eine Aktie eröffnen, extrem und bildet eine so genannte Bullenfalle. Mit anderen Worten, die Aktie eröffnet künstlich hoch, um Anfänger anzulocken (die nur kaufen, weil es bei einer Aktie gute Nachrichten gibt oder weil sie einen starken Eindruck macht), damit sie, die Profis, aussteigen können. Denken Sie immer daran: Bei jedem Kauf muss es auf der anderen Seite einen entsprechenden Verkauf geben. Die Frage lautet: Wer ist in diesem Fall der Klügere? Der Käufer oder der Verkäufer? Nun, wenn eine Aktie eine extreme Lücke aufweist, dann ist normalerweise der Verkäufer der Klügere. Deshalb fallen auch viele Aktien mit einer großen Lücke nach den ersten 10 oder 20 Minuten des Tradings sehr schnell zurück. Sind erst einmal alle vor der

Börseneröffnung erteilten Kaufaufträge erfüllt, gibt es keine Nachfrage mehr, und die Aktie gibt in der Regel aufgrund professionellen Verkaufens und eines Mangels an Nachfrage nach. Aber es gibt eine Ausnahme, und diese Ausnahme bildet die Bühne für eine unserer wirkungsvollsten Intraday-Trading-Taktiken. Unsere Studien haben gezeigt, dass eine Aktie, die eine Spanne nach oben hat und die durchaus in der Lage ist, nach 30 Minuten des Tradings ein neues Tageshoch zu erreichen, demonstriert, dass die Stärke bei der Eröffnung nicht künstlich, sondern echt war. Die Stärke ist in diesem Fall echt, weil sie durch anhaltende Käufe nach dem morgendlichen Ansturm (die ersten 20 Minuten des Tradings) bestätigt wird. Diese simple Entdeckung ermutigte uns, eine einfache, aber wirkungsvolle Möglichkeit für Trader zu entwicklen, mit wirklich starken Aktien Geld zu verdienen. Wir nennen sie die 30-Minuten-Gap-Buy-Rule. Und so funktioniert sie:

Die 30-Minuten-Kaufsituation

1. Die Aktie muss bei der Eröffnung eine Aufwärtsspanne von $^5/_8$ oder mehr haben. In den meisten Fällen beruht eine Spanne von mehr als 1 US-Dollar auf guten Nachrichten (positive Gewinne, Heraufstufung durch Broker usw.), was nicht schlecht ist. Beachten Sie bitte: Am besten ist es, wenn sich eine Aktie nicht weit von ihrem Eröffnungskurs entfernt. Auch wenn es nicht unbedingt entscheidend ist, so haben wir festgestellt, dass Aktien, die eine Spanne aufweisen und dort stehen bleiben, die besten Kandidaten für diese Strategie sind.

Die 30-Minuten-Kaufaktion

2. Hat die Aktie erst einmal mit einer Spanne nach oben eröffnet, muss der Master Trader volle 30 Minuten warten. Keine andere Aktion außer Abwarten ist während dieser Zeit angesagt. Oft beobachtet der Trader mehrere Aktien, die das vorhergehende Kriterium erfüllt haben.
3. Sind die 30 Minuten um, setzt der Trader ein Signal $^1/_{16}$ über dem Tageshoch, was in den meisten Fällen nicht allzu weit vom aktuellen Kurs entfernt sein wird.
4. Wird das Signal ausgelöst (die Aktie durchbricht das Hoch), kauft der Trader mit einem vorsichtigen Stop bei $^1/_{16}$ unter dem Tagestief. Das macht das Spiel oft weniger riskant. Beachten Sie bitte: Die ideale Situation ist, wenn die Aktie etwa eine Stunde nach der ersten halben Stunde des Tradings zu einem

neuen Tageshoch durchbricht. Aber wir lassen uns durch das Fehlen der idealen Situation nicht von unserem Kurs abbringen. Das Spiel kann jederzeit aufgenommen werden, sobald eine Aktie nach 30 Minuten des Tradings zu einem neuen Tageshoch durchbricht. Unsere Studien zeigen lediglich, dass die Bewegungen größer sind, wenn die Aktie erst nach einigen Tradingstunden einen Durchbruch erzielt.

5. Ist der Master Trader eingestiegen, verfolgt er die Schritte des Trade-Managements und der Gewinnmitnahme, wie sie in den folgenden Kapiteln beschrieben werden.

Schauen wir uns ein Beispiel an (Abb. 14.4). Hier können Sie es sehen. Eine einfache, aber wirkungsvolle Möglichkeit, aus Spannen Kapital zu schlagen. Diese Strategie hat ein überdurchschnittliches Gewinnpotential sowie gute Sicherheitsmaßnahmen, besser bekannt als ein Schutz-Stop. Außerdem hilft sie dem Trader, automatisch zwischen Aktien zu unterscheiden, die künstlich stark eröffnen, und solchen, die wirklich explosiv sind. Es ist eine wirkungsvolle Strategie, und Ihnen als Börsenstudenten wird sie gute Dienste leisten, wenn Sie sie richtig anwenden. Wir wollen die Gelegenheit nutzen und Sie im Kreis der

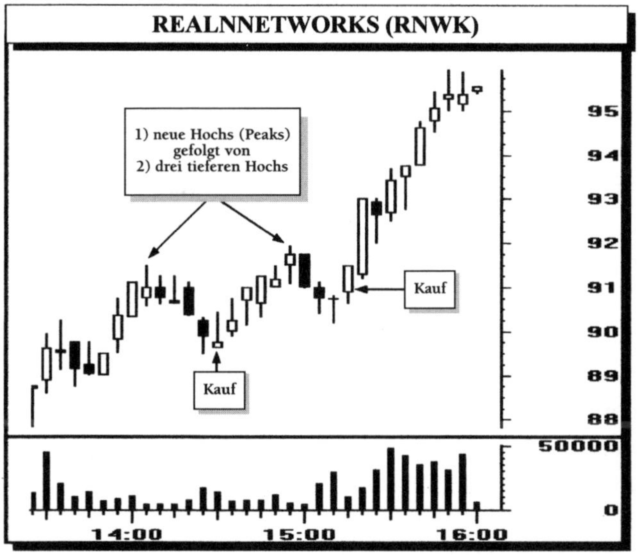

Quelle: The Executioner.com

Abbildung 14.4

Dieser 5-Minuten-Chart von RNWK zeigt, wie wichtig die Schlüsselkaufsituation in allen Zeitrahmen ist. Dieses RNWK-Beispiel zeigt zwei Kaufgelegenheiten. Zuerst kommen die Hochs und die Spitzen (1), gefolgt von drei oder mehr schwächeren einzelnen Hochs (2). Sobald RNWK über dem Hoch des vorhergehenden Balkens gehandelt wird, schlägt der Intraday-Trader zu (kauft). Beachten Sie, wie robust die nachfolgenden Erholungsphasen sind.

Champions begrüßen. Sie sind nun in der Lage, Spannen wie ein Profi zu lesen und zu handhaben.

Nun müssen wir noch unsere letzte Einstiegstechnik besprechen. Es ist unsere wichtigste Einstiegsmethode für Intraday-Scalping-(Mikro-)-Trades, für die sich so viele der aktiveren Day-Trader begeistern. Wir sind sicher, Sie werden diese letzte Einstiegstechnik sehr aufschlussreich finden, da sie die Basis eines intelligenten Intraday-(Mikro-)-Trading-Stils ist, der uns schon seit Jahren täglich Gewinne einbringt. Machen wir schnell weiter, damit wir die wunderbaren Möglichkeiten aufzeigen können, die diese Technik des späten Durchbruchs zu bieten hat.

Einstiegstechnik Nr. 3: Der Late-Day Breakout

Einführung des Kaufs bei einem Late-Day Breakout

Wirkliche Master Trader engagieren sich nicht eindimensional an der Börse. Erfahrene Trader, die bereits das Level der Meisterschaft erreicht haben, wissen, wie man sich in verschiedenen Dimensionen, verschiedenen Zeitrahmen und verschiedenen Trading-Stilrichtungen bewegt. Der Intraday-Trade (Mikro-Trade) ist der anspruchsvollste aller Trades und erfordert oft ein Höchstmaß an Kenntnis und ohne Zweifel ein Höchstmaß an emotionaler und psychischer Stabilität. Die Einstiegstechnik des Intraday-Tradings, die wir Ihnen zeigen wollen, ist die Grundlage für einen Großteil unseres Mikro-Tradings.

Die Technik des Late-Day Breakouts bietet die ersten und wichtigsten Hilfsmittel, die jeder Mikro-Trader braucht, um langfristig als Scalper Erfolg zu haben. Wenn Sie wirklich den Wunsch haben, das Mikro-Trading mit Enrsthaftigkeit und großem Können zu betreiben, dann empfehlen wir Ihnen wärmstens, den nachfolgenden Abschnitt genau zu studieren. Wenn Sie das tun, haben Sie sich wahrscheinlich Kenntnisse erarbeitet, die sich für Sie ein Leben lang auszahlen werden. Für uns hat es sich auf jeden Fall ausgezahlt. Also schauen wir uns unverzüglich diese überaus wichtige Intraday-Einstiegstechnik an, die wir Late-Day Breakout nennen.

Beschreibung des Late-Day Breakout

Der letzte Teil eines Trading-Tages bietet dem Master Trader oft die besten Gelegenheiten, anständige Gewinne aus dem Mikro-Trading zu ziehen. Wir raten unseren Privatstudenten und Tradern vor Ort, jeden Trading-Tag in drei Teile aufzuteilen: den Anfang, die Mitte und das Ende. Inzwischen ist für uns offensichtlich, dass die Tagesmitte vielen Tradern die schwer verdienten Gewinne raubt, die sie am Morgen aus den über Nacht angesammelten Trades und den frühmorgendlichen Mikro-Trades gemacht haben. Wir nennen diesen mittleren Teil des Tages, der etwa 11:15 a. m. anfängt und 2:15 p. m. aufhört, die Mittagsflaute (nähere Einzelheiten in Kapitel 7), und er entpuppt sich für Mikro-Trader oft als gefährliches schwarzes Loch. Aber diese drei Stunden lustloser Aktivität dienen auch als Inkubator oder Nährboden für eine der besten Trading-Perioden des Tages, nämlich für die Periode des Late-Day Breakout. Warum ist diese Periode so gut für Mikro-Trader? Weil die Börse oft da weitermacht, wo sie vor der Mittagsflaute aufgehört hat, und damit dem Master-Mikro-Trader eine ganze Reihe neuer Trading-Chancen bietet. Es ist benahe so, als ob die Zeit zwischen 2:15 p. m. und 4:00 p. m. EST ein separater Tag wäre, komplett mit einer eigenen Palette einmaliger Trading-Chancen. Trader, die über die nötigen Hilfsmittel und Techniken verfügen, um diese Zeit zu meistern, werden feststellen, dass ein Großteil ihrer Mikro-Trading-Gewinne in diese Zeitspanne fällt. Wenn wir nur einen einzigen Mikro-Trading-Stil unterrichten könnten, dann wäre es tatsächlich das Trading mit einem einzigen Kursmuster nach 2:15 p. m. EST. Wir werden uns nun in die Situation und die Methode vertiefen, die wir Late-Day Breakout Trading nennen. Es ist wichtig, zu wissen, dass wir für die Technik des Late-Day Breakout 5-Minuten-Charts benutzen.

Ausgangssituation für das Late-Day Breakout

1. Die Aktie muss an diesem Tag hoch stehen (über dem Vortagesschluss gehandelt werden).
2. Die Aktie muss bei oder über ihrem Eröffnungkurs gehandelt werden.
3. Die Aktie muss sich momentan seitwärts oder um das Tageshoch herum bewegen.
4. Die Seitwärtsbewegung muss wenigstens 1 $^1/_2$ Stunden andauern (benutzen Sie 5-Minuten-Charts).

Sobald Master-Mikro-Trader einige Aktien gefunden haben, für die diese Kriterien gelten, versuchen sie, folgendermaßen vorzugehen. Denken Sie daran, dass Sie in dieser Zeit die 5-Minuten-Charts beobachten müssen.

Late-Day Breakout in Aktion

5. Während der Master Trader einen 5-Minuten-Chart beobachtet, versucht er, $^1/_{16}$ über der allerletzten Serie von identischen Hochs zu kaufen. Beachten Sie bitte: Dieser Einstiegspunkt ist vorzugsweise oft unterhalb des Tageshochs. Die meisten Trader haben gelernt, bei neuen Tageshochs zu kaufen. Wir unterrichten unsere Trader in Trading-Techniken, die ihnen oft ermöglichen, kurz vor einem neuen Tageshoch einzusteigen, damit der Ansturm der späteren Einsteiger dazu beiträgt, ihre Aktien noch einmal anzuheben.
6. Sobald der Master Trader eingestiegen ist, platziert er als Vorsichtsmaßnahme ein Stop knapp unter dem Seitwärtstrend oder unter dem Tief des 5-Minuten-Durchbruchs-(Einstiegs-)Balkens. Siehe Kapitel 15 wegen einer detaillierten Besprechung solcher Stops.
7. Versuchen Sie, Schritt für Schritt zu verkaufen, während die Aktie steigt. Siehe Kapitel 15 wegen einer detaillierten Besprechung des Verkaufens.

Schauen wir uns ein Beispiel für einen Late-Day Breakout an (Abb. 14.5). Die Technik des Late-Day Breakout kann auch bei Tagescharts angewendet werden, obwohl der Ausdruck „Late-Day“ in diesem Fall nicht ganz zutreffend ist. Dabei muss beachtet werden, dass das Wichtigste das Kursmuster ist und nicht der Zeitrahmen. Wenn ein bestimmtes Muster bei einem Zeitrahmen von 5 Minuten funktioniert, dann sollte es auch bei einem Zeitrahmen von einem Tag, einer Woche oder einer Stunde funktionieren. Denken Sie daran, dass Charts nichts anderes sind als die Fußspuren des Geldes. Sie enthüllen Angst, Gier und Unsicherheit der Teilnehmer. Diese Angst, Gier und Unsicherheit sind für jeden Zeitrahmen gleich. Hier ein interessantes Beispiel eines Kaufs aufgrund eines Tagesbreakouts, der genauso ausgeführt wird wie bei einem Late-Day Breakout mit einem Zeitrahmen von 5 Minuten. Achten Sie besonders darauf, wie ähnlich sich die Charts von POST und SSCC sind, trotz ihrer äußerst unterschiedlichen Zeitrahmen (Abb. 14.6).

Nun, das war's. Drei einmalige Möglichkeiten, wie ein Profi in eine Aktie einzusteigen. Wie wir schon früher erwähnt haben, ist der Einstieg der bei weitem wichtigste Teil eines Trades. Wenn Sie hier alles richtig machen, haben Sie schon 85 Prozent der Gleichung gelöst. Aber trotz seiner Bedeutung ist jeder Trading-Plan des Master Traders ohne einen gut überdachten Managementplan unvollständig. Und den besprechen wir als Nächstes.

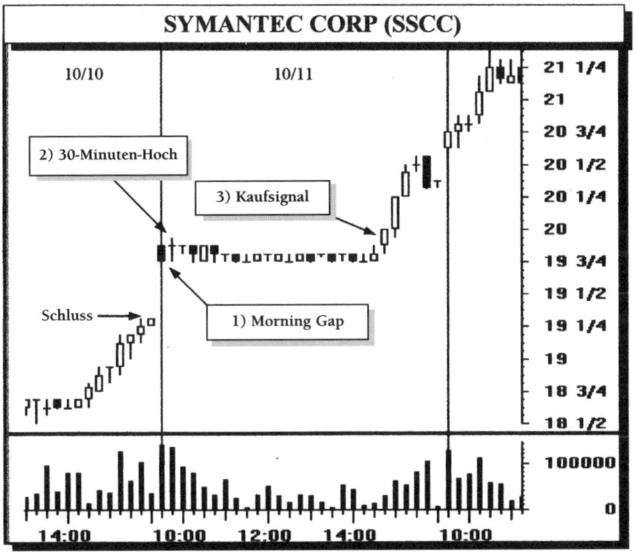

Quelle: The Executioner.com

Abbildung 14.5

Dieser 5-Minuten-Chart von SSCC zeigt eine nahezu perfekte 30-Minuten-Ausgangssituation für einen Kauf. Am Morgen des 11. Oktober öffnet SSCC mit einer Aufwärtsspanne von $^5/_8$ und erfüllt damit Kriterium 1. Nachdem SSCC ganze 30 Minuten gehandelt wird, markiert der Master Trader das Tageshoch (Kriterium 2) und setzt ein Signal. Bei Punkt 3 kauft der Master Trader SSCC, da die Aktie später am Tag bei einem neuen Tageshoch gehandelt wird, und platziert ein Stop $^1/_{16}$ unterhalb des Tagestiefs. Wie Sie sehen können, folgt ein netter Intraday-Run auf diesen Breakout. Die Stärke aus diesem Late-Day Breakout erstreckt sich sogar noch über den nächsten Tag (12. Oktober).

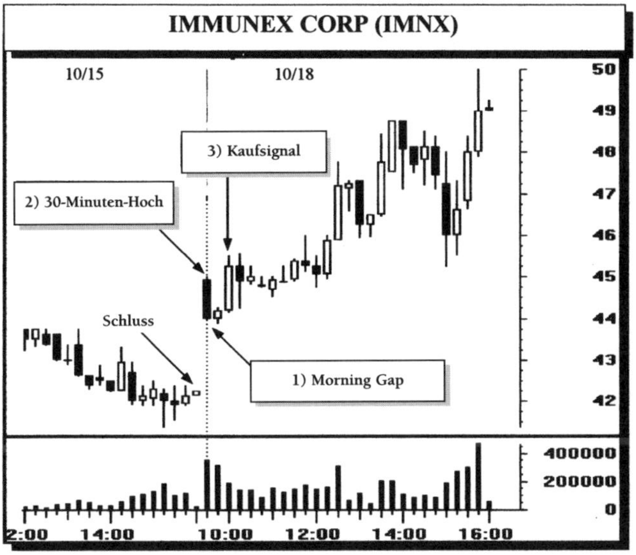

Quelle: The Executioner.com

Abbildung 14.6

Dieser 15-Minuten-Chart von IMNX zeigt eine weitere 30-Minuten-Ausgangssituation. Am Morgen des 18. Oktober öffnet IMNX mit einer Aufwärtsspanne von 2 $^1/_2$ US-Dollar und erfüllt damit Kriterium 1. IMNX fällt in den ersten 15 Minuten und stabilisiert sich in den nächsten 15 Minuten. Das Hoch während dieses 30-minütigen Zeitrahmens war bei der Eröffnung. Der Master Trader markiert dieses Tageshoch (siehe Kriterium 2) und setzt ein Signal. Bei Punkt 3 kauft der Master Trader IMNX, da die Aktie bei einem neuen Tageshoch gehandelt wird, und platziert ein schützendes Stop $^1/_{16}$ unter dem Tagestief. Wie Sie sehen können, folgt ein robuster Intraday-Run auf den Breakout. In diesem Fall war die Spanne ein Anzeichen für wirkliche Stärke.

Tools und Taktiken für das Trade-Management

Eine Schritt-für-Schritt-Anleitung für ein professionelles Trade-Management

15

Wir würden gerne sagen können, dass das Leben perfekt ist und jeder einzelne Ihrer Trades funktionieren wird. Wir würden auch gerne sagen, dass Sie niemals Verluste erleiden, sondern nur die Freude erleben werden, Einzahlungen auf Ihr Konto vorzunehmen. Aber wir brauchen Ihnen nicht zu sagen, dass dies nicht der Fall ist. Verlust ist ein ständiger Teil jedes Trader-Lebens und wird es auch immer bleiben. Einer der Hauptunterschiede zwischen einem gewinnenden und einem verlierenden Trader ist, dass der Gewinner weiß, wie er mit seinen Verlusten umgehen muss, um sie klein und begrenzt zu halten. Der Verlierer lässt es zu, dass seine Verluste wachsen und zunehmen, bis sie anfangen, ihn selbst zu kontrollieren und zu managen.

Trading ist ein Geschäft. Und wie jedes andere Geschäft verlangt es eine Absicherung, um sich gegen unerwartete Katastrophen zu schützen. Die Hauptabsicherung des Traders ist nichts anderes als das allmächtige *Stop-Loss*. Bei Pristine nennen wir es die Versicherungspolice. Schauen wir uns dieses unschätzbare Geld-Management-Tool einmal genauer an.

Tool Nr. 1: Das Anfangsstop: Ihre Versicherungspolice

Beschreibung des Anfangsstops

Bevor Sie in einen Trade einsteigen, müssen Sie schon einen Kurs festgelegt haben, bei dem Sie Ihre Verluste einstecken und aussteigen. Dieser Kurspunkt ist Ihr (schützendes) Anfangsstop. Dieser Kurs stellt den Punkt dar, an dem Sie einen Strich ziehen. Er ist der Punkt, an dem Sie die Aktie vollständig aus Ihrem Leben entfernen. Dieses schützende Stop kann tatsächlich in den Büchern beispielsweise der NYSE sein (die NASDAQ akzeptiert keine Stops), oder es kann ein mentales Stop sein. Es spielt keine Rolle, wie es gesetzt wird, solange man sofort handelt, sobald es verletzt wird. Wenn eine Aktie das Stop auslöst, müssen Sie die Disziplin haben, *sofort* aus dieser Position auszusteigen. Ohne zu zögern. Ohne Wenn und Aber. Einfach aussteigen! Sicherlich wird es Zeiten geben, in denen die Aktie sich kurz nach Ihrem Ausstieg wieder erholt. Und selbstverständlich wird das frustrierend sein. Aber mit der Zeit werden Sie feststellen, dass diese strikte Vorgehensweise Ihr finanzielles Dasein rettet.

Betrachten wir es einmal so. Jedes Mal, wenn Sie eine Aktie kaufen, engagieren Sie in einem gewissen Sinn einen Angestellten. Dieser Angestellte (die Aktie) hat eine Aufgabe, und zwar nur diese einzige: *hart zu arbeiten, damit Sie Geld verdienen.* Wie alle Angestellten braucht die Aktie etwas Zeit und Freiraum, um sich zu bewähren. Dieser Freiraum ist der Abstand zwischen Ihrem Einstiegskurs und dem Anfangsstop. Das ist die einzige Absicherung, die Sie zu Ihrem eigenen Schutz vor einem destruktiven Angestellten haben. Und daran müssen Sie unbeirrt festhalten. Es wird natürlich Zeiten geben, in denen Sie diese Aktie verkaufen (den Angestellten entlassen), nur um später festzustellen, dass die Aktie (der Angestellte) wieder bereit ist, gerne und gut zu arbeiten. Nichts ist perfekt. Aber wie schon erwähnt, Trading ist ein Geschäft. Und alle cleveren Geschäftsleute wissen, dass sie irgendwo einen Strich ziehen müssen. Sie wissen, dass sie ihre Verluste bei einem bestimmten Punkt begrenzen müssen. Ohne Absicherung (Anfangsstop) zu arbeiten heißt mit der Katastrophe zu flirten. Und wenn Sie es laufend versäumen, an Ihrem Anfangsstop festzuhalten, dann wird Sie das letztendlich in den Untergang treiben. Nachfolgend erhalten Sie ein paar Anleitungen, die wir bei der Platzierung unserer Anfangsstops befolgen.

Wie der Master Trader Anfangsstops platziert

- Wenn der Master Trader in einen Trade oberhalb des Hochs des vorhergehenden Balkens einsteigt, kann er zwischen zwei Stop-Methoden wählen. Die erste wird „prior bar stop method" genannt. Bei dieser Methode wird das Anfangsstop $^{1}/_{16}$ bis $^{1}/_{8}$ unter dem Tief des vorhergehenden Balkens platziert. Hier ein Beispiel (Abb. 15.1). Nehmen wir an, dass XYZ am Mittwoch zwischen einem Hoch von 30 US-Dollar und einem Tief von 29 US-Dollar gehandelt wird. Am Donnerstag kauft der Master Trader XYZ bei 30 $^{1}/_{16}$ US-Dollar ($^{1}/_{16}$ über dem Hoch vom Mittwoch). Sobald der Kauf von XYZ komplett ist, platziert der Master Trader ein Anfangsstop bei 28 $^{15}/_{16}$ US-Dollar ($^{1}/_{16}$ unter dem Tief vom Mittwoch).
- Wenn bei der „Prior bar stop"-Methode zu viel Geld auf dem Spiel stehen würde, kann der Master Trader die zweite Stop-Möglichkeit anwenden, nämlich die „current bar stop method". Diese Methode verlangt, dass das Anfangsstop $^{1}/_{16}$ bis $^{1}/_{8}$ unter dem **aktuellen** (Einstiegs-)Balken platziert wird. Hierzu ein weiteres Beispiel (Abb. 15.2). ABC, Inc. wurde am Mittwoch zwischen einem Hoch von 40 $^{1}/_{2}$ US-Dollar und einem Tief von 38 $^{1}/_{2}$ US-Dollar gehandelt, also mit einer 2-US-Dollar-Spanne. Am Donnerstag kauft der Master Trader ABC bei 40 $^{9}/_{16}$ US-Dollar ($^{1}/_{16}$ über dem Hoch vom Mittwoch). Sobald der Kauf von ABC durchgeführt ist, wendet der Master Trader die „Current bar stop"-Methode an, platziert ein Anfangsstop bei 39

Abbildung 15.1

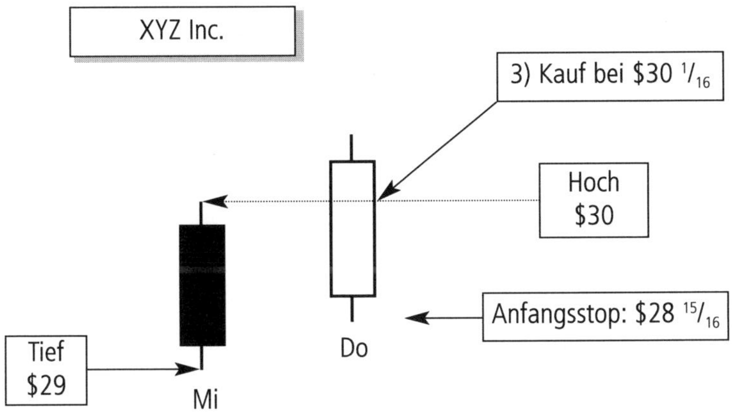

Der Master Trader steigt bei XYZ bei einem Kurs von 30 $^{1}/_{16}$ US-Dollar ein, mit einem Anfangsstop bei 28 $^{15}/_{16}$ US-Dollar und einem Verlustrisiko von 1 $^{1}/_{8}$ US-Dollar.

$^{7}/_{16}$ US-Dollar und riskiert damit 1 $^{1}/_{8}$ US-Dollar. Bei der „Prior bar stop"-Methode hätte er das Stop bei 38 $^{7}/_{16}$ US-Dollar platziert und damit das Risiko auf unakzeptable 2 $^{1}/_{8}$ US-Dollar erhöht. Viele Trader, einschließlich der gut ausgebildeten Pristine-Trader vor Ort, ziehen die „Current bar stop"-Methode vor. Tipp: Denken Sie daran, dass die Wahl zwischen der „Prior bar stop"- und der „Current bar stop"-Methode nur vom persönlichen Geschmack abhängt. Jede hat ihre Vor- und Nachteile. Die „Prior bar stop"-Methode führt in der Regel zu weniger Ausstiegen, da die Aktie mehr Spielraum hat. Die „Current bar stop"-Methode bringt zwar mehr Ausstiege, hält dafür aber eventuelle Verluste geringer.

- Wenn der Master Trader aufgrund eines Breakouts bei einer Seitwärtsbewegung einsteigt, kann er ebenfalls zwischen zwei Stop-Methoden wählen. Die erste heißt „Base stop"-Methode. Diese Methode erfordert einen Anfangsstop von $^{1}/_{16}$ bis $^{1}/_{8}$ unter der gesamten Seitwärtsbasis. Hier ein Beispiel (Abb. 15.3). POST wurde wochenlang mit einem festen Seitwärtstrend gehandelt, immer zwischen 4 $^{5}/_{8}$ und 4 $^{5}/_{16}$ US-Dollar schwankend. Der Master Trader kauft bei einem Breakout über 4 $^{5}/_{8}$ US-Dollar, mit einem Stop bei 4 $^{5}/_{16}$ US-Dollar ($^{1}/_{16}$ unter 4 $^{3}/_{8}$ US-Dollar, dem unteren Level der Seitwärtsbewegung).
- Sollte bei der „Base stop"-Methode zu viel Geld riskiert werden, kann der

Abbildung 15.2

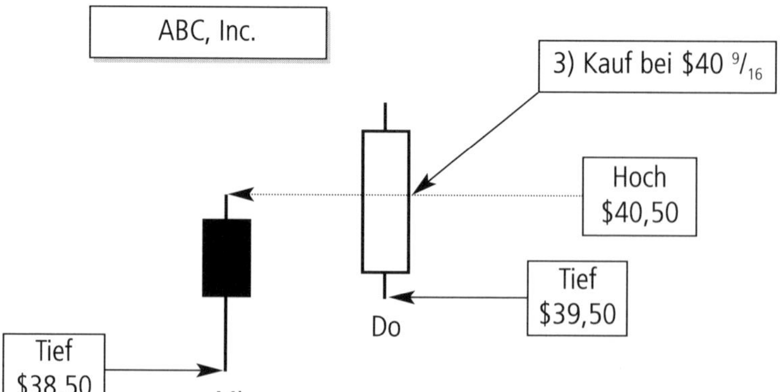

Der Master Trader steigt bei ABC bei einem Kurs von 40 $^{9}/_{16}$ US-Dollar ein, mit einem Anfangsstop von 38 $^{1}/_{16}$ oder 39 $^{7}/_{16}$ US-Dollar. Da ein Anfangsstop von 38 $^{1}/_{16}$ US-Dollar einen Verlust von 2 $^{1}/_{8}$ US-Dollar bedeuten könnte, ist es berechtigt, wenn der Master Trader 39 $^{7}/_{16}$ US-Dollar als Stop einsetzt, was gegebenenfalls nur einen Verlust von 1 $^{1}/_{8}$ US-Dollar bedeuten würde.

Master Trader die zweite Stop-Methode anwenden, nämlich die „Breakout bar"-Methode. Sie ist ähnlich, wenn nicht gar identisch mit der „Current bar"-Methode, das heißt, das Anfangsstop wird $^1/_{16}$ bis $^1/_8$ unter dem Tief des Breakout- oder Einstiegsbalkens platziert. Mit anderen Worten, wenn aufgrund von Breakouts gekauft wird, kann der Master Trader das Anfangsstop entweder unter dem gesamten Seitwärtstrend platzieren oder knapp unter dem Balken, der den Breakout erbrachte.

Abschließende Bemerkung zum Anfangsstop

Der folgende Punkt sollte niemals außer Acht gelassen werden. *Um Gewinne muss man sich in der Regel nicht kümmern. Es ist die Kunst, zu verlieren, die großes Können, eiserne Disziplin und absolute Reife verlangt.* Wir bei Pristine.com können Anfänger immar daran erkennen, wie schwierig es für sie ist, ihre Verluste klein zu halten. Der erfahrene Trader hat gelernt, dass sein wichtigster Besitz sein Eigenkapital ist, und das einzige Mittel, es intakt zu halten, ist das Anfangsstop. Deshalb platziert der erfahrene Trader seine Stops mit Lichtgeschwindigkeit und macht weiter, denn er weiß, dass es einen neuen Tag und einen neuen Trade gibt. Das Leben geht für den Trader, der sich an seine Anfangsstops hält, *immer* weiter. Für Trader, die dafür nicht diszipliniert genug sind, kann das Leben allerdings abrupt enden.

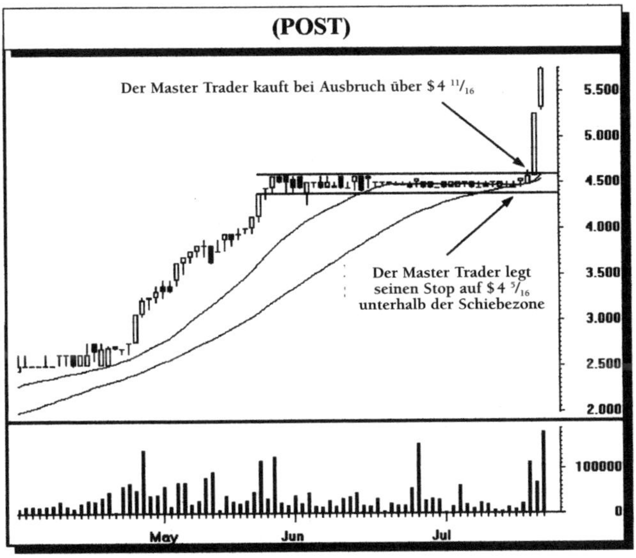

Quelle: The Executioner.com

Abbildung 15.3

Der Master Trader kauft POST über 4 $^5/_8$ US-Dollar, mit einem Anfangsstop knapp unter 4 $^3/_8$ US-Dollar, was das Ganze zu einem rentablen Spiel mit geringem Risiko macht.

Wir bitten Sie deshalb, clever zu sein. Zahlen Sie Ihre Versicherungsprämien. Mit anderen Worten, halten Sie an Ihren Anfangsstops fest. Eines Tages werden sie Ihnen das Leben retten, und Sie werden uns dankbar sein.

Tool Nr. 2: Das Ausgleichsstop: Das Spiel mit dem Geld der Börse

Beschreibung des Ausgleichsstops

Sobald Sie in einen Trade eingestiegen sind und Ihr Anfangsstop gesetzt haben, ist Ihr oberstes Ziel, den Punkt zu erreichen, an dem Sie nicht mehr Ihr Geld riskieren, sondern mit dem Geld der Börse spielen. Im Anfangsstadium jedes Trades ist es *Ihr* Geld, das auf dem Spiel steht. Wenn mit dem Trade sofort etwas schief geht, dann führt das ausgelöste Anfangsstop zu einem Kapitalverlust, allerdings zu einem geringen (siehe Anfangsstop in diesem Kapitel). Auch wenn das ab und zu vorkommen wird, so wird Ihre Aktie dennoch oft weit genug ansteigen (oder fallen, wenn Sie short gehen wollen), dass Sie Ihr Stop auf den Einstiegskurs verschieben können. Schauen wir uns ein Beispiel an. Sie kaufen XYZ bei 20 US-Dollar mit dem Ziel, einen Gewinn von 1,75 bis 2 US-Dollar mitzunehmen. Ihr Anfangsstop liegt bei 19,25 US-Dollar, das heißt, Sie riskieren 75 Cent. So viel müssen Sie zu zahlen bereit sein als Gegenleistung für die Chance oder das Recht, einen Gewinn von 1,75 bis 2 US-Dollar anzustreben. Kein schlechtes Verhältnis. Wenn der Trade aus irgendwelchen Gründen danebengeht, verlieren Sie 75 Cent. Wenn allerdings die Aktie ausreichend steigt, dann sollten Sie Ihr Anfangsstop von 19,25 US-Dollar ganz schnell auf 20 US-Dollar anheben. Das Anheben des Stops auf den Einstiegskurs dient zwei Dingen. Erstens schließt es nahezu jegliches Risiko für Sie aus. Ab hier spielen Sie mit dem Geld der Börse, nicht mehr mit Ihrem eigenen. Das Schlimmste, was passieren kann, ist, dass Sie nahe oder bei Ihrem Einstiegskurs aussteigen müssen. Ja, Sie verlieren dann Ihre Provisionen, aber die sollten als Geschäftskosten und nicht als Verluste angesehen werden. Provisionen sind ähnliche Kosten, wie sie bei anderen Geschäften in Form von Miete, Einrichtung und Energiekosten entstehen. Sie sind notwendig, um Geschäfte zu machen, und es gibt nichts, was man dagegen tun könnte. Zweitens bringt das Anheben Ihres Stops einen psychologischen Vorteil. Da Sie außerhalb der Gefahrenzone sind, können Sie sich buchstäblich zurücklehnen, Ihre Füße auf den Schreibtisch legen und sich entspannen. Zu diesem Zeitpunkt wissen Sie, dass die Aktie entweder Geld verdient oder eliminiert wird, ohne dass Kosten für Sie entstehen. Es betrifft nur noch die Börse. Und Sie sollten das schätzen. Aber hier liegt auch die Falle. Sie müssen wissen, *wann* Sie Ihr Stop für einen Ausgleich anheben müssen. Heben Sie es zu früh an, fordern Sie es direkt heraus, vorzeitig aus guten Trades geworfen zu werden. Heben Sie es zu spät an, dann werden Sie Ihr sauer verdientes Geld unnötigerweise verlieren. Wann ist also der richtige Zeitpunkt? Das erfahren Sie jetzt.

Regel Nummer 1: Einmal Gewinner, immer Gewinner

Sobald eine Aktie (Ihr Angestellter) vorteilhaft um 1 US-Dollar gestiegen ist, sollten Sie sofort Ihr Anfangsstop auf Ihren Ausgleichskurs anheben. Bitte beachten Sie, dass wir nicht sagen: „Sobald Sie einen Gewinn von 1 US-Dollar gemacht haben ..." Nein. Sie heben Ihr Stop auf den Ausgleichskurs an, sobald die Aktie um 1 US-Dollar über den idealen Einstiegskurs gestiegen ist (gefallen, wenn Sie short gehen). Es hört sich zwar gleich an, macht aber einen großen Unterschied. Wenn wir mit dem vorangegangenen Beispiel weitermachen, dann haben Sie XYZ bei 20 US-Dollar gekauft. Ihr Anfangsstop ist bei 19,25 US-Dollar, und Sie wollen einen Gewinn von 1,75 bis 2 US-Dollar machen. Die Aktie steigt um 1 auf 21 US-Dollar. Wenn Sie an diesem Punkt verkaufen würden, dann würden Sie wahrscheinlich keine 21 US-Dollar bekommen. Ein Anstieg von 1 US-Dollar bedeutet nicht immer einen Gewinn von 1 US-Dollar. Aber das ist hier nicht der Punkt. Da sie um 1 US-Dollar gestiegen ist, sollte Ihre Aktion ein Anheben Ihres Stops auf 20 US-Dollar sein, Ihren Ausgleichspunkt. Ab hier sind Sie in sicherem Fahrwasser. Sie können sich zurücklehnen und in dem Wissen entspannen, dass Sie bestenfalls Geld verdienen oder im schlimmsten Fall glatt aussteigen. Ab jetzt zahlt die Börse für Ihren Trade. Und wie wir schon erwähnt haben, Sie sollten das schätzen. Tipp: Unsere Trader vor Ort halten sich an eine 75-Cent-Regel, wenn sie mit Aktien über 12 US-Dollar handeln. Wir raten Ihnen, das auch so zu handhaben.

Eine letzte Bemerkung zum Ausgleichsstop

Denken Sie immer daran, dass die 1-US-Dollar-Regel nur für Swing-Trades gilt (Trades, die in der Regel über Nacht gehalten werden). Bei Intraday-Trades sollten kleinere Beträge wie $^1/_4$ oder $^3/_8$ Punkte verwendet werden.

Tool Nr. 3: Die Trailing-Stop-Methode: Die Stufen zum Gewinn

Beschreibung des Trailingstops

Es steht außer jedem Zweifel. Ihr Eigenkapital ist Ihr wertvollstes Gut. Das zweitwertvollste Gut sind Ihre schwer verdienten Gewinne. Master Trader dürfen niemals zulassen, dass sie ihre Gewinne verlieren oder wieder zurückgeben. Es ist schwer genug, laufend Gewinne an der Börse zu machen. Das Letzte, was Sie wollen, muss ein netter Gewinn sein, den Sie dann wieder zerfließen lassen. Deshalb haben wir die Trailing-Stop-Methode entwickelt, eine Technik, die Tradern hilft, aus einer gewinnbringenden Aktie gute Gewinne zu ziehen und gleichzeitig die verdienten Gewinne zu schützen. Die Anwendung ist einfach, aber wirkungsvoll, unkompliziert, aber effektiv. Und so funktioniert sie:

Sie haben XYZ bei 20 US-Dollar gekauft, mit einem Anfangsstop bei 19,25 US-Dollar. Der Tag, an dem Sie in die Aktie einsteigen, wird als erster Arbeitstag der Aktie angesehen. Sie haben XYZ eingestellt, um für Sie zu arbeiten, und XYZ sollte lieber hart arbeiten, oder sie wird gefeuert. Wir wissen, dass wir aufgrund der 1-US-Dollar-Regel unser Stop auf den Ausgleichskurs anheben werden, sollte die Aktie um 1 US-Dollar steigen. Aber nehmen wir an, dass am Ende des ersten Tages XYZ nur um $^1/_2$ gestiegen ist und bei 20 $^3/_8$ US-Dollar schließt. Wenn das der Fall ist, dann muss unser Stop bei 19 $^1/_4$ US-Dollar bleiben. Am Tag zwei nehmen wir an, dass XYZ es schafft, ein Hoch von 20 $^5/_8$ US-Dollar zu erreichen, aber wieder mit 20 $^3/_8$ US-Dollar schließt. Nun fangen wir an, unsere Trailing-Stop-Technik einzusetzen. Bei Handelsschluss an Tag 2 müssen wir unser Anfangsstop auf $^1/_{16}$ unter das Tief des Handelstages setzen (oder darüber, wenn Sie short gehen). Mit anderen Worten, wenn XYZ am Tag 2 ein Hoch von 20 $^5/_8$ US-Dollar, ein Tief von 19 $^7/_8$ US-Dollar und einen Schlusskurs von 20 $^3/_8$ US-Dollar erreicht, dann würden Sie Ihr Stop von 19 $^1/_4$ auf 19 $^{13}/_{16}$ US-Dollar ($^1/_{16}$ unter dem Tagestief) verschieben. Und nach dem Schluss jedes folgenden Tages würde der Trader alles wiederholen und sein Stop um $^1/_{16}$ unter dem Tagestief platzieren. Das bedeutet eine Verfolgung des Tiefs. Fahren wir mit diesem Beispiel fort. Am Tag 1, dem Einstiegstag, liegt das Anfangsstop bei 19 $^1/_4$ US-Dollar. Bei Handelsschluss am Tag 2 verschiebt sich Ihr Stop auf 19 $^3/_4$ US-Dollar (siehe vorher). Jetzt nehmen wir an, dass XYZ am dritten Tag auf 21 US-Dollar steigt. An diesem Punkt würden Sie Ihr Stop schnell auf den Ausgleichskurs oder 20 US-Dollar anheben, basierend auf der vorher beschriebenen 1-US-Dollar-Regel. Das dürfen Sie nie vergessen. Aber nehmen wir an, nach Handelsschluss an diesem Tag (Tag 3) hatte XYZ ein Hoch von 21 $^{3}/_{8}$ US-Dollar, ein Tief von 20 $^{3}/_{8}$ US-Dollar und einen Schlusskurs von 21 $^{1}/_{4}$ US-Dollar. Sie würden nun Ihr Stop auf 20 $^{5}/_{16}$ US-Dollar setzen, $^{1}/_{16}$ unter dem aktuellen Tagestief. Nun überlegen Sie. Im Laufe des Tages 3 haben Sie Ihr Stop aufgrund der 1-US-Dollar-Regel auf den Ausgleichspunkt gesetzt. Das war eine vorübergehende Maßnahme, die das Risiko von Ihnen auf die Börse verlagert hat. Aber jetzt, nach Börsenschluss, sollten Sie darauf achten, Ihre Trailing-Stop-Methode weiter auszunutzen. Sie haben einen Gewinn von 1 $^{3}/_{8}$ US-Dollar (Schlusskurs 21 $^{3}/_{8}$ US-Dollar – Einstiegskurs 20 US-Dollar = Gewinn 1 $^{3}/_{8}$ US-Dollar) und wollen wenigstens etwas davon schützen. Am Tag 4 verkaufen Sie, sollte XYZ auf 21 $^{3}/_{4}$ bis 22 US-Dollar steigen, vorausgesetzt dass sie hart genug gearbeitet hat, um Ihr Gewinnziel von 1,75 bis 2 US-Dollar zu erreichen. Wenn sie Ihr Ziel bei Börsenschluss am Tag 4 nicht erreicht hat, dann verschieben Sie Ihr Stop auf $^{1}/_{8}$ unter dem Tagestief. Und das geht immer so weiter, bis Sie ausgestoppt werden oder Ihr Gewinnziel erreichen, oder ... Ja. Es gibt noch eine weitere Überlegung. Die beschreiben wir jetzt.

Tool Nr. 4: Time-Stop-Methode: Zeit ist Geld

Beschreibung des Time-Stops

Trading ist ein Spiel mit Geld. Und Zeit ist der Stoff, aus dem Geld gemacht ist, deshalb ist es wichtig, dass wir keine Zeit verschwenden. Wir raten allen unseren Tradern vor Ort, so genannte Time-Stops einzusetzen. Wie alle unsere Taktiken ist auch diese sehr einfach, aber äußerst effektiv. Das Time-Stop hält uns davon ab, unser Geld zu lange in leistungsschwache Aktien zu investieren. Es hilft, unser Geld im Fluss zu halten, immer auf der Suche nach guten Chancen. Als kurzfristiger Trader lassen Sie es nicht zu, dass Ihr Geld zu lange herumliegt, ohne Gewinne abzuwerfen. Es geht hier nicht um das Investieren. Hier geht es um das Trading. Und Sie sind nicht Warren Buffett, wenn Sie traden. Ihr Ziel ist, einzusteigen und abzuspringen und nicht einzusteigen und zu bleiben. Also gilt folgende Regel.

Time-Stop-Regel

Wenn eine Aktie weder Ihr Gewinnziel erreicht noch Sie am Tag 5 ausgestoppt hat, dann verkaufen Sie sie. Feuern Sie die Aktie, und machen Sie weiter, egal wo sie steht oder wie hoch Ihr Gewinn oder Verlust ist. Betrachten Sie jede Aktie als

Ihren Angestellten, der eingestellt wurde, um einen speziellen Job (ein Kursziel erreichen) innerhalb eines bestimmten Zeitrahmens (5 Tage) zu erledigen. Wenn der Angestellte am Tag 5 immer noch keinen Erfolg hat, feuern Sie ihn. Zeit ist Geld. Die Taktiken für das Swing-Trading, die wir in diesem Buch beschrieben haben, sind dazu gedacht, ihre Kursziele innerhalb von 1 bis 3 Tagen zu erreichen. Wenn am fünften Tag (Ihr Einstiegstag zählt als Tag 1) das Ziel immer noch nicht erreicht ist, dann ist nicht eingetreten, was wir erwartet haben, und das Spiel sollte beendet werden. Denn Zeit ist Geld, und der Master Trader will nichts verschwenden!

Wichtiger Hinweis: Bei Intraday-Trades verhält es sich mit dem Time-Stop anders. Wir sind oft bereit, einem Intraday-Trade 1 bis 2 Stunden zuzugestehen. Aber alles, was darüber hinausgeht, versetzt den Master Trader nur in eine hoffnungsvolle Stimmung. Und Hoffnung ist eine gefährliche Sache, wenn es um die Börse geht. Denken Sie immer daran.

Tools und Taktiken für den Ausstieg

Eine Schritt-für-Schritt-Anleitung für den professionellen Ausstieg aus Ihren Trades

16

Gewinne machen ist eine Kunst, die die Krönung dieses Berufs darstellt, wenn man sie erst einmal erlernt hat. Auch wenn der gute Einstieg für den Erfolg des Master Traders entscheidend ist, so steigert das Wissen, wann und wie man Gewinne mitnimmt, die Vorteile eines guten Einstiegs noch beträchtlich. Zu viele Trader wissen nicht, wann es wirklich genug ist, bleiben zu lange in einer positiven Aktie engagiert und fordern aufgrund ihrer Gier die Katastrophe geradezu heraus. Man darf nie vergessen, dass der letzte Achtel-Punkt eines Trades das teuerste Achtel von allen ist, und der Preis, den man für die Jagd nach diesem letzten Achtel bezahlt, ist oft der gesamte, schwer verdiente Gewinn. Außerdem will der Master Trader schon lange ausgestiegen sein, bevor die Aktie ihren Höhepunkt erreicht. Warum? Weil die Spitze jeder kurzfristigen Schwankung gänzlich mit Anfängern besetzt ist. Dort sind all die Möchtegerns zu finden. Dort hängen die Unwissenden herum, und Master Trader vermeiden diese herumlungernden Anfänger wie die Pest. Die meisten Master Trader wissen genau, dass Gewinne beim Trading immer damit verbunden sind, meisterhaft die Mitte jeder Bewegung mitzunehmen. Versuche, genau das Tief oder das Hoch einer Bewegung zu erwischen, sind oft erfolglos und immer unnötig. Trader, die ständig am Tiefstpunkt kaufen und am Höchstpunkt verkaufen, sind auf jeden Fall Lügner.

Wir vertiefen uns nun in die kaum bekannte Welt der Gewinnmitnahmen. Ich benutze den Ausdruck „kaum bekannt“, denn nach 13 Jahren Trading habe ich erkennen müssen, dass nur wenige Trader einen Trading-Plan haben, geschweige denn einen Gewinnmitnahmeplan. Langfristige Trader und Anleger, die keine intelligenten Richtlinien für die Gewinnmitnahme haben, verstecken sich hinter vagen Rückzugsmanövern. Sie gehen davon aus, dass die „Zeit" sie für den Mangel eines Plans entschädigen wird. Aber die Länge eines Trades ist keine Entschuldigung für vage Handlungen. Kurzfristige Trader haben auch ihre Probleme. Viele Mikro- oder Intraday-Trader sind besessen von dem Gedanken, sich vor weiteren Verlusten zu schützen, und schnappen nach allem, was auch nur im Entferntesten nach einem Gewinn aussieht. Mit jeder Sekunde steigt die Angst dieser Trader und hält sie davon ab, Geld mit wirklich guten Gewinnen zu machen, die nur darauf warten, dass sie jemand mitnimmt. Ein guter Einstieg ist entscheidend. Das Wissen, wie man einen Trade professionell verwaltet, ist ein ebenso wichtiges Element des Börsenerfolgs. Wir haben diese beiden wichtigen Punkte in den vorangegangenen Kapiteln ausführlich behandelt. Und nun kommen wir zum letzten Teil, der von der Kunst handelt, professionell aus einem Trade auszusteigen.

Der schrittweise Verkauf

Eine Ihrer Einstiegsmethoden brachte Sie in einen schönen Trade. Aufgrund Ihrer gut entwickelten Fähigkeit, einen Trade zu handhaben, sind Sie während der gesamten Aktienbewegung cool, ruhig und ziemlich gefasst geblieben. Und jetzt ist die Ware, die Sie vor kurzem gekauft haben, um einiges mehr wert, als Sie dafür bezahlt haben. Für einen kurzen Moment bedauern Sie die schlecht informierte Person, die Ihnen diese Aktie verkauft hat, offensichtlich zu billig. Aber eine schnelle Überprüfung des Gewinns, den Sie gemacht haben, verscheucht jedes Gefühl von Schuld. Sie erkennen jetzt, dass noch der dritte Aspekt eines Trades ins Spiel kommen muss: die Gewinnmitnahme. Wann nehmen Sie ihn mit? Wo nehmen Sie ihn mit? Hier kommt ein wichtiger Schlüssel. Die besten Börsianer verkaufen fast nie ihren gesamten Bestand (Aktie) in einem Paket oder zu einem Kurs. Sie erkennen, dass es dasselbe wäre, als wenn ein Straßenhändler seine ganzen Waren beim ersten Angebot verkaufen würde, ohne weiteren potentiellen Käufern die Gelegenheit zu geben, mehr dafür zu bieten. Was ist, wenn Ihre gewinnbringende Aktie (Ware) einen höheren Kurs erreichen kann? Sicher ist auch der momentane Kurs ganz nett, aber falls Sie die richtige Aktie haben, kann sich der Kurs noch netter entwickeln. Und wenn die Aktie hoch steht, ist das nicht Beweis genug, dass Sie die richtige Ware haben? Aber dann wiederum, wie oft haben Sie schon gehalten, um einen besseren, höheren Kurs zu bekommen, nur um dann zuzusehen, wie sich der Kurs, den Sie schon hatten, in Luft auflöst? Ist der Drang, das Geld jetzt einzusammeln, Nervosität, oder ist es Stolz? Ist der Wunsch nach einem höheren Gewinn Gier oder Intelligenz? Wie kann man dieses Dilemma lösen? Die Antwort lautet: mit einem schrittweisen Verkauf. Wir haben immer feststellen können, dass der Verkauf einer Aktie in zwei oder mehr Paketen die beste Möglichkeit ist, Gewinne zu machen. Das ist nicht nur die Lösung des Dilemmas, ob der Trader nun den Gewinn mitnehmen soll, sondern es ist auch eine Chance für den Trader, noch größere Gewinne zu machen. Kurz gesagt: Der schrittweise Verkauf ist die Antwort, die dem inneren Kampf eines Traders ein Ende macht. Verkaufen oder nicht verkaufen ist die Frage, die Minute für Minute auftaucht. Unserer Meinung nach ist die Antwort auf diese ewige Frage fast immer ein „Verkauf", aber nur eines Teils der Position. Hier folgt ein Beispiel. Nehmen wir an, ein Master Trader, wir nennen ihn Mr. Velez, hat einen nicht realisierten Gewinn von 1 US-Dollar bei 1.000 Aktien. Er hat sein Anfangsstop auf den Ausgleichspunkt verschoben, genau wie es unsere Ausgleichsregel verlangt. Jetzt brennt dieser Gewinn ein Loch in seine Tasche. Mr. Velez, der weiß, dass ein realisierter Gewinn so viel wert ist wie zwei nicht realisierte, beschließt, seine Position zu halbieren und einen Gewinn von 500 US-Dollar mitzunehmen. Mit dieser einfachen Aktion hat Mr. Velez seinen Drang nach Gewinnmitnahme befriedigt. Die Angst, seinen ganzen nicht realisierten Gewinn zu verlieren, wurde ausgeschlossen, und trotzdem bleibt ihm noch die Chance eines höheren Kurses. Mr. Velez kommt wieder zu klarem Verstand. Warum? Weil die psychologischen Dämonen, die mit seinen Gefühlen spielten, geschlagen wurden. Daher sei noch einmal gesagt: Klarheit und das so wichtige Gefühl der Ruhe sind zurückgekehrt. Mr. Velez ist jetzt bereit für die nächste Phase seiner profitablen Reise: die Maximierung seiner Gewinne. Tipp: Trotz der Bedeutung dieses Themas eines ruhigen Umgangs mit den psychologischen Dämonen, von denen Trader so geplagt werden, wurde es bis jetzt sehr wenig beachtet. Mark Douglas' Buch „Der disziplinierte Trader" ist das beste Werk, das wir zu diesem Thema kennen. Besuchen Sie www.pristine.com/books, und holen Sie sich mehr Informationen darüber sowie über Bücher, die wir für besonders wertvoll halten. Es gibt wenig gute Bücher, die dem aktiven Trader wirkliche Substanz bieten. Dies ist eines davon.

Eine persönliche Anmerkung von Oliver L. Velez

Ich wurde immer von dem vorher beschriebenen Dilemma geplagt. In meinen Lehrjahren als Trader musste ich oft feststellen, dass ich die wirklich großen Gewinne verpasst hatte, weil ich zu früh verkauft hatte. Mein Problem lag in der Tatsache, dass ich es liebe, „den Kassenhebel zu ziehen". Sobald ich versuchte, dieses Problem zu korrigieren und meine Aktien länger zu halten, verloren sie unweigerlich an Dampf, und die bereits möglichen Gewinne lösten sich in nichts auf. Diese wechselhafte Aktion meiner Aktien und meine Performance führten dazu, dass ich ständig verwirrt und frustriert war. Das blieb so lange, bis ich die beiden Wünsche zwang, nicht mehr gegeneinander anzukämpfen, und versuchte, beide zufrieden zu stellen. Das war die Antwort für mich. Das war der Durchbruch. Seit Jahren hatte ich versucht, Stellung zu beziehen, mich zu zwingen, das eine oder das andere zu tun. Zuerst verstand ich überhaupt nicht, dass es nicht nötig war, sich für eine Seite zu entscheiden. Dann erkannte ich sehr schnell, dass ich beides haben konnte. Ich konnte beide Dämonen zufrieden stellen (die Nervosität und die Gier) und erzielte dabei am Ende noch bessere Ergebnisse. Ab da begann ich, schrittweise zu verkaufen. Und ich kann Ihnen sagen, es funktioniert! Bis heute bin ich ein begeisterter Anwender des schrittweisen Verkaufs. Und nicht nur das: Er bleibt auch ein wichtiger Teil unserers Trainingsprogramms vor Ort. Alle unsere Trader werden in die exakte Anwendung eingeführt, ob sie nun Mikro- oder Swing-Trader sind.

Der richtige Verkauf ist die letzte Sprosse auf der Leiter zur Trading-Meisterschaft, und wenn Sie mehr als einmal richtig liegen, steigen die Chancen, professionell zu handeln, enorm. Also setzen Sie ihn ein. Praktizieren Sie diese Methode des schrittweisen Verkaufs. Sie werden es nicht bedauern. Wenn Sie sich das nächste Mal auf Gewinnterritorium befinden und diese beiden Dämonen, von denen ich erzählt habe, ihre hässlichen Köpfe zeigen, dann bringen Sie beide zum Schweigen, indem Sie die Hälfte Ihrer Aktien verkaufen. Mit anderen Worten: Werfen Sie ihnen einen Knochen hin. Sobald Sie einen Teil des Gewinns mitgenommen haben, richten Sie Ihre volle Aufmerksamkeit darauf, den verbleibenden Gewinn so gut wie möglich zu maximieren. Und wie machen Sie das? Das kommt als Nächstes. Machen wir weiter.

Gewinnmaximierung

Okay. Sie sind in Ihren Trade so glatt und zuversichtlich wie jeder andere erfahrene Trader auch eingestiegen. Nachdem Sie Ihre Versicherungspolice ausgefüllt haben (Anfangsstop), fangen Sie an, Ihre gut geübten Trade-Managementfähigkeiten einzusetzen. Sie fangen mit dem Trailing Ihres Stops an, Schritt für Schritt, mit einer ruhigen Präzision, die sogar die besten Wall-Street-Profis beeindrucken würde. Nach kurzer Zeit stellen Sie fest, dass Sie sich auf dem Gewinnterritorium befinden, und zwar mit einem Plus von 1,50 US-Dollar. Ihr Stop wurde schnell auf den Ausgleichspunkt gesetzt und schließt damit jeden

Verlust aus. An diesem Punkt macht sich langsam ein breites Lächeln auf Ihrem Gesicht breit, wenn Sie daran denken, wie schwierig diese einfachen, aber wirkungsvollen Aktionen einmal für Sie waren. Tipp: Trader, die immer genau wissen, was sie zu tun haben, handeln mit einer Zuversicht und einer Sicherheit, die den Gewinner auszeichnen.

Das Lächeln weicht allmählich einem Babygrinsen. Ihr zunehmender nicht realisierter Gewinn hat eine inzwischen bekannte Drüsenreaktion ausgelöst, und Sie fangen an zu sabbern. Je länger Sie Ihre Position beobachten, desto mehr sabbern Sie. Nachdem Sie sich den Mund mit dem Handrücken abgewischt haben, beschließen Sie, etwas von diesem schmackhaften Gewinn sicherzustellen. Es dauert nicht länger, als es nötig ist, um Pristine.com zu sagen, bis Sie 500 Aktien Ihres 1.000er-Paketes zum Verkauf anbieten. Bäng! Irgendjemand, der nicht clever genug war, die Chance zum gleichen günstigen Zeitpunkt zu erkennen wie Sie, hat den Köder geschluckt. Ah! Die Hälfte haben Sie in der Tasche. Ihre Brust streckt sich nach vorn. Sie stellen fest, dass sich Ihre Schultern automatisch nach hinten heben. Sie wissen, dass diese Aufregung nichts anderes als Stolz ist. Aber nicht dieser Stolz der Langsamen und Ignoranten. Der Stolz, den Sie in diesem Moment fühlen, ist das Ergebnis einiger komplexer Aktionen, ohne Zögern und ohne Fehler. Dieser Stolz ist das Zeichen von Professionalität, ein Orden der Auszeichnung. Und Ihre Adern sind voll gepumpt damit. Nach einer kurzen Pause, in der Sie Ihren Erfolg ganz ausleben können, richten Sie Ihre Aufmerksamkeit auf die Maximierung des restlichen Gewinns. Das sind die Schritte, die Sie gehen müssen, um auf der Welle des Erfolgs zu reiten.

Drei einfache Schritte, um auf der Welle des Erfolgs zu reiten

1. ***Sie behalten Ihr Ausgleichsstop für den Rest des Trades bei.*** Denken Sie immer daran, dass Sie die Hälfte Ihrer Position in den Börsenstunden verkauft haben. Der Tag ist noch nicht vorbei. Sie sind entspannt, denn Sie wissen, dass das Schlimmste, was Ihnen passieren kann, ein Gewinn bei dem verkauften Paket und ein Glattstellen bei dem restlichen Paket ist. An diesem Punkt kann Ihnen niemand mehr den Gewinn oder Ihre Glaubwürdigkeit nehmen.

2. ***Am folgenden Tag nutzen Sie die „Prior bar stop"-Methode als neues Stop.*** Beachten Sie bitte: Wenn dieses neue Stop unterhalb Ihres Ausgleichsstops liegt, dann behalten Sie das Ausgleichsstop bei. Wenn das neue Stop beim Vor-

tagestief nur wenig höher ist als Ihr Ausgleichsstop, dann können Sie ebenfalls das Ausgleichsstop beibehalten. Das steht Ihnen frei. Natürlich sollten Sie mitziehen, wenn das Vortagestief signifikant höher ist als Ihr Ausgleichsstop.

3. ***An jedem nachfolgenden Tag verwenden Sie die Trailing-Stop-Methode, bis eines der folgenden verkaufsträchtigen Ereignisse eintritt.***

Das Erkennen von verkaufsträchtigen Ereignissen

1. ***Sie verkaufen den Rest Ihrer Position, wenn die Aktie bei der Eröffnung eine Aufwärtsspanne von einem halben Punkt oder mehr hat.*** Sie sollten darauf achten, dass Market Maker und Kursmakler eine Aktie nach oben stufen, um zu verkaufen, nicht zu kaufen. Sie stufen Aktien demzufolge nach unten, um zu kaufen, nicht um zu verkaufen.

2. ***Sie verkaufen den Rest Ihrer Position, wenn in den letzten 30 Minuten des Tages die Aktie beim oder nahe beim Tagestief gehandelt wird.*** Das ist das erste Warnsignal (bei einer steigenden Aktie), dass die Verkäufer angefangen haben, die Käufer zu übertreffen.

3. ***Sie verkaufen den Rest Ihrer Position, wenn die Aktie, nachdem sie den ganzen Tag hoch stand, unter ihren Eröffnungskurs zurückfällt.*** Der Eröffnungskurs ist wie die Startlinie bei einem Rennen. Solange die Aktie über ihrem Eröffnungskurs liegt, gewinnen die Bullen (die Käufer) das Rennen. Wenn die Aktie unter ihrem Eröffnungskurs gehandelt wird, dann gewinnen die Bären (die Verkäufer) das Rennen des Tages. Verwechseln Sie die Ereignisse 2 und 3 nicht. Es besteht ein Unterschied.

4. ***Sie verkaufen den Rest Ihrer Position, wenn die Aktie eine Abwärtsspanne von mehr als einem halben Punkt hat und dann nach 30 Minuten auch noch das Tagestief unterschreitet.*** Ein neues Tagestief 30 Minuten nach einer Abwärtsspanne deutet auf eine Baisse hin.

Beachten Sie bitte: Alles, was wir besprochen haben, betrifft einen Long- und nicht einen Short-Trade. Für Short-Trades gelten einfach umgekehrte Kriterien.

Wenn die Katastrophe zuschlägt

Ich habe viel Zeit damit verbracht, darüber zu sprechen, wie man mit Gewinn-Trades umgehen sollte. Aber wie wir alle wissen, ist das Leben eines Traders nicht immer voller Rosen. Aktive Trader müssen mehr noch als alle anderen Börsianer wissen, wie man sich verhält, wenn die Katastrophe zuschlägt. Wenn Trader feststellen, dass der unvorstellbarste aller Alpträume wahr geworden ist, dann müssen sie ganz genau wissen, was zu tun ist. Sie können nicht fünf oder zehn Minuten überlegen. Sie müssen genau in diesem Augenblick wissen, welche Schritte zu ergreifen sind, und zwar sofort. Denken Sie daran, dass aktive Trader heutzutage nicht den Luxus Zeit haben. Sie können es sich nicht leisten, zu erstarren, die Ruhe zu verlieren oder zu wimmern, wenn sich Sturmwolken zusammenbrauen. Eine aufgebrachte Börse erlaubt nicht einen einzigen Moment der Schwäche. Wenn es jemals eine Zeit gibt, in der Sieg oder Überleben auf dem Spiel steht, dann ist das der Moment, wenn die Börse Ihnen eine Bombe in die Hand gedrückt hat. Nur ein gut durchdachter Plan ist die Basis für das sofortige professionelle Handeln, von dem ich spreche. Es gibt nichts Schöneres, als einen erfahrenen Trader in den Fängen einer rasenden Aktie zu sehen. Wahre Profis werden noch besser, wenn Gefahr im Anzug ist. Wie bei Löwenbändigern, die ihren Kopf in den Rachen des Löwen stecken, werden ihre Sinne noch schärfer, ihre Nerven noch sensibler, ihre Aktionen noch bestimmter und sicherer. Wenn Sie genau hinschauen, dann werden Sie feststellen, dass die Aufmerksamkeit der Master Trader, geschärft durch Jahre der Erfahrung, noch steigt. Jeder Gedanke und jede Aktion drücken eine Zuversicht aus, die eher zu einer Gewinnsituation passen würde. Aber alle großen Trader wissen, dass sie angesichts der Gefahr die Kontrolle behalten müssen. Sonst wird sie dieser große weiße Hai, den wir Börsenbaisse nennen, total vernichten.

Sie sehen, die Börse ist Freund und Feind gleichermaßen. Wer das Spiel beherrscht, weiß einfach, wie man in beiden Fällen mit der Börse umgehen muss. Mit lediglich ein paar einfachen, aber wirkungsvollen Aktionen können Sie das auch. Wir wollen, dass jeder unserer Leser weiß, was Erfolg bedeutet. Und Sie können nicht als erfolgreich gelten, solange Sie nicht ohne jeden Zweifel wissen, wie Sie sich angesichts größerer Katastrophen verhalten müssen. Und so wird es gemacht.

Wie Sie mit dem Monster Abwärtsspanne fertig werden

Es ist eine unumstößliche Tatsache, dass wir in einer von Nachrichten beherrschten Welt leben. Als aktive Trader tun wir unser Bestes, um aus dieser Tatsache Vorteile zu ziehen. Aber immer wieder ist eine unerwartete Nachricht, die nach dem Schlussgong oder kurz vor dem Eröffnungsgong bekannt gegeben wird, der Grund, warum eine Aktie, in der wir investiert sind, weit unter unserem Kaufkurs eröffnet. Natürlich helfen erweiterte Börsenstunden, die bald 24 Stunden dauern werden, dieses Über-Nacht-Risiko zu verringern. Aber bis diese dringend notwendigen Bewegungen eintreten, ist die einzige Möglichkeit für den Trader, den Schaden zu begrenzen, ihn, so gut er kann, zu kontrollieren. Ein Master Trader sollte nicht einmal im Traum daran denken, sein Geld durch langfristiges Halten einer Aktie zurückzubekommen. Diese gelegentlichen Katastrophen sind die Kosten für aktives Trading und werden so professionell wie möglich behandelt. Wenn Sie sich selbst einmal in dieser unwillkommenen Lage befinden, sollten Sie folgende Schritte ergreifen.

Wichtige Schritte, wenn die Katastrophe zuschlägt

1. ***Wenn eine Aktie eröffnet, beobachten Sie ihre Trading-Aktivität ganze 5 Minuten lang.*** In dieser Zeit unternehmen Sie gar nichts. Sie verkaufen nicht. Sie kaufen nicht dazu. Das Einzige, was Sie tun, ist Ihre traurige Aktie zu beobachten. Tipp: Da Market Maker und Kursmakler dazu neigen, Aktien zu exzessiv nach unten zu stufen, um sie billig zu kaufen, ist es statistisch unklug, Ihre Aktien in den ersten 5 Minuten zu verkaufen. Das heißt allerdings nicht, dass Ihre Aktie nicht noch weiter fällt. Diese Haltung verhindert lediglich, dass der Trader mit dem Rest der Herde auf die Verkaufsseite springt. Panik, wie sie in den ersten 5 Minuten des Tradings normal ist, ist nicht unbedingt der Geisteszustand, in dem ein Trader irgendetwas tun sollte, geschweige denn ihr nachzugeben. Die Regel lautet hierbei: Verkaufen Sie nie in einem Zustand der Panik. Es gibt Zeiten, in denen es richtig ist, aufzugeben. Wir können einfach nicht immer gewinnen. Aber Sie dürfen nur dann aufgeben, wenn Ihre Gedanken ruhig und kontrolliert sind. Ein Abwarten von 5 Minuten verhilft Ihnen dazu. Betrachten Sie es so. Sie sind bereits eingebrochen. Wenn Sie nicht gerade mit hoch bewerteten Internetaktien handeln, werden Ihnen 5 Minuten mehr nicht besonders schaden.

2. ***Nach 5 Minuten markieren Sie das Tagestief*** (der niedrigste Kurs der Aktie in den ersten 5 Minuten). Das wird für die nächsten 30 Minuten der wichtigste Kurs in Ihrem Leben sein.

3. ***Verkaufen Sie höchstens die Hälfte Ihrer Aktie, falls die Aktie unter das 5-Minuten-Tief sinkt*** (das Tagestief nach den ersten 5 Minuten). Warum ist es manchmal akzeptabel, nur die Hälfte zu verkaufen? Weil das 30-Minuten-Tief (nicht das 5-Minuten-Tief) das wirklich wichtige ist. Solange wir der Aktie nicht 30 Minuten Handel zugestehen, haben wir ihr keine Chance zur Erholung gegeben. Warum aber dann die Hälfte nach dem Durchbruch des 5-Minuten-Tiefs verkaufen? Nur für den Fall, dass die Aktie in den ersten 30 Minuten des Handels drastisch fällt. Denken Sie daran, das sind nur Richtlinien. Wir sind ja nicht dumm. Die Wahrheit ist, dass wir ein Problem haben und diese Aktionen lediglich dazu dienen, den Schaden zu begrenzen. Der Verkauf der Hälfte Ihrer Probleme sorgt für mehr Klarheit. Je weniger wir belastet sind, desto besser. Deshalb ist es am besten, die Hälfte unserer Kopfschmerzen zu verkaufen, wenn die Aktie nach 5 Minuten ein neues Tagestief erreicht. Beachten Sie bitte: Man darf nicht übersehen, dass vielen Tradern damit gedient wäre, wenn sie an diesem Punkt das ganze Paket verkaufen. Die halbe Möglichkeit gilt nur für Abwärtsspannen, die nicht allzu groß sind.

4. ***Nach 30 Minuten Trading markieren Sie wieder das Tagestief.*** Denken Sie jetzt daran, dass dieses 30-Minuten-Tief entweder unter oder genau bei dem 5-Minuten-Tief liegt. Wenn die Aktie unter ihr 5-Minuten-Tief fällt, bevor die 30 Minuten um sind, dann verwendet der Trader das niedriegere Tief. Wenn das 5-Minuten-Tief in der ersten halben Stunde nicht mehr verletzt wird, dann ist das 5-Minuten-Tief dasselbe wie das 30-Minuten-Tief. Es ist wichtig, diesen Punkt verstanden zu haben.

5. ***Verkaufen Sie Ihre komplette Aktie, wenn die Aktie unter das 30-Minuten-Tief fällt*** (in den ersten 30 Minuten des Tradings festgelegt). Denken Sie daran, dass dies die tatsächliche Linie im Sand ist, die Sie ziehen müssen. Wie wir schon in einem anderen Abschnitt erklärt haben, die Wahrheit erkennt man daran, was nach den ersten 30 Minuten passiert. Wenn die Aktie nach der ersten halben Stunde des Tradings auf ein neues Tageshoch steigt, ist die Stärke echt und sollte respektiert werden. Wenn die Aktie nach der ersten halben Stunde auf ein neues Tagestief fällt, dann sollten Sie Acht

geben. Das ist eine sehr schwache Aktie, die noch weiter fallen wird. Die Aktie muss abgestoßen werden. Ohne Wenn und Aber. Weg damit!

6. ***Verwenden Sie die Trailing-Stop-Methode.*** Das ist die Aktion des Traders, wenn die Aktie es schafft, den ganzen Tag über ihrem 30-Minuten-Tief zu bleiben. Beachten Sie bitte: Manche Trader, die wir ausgebildet haben, bestehen darauf, ihr Stop beim Tief des Katastrophentages zu belassen. Mit anderen Worten, sie verwenden keine Trailing-Stop-Methode. Ihrer Ansicht nach hat eine Aktie ihr Tief bereits erreicht, solange sie über dem Tief der Abwärtsspanne des Tages bleibt. Manchmal verbessert diese Einstellung das Ergebnis. Aber der Trader riskiert dabei, dass er womöglich für immer die Chance vertut, seinen Verlust einzugrenzen. Ich habe festgestellt, dass diese alternative Methode am hilfreichsten ist bei führenden Technologieaktien, die nach unten klaffen, wie Intel, Dell oder Microsoft.

Eine aggressive Vorgehensweise

Manche unserer aggressivsten Trader verwenden die 5-Minuten-Regel bei einem Aufwärtstrend, um ihre eingebrochene Position aufzustocken. Mit anderen Worten, wenn die Aktie über das Hoch der ersten 5 Minuten steigt, dann kaufen sie mehr Aktien, mit der Vorstellung, sie ein paar Kursstufen höher schnell wieder abzustoßen. Diese aggressive Strategie, die wir in unseren Seminaren unterrichten, heißt das Bullet Play und hilft ehrgeizigen Tradern oft, ihre Verluste weiter einzugrenzen. Man muss jedoch wissen, dass dieselbe 5-Minuten-Verkaufsregel befolgt wird. Der einzige Unterschied hier ist der zusätzliche Kauf. Auf der Verkaufsseite der Gleichung ändert sich nichts. Das sei nur für jene hinzugefügt, die sich selbst für aggressiv halten.

Anzeichen drohender Gefahr

Auch wenn wir Katastrophen niemals ganz abwenden können, so gibt es dennoch Zeiten, wo uns klare Anzeichen einer drohenden Gefahr wachrütteln können, bevor ein Debakel passiert. Das Erkennen dieser Anzeichen kann dem Master Trader Tausende, wenn nicht sogar Zehntausende von Dollars im Laufe seines Lebens ersparen. Und nicht nur das, in bestimmten Situationen kann der kluge Trader einige dieser Warnsignale sogar dazu nutzen, Gewinne zu machen. Schauen wir den Tatsachen ins Auge. Manchmal passieren guten Tradern schlimme Dinge, aber die hier aufgelisteten Warnsignale stellen sicher, dass Ihnen diese schlimmen Dinge weit seltender passieren als anderen. Machen Sie sich mit jedem Warnsignal vertraut, denn sie werden Ihr finanzielles Dasein retten. Und ich wette darauf, sie retten es mehr als nur einmal.

Anzeichen, dass Gefahr droht:

- Die Aktie gibt in den letzten zwei Handelsstunden den Großteil ihrer Gewinne wieder ab.
- Die Aktie schließt bei oder nahe ihrem Tief, nachdem sie anfänglich beträchtlich gestiegen war.
- Die Aktie erreicht wenig bis gar keinen Gewinn bei einem besonders hohen Durchschnittsvolumen.
- Die Aktie hat bei Eröffnung eine extrem weite Spanne und wird dann unter dem Hoch des vorhergehenden Balkens gehandelt.
- Die Aktie kämpft auf einem Kurslevel, auf dem früher schon einmal eine starke Abwärtsbewegung eingesetzt hat.
- Ein wichtiger Market Maker wie GSCO, SBSH oder MLCO verkauft die Aktie ganz offenkundig während des ganzen Tages.

Das sind einige der Anzeichen, die oft einer Gefahr vorausgehen. Halten Sie danach Ausschau. Wenn Sie short gehen wollen, gelten umgekehrte Bedingungen.

Teil DREI

Ausblick

17 Wie Sie das ganze Wissen nutzen

Wie Sie Ihr Wissen unter Verwendung von Tagescharts nutzen

Avnet, Inc. (AVT)

Dieser Tageschart von Avnet, Inc (AVT) (Abb. 17.1) zeigt die Bedeutung des 200 SMA in Kombination mit verschiedenen anderen Situationen:

1. Der 200 SMA dient als Widerstand. Der bearishe RB mit einem Topping Tail deutet auf mächtige Verkäufer hin.
2. Ein NRB, der über seinem Eröffnungskurs schließt, setzt dem Sinken der AVT im Bereich einer vorhergehenden Spanne ein Ende. Tipp: Ein NRB, der über seinem Eröffnungskurs schließt, ist außerordentlich stark. Man sollte dabei nicht vergessen, dass Gaps oft als Unterstützungs- und/oder Widerstandsbereich dienen.
3. Nach dem Erreichen eines Hochs endet der Rückzug von AVT abrupt mit einem Abwärts-Gap auf den 200 SMA bei gleichzeitiger Volumenspitze.

Broadcast.com (BRCM)

1. BRCM (Abb. 17.2) überschreitet ein Hoch und fängt an, sehr schnell zu fallen. Tipp: Ein Hoch, auf das ein starkes Absinken folgt, ist normalerweise ein sehr beachtenswerter Widerstandspunkt, wenn es erneut erreicht wird.
2. BRCM bildet einen bullishen RB mit einem Bottoming Tail und deutet damit

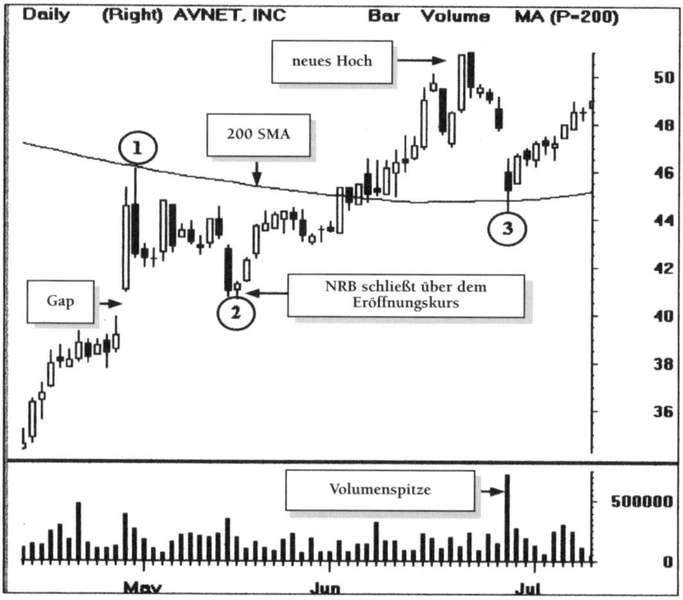

Abbildung 17.1

Quelle: The Executioner.com

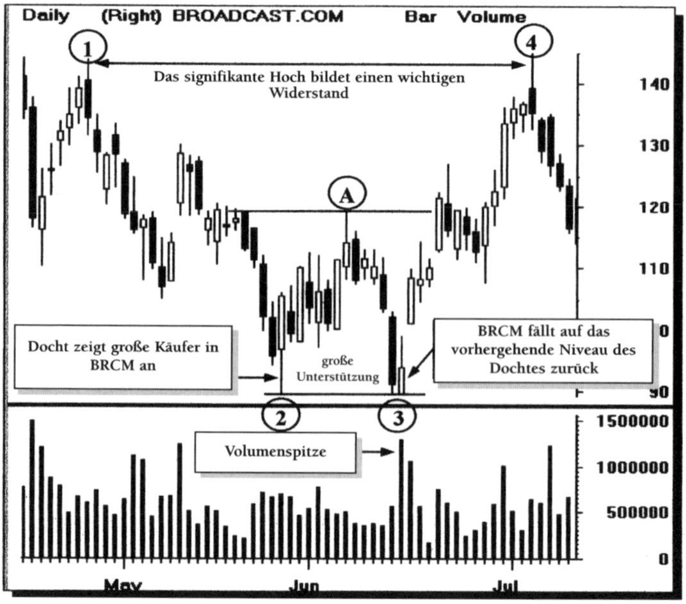

Abbildung 17.2

Quelle: The Executioner.com

auf heftige Käufe. Dieser Bereich wird bei Wiederholung ein Hauptreferenzpunkt.

3. BRCM wiederholt das vorhergehende Tief bei einer Volumenspitze und bestätigt damit eine starke Kursstützung. Beachten Sie, dass der vorausgegangene Anstieg „A" ein nahezu 100-prozentiger Rückgang auf die vorhergehende Abwärtsbewegung ist. Das erhöht die Chancen, dass BRCM beim vorhergegangenen Tief stehen bleibt.
4. Ein bearisher RB mit einem Topping Tail beim vorhergehenden Hoch deutet auf starke Verkäufe hin. Tipp: Aggressive Trader kaufen oft bei RBs, die bei einer starken Unterstützung entstehen, und verkaufen bei RBs, die bei einem starken Widerstand zustande kommen.

BMC Software (BMCS)

1. Die explosive Erholungsphase von BMCS (Abb. 17.3), die von einem professionellen Gap ausgelöst wird, stoppt ihre Schwankungen beim flachen 200 SMA.
2. BMCS erreicht ein Tief, nachdem ein Rückgang von 50 Prozent, ein Rückfall um 3 bis 5 Balken, und ein bullisher RB mit einem Bottoming Tail auftraten. Alle diese gleichzeitig auftretenden Charting-Ereignisse stellen einen sehr guten Kaufpunkt dar.

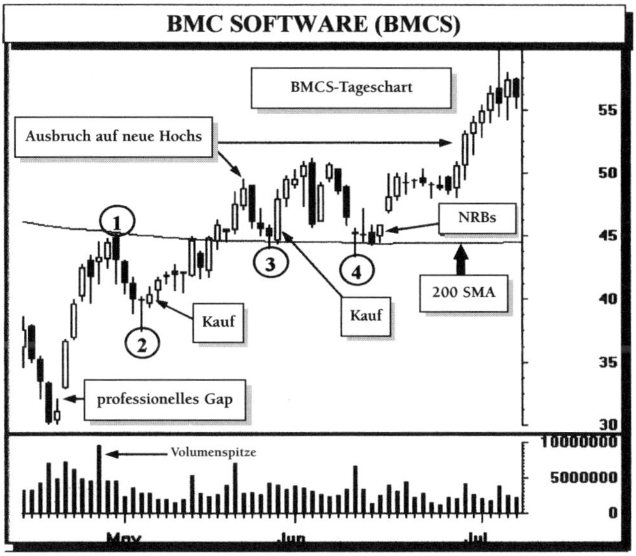

Quelle: The Executioner.com

Abbildung 17.3

3. Nach einem weiteren Abfall um 3 bis 5 Balken findet BMCS gleichzeitige Unterstützung bei ihrem vorhergehenden Tief und dem 200 SMA.
4. Der bullishe RB mit einem Bottoming Tail wird von zwei NRBs gefolgt, die ebenfalls beim 200 SMA liegen. Der zweite NRB, der über seinem Eröffnungskurs schließt, ist das Hauptsignal, dass BMCS bereit ist durchzustarten.

Advanced Fiber Communications (AFCI)

AFCI (Abb. 17.4) demonstriert, wie stark kleinere Kursstützungen in Kombination mit anderen Ereignissen sein können:

1. AFCI zieht sich auf eine geringere Kursstützung und ihren steigenden 20 SMA zurück und steigt. Der Bottoming Tail signalisiert heftige Käufe.
2. Nach einem neuen Hoch zieht sich AFCI erneut auf eine geringe Kursstützung und ihren steigenden 20 SMA zurück, um einen bullishen RB mit einem Bottoming Tail zu bilden. Tipp: Der erste Rückzug von einem neuen Hoch ist normalerweise ein Kaufsignal.

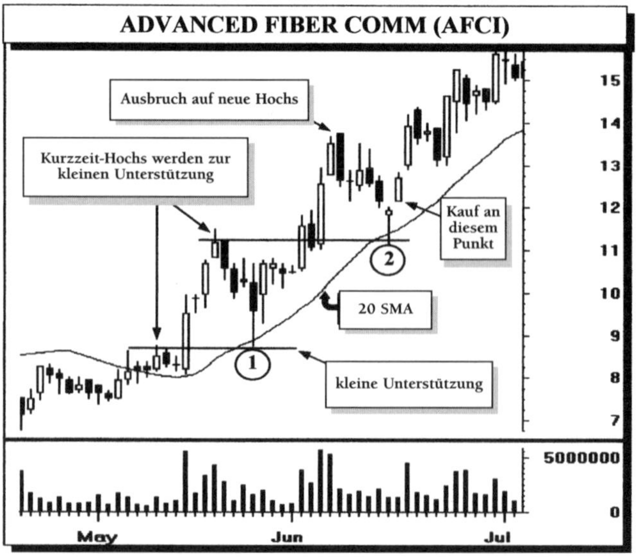

Abbildung 17.4

Quelle: The Executioner.com

Biogen Inc. (BGEN)

Mitte Juni präsentierte BGEN (Abb. 17.5) dem wachsamen Master Trader eine sehr interessante Kaufgelegenheit. Bei Punkt 1 zieht sich BGEN zurück, um bei Punkt A das vorhergehende Tief zu testen. Tipp: Vorausgegangene Tiefs dienen als wichtige Kursstützung, besonders wenn ihnen ein Durchbruch zu einem neuen Hoch folgt. Am beeindruckendsten ist die Tatsache, dass BGEN einen bullishen RB bildet, der mit einem Bottoming Tail über seinem Eröffnungskurs schließt. Der Master Trader kauft entweder bei dem bullishen RB oder am folgenden Tag bei Punkt B.

Computer Associates International (CA)

1. CA (Abb. 17.6) erholt sich von ihrem 20 SMA kurz nach zwei NRBs. Tipp: Master Trader kaufen oft bei einem NRB, der über seinem Eröffnungskurs schließt. Siehe Abb. 17.6.
2. Nach Erreichen eines neuen Hochs zieht sich CA wieder auf ihren steigenden 20 SMA zurück, bildet einen weiteren NRB, der über seinem Eröffnungskurs schließt, und steigt dann.
3. CA erholt sich bis auf ihr früheres Hoch und formt dabei einen Doji-ähnlichen NRB, der schnell zu einem 2-US-Dollar-Anstieg führt. Tipp: Denken

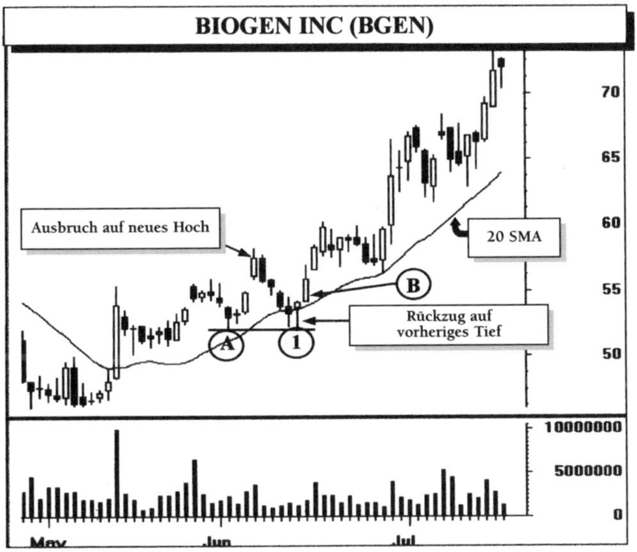

Quelle: The Executioner.com

Abbildung 17.5

Sie daran, dass bei jedem Hoch ein neues Spiel beginnt. Nach jedem neuen Hoch versucht der Master Trader, beim nächsten Rückzug zu kaufen, vorausgesetzt es treten ein oder mehrere dieser Ereignisse auf.

Concord EFS (CEFT)

Dieser Tageschart von CEFT (Abb. 17.7) präsentiert eine nahezu perfekte Schlüsselsituation für einen Kauf.

1. CEFT erholt sich stark auf ein neues Hoch. Diese robuste Erholung sagt dem Master Trader, dass der nächste Rückzug günstig für einen Kauf ist, vorausgesetzt ein oder mehrere Ereignisse treten ein.
2. CEFT erleidet einen Rückgang um 3 bis 5 Balken auf eine geringe Kursstützung. Zwei NRBs mit kleinen Tails tauchen neben dem 20 SMA auf. All diese Ereignisse beim selben Punkt stellen eine sehr gute Kaufgelegenheit dar. Der Master Trader kauft CEFT, sobald die Aktie das nächste Mal über einem vorangehenden Hoch gehandelt wird, und platziert dann ein Stop $^1/_{16}$ bis $^1/_8$ unter dem tiefsten Tief des Rückgangs um 3 bis 5 Balken.
3. Es folgt eine Bewegung um 5 Punkte nach oben. Tipp: Je höher die Anzahl der Ereignisse, desto größer ist die zu erwartende Bewegung.

Abbildung 17.6

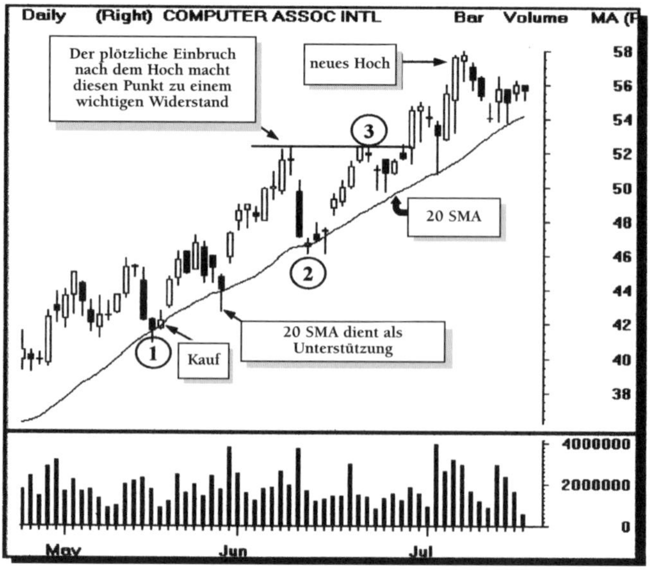

Quelle: The Executioner.com

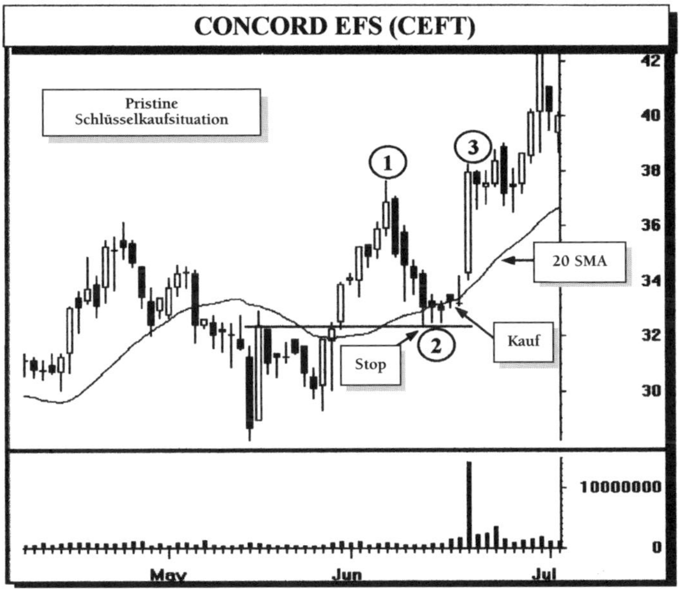

Quelle: The Executioner.com

Abbildung 17.7

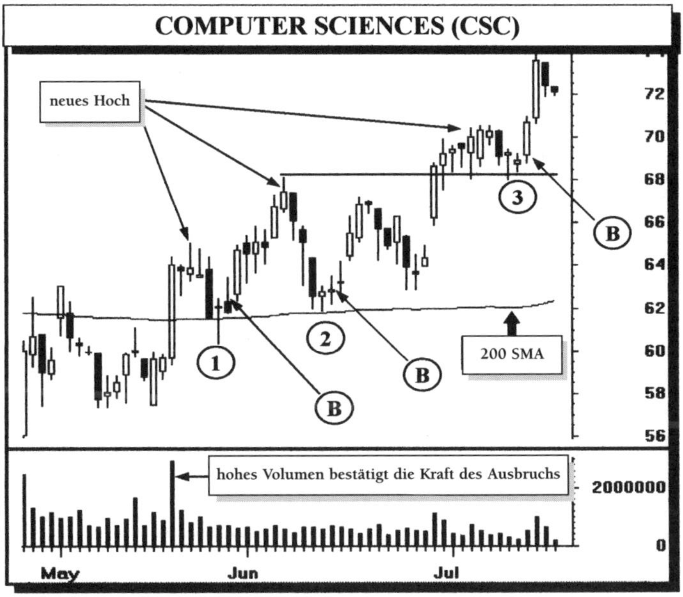

Quelle: The Executioner.com

Abbildung 17.8

Computer Sciences (CSC)

CSC (Abb. 17.8) zeigt drei Ereignisse, die alle günstig für Trades sind:

1. Nachdem CSC ein neues Hoch erreicht hat, stoppt ein bullisher Tail den Rückgang bei ihrem 200 SMA auf. Der Master Trader kauft über dem Hoch des Balkens mit dem Tail.
2. Nach einem weiteren Hoch erfährt CSC einen Rückgang über 3 bis 5 Balken und erreicht ihr früheres Tief und ihren 200 SMA wieder. Das bildet eine nahezu perfekte Kaufgelegenheit. Der Master Trader kauft, sobald CSC über das Hoch eines vorhergehenden Balkens steigt.
3. Nach einem neuen Hoch zieht sich CSC auf eine niedrigere Unterstützung zurück und bildet einen NRB. Der Master Trader kauft über dem NRB.

Doubleclick (DCLK)

DCLK (Abb. 17.9) zeigt die Kraft von starker Unterstützung und Widerstand, kombiniert mit anderen Ereignissen:

1. DCLK fällt bei gleichzeitiger Volumenspitze und beendet ihren Rückgang. Das ist keine Gelegenheit zum Handeln, sondern sollte Aufmerksamkeit erregen, besonders nach dem vorangegangenen Anstieg des Volumens, der ein erstes Anzeichen war, dass große Käufer ins Spiel kommen.

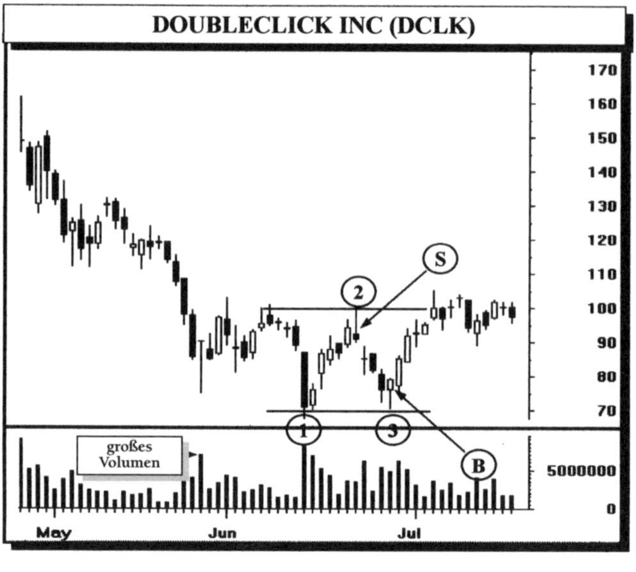

Abbildung 17.9

Quelle: The Executioner.com

2. DCLK erholt sich auf ihr vorhergehendes Hoch, was als wichtiger Widerstand dient. Die Bildung eines bearishen RB bei starkem Widerstand bietet eine Verkaufsgelegenheit. Tipp: Master Trader steigen oft bei RBs gegen Ende des Tages ein.
3. DCLK erfährt einen Rückgang um 100 Prozent. Die Bildung eines bullishen RB bei starker Unterstützung bildet eine perfekte Kaufgelegenheit. Der Master Trader kauft entweder beim RB oder über dem Hoch des RBs am folgenden Tag. Beachten Sie bitte: Der Master Trader versucht, in starken Widerstand hineinzuverkaufen.

Immunex Corp. (IMNX)

Dieser Tageschart von IMNX (Abb. 17.10) zeigt eine Reihe wichtiger Ereignisse, die als Schlüsselanzeichen oder Signale für den Master Trader gelten:

1. Der Doji-ähnliche Top-Balken löste einen sehr ernsten Rückgang für IMNX aus. Tipp: Hochs, die heftige Rückgänge auslösen, sind in der Regel wichtige Widerstände bei Wiederholungen.
2. IMNX stoppt seinen Rückgang, nachdem es das Gap, das es einen Monat vorher gebildet hatte, ausgefüllt hat. Tipp: Gaps dienen als Unterstützungs- und Widerstandsbereich.
3. IMNX wiederholt sein vorheriges Hoch, das jetzt als Widerstand dient.

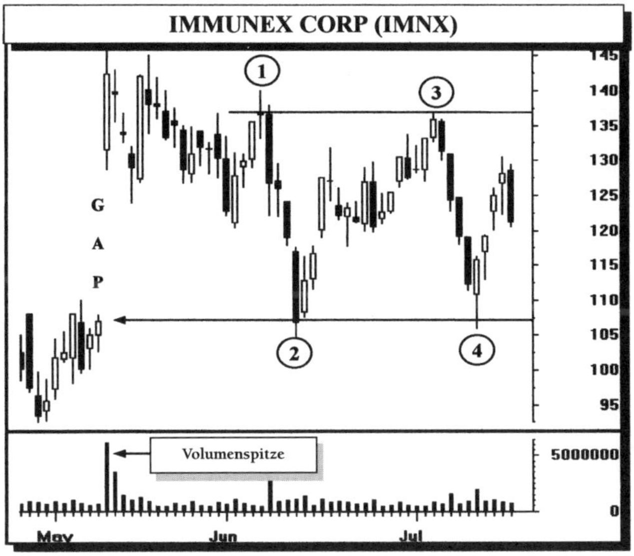

Quelle: The Executioner.com

Abbildung 17.10

4. IMNX erfährt einen Rückgang über 3 bis 5 Balken auf sein vorheriges Tief, das jetzt als Unterstützung dient. Beachten Sie bitte, dass IMNX bei diesem Rückgang einen perfekten bullishen RB mit Tail bildet. Der Master Trader kauft am selben Tag beim RB oder am folgenden Tag über dem Hoch des RBs.

Wie Sie Ihr Wissen unter Verwendung von Intraday-Charts nutzen

Broadcom Corporation (BRCM)

Der 15-Minuten-Chart von BRMC (Abb. 17.11) demonstriert die Bedeutung des 200 SMA, zusammen mit wichtigen Reversal Times. Schon ein kurzer Blick zeigt, dass der 200 SMA an vier Punkten als Widerstand dient:

1. Kurz nach dem Erreichen des 200 SMA klafft BRCM abwärts und fällt um 4 Punkte.
2. Nach dem Ansteigen auf den 200 SMA bei der Eröffnung am folgenden Tag fängt BRCM an, wieder zu fallen, und endet mit einem Tail in der Reversal Time um 10:30 a. m.

Abbildung 17.11

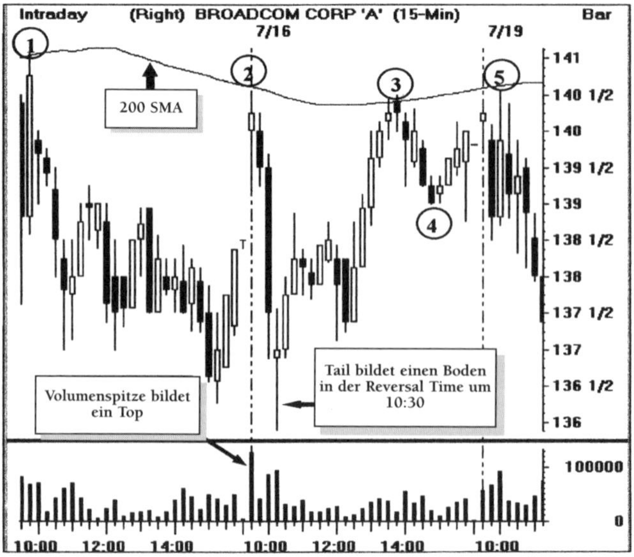

Quelle: The Executioner.com

3. Eine Erholung auf den flachen 200 SMA erfolgt, wobei der Top-Balken unter seinem Eröffnungskurs schließt. Tipp: Ein flacher 200 SMA, der überstiegen wird, bietet einen besseren Widerstand als ein kurviger SMA.
4. Gegen 1:30 p. m. erreicht ein Rückgang um 40 Prozent sein Tief, und ein NRB, der über seinem Eröffnungskurs schließt, löst eine weitere Erholung auf den 200 SMA aus.
5. BRCM eröffnet am folgenden Tag nahe dem 200 SMA, und ein neuer Rückgang folgt im Bereich der Reversal Time um 10:00 a. m.

Wie Sie Ihr Wissen unter Verwendung verschiedener Zeitrahmen nutzen

Cybercash Inc. (CYCH): Bestimmen Sie aufgrund des Tagescharts, wie Sie vorgehen!

Ein Blick auf den 15-Minuten-Chart von CYCH (Abb. 17.12) zeigt eine Seitwärtsbewegung über mehrere Tage. Tipp: Käufe aufgrund von Ausbrüchen bei Seitwärtsbewegungen sind eine Strategie mit niedrigem Risiko. Denken Sie daran, dass der Master Trader jetzt ein detaillierteres Bild der letzten beiden Handelstage von CYCH hat.

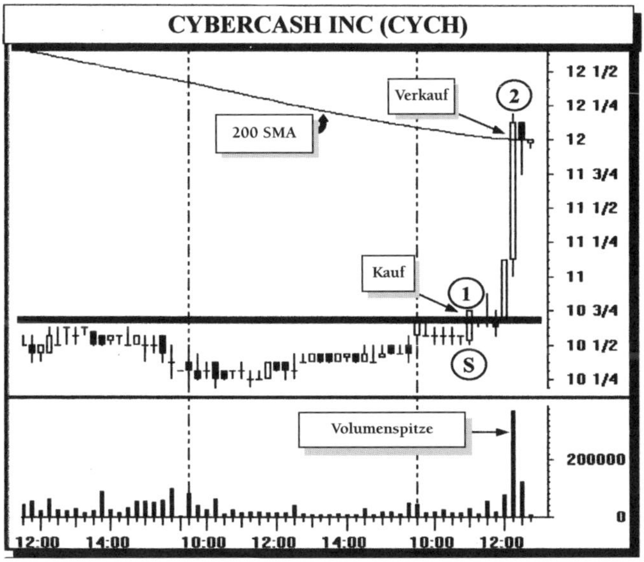

Quelle: The Executioner.com

Abbildung 17.12

1. Der Master Trader kauft CYCH bei einem Ausbruch aus der Seitwärtsbewegung. Vergessen Sie nicht, dass ein Teil dieser Seitwärtsbewegung der NRB ist, den Sie im Tageschart beobachten können. Sobald er gekauft hat, setzt der Master Trader ein mentales Stop unterhalb des Ausbruchsbalkens. Siehe „S" in Abb. 17.12. Tipp: Aktien, die nach 30 Minuten des Handels ein neues Tageshoch erreichen, bleiben in der Regel während des ganzen Tages stark. Schlagen Sie die 30-Minuten-Kaufregel im Kapitel 14 nach.
2. Wenn CYCH nach oben explodiert, achtet der Master Trader auf den 200 SMA. Eine Volumenspitze beendet die Bewegung nahe dem 200 SMA, und hier versucht der Master Trader, die Aktie anzubieten (zu verkaufen) und damit einen Gewinn von 1,25 US-Dollar mitzunehmen. Tipp: Ein hoher 200 SMA stoppt normalerweise eine Intraday-Erholung aus. Abbildung 17.13 zeigt das deutlich.

Cybercash Inc. (CYCH): Bestimmen Sie aufgrund des 15-Minuten-Charts, wann Sie eingreifen!

Dieser 2-Minuten-Chart von CYCH (Abb. 17.13) zeigt, welchen Effekt der 200 SMA bei einer Intraday-Erholung der Aktie auf dem 15-Minuten-Chart hat. Es überrascht nicht, dass CYCH stark fällt. Tipp: Ein hoher 200 SMA ist

Abbildung 17.13

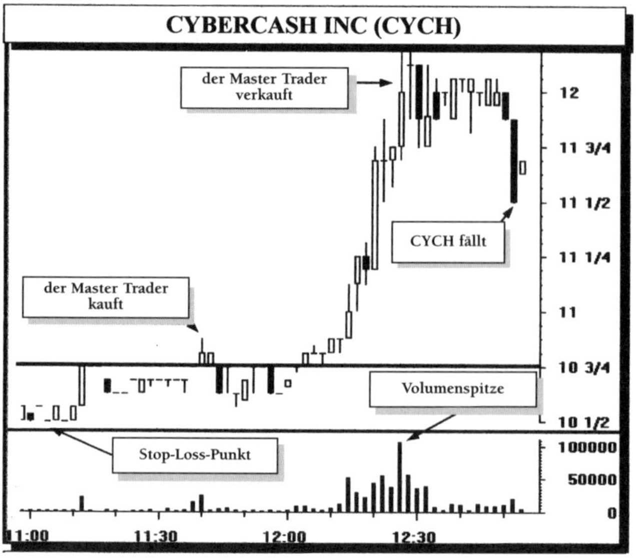

Quelle: The Executioner.com

ein exzellenter Hinweis auf Gewinnmitnahmen für Intraday-Master-Trader. Denken Sie daran, dass diese Taktik auch im umgekehrten Fall sehr gut funktioniert.

Cybercash Inc. (CYCH): Nutzen Sie den 2-Minuten-Chart für größere Genauigkeit!

Dieser Tageschart von CYCH (Abb. 17.14) zeigt das Auffüllen eines Gap und ist ein weiterer wichtiger Verkaufsgrund für den Master Trader. Tipp: Gaps dienen als Unterstützungs- und Widerstandsbereiche. In diesem Fall ist das Abwärts-Gap ein Bereich des Widerstands.

Cybercash Inc. (CYCH): Nutzen Sie den Tageschart zur Bestimmung des Verkaufszeitpunktes!

Dieser Tageschart von CYCH (Abb. 17.15) zeigt, wie ein Master Trader gewinnt, wenn er das Konzept der Volumenspitze zusammen mit starker Unterstützung anwendet. Wir zeigen außerdem, wie der Master Trader verschiedene Zeitrahmen nutzt, um noch bessere Entscheidungen zu treffen.

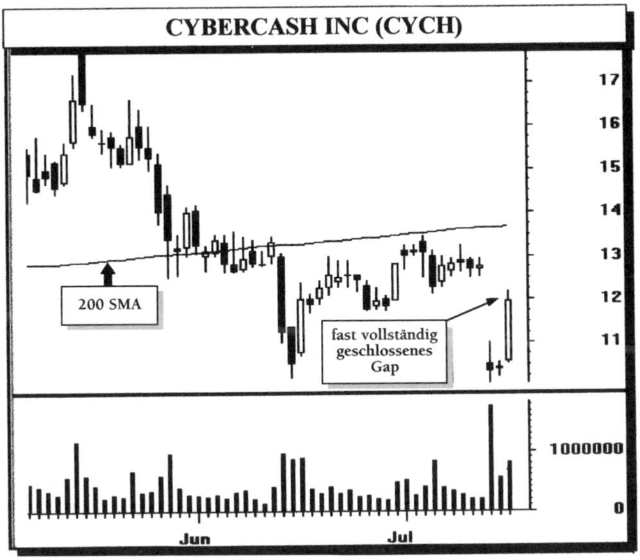

Quelle: The Executioner.com

Abbildung 17.14

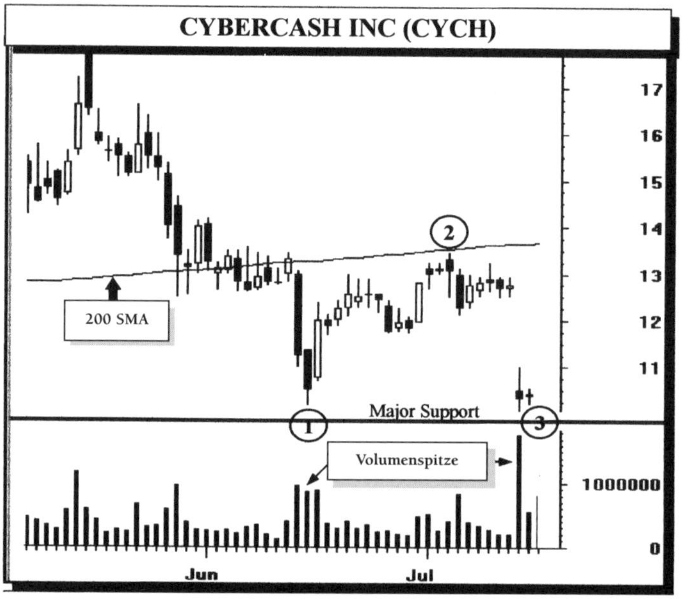

Abbildung 17.15

Quelle: The Executioner.com

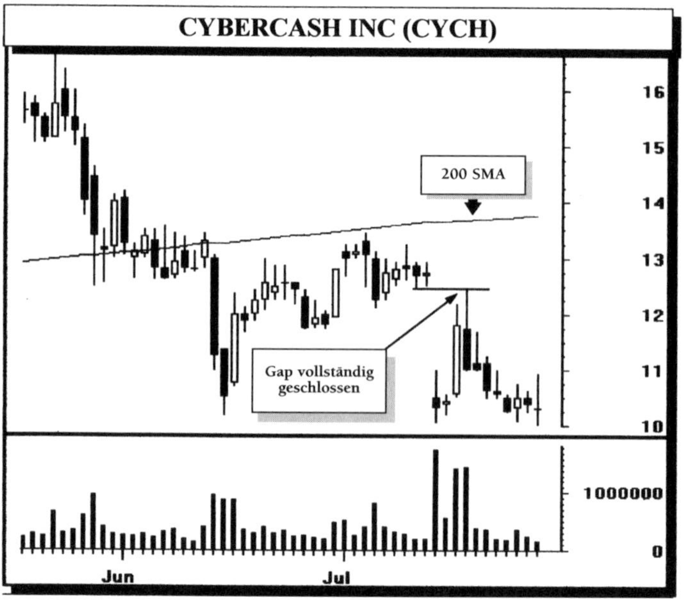

Abbildung 17.16

Quelle: The Executioner.com

1. CYCH fällt aus dem Bereich seines 200 SMA. Der Rückgang endet mit einem hohen Anstieg beim Volumen. Der Master Trader macht sich eine mentale Notiz von der nachfolgenden starken Erholung. Tipp: Ein vorhergehendes Tief mit einer heftigen nachfolgenden Erholung ist bei einer Wiederholung immer ein Bereich starker Unterstützung.
2. Der 200 SMA dient als Widerstand und löst gelegentlich einen weiteren heftigen Rückgang aus.
3. CYCH klafft bei einer Volumenspitze nach unten und hat eine starke Kursstützung. Am Tag nach dem Gap ist sie unten, bildet einen NRB und signalisiert, dass eine heftige Erholung wahrscheinlich ist. Der Master Trader beschließt, über dem Hoch des NRBs zu kaufen, aber vorher holt er sich genauere Informationen aus dem 5- und/oder 15-Minuten-Chart.

Cybercash Inc. (CYCH): Nutzen Sie den Tageschart zur Überprüfung des Resultats!

Dieser abschließende Tageschart von CYCH (Abb. 17.16) zeigt, wie wichtig Gaps als Widerstandsbereiche sein können. Beachten Sie, wie heftig der Rückgang war.

Drei Prüfungen für den Master Trader

Test I: Lexmark International (LXK): Nennen Sie vier Ereignisse, die günstig für das Trading sind!

Frage

Dieser Tageschart von LXK (Abb. 17.17) enthält vier Schlüsselereignisse. Können Sie sie bezeichnen?

1. ______________________________

2. ______________________________

3. ______________________________

4. ______________________________

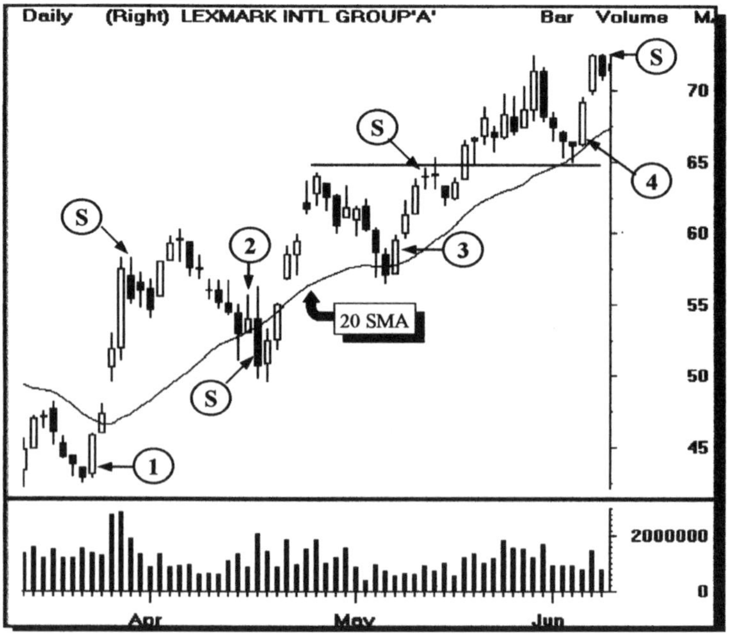

Abbildung 17.17

Quelle: The Executioner.com

Antworten

1. ***Schlüsselsituation für einen Kauf aufgrund eines Narrow-Range Bar (NRB).*** Der Master Trader kauft LXK über dem Hoch des NRB mit einem Anfangsstop von $^1/_{16}$ unter dem Tief des NRBs. Er verkauft beim Reversal Bar um 13 US-Dollar höher. Beachten Sie bitte: Alle Verkäufe sind im Chart mit S markiert.

2. ***Schlüsselsituation für einen Kauf aufgrund des steigenden 20 MA.*** Der Master Trader kauft bei 2 mit einem Anfangsstop unter dem vorhergehenden oder aktuellen Tief des Balkens. Er wird am nächsten Tag wegen eines Verlusts von mehreren Punkten ausgestoppt.

3. ***Schlüsselsituation für einen Kauf kurz nach einem steigenden 20 MA.*** Der Master Trader kauft bei 3 mit einem Anfangsstop unter dem Tief des vorhergehenden Balkens. Er verkauft nahe dem vorhergehenden Hoch bei der tödlichen Doji-Situation mit einem Gewinn von 6 US-Dollar. Tipp: Der Master Trader schützt seine Gewinne bei jedem Trade durch Anwendung der 1-US-Dollar-Regel und der Trailing-Stop-Methode.

4. ***Schlüsselsituation für einen Kauf kurz nach einem steigenden 20 MA und einer geringen Kursstützung, unterstützt durch einen bullishen Tail.*** Der Master Trader kauft bei 4 mit einem Anfangsstop unter dem Tief des vorhergehenden Balkens. Er verkauft nahe dem vorhergehenden Hoch mit einem Gewinn von 4 bis 5 US-Dollar.

Test 2: Concentric Network (CNCX): Bezeichnen Sie die sechs Ereignisse, die günstig für das Trading sind!

Frage

Dieser Tageschart von CNCX (Abb. 17.18) enthält mindestens sechs Schlüsselsituationen. Können Sie sie bezeichnen?

1. ______________________________

2. ______________________________

3. ______________________________

4. ______________________________

5. ______________________________

6. ______________________________

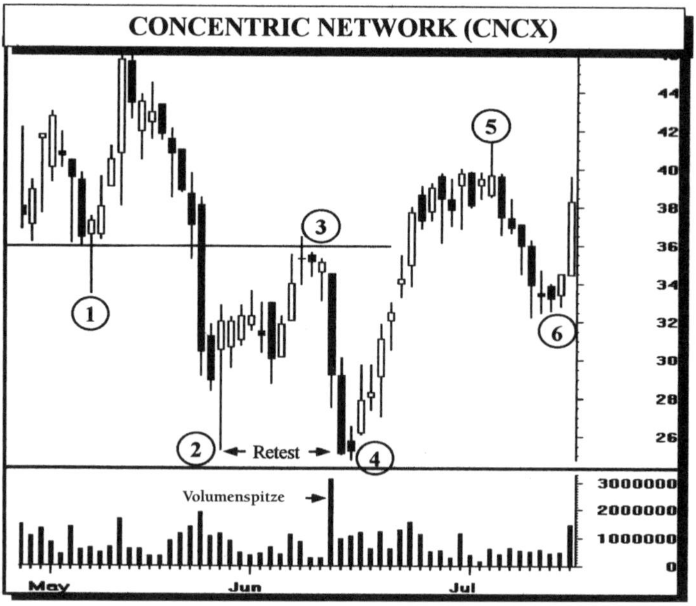

Abbildung 17.18

Quelle: The Executioner.com

Antworten

1. ***Schlüsselsituation für einen Kauf, unterstützt durch einen bullishen Reversal Bar (RB) mit einem Tail.*** Der Master Trader kauft bei oder über dem RB.

2. ***Bullisher Reversal Bar mit einem Tail.*** Das bedeutet, dass die Käufer im Bereich von 26 bis 28 US-Dollar sehr aktiv sind. Denken Sie daran, dass dies keine Situation zum Handeln ist. Sie dient lediglich als Anzeichen dafür, wo die Käufer aktiv sind. Tipp: Käufe bei oder über einem bullishen RB sollten nur aufgrund eines Rückgangs von einem neuen Hoch erfolgen. CNCX ist unter ihr vorhergehendes Tief gefallen und hat sich als Aktie mit Abwärtstrend qualifiziert.

3. ***Schlüsselsituation bei geringer Kursstützung.*** Diese Verkaufssituation wird unterstützt von einem NRB. Der Master Trader verkauft CNCX unter dem Tief des NRBs.

4. ***Narrow-Range Bar (NRB) bei starker Kursstützung kurz nach einer Volumenspitze.*** Der Master Trader kauft aggressiv über dem NRB.

5. ***Neues Hoch mit einem Tail.*** Das ist keine Situation zum Handeln. Das neue Hoch weist lediglich darauf hin, dass CNCX beim nächsten Rückgang gekauft werden kann, vorausgesetzt es treten noch ein oder zwei Ereignisse ein.

6. ***Rückgang um 50 Prozent, eine perfekte Schlüsselsituation für einen Kauf, unterstützt durch einen NRB.*** Der Master Trader kauft über dem NRB.

Test 3: Costco Companies (COST) – Bezeichnen Sie die sechs Situationen, die günstig für das Trading sind!

Frage

Dieser Tageschart von COST (Abb. 17.19) enthält sechs Schlüsselsituationen. Können Sie sie bezeichnen?

1. ______________________________

2. ______________________________

3. ______________________________

4. ______________________________

5. ______________________________

6. ______________________________

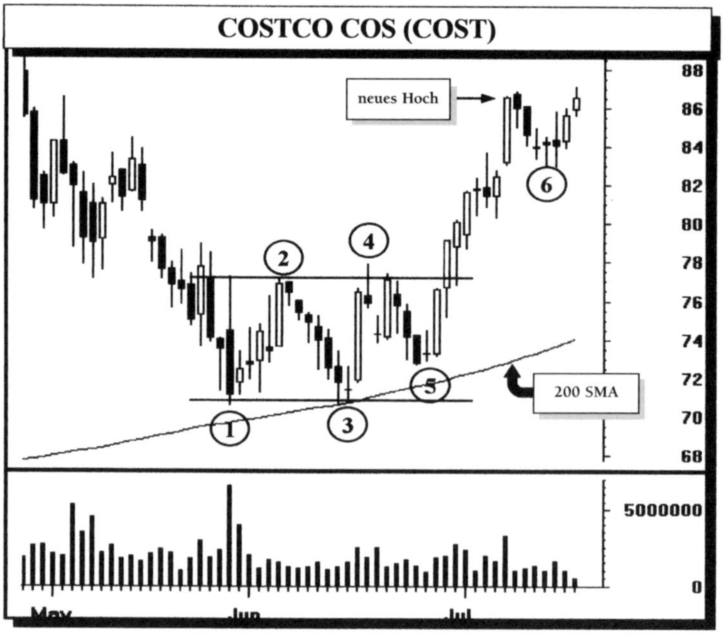

Abbildung 17.19

Antworten

1. ***Volumenspitze stoppt den Rückgang von COST und schafft einen potentiellen Kursstützungsbereich.*** Das ist keine Situation zum Handeln.

2. ***Schlüsselsituation für einen Verkauf, unterstützt von einem NRB.*** Der Master Trader verkauft COST unter dem NRB.

3. ***Schlüsselsituation für einen Kauf bei starker Kursstützung und dem 200 SMA.*** Beachten Sie, dass diese Wiederholung eines früheren Tiefs auch als 100-prozentiger Rückgang betrachtet werden kann. Der Master Trader kauft, sobald COST das nächste Mal über dem Hoch eines vorhergehenden Tages gehandelt wird.

4. ***Reversal Bar (RB) mit einem negativen Tail bei starkem Kurswiderstand.*** Beachten Sie, dass COST am nächsten Tag eine Abwärtsspanne von über 2 Punkten aufweist.

5. ***Schlüsselsituation für einen Kauf.*** Auch wenn diese Situation nicht mit den anderen Ereignissen übereinstimmt, so ist der Doji-ähnliche Balken, der das Tief markiert, ein Schlüsselhinweis, dass eine Erholung sehr wahrscheinlich ist.

6. ***Schlüsselsituation für einen Kauf mit einigen bullishen Tails.*** Tipp: Der erste Rückgang nach einem neuen Hoch ist eine Kaufgelegenheit, wenn ein oder mehrere der Ereignisse auftreten.

18 ESP

Die Zukunft der elektronischen Trading-Software

Ein Trading-Tool der nächsten Generation

Der Master Trader, der hart daran gearbeitet hat, die für ein erfolgreiches Börsenengagement notwendigen Fertigkeiten zu erlernen, weiß, dass eine der Hauptaufgaben beim kurzfristigen Trading das Herausfinden von guten Trading-Chancen oder -Situationen ist, und zwar genau im richtigen Moment. Auch wenn langfristige Trader oft bei der Eröffnung auf der Basis von Tages- oder Wochencharts handeln, so basieren die Trading-Entscheidungen von Profis oft auf den rasanten Schwankungen von Intraday-Charts. Deshalb müssen kurzfristige Trader in der Lage sein, schnell und effizient Trading-Chancen zu erkennen, sobald sie während des Börsentages auftauchen.

Der aufstrebende kurzfristige Trader ist zwar oft in der Lage, qualitative Trading-Chancen zu erkennen, aber erst nachdem es oft schon zu spät für eine Aktion ist. Während er hunderte oder sogar tausende von Intraday-Aktiencharts beobachtet, wird der Trader viele profitable Chancen sehen, die er um ein paar Minuten oder Stunden verpasst hat. Diese unausweichliche Realität bedeutet, dass nur ein paar wenige qualitative Chancen zum richtigen Zeitpunkt wahrgenommen werden, um noch zu agieren und einen erfolgreichen Trade zu starten. Noch schlimmer ist, dass viele aufstrebende Trader ihre Einstiegskriterien abschwächen, um Chancen zu „schaffen", die dann natürlich ihrer Trading-Performance schaden. Und hier können die technologischen Fortschritte Großartiges leisten.

Die Master Trader nutzen jedes Hilfsmittel zu ihrem Vorteil, das die Technologie für die Verbesserung ihrer Trade-Auswahl und ihres Trade-Timings anbietet. Denken Sie aber daran, dass Master Trader sich nicht nur auf die

Technologie als Krücke verlassen und hoffen, auch ohne das notwendige Wissen Gewinne zu machen. Das ist einfach nicht möglich, egal wie fortschrittlich die Technologie auch sein mag. Vielmehr nutzen die Master Trader die Technologie, um ihre bereits vorhandenen Fähigkeiten, Gewinne zu machen, noch zu unterstützen. Wir hoffen, Sie verstehen diesen wichtigen Punkt, denn die Finanzfriedhöfe sind voll mit Tradern, die irrtümlich glaubten, dass Technologie alles ist, um ein erfolgreicher Trader zu werden. Wissen kann durch nichts ersetzt werden. Der hauptsächliche Zweck der Technologie ist die effizientere Nutzung dieses Wissens.

Die Ankunft von leistungsstarken Computersystemen und künstlicher technologischer Intelligenz hat in der letzten Zeit die Entwicklung von aufregenden neuen Hilfsmitteln ermöglicht, die dem ausgebildeten Trader helfen, und Pristine.com hat sich mit einem revolutionären Produkt namens Pristine.ESP an die Spitze dieser neuen dynamischen Veränderungen gestellt.

Automatisierte Trade-Identifikation und Warnung

Studenten unserer 1- und 3-Tagesseminare und unser Beratungsservice haben schon lange den Wert von Trading-Situationen erkannt, von denen viele in diesem Buch vorgestellt wurden. Allerdings ist es bei einem Universum von 10.000 Aktien schwierig, schnell die Werte herauszufinden, die die Kriterien von Pristine genau in dem Moment erfüllen, wenn sich die Trading-Chance bietet. Glücklicherweise versetzen uns Computerleistung und künstliche technologische Intelligenz in die Lage, Tausende von Aktien unter Beachtung Dutzender Trading-Situationen und -Systeme in Echtzeit zu beobachten und uns sofort darauf einzustellen, wenn bei einer Aktie irgendeine Pristine-Voraussetzung erkannt wurde.

Das Produkt ESP (sales@pristine.com) nutzt diese neue Technologie, um Master Tradern zu helfen, indem es sie auf potentielle Trading-Chancen aufmerksam macht. Diese Systeme reichen von langfristigeren Methoden (2 bis 5 Tage) wie den Kauf- und Verkaufssituationen beim Swing-Trading bis zu den kurzfristigen Day-Trading-Methoden (1 bis 2 Stunden). Bei ESP sind im Moment über 20 verschiedene Trading-Situationen einprogrammiert, und es kommen ständig noch welche dazu. ESP macht den Trader außerdem auf Aktien aufmerksam, die andere, unspezifische Kriterien erfüllen, die für den Master Trader jedoch ebenfalls von Interesse sind. Diese zusätzlichen Warnungen erfolgen in dem Augenblick, in dem eine Aktie ein neues 52-Wochen-Hoch/Tief erreicht oder in dem eine Aktie mit einem starken Volumenanstieg von einer scharfen Kursschwankung betroffen wird.

Automatisiertes Scanning und Screening von Aktien

Eine weitere wirkungsvolle Einrichtung von ESP ist das Scanning und Screening. ESP verfolgt ständig alle Aktien aufgrund folgender Kriterien:

- Prozentuale Gewinne und Verluste
- Punkt-Gewinne und -Verluste
- Die aktivsten Aktien aufgrund ihres Volumens
- Die aktivsten Aktien aufgrund ihrer Trades in der vergangenen Minute
- Aktien, die während des Tages ein neues Hoch oder Tief erreichen
- Aktien, die sich dem Auslöser für eine Trading-Chance nähern
- Außerdem sind viele weitere Screens in ESP verfügbar.

Diese Listen sind einfach und direkt in das Börsendisplay vom System mit direktem Zugang zu integrieren, wie zum Beispiel dem Executioner, um dem Trader einen schnellen Überblick über die Intraday-Charts und den Level-II-Status dieser Aktien zu ermöglichen. Die Listen werden ständig aktualisiert, um den Trader mit aktuellen Informationen hinsichtlich seiner Trading-Entscheidungen zu versorgen.

Und so funktioniert es!

Das Produkt ESP wurde programmiert, um Schlüsselsituationen zu identifizieren, die täglich an der Börse auftauchen. Ein leistungsstarker Computer und Satellitenempfang werden mit künstlicher Intelligenz kombiniert, um nach guten Trading-Gelegenheiten zu suchen. Jede Bewegung und Veränderung, die bei allen Aktien eintreten, werden ständig beobachtet. Mit einer Kunden/Server-Technologie und dem Internet werden die ESP-Warnungen und Scans sofort an den Computer des Traders weitergeleitet, sobald sie im Laufe des Tages auftauchen. Es ist wichtig, darauf zu achten, dass die extensive Computerleistung, die Software-Systeme und der Datenfluss auf den internen Pristine-Computern gespeichert werden. Das Internet dient lediglich zur Übertragung der Ergebnisse, vor allem der Warnungen und Scans, die von dem System bearbeitet werden. Deshalb sind die Computerleistung und die ganze Palette der Ausrüstung, die der Trader braucht, um ESP zu unterstützen, unerlässlich.

Wir sind der Meinung, dass künstliche technologische Intelligenz in der Zukunft eine immer größere Rolle spielen wird, und ESP ist eines der ersten Produkte, die diese Technologie zum Vorteil des Traders ausschöpfen. ESP verbessert die Trading-Performance der Master Trader, indem es ihnen ermöglicht, ihre Aufmerksamkeit auf eine kürzere Liste von Aktien mit guten Trading-Chancen zu konzentrieren. Mit der Intelligenz von ESP kann der Trader schnell und effizient Trading-Entscheidungen treffen, ohne sich mit dem schwierigen und zeitraubenden Vorgang einer Überprüfung von Tausenden von Aktien abzumühen, um die qualitativen Trading-Situationen ausfindig zu machen, wie sie in diesem Buch beschrieben werden. Als Ergebnis sind die Master Trader in der Lage, ihre Trading-Resultate bedeutend zu verbessern. Pristine in einer Kiste. Was für eine wunderbare Sache.

19 Schlusswort

Sie sind ein Anführer!

Aufgrund unserer jahrzehntelangen Erfahrung im Unterrichten von aktiven, selbstbestimmten Tradern und unseres unablässigen Kampf für Gleichheit an der Wall Street haben uns viele Leute auf der ganzen Welt als ihre Anführer betrachtet. Die Verantwortung, die aus dem Vertrauen von Tausenden Leuten in unseren Unterricht und unsere Anleitung entstand, ist ohne Zweifel schwer. Ich erinnere mich daran, wie überwältigt ich war, nachdem ich das Vertrauen der Day-Trading-Gemeinde errungen hatte. All meine Gedanken befassten sich zu diesem Zeitpunkt mit meinem eigenen Fortschritt als Trader. „Wer bin ich, dass ich Ratschläge und Vorschläge machen darf?" „Bin ich nicht selbst noch dabei, Erfahrung zu sammeln?" „Mache ich nicht immer noch ein paar der offensichtlichsten Fehler, die junge und alte Trader verfolgen?" Natürlich war das so. Aber die Nachfragen nach meiner Führung, meinem Wissen und meiner Erfahrung hörten nicht auf, und in der Weise wie unsere Gefolgschaft wuchs, so wuchs auch mein Wunsch, mich dieses weltweiten Respekts als würdig zu erweisen.

Nachdem ich alles über das Wort „Anführer" nachgelesen hatte, widmete ich mich ganz dieser Aufgabe des Anführens. Anführer ist ein Wort, das in jeder Sprache eine bestimmte Bedeutung hat. Historisch kann es bis ins alte Ägypten zurückverfolgt werden. Im Englischen ist das Wort Anführer schon über Tausend Jahre alt, und es hat sich in seiner Entstehungsgeschichte wenig geändert. Seine angelsächsische Wurzel „laedere" – was so viel bedeutet wie „Leute auf einer Reise" – bringt es ganz deutlich zum Ausdruck.

Denken Sie einen Augenblick über diese Bedeutung nach. Anführer ist eigentlich Mehrzahl und bedeutet „Leute auf einer Reise". Nicht eine Person oder ein Individuum, sondern Leute auf einer Reise. Diese Epiphanie gibt mir ein viel besseres Gefühl, wenn ich für einen Anführer gehalten werde. Als ehrgeiziger Trader hatte auch ich das Gefühl, auf einer Reise zu sein, und ja, das machte mich zu einem Anführer. Aber der Definition entsprechend sind wir *alle* Anführer. Wir sind alle Leute auf einer Reise. In Wirklichkeit bin ich also nicht mehr Anführer als Sie. Jeder Einzelne, der heute dieses Buch liest, hat das Recht, laut zu sagen „Ich bin ein Anführer", solange er unterwegs ist. Auch wenn es stimmt, dass es kaum allgemein gültige Wege zur Trading-Meisterschaft gibt, so bedanken wir uns dennoch bei Ihnen, dass Sie sich die Zeit genommen haben, unseren zu studieren.

Gut investierte Zeit

Wir glauben tief in unserem Herzen, dass die Zeit, die Sie mit diesem Buch verbracht haben, sich als gut investierte Zeit erweisen wird. Die Weisheit, die Lektionen, die Fertigkeiten und die Techniken aus diesem Buch werden Ihnen nicht nur helfen, den Zustand, den wir so liebevoll Trading-Meisterschaft nennen, zu erreichen, sondern sie werden Ihnen in Ihrem Leben in jeder Hinsicht helfen. Die Menschen wissen wenig darüber, dass alles, was für ein erfolgreiches Trading-Leben wichtig ist, auch genau das ist, was für ein erfolgreiches Leben, ganz allgemein gesehen, bedeutend ist.

Es ist unsere Hoffnung und unser Traum, dass dieses Buch einen kleinen weiteren Schritt in der Geschichte der Wall Street darstellt, auf dem Weg zur Gleichheit zwischen einzelnen Tradern und mächtigen Insidern. Wir wissen, dass eine der besten Möglichkeiten für die Unterstützung einer solchen Zukunft ist, wenn wir die Lektionen, die Fertigkeiten, die Kraft, die Einstellung und die hart erarbeiteten Fortschritte, die wir in den letzten Jahrzehnten angestrebt haben, mit Ihnen teilen.

Es ist unser leidenschaftlicher Wunsch, unseren Fortschritt und unsere Errungenschaften zu schützen und zu teilen, und wir wollen sicher sein, dass alle, die nach uns kommen, sich auf starke Schultern stützen können. Mit diesem Buch haben wir das hoffentlich erreicht.

Sie werden Erfolg haben

Zum Schluss möchte ich noch, dass Sie wissen, dass wir vollständig mit dem Philosophen übereinstimmen, der sagte: „Es gibt drei verschiedene Typen auf dieser Welt: diejenigen, die wollen, diejenigen, die nicht wollen, und diejenigen, die nicht können. Die Ersten schaffen alles. Die Zweiten sind gegen alles. Und die Dritten schaffen gar nichts.“ Der Kauf und das Durchlesen dieses Buches sind ein deutlicher Beweis dafür, dass Sie nicht zu den „Nicht-Wollern“ und „Nicht-Könnern“ gehören, sondern ein Mitglied der Gruppe der „Ich-will-Sager“ sind. Und mit ein bisschen Geduld und viel Arbeit und Hingabe werden Sie auch schaffen, was immer Sie sich vorgenommen haben.

Der Rest liegt bei Ihnen

Denken Sie einfach immer daran, dass man zwar Wissen, aber niemals Erfahrungen vermitteln kann. Erfahrene Trader können ihre Erfahrungen nicht mit denen teilen, die sich nach Fortschritt sehnen. Ihre einzige Möglichkeit besteht darin, das Wissen weiterzugeben und auf Gelegenheiten zu eigenen Erfahrungen hinzuweisen. Dieses Buch gibt Ihnen das Wissen und die Gelegenheit. Der Rest liegt bei Ihnen. Viel Glück.

Über die Autoren

Oliver Velez und **Greg Capra** sind die Begründer von Pristine Capital Management, Inc. und der hochrangigen Website Pristine.com. Wenn sie nicht gerade detaillierte technische Börsenanalysen erstellen, neue Erkenntnisse an ihre Website-Besucher weitergeben oder die Hörner mit anderen Tradern auf dem elektronischen Schlachtfeld wetzen (wie sie es schon seit über einem Jahrzehnt tun), dann sind Velez und Capra zwei der gefragtesten Dozenten der Electronic-Trading-Branche.

ANHANG

Gebräuchliche Börsenbegriffe

A

Akkumulierung • Der Begriff wird normalerweise verwendet, wenn Aktien in den institutionellen Bereich transferiert werden oder wenn der Kaufdruck zu erhöhten Aktienwerten führt.

Aktie • Eine Anlage, die den teilweisen Besitz eines Unternehmens oder eines Fonds darstellt.

Aktien-Index-Future • Ein Vertrag über den Kauf oder Verkauf eines Aktienindex bis zu einem bestimmten Datum.

Aktiensplit • Eine Änderung der Anzahl der ausgegebenen Aktien eines Unternehmens, die aber nicht den Gesamtwert des prozentualen Besitzanteils des einzelnen Aktionärs oder den gesamten Marktwert verändert. Zusätzliche Aktien werden an die bestehenden Aktionäre in einem bestimmten Verhältnis ausgegeben. Ein Verhältnis von 2:1 verdoppelt zum Beispiel die Anzahl der ausgegebenen Aktien. Anleger besitzen nach dem Split jeweils 2 Aktien anstelle jeder vor dem Split besessenen Aktie. Splits werden im Allgemeinen als „bullish" betrachtet.

Advance-/Decline-Linie • Die tägliche Anzahl der gefallenen Aktien (decline) wird von der täglichen Anzahl der angestiegenen Aktien (advance) abgezogen. Die Nettodifferenz wird zu einer fortlaufenden Summe addiert, wenn die Differenz positiv ist, und subtrahiert, wenn die Differenz negativ ist.

American Depositary Receipts (ADRs) • Zertifikat über die Hinterlegung ausländischer Aktien.

Arbitrage • Kauf- und Verkaufstechnik für Wertpapiere, bei der aus kleinen Kursdifferenzen Vorteil gezogen wird.

Auktionsmarkt • Der Handel von Wertpapieren an einer Börse, wo Käufer mit anderen Käufern und Verkäufer mit anderen Verkäufern um den besten Kurs konkurrieren. Der Handel mit den einzelnen Aktien wird durch Kursmakler geregelt.

Außerbörslich • (Over the counter = OTC) Börsen, wo Transaktionen von Händlern hauptsächlich per Telefon und Computernetzwerke ausgeführt werden anstatt auf dem Börsenparkett.

B

Bär • Jemand, der denkt, dass die Kurse, die Börse, eine Industrie etc. im Wert fallen werden.

Bären-Börse • Im Allgemeinen eine Zeitspanne mit Aktienrückgängen von 15 % und mehr.

Big Board • Andere Bezeichnung für die New York Stock Exchange.

Block Trade • Käufe oder Verkäufe einer Aktie in Paketen von 10.000 Stück oder mehr oder im Wert von 200.000 US-Dollar oder mehr.

Bloomberg-BTRD • Ein ECN, das hauptsächlich für größere Institutionen gedacht und Teil der Bloomberg-Familie ist.

Blue Chips • Aktien von Unternehmen, die für ihre gut eingeführten Berichte über Gewinne und Dividenden bekannt sind.

Börse • Ein zentralisierter Ort für den Handel von Wertpapieren und Waren, normalerweise mit einer Auktion verbunden.

Börsenkapitalisierung • Der gesamte Marktwert eines Unternehmens oder einer Aktie, der sich aus der Multiplizierung von Aktien mit dem aktuellen Aktienkurs ergibt.

Börsenstimmung • Maßstab für die allgemeine Stimmung der Menge an der Börse.

Börsen-Timing • Das Ein- und Aussteigen an der Börse, mit dem Ziel, aus den fallenden und steigenden Kursen Gewinn zu ziehen.

Bollinger Bands • Festgelegte Linien über und unter dem Durchschnittskurs einer Aktie. Wenn die Schwankung stärker wird, erweitert sich das Band.

Branchen-Fonds • Fonds, der in eine einzige Industriebranche investiert, wie zum Beispiel Biotechnologie, Gold oder Banken. Branchen-Fonds haben meist eine sehr schwankende Performance und sind sowohl an der Spitze als auch am Ende der entsprechenden Charts zu finden.

Broker-Händler • Eine Wertpapierfirma, die Fonds und Aktien öffentlich verkauft. Der B.-H. ist für die Überwachung seiner angeschlossenen Broker verantwortlich.

Bullen-Börse • Eine Zeitspanne mit steigenden Aktienkursen.

C

Call Option • Vereinbarung, die einem Anleger das Recht gibt, aber nicht die Verpflichtung, eine Aktie, einen Fonds, eine Schuldverschreibung oder sonst ein Wertpapier zu einem festgelegten Kurs innerhalb eines festgelegten Zeitraums zu kaufen.

Candlestick Charts • Die Kursaktivität wird für eine bestimmte Zeitspanne gesammelt und gezeigt und in Form eines Candlesticks dargestellt. Dieser zeigt visuell den Eröffnungskurs, das Hoch und das Tief für eine bestimmte Zeitspanne.

Channel • Beim Charting enthält der Kurs-Channel die Kurse während eines Trends. Es gibt drei mögliche Channels: parallel, abgerundet und Channels mit einer Verbindung der Hochs und Tiefs.

Crossed Market • Situation, wenn der Bid-Kurs eines Brokers den niedrigsten Offer-Kurs eines anderen Brokers übersteigt, oder umgekehrt. Die NASD-Regeln verbieten es einem Broker, solche Bids oder Offers absichtlich abzugeben.

D

Day-Trading • Day-Trading ist eine Mentalität von Tradern, die versuchen, aus der Liquidität und Ausführung über Echtzeitsysteme wie zum Beispiel den Executioner Vorteile zu ziehen. Trader beginnen den Tag, ohne investiert zu sein, handeln aufgrund der

Intraday-Schwankungen und steigen am Ende des Handelstages wieder ohne offene Positionen aus.

Depot • Ansammlung von Wertpapieren eines Anlegers.

Diskontsatz • Der Zinssatz, der von der Federal Reserve für Darlehen an Banken und andere Finanzinstitutionen verlangt wird. Dieser Satz beeinflusst die Zinssätze, die diese Finanzinstitutionen ihren Kunden weiterberechnen.

Dow Jones Average • Der Dow Jones gibt vier Durchschnittswerte für verschiedene Wirtschaftssektoren an. Der Dow Jones Industrial Average verfolgt die Kursschwankungen der Aktien von 30 Industrieunternehmen. Der Dow Jones Transportation Average zeigt die Kursschwankungen der Aktien von 20 Fluglinien, Eisenbahnunternehmen und Transportfirmen. Der Dow Jones Utility Average bewertet die Performance von Aktien aus 15 Treibstoff-, Elektrizitäts- und Versorgungsunternehmen. Der Dow Jones 65 Composite Average zeigt die Aktien von allen 65 Unternehmen aus den anderen drei Durchschnitten.

E

Eingetragene Aktie • Die Aktie eines Unternehmens, die an der Börse eingetragen ist.

Elliot-Wellen-Theorie • Erstmals 1939 von Nelson Elliot veröffentlicht. Sie ist eine Technik, die auf dem Erkennen von Mustern basiert und davon ausgeht, dass Aktienmärkte einem Muster oder Rhythmus von fünf Aufwärts- und drei Abwärtswellen folgen, das heißt, ein kompletter Zyklus besteht aus acht Wellen. Die Abwärtswellen werden auch als Korrekturwellen bezeichnet.

Ertrag • Einkommen nach Abzug von Steuern und allen anderen Ausgaben, auch Gewinne- oder Nettoeinkommen genannt.

Ertrag pro Aktie • Wird errechnet, indem die Erträge durch die Anzahl der ausgegebenen Aktien dividiert werden.

F

Federal Reserve • Die Zentralbank der Vereinigten Staaten, die die Finanzpolitik festlegt. Die Federal Reserve überwacht das Geldangebot, die Zinssätze und die Kredite mit dem Ziel, die amerikanische Wirtschaft und Währung stabil zu halten. Unter dem Vorsitz eines siebenköpfigen Boards besteht das System aus 12 regionalen staatlichen Banken, 25 Filialen und allen nationalen und bundesstaatlichen Banken, die an dieses System angeschlossen sind.

Fundamental-Analyse • Eine Analysetechnik, die den finanziellen Hintergrund eines Unternehmens, sein Management und seinen Platz in seiner Industriebranche bewertet, um die Kursbewegungen dieses Unternehmens vorauszusagen.

G

Gewinnmitnahme • Verkauf von Wertpapieren kurz nach einem oft starken Kursanstieg.

H

Handel an Dritt-Börsen • Außerbörslicher Handel mit Aktien, die an einer Börse eingetragen sind.

I

Index-Fonds • Ein Fonds, der versucht, dieselbe Rendite zu erwirtschaften, die Anleger bekommen würden, wenn sie alle Aktien eines bestimmten Aktien-Index besitzen würden; sehr oft ist das der Standard & Poor's-500-Aktien-Index.

Indexing • Kauf und Halten einer Mischung aus Aktien, die der Performance eines breiten Börsenbarometers, wie zum Beispiel des Standard & Poor's-500-Aktien-Index, entsprechen.

Insider • Eine Person wie zum Beispiel ein Manager oder Direktor, die Informationen über ein Unternehmen hat, bevor diese der Öffentlichkeit bekannt sind.

Intermarket Trading • Ein elektronisches Kommunikationsnetzwerk, das die Intermarket-Trading-Systeme (ITS) der sieben eingetragenen Börsen verbindet, um die Konkurrenz untereinander hinsichtlich der Aktien zu fördern, die entweder an der NYSE oder AMEX oder einer der regionalen Börsen eingetragen sind.

K

Kassamarkt • Der Handel mit Wertpapieren entsprechend ihrem aktuellen Kurs, im Gegensatz zum Handel mit einem Wertpapier zu einem zukünftigen Kurs.

Konsolidierung • Eine Pause, die den Börsenteilnehmern erlaubt, den Markt neu zu bewerten und die Vorgaben für die nächsten Kursbewegungen zu machen.

Korrektur • Kursbewegung einer Aktie, eines Fonds, einer Schuldverschreibung, eines Index oder der Börse allgemein in die entgegengesetzte Richtung, normalerweise nach unten.

L

Level-I • Level-I (manchmal auch die schnelle Notierung genannt) besteht aus Handels- und Notierungsdaten, die nur den aktuellen Bid-Kurs, Ask-Kurs, den letzten Handelswert und das Volumen sowie ein paar Informationen des Tages zusammenfassen. Sie sehen nicht, wer kauft und verkauft, und Sie sehen auch nicht die Anzahl der Aktien, die zu den entsprechenden Kursen angeboten werden.

M

Momentum • Momentum ist das grundlegende Konzept einer Oszillator-Analyse. Momentum ist die Quote, um die die Börse fällt oder steigt.

N

Nachschussforderung • Die Aufforderung an einen Kunden, bei seinem Broker Geld oder Wertpapiere zu hinterlegen. Nachschussforderungen erfolgen gemäß Regulation T über die Kredithöhe, die Broker ihren Kunden für den Kauf von Wertpapieren einräumen dürfen.

NASDAQ • Eine elektronische Börse, die von der National Association of Securities Dealers geleitet wird. Broker erhalten über ein Computernetzwerk Kursnotierungen und handeln über Telefon oder das Computernetzwerk.

NASDAQ Composite Index • Ein Index, der die Kursschwankungen aller an der NASDAQ gehandelten Aktien abdeckt.

NASD • (National Association of Securities Dealers) Eine Mitgliederorganisation für Wertpapier-Broker und Staatsbeamte, die versprechen, sich an die Regeln der Organisation zu halten. Sie gibt ethische Richtlinien und Standards für die Industrie vor und hat eine disziplinierte Struktur, um auf die Einhaltung dieser Richtlinien zu achten. Die NASD leitet außerdem die NASDAQ-Börse.

Neuemission • Die erstmalige öffentliche Ausgabe von Aktien eines Unternehmens.

New York Stock Exchange • 1792 gegründet, liegt sie mit ungefähr 23.000 Unternehmen, deren Aktien hier gehandelt werden, bei circa 5 Trillionen US-Dollar.

NYSE Composite Index • Ein Index, der die Kursschwankungen aller an der New York Stock Exchange geführten Aktien abdeckt.

Notierung • Ein Kauf- oder Verkaufsangebot für eine Aktie an einer bestimmten Börse zu einem bestimmten Zeitpunkt.

O

Offer • Dasselbe wie der Ask-Kurs. Siehe Ask unter allgemein gebräuchliche technische Begriffe.

Offene Order • Kauf- oder Verkaufsauftrag, der noch nicht ausgeführt wurde.

Optionen • Eine Vereinbarung, die einem Anleger das Recht gibt, eine Aktie während eines bestimmten Zeitraums zu einem bestimmten Kurs zu kaufen oder zu verkaufen. Optionen werden an verschiedenen Börsen gehandelt, inklusive der Chicago Board of Options Exchange, der American Stock Exchange, der Philadelphia Stock Exchange, der Pacific Stock Exchange und der New York Stock Exchange.

P

Penny Stocks • Der Begriff „Penny Stocks" umfasst Aktien, die bei oder unter 5 US-Dollar liegen, und betrifft meist spekulative Unternehmen mit wenig oder keinem wirklichen Geschäftsbetrieb, die durch aggressive Brokerfirmen stark beworben werden.

Private Platzierung • Der Verkauf von Aktien oder anderen Anlagen direkt an einen

Anleger. Die Wertpapiere einer privaten Platzierung müssen nicht bei der Securities and Exchange Commission eingetragen sein.

Producer Price Index (PPI) • Eine Reihe von Statistiken des Labour Departments wird als Maßstab für die Inflation auf Großhandelsebene verwendet. Der Index für gefertigte Waren – das betrifft Waren, die nicht mehr weiter bearbeitet werden müssen und die zum Verkauf an den Endverbraucher bereitstehen – ist der gebräuchlichste Index.

Programmhandel • Aktien-Trades, die den Kauf oder Verkauf eines ganzen Korbes von 15 oder mehr Aktien mit einem Gesamtwert von 1 Million US-Dollar oder mehr betreffen. Der Programmhandel wird an der New York Stock Exchange über computerisierte Trading-Systeme ausgeführt. Index-Arbitrage ist der bekannteste Typ des Programmhandels.

Punkt • Eine Kursänderung von 1 US-Dollar bei einer Aktie entspricht einem Punkt.

S

Schlusskurs • Der letzte Handelskurs einer Aktie vor Börsenschluss.

Schwankungsanfälligkeit • Die Eigenschaft eines Wertpapiers oder einer Börse, kurzfristig sehr stark im Kurs zu fallen oder zu steigen.

Securities and Exchange Commission (SEC) • Die staatliche Behörde, die auf die Einhaltung der Wertpapiergesetze und der Standards für die Veröffentlichung von öffentlich gehandelten Wertpapieren einschließlich Fonds achtet. Sie wurde 1934 gegründet und besteht aus fünf Commissioners, die vom Präsidenten ernannt und vom Senat bestätigt werden.

Stop-Limit-Order • Eine Stop-Order, die zur Limit-Order wird, sobald ein bestimmter Kurs erreicht wurde.

T

Tageschart • Das ist ein Chart, bei dem die Zeitspanne einen Tag beträgt. Der dargestellte Wert ist normalerweise der Schlusskurs des jeweiligen Tages.

Tagesorder • Auftrag eines Anlegers, der mit Ablauf des Handelstages storniert wird, wenn er bis dahin nicht ausgeführt wurde.

Technische Analyse • Untersuchung einer Aktie oder eines Marktsektors aufgrund von Handelsdaten wie Volumen und Kurstrends, um Prognosen hinsichtlich der Kursbewegungen zu machen.

Ticker • Ticker können dazu eingesetzt werden, um die Position von Market Makern und/oder Trade-Details anzuzeigen. Sie sind für eine leichtere Erkennung farbcodiert.

Ticker-Symbol • Buchstaben identifizieren eine Aktie. Ein Ticker-Symbol für ein Wertpapier kann auch in Nachrichten und Kursnotierungen zur leichteren Erkennung dienen.

Time and Sales • Der Time-and-Sales-Ticker gibt Informationen über spezielle Trades. Die verkaufende Institution ist für die Bekanntgabe des Trades (90 Sekunden) verantwortlich, und die Trader können daraus erkennen, wie die Börsenstimmung zu einem bestimmten Zeitpunkt ist.

Timed out • Nachdem Sie eine Order aufgegeben haben, entweder über SOES oder ein ECN, ist diese Order nur eine bestimmte Zeitspanne gültig. Dann ist Ihre Order „timed out", was bedeutet, dass ihre Zeit abgelaufen ist und sie automatisch an der entsprechenden Börse storniert wird. Die Zeitbeschränkungen sind für die einzelnen Ordertypen unterschiedlich.

Trader • Leute, die über Kurse verhandeln und Kauf- und Verkaufsaufträge ausführen, entweder auf eigene Rechnung oder für einen Anleger.

Trade-Datum • Das tatsächliche Datum, an dem Ihre Aktien gekauft oder verkauft wurden. Der Ausführungskurs wird vom Schlusskurs an diesem Tag bestimmt. Dieses Datum bestimmt auch die entsprechenden Dividenden.

V

Verzögerte Börseneröffnung • Die Verschiebung des Handels mit einem Wertpapier an einer Börse, wenn es aufgrund der Marktbedingungen als zwingend erachtet wird (zum Beispiel ein Ungleichgewicht von Käufern und Verkäufern aufgrund ausstehender Unternehmensbekanntgaben).

Volumen • Anzahl der gehandelten Aktien eines Unternehmens oder einer gesamten Börse während eines vorgegebenen Zeitraums.

W

Wellenbrecher • Maßnahmen, die von einigen Börsen ergriffen werden, um den Handel vorübergehend einzuschränken, wenn die Kurse viel zu schnell steigen oder fallen.

Wirtschaftliche Indikatoren • Schlüsselstatistiken für die Analyse von Unternehmensbedingungen und für Prognosen.

Z

Zyklische Aktien • Aktien, die in der Regel bei guter Wirtschaftslage steigen und bei schlechter fallen.

Allgemein gebräuchliche technische Begriffe

Nachfolgend noch ein paar allgemein gebräuchliche technische Begriffe. Bitte lesen Sie sie gründlich, und machen Sie sich mit ihnen vertraut, denn das wird Ihnen zusätzlich auf Ihrem Weg zur Trading-Meisterschaft helfen.

Ask • Der niedrigste Ask-Kurs (Offer) ist der niedrigste Kurs, den jemand bereit ist, für eine Aktie zu akzeptieren.

Bestens-Order • Auftrag, eine Aktie zum bestmöglichen Kurs zu kaufen oder zu verkaufen.

Bid • Der höchste Bid-Kurs ist der höchste Kurs, den jemand bereit ist, für eine Aktie zu bezahlen. „Hit the Bid" bedeutet, eine Aktie zum aktuellen Bid-Kurs zu verkaufen.

Breakout • Punkt, an dem eine Aktie den Trendkanal verlässt.

Doji • Candlestick, bei dem Eröffnungs- und Schlusskurs gleich oder beinahe gleich sind.

Futures • Eine Vereinbarung über den Verkauf oder Kauf einer bestimmten Menge eines Wertpapiers, einer Ware oder Währung zu einem bestimmten Zeitpunkt in der Zukunft. Wird auch Futures Contract genannt. Wir benutzen den S&P 500 Futures Contract (ändert sich vierteljährlich) als wichtigsten Indikator des Kapitalmarktes.

Intraday • Informationen über Kurs und Volumen innerhalb eines einzigen Handelstages im Gegensatz zu den Tagesinformationen, die Trades auf einer von Tag-zu-Tag-Basis zusammenfassen.

Kursmakler • Mitglied der Börse, das die Aufgabe hat, einen gerechten und ordentlichen Markt für eine spezielle Aktie zu halten. Ist verpflichtet, auf eigene Rechnung zu kaufen oder zu verkaufen, um vorübergehende Ungleichheiten von Angebot und Nachfrage auszugleichen.

Level-II • Die Level-II-Daten sind eine Anzeige der Ask- und Bid-Kurse der Market Maker oder ECNs in Echtzeit. Diese Daten ermöglichen es dem Trader, die Absichten der Market Maker zu erkennen ebenso wie deren Vorstellung, in welche Richtung sich die Kurse bewegen werden.

Limit-Order • Ein Kauf- oder Verkaufsauftrag für eine Aktie, wenn ein bestimmter Kurs erreicht ist.

Market Maker • An der Börse ist ein Trader verantwortlich, einen geordneten Markt für eine bestimte Aktie zu erhalten, indem er bereit ist, die Aktie zu kaufen oder zu verkaufen.

Mittagsflaute • So bezeichnen wir die Zeitspanne von 11:15 a. m. bis 2:15 p. m. In dieser Zeit gibt es sehr selten Breakouts. Es ist in der Regel eine sehr langsame Zeit, in der viele Wall-Street-Market-Maker beim Mittagessen sind oder andere Dinge erledigen. Pristine schlägt vor, dass nur erfahrene Trader während dieser Zeit handeln, wenn überhaupt. Pristine nutzt diese Mittagsflaute für die Überprüfung von Aktien, die gute Voraussetzungen für Trading-Chancen am Nachmittag haben.

Momentum-Trading • Ein Trading-Stil, bei dem der Trader versucht, kurze Ausbrüche des Kauf- oder Verkaufsdrucks zu erkennen, um schnell in Aktien einzusteigen oder wieder auszusteigen.

Moving Average • Moving Averages sind in bestimmter Hinsicht historische Kursberichte. Sie berücksichtigen eine bestimmte Anzahl von Kurszeiten (wenn eine neue Zeitspanne dazukommt, fällt die älteste weg), um den Durchschnittskurs für eine gewisse Zeit zu zeigen. Es ist möglich, neuere Kurse stärker zu bewerten, indem man die Average-Linien linear oder exponential abrundet. Je länger eine Average-Zeitspanne ist, desto größer wird der Abstand zwischen dem Average und den aktuellen Kursen sein. Pristine verwendet die folgenden Simple Moving Averages zur Entscheidungsfindung:

Chart-Dauer	Zeitspanne des verwendeten Moving Average
Täglich	10, 20, 50, 100 und 200
Wöchentlich	20, 50, 100 und 200
Stündlich	20 und 200
15 Minuten	20 und 200
5 Minuten	20 und 200
1 oder 2 Minuten	10 und 20

Beachten Sie bitte: Lesen Sie außerdem den Trainingsbericht von Pristine „The Mighty 50-Period Moving Average" unter www.pristine.com.

Reversal Times • In den vielen Jahren des Tradings und des Börsenstudiums hat Pristine viele profitable „Reversal Periods" gefunden und angewendet. Das sind Zeiten, in denen sich oft die Börsenrichtung ändert. Die morgendlichen Reversal Times sind von 9:50 a. m.– 10:10 a. m. und von 10:25 a. m.–10:30 a. m. EST. Wenn die Börse zum Beispiel bei der Eröffnung große Stärke zeigt, haben wir festgestellt, dass der Kaufdruck oft in der ersten Reversal Time total nachlässt. Wenn die Börse dann weiterverkauft, stellen wir oft fest, dass sie sich während der zweiten Reversal Time um 10:25 a. m. wieder erholt. So gegen 11:15 a. m. kann das Trading sehr profitabel sein, was uns schon wieder auf die nächste Reversal Time warten lässt. Die Zeit zwischen 11:15 a. m. und 2:15 p. m. bezeichnen wir als Mittagsflaute. 2:15 p. m. ist unsere nächste Reversal Time, wenn die Trader zu ihrer Nachmittagssitzung wieder zurück sind. Wenn die Börsenzeichen sehr positiv sind, ist es sogar möglich, Swing-Trades mitzunehmen, die im 15-Minuten-Chart die Konsolidierung und die Unterstützung durchbrechen. Dann sorgt der Schluss der Bond-Börse um 3:00 p. m. für die nächste Reversal Time. Es sieht so aus, als ob der Schluss der Bond-Börse dem Trader einige Sorgen abnimmt, so dass die Börse in der Regel wieder in die eine oder andere Richtung Dampf zulegt. Dann gibt es noch eine letzte Reversal Time gegen 3:30 p. m. Pristine-Trader wissen, dass eine Aktie nicht im Plus abschließen muss, nur weil sie am Morgen und am frühen Nachmittag gut ausgesehen hat. Die letzten 30 Minuten können extrem vorteilhaft für Scalping- oder Swing-Trades sein. Viele Trader warten auf diesen Zeitpunkt, um sich zu engagieren, und es gibt oft starke Erholungsphasen gegen Schluss der Börse. Aufgrund dieser Prinzipien glaubt Pristine, dass das geringste Risiko in der Zeit zwischen 9:35 a. m.–11:15 a. m. und 2:15 p. m.–4:00 p.m. liegt.

Small Order Execution System (SOES) • SOES wurde 1984 eingerichtet, aber erst 1988 Pflicht, nach dem Crash von 1987. Es ist eine Börse, wo Market Maker ihre Offers und Asks platzieren und verpflichtet sind, bestimmte Ausführungsbestimmungen in Übereinstimmung mit der NASD zu befolgen.

Spanne • Die Differenz zwischen den Bid- und Ask-Kursen.

Stop • Ein Kurs, bei dem ein Trader eine offene Position schließt, um Verluste zu begrenzen, wenn sich der Kurs nicht in die gewünschte Richtung bewegt. Ein Trailing oder progressives Stop ist eine Technik, bei der das Stop dem Aktienkurs progressiv folgt.

Definition von Wirtschaftsdaten

Arbeitslosenzahlen • Prozentsatz der arbeitslosen Erwachsenen, monatlich, Labor Department.

Beschäftigungskosten • Änderungen des Beschäftigungskosten-Index in jährlichen Prozentsätzen, vierteljährlich, National Association of Realtors.

Bestandsänderungen • Änderung des Geschäftsbestandes, in Milliarden, vierteljährlich, Commerce Department.

Bezahlte NAPM-Preise • Diffusionsindex der Unternehmen mit höheren Preisen, monatlich, National Association of Purchasing Management.

CPI • Prozentuale Änderung beim Consumer Price Index, monatlich, Labor Department.

CPI core • Prozentuale Änderung des CPI, ausschließlich Lebensmittel und Energie, monatlich, Labor Department.

CRB Index • Index der Warenkurse, erscheint Ende des Monats, Commodity Research Bureau.

Einzelhandelsumsatz • Prozentuale Änderung des Umsatzes im Einzelhandel, monatlich, Commerce Department.

Fabrikaufträge • Prozentsatz der Änderung bei Aufträgen für Fabrikwaren, monatlich, Commerce Department.

GDP • Tatsächliche Änderung beim Bruttosozialprodukt mit dem jährlichen Prozentsatz, vierteljährlich, Commerce Department.

Industrieproduktion • Prozentuale Änderung der industriellen Produktionsmenge, monatlich, Federal Reserve.

Lohnarbeiter • Änderung bei nicht landwirtschaftlichen Lohnarbeitern, in Tausendern, monatlich, Labor Department.

NAPM Index • Diffusionsindex der aktuellen Geschäftsbedingungen in der Herstellung, monatlich, National Association of Purchasing Management.

Stündliche Einnahmen • Prozentsatz der stündlichen Einnahmen der Privatwirtschaft, monatlich, Labor Department.

Wohneigentum • Neue Wohneinheiten mit jährlichen Raten, in Tausendern, monatlich, Commerce Department.

PPI • Prozentuale Änderung beim Producer Price Index für gefertigte Waren, ausschließlich Lebensmittel und Energie, monatlich, Labor Department.

PPI core • Prozentuale Änderung beim PPI für gefertigte Waren, ausschließlich Lebensmittel und Energie, monatlich, Labor Department.

Pro-Kopf-Einkommen • Prozentuale Änderung des Einkommens der privaten Haushalte, monatlich, Commerce Department.

Pro-Kopf-Ausgaben • Prozentuale Änderung der privaten Ausgaben, monatlich, Commerce Department.

Produktionsanlagen • Prozentuale Änderung der Investments in Produktionsanlagen, vierteljährlich, Commerce Department.

Produktivität • Änderung in der nicht landwirtschaftlichen Produktivität mit jährlichen Prozentsätzen, vierteljährlich, Labor Department.

S&P-500 • S&P-500-Aktien-Index, erscheint am Monatsende, Standard & Poor's.

US$ – Euro • Dollars pro Euro, monatlich die täglichen Durchschnitte von 12.00 Uhr mittags, Federal Reserve.

Yen – US$ • Yen pro Dollar, monatlich die täglichen Durchschnitte von 12.00 Uhr mittags, Federal Reserve.

Zahlungskapazität • Prozentsatz der genutzten industriellen Kapazität, monatlich, Federal Reserve.

Trading-Stile

Die nachfolgende Liste enthält eine Beschreibung der gebräuchlichsten Trading-Stile. Diese Trading-Stile dürfen nicht mit den vielen speziellen Trading-Strategien und -Taktiken verwechselt werden, die in den fortgeschrittenen 1- und 2-Tagesseminaren von Pristine unterrichtet werden.

Scalp-Trading • Ein Trading-Stil, der darauf abzielt, aus kleinen Schwankungen aufgrund von Kursbedingungen mit einem extrem niedrigen Risiko Gewinne zu erzielen. Das typische Ziel eines Scalp-Trades ist $^1/_4$ bis $^5/_8$ oder mehr. Scalping erfordert die Vertrautheit mit dem Level-II sowie den Einsatz eines Systems mit direktem Zugang, wie zum Beispiel der Executioner (www.executioner.com), für eine sofortige Orderausführung. Die besten Scalping-Gelegenheiten bieten sich bei liquiden Aktien (bei denen 500.000 Stück pro Tag oder mehr gehandelt werden) mit einer qualitativen Market-Maker-Präsenz. Pristines Scalping-Bedingungen basieren normalerweise auf Charts mit kleineren Intraday-Zeitrahmen wie zum Beispiel 2, 5 oder 15 Minuten.

Day-Trading • Das bedeutet im Allgemeinen, dass Positionen während ein und derselben Trading-Session eröffnet und geschlossen werden. In den Echtzeit-Trainingsbüros von Pristine ist ein Day-Trade eine Chance mit dem Potential, über Nacht gehalten zu werden (overnight = O/N) oder sich in einen Swing-Trade zu verwandeln. Da er sich aber eher am Anfang des Tages ereignet, wird er hinsichtlich teilweiser oder kompletter Gewinnmitnahme typischerweise aggressiver betrachtet. Day-Trades erfordern in der Regel auch knappere Stops, als das bei durchschnittlichen Swing-Trades der Fall ist. Wir haben festgestellt, dass die besten Day-Trades normalerweise „genügend Spielraum" haben, wobei der Widerstand genügend Abstand hat, um, wenn nötig, einen kurzen Rückgang oder eine Konsolidierungszeit zu überstehen. Bei Day-Trades werden normalerweise Intraday-Charts mit mittleren Zeitrahmen verwendet, zum Beispiel ein 15-Minuten- oder 1-Stunden-Chart.

Overnight-Trading • Ein Overnight-Trade ist in der Regel eine Position, bei der spät am Tag in eine Aktie eingestiegen wird, die nahe oder bei ihrem Hoch (oder Tief, wenn Sie short gehen) schließt und mit einem Potential versehen ist, am nächsten Tag mit einem Aufwärts-Gap zu eröffnen. Wie schon erwähnt, kann ein Overnight-Trade auch als Day-Trade beginnen, der stark genug schließt, um ihn über Nacht und bis in den folgenden Tag hineinzuhalten. Overnights werden häufig sehr früh am nächsten Morgen geschlossen (wenn nicht sogar direkt bei der Eröffnung), wobei manche Trader die Hälfte verkaufen und die andere Hälfte wegen eines höheren Kursgewinns weiterhalten.

Swing-Trading • Ein Swing-Trade ist ein Trade mit dem Ziel, aus den täglichen Schwankungen der Aktienbewegungen Gewinne zu erzielen. Swing-Trades werden normalerweise bei starker Unterstützung eingegangen und versuchen, zwischen 1 und 4 US-Dollar Gewinn zu machen, je nach Situation. Normalerweise werden sie zwei bis fünf Tage gehalten und verdienen ihr Geld in einer sehr profitablen Marktlücke, die von den meisten aktiven Anlegern übersehen wird. Dieser Zeitrahmen ist zu kurz, um von großen Institutionen beachtet zu werden, und zu lang für Parketthändler (die normalerweise keine Trades über Nacht offen lassen) und bietet damit die perfekte Chance für unabhängige Trader, die über genügend Wissen verfügen, um sie auszunutzen. Für Swing-Trades werden hauptsächlich Tages- und Wochencharts verwendet, mit gelegentlicher Überprüfung von 15-Minuten-Charts.

Websites und Chatrooms für Master Trader

.Coms der Day-Trading-Industrie

Active Traders Network: www.activetraders.net
Avid Trading Company: avidtrader.com
The Daily Trader: www.dailytrader.com
Dayinvestor: www.dayinvestor.com
Daytrader's Bulletin: www.daytradersbulletin.com
Daytraders On-line: www.daytraders.com
The Daytrader Toad: members.tripod.com/daytrader/index.html
Day Trading International: www.daytradingintl.com
Daytradingstocks.com: www.daytradingstocks.com
Dynamic Daytrader: www.dynamicdaytrader.com
Elite Trader: www.elitetrader.com
Trend Vue (früher Intelligent Speculator): trendvue.com
The Hard Right Edge: www.hardrightedge.com
Momentum Trader: www.mtrader.com
Mony Wolff: www.monywolff.com
Online Daytraders: www.onlinedaytraders.com
PC Trader: www.pctrader.com
Pristine Day Trader: www.pristine.com
The Rookie Day Trader: www.rookiedaytrader.com
Trading Systems Network: www.tradingsystems.net
Trading Tactics: www.tradingtactics.com
The Underground Trader: www.undergroundtrader.com

Chats und Boards

MarketForum: www.marketforum.com
Ecooler Network: www.ecooler.net
Silicon Investor: www.techstocks.com
Stock-Talk: www.stock-talk.com